# 基于数学核心素养的
# 团队研修与实践

王保东　李金荣　周跃鑫　主编

北京交通大学出版社

·北京·

## 内 容 简 介

本书是密云区高中数学教师研究工作室基于核心素养的团队研修与实践中方法与成果的提炼。我们聚焦课堂教学，在专家理论引领、团队反复实践探索的基础上，摸索出单元—课时教学的两种模式，并结合新授课和复习课的教学特点对课时教学设计进行了细致研究。我们把研究的成果以教学设计案例和论文的形式写出来进行交流分享，书中收录了许多具有独特见解的已公开发表或获得市级一等奖的教学设计和论文。

本书适合领衔教师、一线教师、教研员进行学习和思考，当然也可以作为高中生的课外拓展学习资料。

**图书在版编目（CIP）数据**

基于数学核心素养的团队研修与实践/王保东，李金荣，周跃鑫主编 . —北京：北京交通大学出版社，2020. 12

ISBN 978-7-5121-4364-7

Ⅰ.①基… Ⅱ.①王… ②李… ③周… Ⅲ.①中学数学课—教学研究—高中 Ⅳ.① G633.602

中国版本图书馆 CIP 数据核字（2020）第 225085 号

**基于数学核心素养的团队研修与实践**
JIYU SHUXUE HEXIN SUYANG DE TUANDUI YANXIU YU SHIJIAN

责任编辑：刘 洵

出版发行：北京交通大学出版社　　　　　　电话：010-51686414　　http：//www. bjtup. com. cn

地　　址：北京市海淀区高梁桥斜街 44 号　　邮编：100044

印 刷 者：北京时代华都印刷有限公司

经　　销：全国新华书店

开　　本：185 mm×260 mm　　印张：18. 75　　字数：461 千字

版 印 次：2020 年 12 月第 1 版　　2020 年 12 月第 1 次印刷

定　　价：58. 00 元

本书如有质量问题，请向北京交通大学出版社质监组反映。对您的意见和批评，我们表示欢迎和感谢。

投诉电话：010-51686043，51686008；传真：010-62225406；E-mail：press@ bjtu. edu. cn。

# 编委会

# 前　言

党的十九大明确提出，要全面贯彻党的教育方针，落实立德树人根本任务，发展素质教育，推进教育公平，培养德智体美全面发展的社会主义建设者和接班人．新时代的教育，要培养良好政治素质、道德品质和健全人格，使学生坚定中国特色社会主义道路自信、理论自信、制度自信和文化自信；要着力发展学生的核心素养，遵循教育教学规律和学生身心发展规律，贴近学生的思想、学习、生活实际，充分反映学生的成长需要，促进每个学生主动地、生动活泼地发展．

高中数学课程的目标是希望实现人人都能获得良好的数学教育，不同的人在数学上得到不同的发展．高中数学教学以发展学生核心素养为导向，通过创设合适的教学情境，启发学生思考，进而引导学生把握数学的本质．

密云区高中数学教师研究工作室紧紧围绕核心素养，聚焦课堂教学，致力于引领教师理解数学、理解教学、理解学生、理解技术，行走在数学教学研究与教师专业发展的道路上．工作室成员在特级教师、正高级教师王保东老师的带领下相互协助、共同发展，积极实践新课程理念，结合教学实践，不断深入研究课时教学设计和单元—课时教学设计，凝练教学经验．

在工作室的课题研究过程中，教师们快速成长，在课例、论文评选中获得优异成绩，这不仅是实践工作的总结、反思记录，更是大家教育教学智慧的结晶．为了珍惜这笔财富，加强交流与推广，我们在工作室深入推动教改实验的历程中，从老师们已经公开发表或者获得市级一等奖的论文、教学设计中，拾取一部分作为本书中的案例，希望将这些刊出，与各位同仁一起交流，从中得到一些启示．望各位同仁批评指正，谢谢！

编者

2020 年 12 月

# 目  录

☆标注为获市级一等奖的数学专业论文.

# 凝聚团队智慧，引领教师成长

## ——高中数学教师研究工作室事迹材料汇报

### 领衔教师　王保东

高中数学教师研究工作室共有 14 名成员，其中特级教师和区级学科带头人各 1 名，区级骨干教师 6 名，非骨干教师 6 名．工作室以为自己加油、为他人助力、合作共赢为依托，创建了一个志同道合、锐意进取、硕果累累的研究团队．三年来，在区教委、研修学院和学校领导的大力支持下，秉承理解数学、理解教学、理解学生的教育理念，基于聚焦课堂教学，把培养名师、服务学生有机融合，充分发挥名师工作室的带动、示范、引领作用，积极行走在数学教学研究与教师专业发展的道路上．

**一、凝聚共识，目标导向**

俗话说，团结一心，其利断金．为创设良好的团队精神和目标，我们以沙龙的方式，对工作室的入室遴选试题和命题意图进行了解读和互动研讨．引导大家不但要从个人的角度考虑，更要从学校和国家的视角思考．从个人成长上看，要完善自己，服务学生；从学校的发展来看，要影响一批教师，带出一个团队；从国家的需求来看，要成为人民满意的教师．作为工作室的研修教师要清楚地认识到基于团队力量的共同发展才更有潜力，所以我们要打整体仗，团队育人，团队助人，每个教师之间都应该比谁对他人的奉献多，比谁更关爱他人．

方向比速度更重要．教师在专业的发展上既要扬长，更要避短，因此工作室要求每位教师认真查找自己的优势和短板，用统一格式的模板制订学员学期研修计划，做到每学期末自查反思研修成果，并在此基础之上制订下学期学员工作计划，体现了自我认识、自我规划、自我反思和自我发展的成长方式．

凝聚共识和详细的计划、反思、调整保证了团队教师的可持续发展．

**二、自主研究，深入交流**

解题能力是教师必备的基本能力．无论是职称评定还是市区级骨干教师学科带头人的评选，数学学科基本都有现场做题的环节，为提升工作室教师的理性思维能力，我们多次开展"同研一道题"活动，通过自主求解、群内指导的方式研究解题策略，围绕做题和讲题的相关策略进行互动研讨，分析、提炼和择优，以主题沙龙的形式开展交流汇报，使大家感悟数学的本质，从关注"会做题"到"会从数学的角度思考问题，解决问题"，积累能量，辐射北京地区．

依托工作室平台，周跃鑫老师应邀为海淀区高二数学教师做高三二模试题分析．在领衔教师的带领下，大家对周老师精心准备的素材提出了宝贵的修改建议，讲座取得了很好的效果．可以说，这一次讲座的成功，不是一个人的成功，而是工作室每一位教师的成功！

### 三、导师引领，精雕细琢

自 2018 年工作室成立以来，我们采取线上、线下相结合的研修方式，以请进来、走出去和同伴互助的研修形式，组织有针对性的丰富多彩的专家指导讲座、现场研课和专题研讨等活动 36 次，取得了很好的研修效果.

为提升工作室成员的理论水平，弥补短板，我们邀请工作室指导教师对工作室教师进行跟进指导，充分利用各种有利条件，为教师搭台，促教师发展.

工作室邀请指导教师李青霞以我们撰写的两个论文个案为例，进行有针对性的指导，使大家受益颇多. 经过对各自论文的进一步修改完善，所有教师提交的论文都在市级评比中获奖. 为了提高教师的说课能力，工作室成员驱车来到市区，请指导教师康杰对"如何说课"做专题讲座，请丁明怡老师对"单元教学设计"做专题讲解，让我们对如何说课和如何撰写单元教学设计有了更深刻的理解，为后期教师的单元教学设计和说课比赛奠定了良好基础.

在导师的指导下，教师们对撰写的教学论文、教学设计和说课精雕细琢，将自己的感悟写出来，将自己的教学设计说出来，落实了"会讲准数学，会说清数学"，提升了教师的专业素养.

### 四、任务驱动，感悟学习

工作室以学、研、悟、行的方式，体会在新课标引领下的"教学奥妙". 工作室成员一边研读学术书籍、专业杂志，一边将感悟付诸实践，并把历次活动中专家的点评指导形成文字，进一步深入研讨，促进团队快速成长. 通过一次次的研修活动，学员们充分体验到如何将"会教数学"落到实处，每个人都受益匪浅.

在日常研修活动中，我们注重抓住三件事. 一是广泛读书，工作室建立了读书机制，为每一名成员订阅了核心期刊《中国数学教育》和《教育随想录》等知名教学论著，丰富我们的数学学科理论素养；二是实践历练，组织工作室成员参加密云二中组织的高端备课活动和中国教师研修网混合研修活动；在活动中，通过聆听专家的讲解、教师们的交流和课堂教学观摩，更新教学理念，深化对数学本质的理解；三是提炼升华，每一次大型活动都要有成果意识，要经过不断反思，将感悟写出来，发表出来，向更多的师生分享我们的智慧. 康淑欣老师在研究课"三次函数的图象与性质"后撰写的《三次函数的图象与性质教学设计》被发表在 2018 年第 10 期《中小学数学》杂志上，周跃鑫老师在研究课"随机事件的概率"后撰写的《数据分析素养导向的"随机事件的概率"》被发表在 2019 年第 5 期《中小学数学》杂志上，苑智莉老师在研究课"诱导公式"后与王保东、张波老师共同撰写的《"诱导公式"单元课时教学设计与点评》发表在《中学数学教育》杂志 2020 年第 7/8 期合刊上.

### 五、实践反思，专业进阶

工作室针对教师的不同发展基础，搭建适合各自成长的平台. 周跃鑫老师刚参加工作室时虽然只是一级教师，但他在教育教学工作中有一股钻劲和韧劲，对专业理解精益求精，不放弃每一个问题的解决，我们把他列为工作室重点培养的对象. 2018 年 11 月王保东和周跃鑫老师应邀参加教育部组织的人教 A 版新教材的审读试教工作，在与会的正高级教师、特级教师和知名教研员面前，周老师阐述了自己对人教 A 版教材审读的建议. 在与专家的交流中，周老师开阔了视野，深化了认识. 2019 年 10 月份，经章建跃博士的推荐，在霍劲松校长、王保东老师的大力支持下，周跃鑫老师受邀参加福建省高中数学新课程省级培训活动，并在福州一中为福建省高中数学教师开设"基本不等式"公开课. 这一次的跨省公开课, 为我们与福建省的数学教师搭建了交流平台, 更是为我们工作室这一年来对于新课标与新教材的研究提供了展示的机会. 在工作室的指导、推荐下, 周老师正在努力实现追求卓越的梦想.

### 六、团队教研, 务实创新

工作室以"析题课"为背景, 组织工作室教师和密云二中数学教师一起对基于学情诊断的高中数学复习课教学方式开展研究, 我们以工作室教师为主体, 组成了4个研究小组, 分别针对《文献综述》《学情调查报告》《学业水平测试分析》《析题课》教学案例进行研究. 经过近一年的学习、实践、反思、梳理, 形成了12万多字的研究成果. 在2019年6月, 工作室联合密云二中成功召开以"团队、教研、创新"为主题的北京市数学教学研讨会, 密云区教委副主任于兆旺、中教科科长吴明奎、市基教研中心中学教研室康杰和丁明怡老师、密云区所有高中数学教师和北京市各区的教师代表数百人参加了会议. 在会上, 我们分享了前期联合教研的阶段研究成果, 展示了两节"析题课"的教学范例, 为一批"室内外"优秀的青年教师搭设了展示的平台, 受到与会领导和专家的高度称赞. 现场汇报的三个数据调研分析报告均获得了论文市级一等奖, 现场展示的两个课例也都获得了市级一等奖.

### 七、立足教学, 务实科研

如何申请和开展课题研究是工作室教师的弱点所在. 为提高教师的教科研能力, 工作室领衔教师申请了市、区级课题, 带领工作室教师一起开展研究, 指导大家在实践中体会如何选题, 如何申请课题, 如何撰写开题报告, 如何开展课题研究和如何撰写结题报告, 取得了显著的成绩. 工作室教师从无课题研究到人人有课题, 部分人成为区级课题的负责人. 至今, 由工作室领衔教师承担市级课题"'互联网+'下高中数学教师课堂教学行为研究"已经结题, 承担国家级重点课题的子课题"疫情期间利用混合式作业进行高中数学教学评价的研究"已经提交结题报告, 承担区级课题"互联网+下高中数学微课制作与实践的研究"正在开展研究, 工作室教师张波老师承担的区级课题"学科核心素养导向的高中数学概念课教学研究"和魏学军老师承担的区级小课题"融入数学文化的课堂教学研究"都在正常进行.

### 八、成果展示, 反思总结

一分耕耘, 一分收获, 经过两年的研修, 工作室每位成员都取得了可喜的成绩. 领衔教师王保东被评为正高级教师, 并被聘为北京市特级教师协会理事、中国教育学会中学数学专业委员会"领航计划"专家团成员、教育部教师工作司国培专家. 工作室成员中有4人职称得到晋升, 3人晋升为校级骨干; 5人分别入选市级名师工作室或工作站进修. 工作室与密云二中共同承办的市数学研讨会取得圆满成功. 王保东、周跃鑫老师参加了教育部组织的人教A版教材的审读试教工作. 周跃鑫、张波、王保东老师分别应邀赴福州、上海、浙江温州为教师培训上展示课或做专题讲座. 周跃鑫、翟艳和王保东分别为海淀、延庆和门头沟师生做专题讲座. 王保东、魏学军老师多次在研修网组织的全国线上线下混合式研修活动中对同课异构或单元教学设计进行点评、示范, 其间苑智莉老师承担的展示课受到专家的赞赏. 至今, 工作室教师承担国家级课题子课题一个(正在结题), 市级课题一个(已结题), 区级课题3个; 在国家级刊物上发表论文21篇; 所有成员都有论文获市级奖, 累计获奖45篇; 合作参编教辅资料一本；课例和教学设计获市级一等奖 17 节. 在 2019 年北京市中小学教学设计和课例评选中，青年教师丁莉作为被选中的六位优秀选手之一参加了全市初高中数学现场直播说课答辩比赛，并获得了市级一等奖.

在区教委的政策扶持和团队努力拼搏之下，高中数学教师研究工作室已经迈出了坚实的一步. 不忘初心、牢记使命，我们将砥砺家国情怀，激发使命担当，不忘立德树人之初心，求得育人育己之始终！

# 第二部分 教学设计的研究与实践

# 一、单元—课时教学设计

《普通高中数学课程标准（2017 年版）》本着"优化课程结构，突出主线，精选内容"的基本理念，以"依数学学科特点，关注数学逻辑体系、内容主线、知识之间的关联，重视数学实践和数学文化"为依据，精选学科内容，重视以学科大概念为核心，使课程内容结构化；以主题为引领，使课程内容情境化，即以"主线"—"主题"—"核心内容"的结构呈现课程内容，促进学科核心素养的落实，课程结构由模块化转为系统化. 在教学实施建议中提到"教师应理解不同数学学科核心素养水平的具体要求，不仅关注每一节课的教学目标，更要关注主题、单元的教学目标，明晰这些目标对实现数学学科核心素养发展的贡献". 随着新课标的发布，教材也相应进行了修订，人民教育出版社 2019 年 A 版数学教材以数学知识的纵向关联为内容组织的逻辑依据，自然而然、水到渠成地引入和展开学习内容，注重把数学课程各主题的内容紧密联系起来，以使学生能从整体上理解数学知识，避免孤立地、零散地理解知识. 学习主题符合数学自身发生发展过程的自然逻辑结构和学生心理特点的研究框架与研究路径，有助于学生明确研究问题的方向和起点、了解数学研究问题的方式、提高学习质量和效益、提升学生发现和提出问题的能力.

单元教学设计可以帮助教师、学生从整体上更好地认识数学知识内容的关联，理解不同知识内容的地位、作用、本质，包括该内容在数学发展历程中的价值和意义等. 单元教学设计避免学生孤立、片段式学习，对于发展学生的整体数学观、提高理解能力、联想能力等有帮助.

可见，无论是新课程、新课标还是新教材都非常关注学科间、学科内、知识间的关联性，整体构建研究框架、研究路径的单元—课时教学设计是教学改革的趋势，是时代的需要. 单元—课时教学设计模式的推广，有利于课程改革的推进.

在这部分内容研究过程中，主要利用两个单元—课时教学设计模型进行研究.

## （一）"单元—课时教学设计" 模式一

### 1. "模式一" 设计栏目与要求介绍

"单元—课时教学设计"模式一主要以章建跃博士主导的"基于核心素养的高中数学教学策略与方法行动探究"中倡导的单元—课时教学设计为基础，具体教学设计要求如下.

#### 1）单元教学设计的栏目

单元教学设计的栏目包括单元教学内容及其解析、单元教学目标及其解析、单元教学问题诊断和教学支持条件分析. 这样比较有利于体现数学的整体性、逻辑连贯性、思想一致性、方法普适性、思维系统性, 切实防止碎片化教学, 通过有效的"四基""四能"教学, 使数学学科核心素养真正落实于数学课堂.

（1）撰写单元教学内容和内容解析的要求

单元教学内容要对单元教学内容的内涵和外延作简要说明, 并给出单元课时及内容的课时分割.

单元教学内容解析的重点是在揭示概念内涵的基础上, 说明概念的核心所在, 并对概念的地位进行分析, 对其中蕴含的数学思想和方法要作出明确表述, 在此基础上阐明教学重点.

具体来说, 单元教学内容解析包括 5 个方面：①内容的本质；②蕴含的数学思想和方法；③知识的上下位关系；④育人价值（着重在数学学科核心素养的发展）；⑤本单元教学重点.

这部分内容是要指明"教什么", 主要完成"理解数学"的任务.

（2）撰写单元教学目标和目标解析的要求

单元教学目标一般由普通高中数学课程标准相关内容决定, 用"了解""理解""掌握"及有关行为动词"经历""体验""探究"等表述目标.

单元教学目标解析应基于教学内容及其解析, 着重解析课标中"内容与要求"的具体含义. 具体操作时, 可以与单元教学内容解析相对应, 给出学生在学完本单元后在知识、技能、思想方法等方面应达到的要求（会做哪些以往不会做的事情）, 是将"了解""理解""掌握"及"经历""体验""探究"的含义解析为学生的具体外在行为表现.

应注意单元教学目标与课时教学目标的内在一致性. 单元教学目标是通过一个阶段教学要达到的, 而课时教学目标是通过一个课时教学要达成的目标, 课时教学目标是单元教学目标的"微分", 而单元教学目标是课时教学目标的"积分".

（3）撰写单元教学问题诊断分析的要求

应根据自己以往的教学经验、数学内在的逻辑关系及思维发展理论, 对本内容在教与学中可能遇到的障碍进行预测, 并对出现障碍的原因进行分析. 在上述分析的基础上指出教学难点.

具体地, 可以从认知分析入手, 即分析学生已具备的认知基础（包括知识、思想方法和思维发展基础）, 对照教学目标, 发现已有基础和目标之间的差异, 分析学生学习中可能遇到的障碍, 在此基础上给出教学难点.

（4）撰写单元教学支持条件分析的要求

为了有效实现教学目标, 要根据问题诊断分析的结果, 决定采用哪些教学支持条件, 以帮助学生更有效地进行数学思维, 使他们更好地发现数学规律.

可以适当地侧重于信息技术的使用, 以构建有利于学生建立概念的"多元联系表示"的教学情境.

**2）课时教学设计的栏目**

（1）课时教学内容和目标

在课时教学设计中, 课时教学内容指本节课的教学内容, 不必对内容和目标再做解析. 课时教学目标的呈现方式要注意过程与结果的融合、隐性目标与显性目标的融合. 在单元教学目标的基础上融入过程, 体现"以内容为载体, 在过程中落实'四基', 发展数学学科核心素养"的思想. 要从学生"应达成"的角度去写, 多使用"通过""经历""能""会""发展""体会""解决"等词汇, 是"了解""理解""掌握""运用"的进一步细化, 便于教师操作. 课时教学目标的呈现方式要注意过程与结果的融合, 具体写作时可以考虑以下格式: 通过 (经历) $X$, 能 (会) $Y$, 发展 (提高、体会) $Z$.

其中 $X$ 表示数学活动过程, $Y$ 表示应会解决的问题 (显性目标, 主要是具体知识点目标), $Z$ 表示数学思想和方法、数学关键能力 (隐性目标).

(2) 教学重点与难点

课时"重点"是指本节课中的核心概念及其蕴含的数学思想和方法. "难点"主要指学生在学习过程中可能遇到的困难和问题. 可以根据以往的教学经验, 指出学生在学习本节课内容时可能出现的困难, 特别是在理解概念 (原理) 的过程中可能出现的问题. 需要注意的是, 重点、难点要落实在"点"上, 特别是"难点"要与学生学习的普遍情况相吻合 (不能主观臆测), 主要以知识点的方式来表现 (根据需要, 也有思想方法、研究方法), 直接列出条目即可.

(3) 教学过程设计

要强调教学过程的内在逻辑线索, 这一线索应当从数学概念和思想方法的发生发展过程 (基于内容解析)、学生数学思维过程两方面的融合来构建. 学生数学思维过程应当以认知分析为依据, 即在对学生应该做什么、能够做什么和怎样做才能实现教学目标进行分析的基础上得出思维过程的描述. 可以利用问题诊断分析中得出的结论, 基于自己以往教学中观察到的学生学习状况, 通过分析学生学习本内容的思维活动过程, 给出学生学习过程的具体描述. 其中, 应突出核心概念的思维建构和技能操作过程, 突出数学基本思想的领悟过程, 突出数学基本活动经验的积累过程.

教学过程设计以"问题串"方式呈现为主, "问题串"就是整节课的教学主线. 所提出的问题应当注意适切性, 对学生理解数学概念、形成基本技能和领悟基本思想有真正的启发作用, 达到"跳一跳摘果子"的效果. 在每一个问题后, 要写出设计意图 (基于教学问题诊断分析、学生学习行为分析等阐明为什么要设计这样的问题), 还要给出师生活动预设, 以及这一环节需要重点关注的问题 (需要概括的概念要点、思想方法, 需要进行的技能训练, 需要培养的能力) 等. 要特别注意对如何渗透、概括和应用数学思想和方法作出明确表述.

本部分内容大致可分为"教学环节""问题""追问" 3 个层级. 要注意同一层级问题的对等性, 使读者可以从"问题串"中归结出本节课的流程.

"问题"呈现的方式: 问题→师生活动 (预设) →追问→设计意图.

(4) 目标检测设计

课堂教学目标是否达成, 需要以一定的习题、练习进行检测. 值得强调的是, 对每一个 (组) 习题或练习都要写明检测目标, 以加强检测的针对性、有效性. 目标检测设计重在通过题目检测本堂课的目标完成情况, 此步也可以使用教科书中的习题或同类问题, 数量一般为 1~3 个.

**2. "模式一"典型案例**

# 案例1　"2.1等式性质与不等式性质"单元—课时教学设计[①]
## 王保东　北京市密云区教师研修学院

**一、内容及其解析**

1. 内容

用不等式或不等式组表示不等关系，实数大小关系的基本事实，等式与不等式的性质.

2. 内容解析

（1）内容的本质：不等式是式与式之间的一种关系，是实数的序关系的一般化.

（2）蕴含的思想方法：不等式的性质中，"如果 $a>b$，那么 $b<a$；如果 $b<a$，那么 $a>b$"，"如果 $a>b$，$b>c$，那么 $a>c$"是序关系的特性（自反性、传递性），其余性质是不等式在运算中的不变性、规律性.

（3）知识的上下位关系：实数大小关系的基本事实是不等式性质的逻辑基础；不等式的性质与等式的性质都是"式的性质"，具有相似性，但不等号有方向性，所以两者又存在差异.

（4）育人价值：代数的根源在于运算，"运算中的不变性、规律性"是发现代数性质的"引路人"，也是不等式性质中蕴含的基本思想和方法，在代数研究中具有基础地位，是学生发展"四基"、提高"四能"的重要载体.

（5）教学重点

以"运算中的不变性、规律性"为指引，类比式的性质，发现和证明不等式的性质.

**二、目标及其解析**

1. 目标

（1）理解不等式的概念，经历将具体实际问题中所蕴含的不等关系抽象出不等式的过程，体会转化与化归的思想方法，发展数学抽象的核心素养.

（2）掌握实数大小关系的基本事实，体会实数大小关系的基本事实在比较大小中的逻辑基础性，发展数学运算和逻辑推理的核心素养.

（3）掌握等式的性质，在梳理等式的性质的过程中，观察共性，体会等式在运算中保持的不变性就是等式的性质.

（4）掌握不等式的性质，经历由等式的性质类比猜想不等式的过程，提高发现和提出问题、分析和解决问题的能力，体会不等式在运算中的不变性、规律性；通过运用不等式性质证明不等式和求变量的取值范围，发展逻辑推理的核心素养.

2. 目标解析

达成上述目标的标志是：

（1）经历将刻画不等关系的自然语言抽象为符号语言的过程，能从具体问题中的不等关

---

[①] 该教学设计于2019年9月被中国教师研修网收录为专家示范内容.

系中抽象出不等式；

（2）能从"数""形"两个角度解释实数大小关系的基本事实，会用实数大小关系的基本事实比较两个特殊代数式的大小、证明不等式的性质；

（3）能完整陈述等式的基本性质，能说出等式性质蕴含的数学思想（运算中的不变性、规律性）；

（4）能类比等式性质，猜想出不等式的性质，并加以证明；会分析具体问题中不等式的结构特点和数量关系，利用不等式性质证明不等式或求解变量的取值范围.

### 三、教学问题诊断分析

1. 问题诊断

（1）学生在初中阶段学习了等式、等式性质，不等式的概念，通过归纳猜想总结出三条不等式的性质，并用自然语言表述，学生能用等式的性质解一元一次方程，能用不等式的三条性质解一元一次不等式.

（2）学生虽然在初中学习过等式、等式性质，不等式的概念和三条不等式的性质，但没有经历过从实际问题中的不等关系抽象出不等式，也没有用符号语言的形式表述不等式性质，对三条不等式性质也没有给出严谨证明；没有关注到等式的性质 1 和 2 反映了相等关系自身的特性，性质 3，4，5 是从运算的角度提出的，反映了等式在运算中保持的不变性. 初中阶段的学习重视学生会用等式的性质解一元一次方程，会用不等式的性质解一元一次不等式，没有关注等式性质的内在逻辑结构框架和不等式部分完整的知识结构的建立，学生关于等式与不等式两种数量关系之间的联系没有系统认识.

学生在解一元一次不等式或不等式组的过程中，获得了一些逻辑推理能力和数学运算能力，但学生的抽象概括能力和发现提出问题能力存在着不足.

（3）对于一些实际问题，不能准确地提取信息，找出其中的相等关系和不等关系，并将其用符号语言表述. 学生在初中就开始接触不等式的性质，但是没有系统学习，不能从运算中保持的"不变性"去理解不等式性质，也不能认识到不等式性质是不等式证明、求解及各种应用的基础.

（4）为了达成单元的教学目标，要充分发挥教师的主导作用. 要通过教师适时适度的提问和追问，引导学生从用自然语言给出的不等关系中寻找"关键词"（如大于、小于、不超过等）和"关键量"（问题刻画的是"谁"的变化规律），用符号表示变量"谁"，将自然语言转化成符号语言；通过小组讨论的方式，找到比较大小时对"差"的转化方向；启发学生认识到不等式与等式一样，都是对数量大小关系的刻画，可以从等式的性质及其研究方法中获得启发研究不等式的性质；在学生互动交流辨析讨论的过程中，找到不等式证明的思路.

2. 教学难点

从实际问题中，找出相等关系与不等关系，并抽象为等式或不等式；不等式性质的证明、应用.

### 四、教学支持条件分析

1. 在课前检测中，利用图形计算器统计数据，诊断学情，解决问题.

2. 在授课过程中，利用师生交互平台及时交流学习经验，适时进行评价分析，有助于对学习活动各个环节的组织评价.

### 五、课时教学设计

# 第1课时　2.1等式性质与不等式性质(一)

**(一) 课时教学内容**

用不等式或不等式组表示不等关系, 实数大小关系的基本事实.

**(二) 课时教学目标**

1. 经历将刻画不等关系的自然语言抽象为符号语言的过程, 会用不等式表示实际问题中的不等关系, 体会转化与化归的思想方法, 发展数学抽象的核心素养.

2. 经历从数形两个方面解释实数大小关系的基本事实的过程, 能利用实数大小关系的基本事实比较代数式的大小, 证明简单不等式, 体会实数序关系的合理性, 发展数学运算的核心素养.

3. 学生以研究"风车"为载体, 能从实际情境中发现不等关系, 并用不等式表示, 提高学生发现和提出问题、分析和解决问题的能力.

**(三) 教学重点与难点**

1. 教学重点

从具体情境中抽象出不等式, 并从数形两方面认识两个实数大小关系的基本事实.

2. 教学难点

从实际问题中找出相等关系或不等关系, 并抽象为等式或不等式.

**(四) 教学过程设计**

课前检测: 将下列问题发布在教学平台上让学生作答.

1. 已知 A 电器在某地区的销售的单价是每件 0.2 万元, 若预估 A 电器的销售量为 500 件, 则 A 电器在该地区销售的总收入为(　　)元.

(A) 100　　　　　　　　　　　　(B) 10 000

(C) 100 000　　　　　　　　　　(D) 1 000 000

2. 设 A, B, C 表示 3 种不同的物体, 现在用天平称了两次, 情况如图 1 所示, 那么"A""B""C"这 3 个物体的质量按从大到小的顺序排列应该为(　　).

(A) BCA

(B) CBA

(C) BAC

(D) ABC

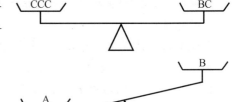

图 1

**师生活动:**

1. 教师发布问题, 学生利用图形计算器作答并上传答案.

2. 教师利用图形计算器统计数据, 诊断学情, 组织解决问题, 公布检测题正确答案: 1. 选 D; 2. 选 D.

**设计意图:**

引导学生关注具体问题中的相等关系和不等关系, 练习用等式与不等式的性质比较大小, 为从具体问题中抽象出不等式做铺垫.

**教师指出:** 在现实世界和日常生活中, 存在着大量相等关系和不等关系, 例如多与少、大与小、长与短、高与矮、远与近、快与慢、涨与跌、轻与重、不超过或不少于等. 类似于这样的问题，反映在数量关系上，就是相等与不等. 相等用等式表示，不等用不等式表示.

【问题 1】你能用不等式或不等式组表示下列问题中的不等关系吗？

(1) 某路段限速 40 km/h；

(2) 某品牌酸奶的质量检查规定，酸奶中脂肪的含量 $f$ 应不少于 2.5%，蛋白质的含量 $p$ 应不少于 2.3%；

(3) 三角形两边之和大于第三边；

(4) 连接直线外一点与直线上各点的所有线段中，垂线段最短.

**师生活动：**

1. 追问：在(1)中含有不等关系吗？哪个词说明有不等关系？在(1)中是对谁的变化过程的刻画？用数量关系表示这里的不等关系还需要做什么准备工作？在实际生活中，对行驶在路上的汽车的车速除了限速，还有特殊要求吗？

2. 追问：在(2)中含有不等关系吗？哪个词说明有不等关系？在(2)中是对谁的变化过程的刻画？用数量关系表示这里的不等关系用不等式还是用不等式组更合适？

3. 追问：类比(1)和(2)的研究方法，在(3)中应该引入几个变量，写出几个不等式，需要用不等式组表示吗？

4. 追问：在(4)中是对垂线段最短的刻画，为便于直观感知题目中的信息，你能将问题换一种呈现方式吗？

5. 教师指导得到正确答案如下：

对于(1)，设在该路段行驶的汽车的速度为 $v$ km/h，"限速 40 km/h"就是 $v$ 的大小不能超过 40，于是 $v \leqslant 40$，由汽车在路上行驶的实际意义可知 $v > 0$，因此，$0 < v \leqslant 40$.

对于(2)，由题意，得 $\begin{cases} f \geqslant 2.5\%, \\ p \geqslant 2.3\%. \end{cases}$

对于(3)，设 $\triangle ABC$ 的三条边为 $a$，$b$，$c$，则 $\begin{cases} a+b>c, \\ b+c>a, \\ c+a>b. \end{cases}$

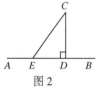

图 2

对于(4)，如图 2 所示，设 $C$ 是线段 $AB$ 外的任意一点，$CD$ 垂直于 $AB$，垂足为 $D$，$E$ 是线段 $AB$ 上不同于 $D$ 的任意一点，则 $CD < CE$.

6. 学生完成课堂目标检测第(1)题，教师点评学生的完成情况.

**设计意图：**

引导学生关注具体问题中的不等关系，抽象出不等式或不等式组.

【问题 2】某种杂志原以每本 2.5 元的价格销售，可以售出 8 万本. 据市场调查，杂志的单价每提高 0.1 元，销售量就可能减少 2 000 本. 你知道如何定价才能使提价后的销售总收入不低于 20 万元吗？

**师生活动：**

1. 学生思考后，让部分学生发表自己的想法.

2. 教师根据学生解答情况，适时建议学生从文字语言的角度表示杂志提价后的价格与销售量之间的数量关系，以及杂志提价后的价格与销售总收入之间的关系.

3. 教师板书以下正确解答：

解：设提价后每本杂志的定价为 $x$ 元，

则销售量为 $(8-\dfrac{x-2.5}{0.1}\times 0.2)$ 万本.

所以销售总收入为 $(8-\dfrac{x-2.5}{0.1}\times 0.2)x$ 万元.

于是，不等关系"销售总收入不低于 20 万元"可以用不等式表示为

$$(8-\dfrac{x-2.5}{0.1}\times 0.2)x\geqslant 20 \qquad\qquad ①$$

求出不等式①的解集，就能知道满足条件的杂志的定价范围.

设计意图：

让学生经历将具体问题转化为求解不等式的问题.

**教师指出**：如何解不等式 $(8-\dfrac{x-2.5}{0.1}\times 0.2)x\geqslant 20$ 呢？与解方程要用等式的性质一样，解不等式要用不等式的性质. 为此，我们需要先研究不等式的性质.

在初中我们已经通过具体实例归纳出了一些不等式的性质. 这些性质为什么是正确的？还有其他不等式的性质吗？回答这些问题要用到关于两个实数大小关系的基本事实. 请看【问题3】.

【问题3】由于数轴上的点与实数一一对应，所以可以利用数轴上点的位置关系来规定实数的大小关系. 你能根据数轴上两点 $A$ 和 $B$ 的不同位置，规定它们对应的实数 $a$ 和 $b$ 的大小关系吗？你能从两个实数差的符号来判断这两个实数的大小吗？

师生活动：

1. 学生按教师要求自己画图，分析推测：数轴上不同的两点 $A$ 和 $B$ 的相对位置和与之相对应的实数 $a$ 和 $b$ 之间的大小关系之间的联系，猜想两个实数差的符号与这两个实数的大小之间的联系.

2. 教师结合学生的回答，对学生的推测给予肯定或组织学生间质疑讨论，形成共识，得到两个实数大小关系的基本事实，并指出：这种"通过减法运算，把两个实数的大小关系转化为差的符号判断"的思想方法是今后比较两个实数大小关系的基本方法.

设计意图：

启发学生分别从几何与代数运算的角度理解两个实数的大小关系，体会蕴含的思想方法.

【问题4】你能完成例1的任务吗？

例1　比较 $(x+2)(x+3)$ 和 $(x+1)(x+4)$ 的大小.

师生活动：

1. 学生自主思考，教师适时请学生发言表述，寻找解题思路.

2. 学生自主解答，教师巡视，结合学生的解答情况，找出典型问题(如计算问题、书写问题等)，运用师生交互平台，展示学生作业，请其他学生指出问题所在，教师引导学生规范书写，并指出：我们借助多项式减法运算，得出了一个明显大于0的数(式)，这是解决不等式问题的常用方法.

3. 追问：你能总结一下比较大小的一般步骤吗？学生依据求解过程总结比较实数大小的一般步骤为：第一步，作差，并化简；第二步，判断差值符号；第三步，结合两个实数比较大小关系的基本事实比较大小.

4. 学生完成课堂目标检测第(2)题和第(3)题，教师点评学生的完成情况.

**设计意图：**

让学生练习用两个实数大小的基本事实比较两个代数式的大小，总结用两个实数大小关系的基本事实比较大小的一般步骤.

教师指出：图 3 是在北京召开的第 24 届国际数学家大会的会标，会标是根据中国古代数学家赵爽的弦图设计的，颜色的明暗使它看上去像一个风车，代表中国人民热情好客.

图 3

**【问题 5】**你能从图 3 中找出一些相等关系和不等关系吗？

**师生活动：**

1. 先请学生自主思考，教师再根据学生思考的情况引导提问：你能从这个"会标"中，抽象出"数学图形"吗？教师组织学生研讨，将图 3 中的"风车"抽象成如图 4 所示的数学图形，在这个图形的正方形 $ABCD$ 中有 4 个全等的直角三角形和一个正方形 $EFGH$.

2. 教师指出：一个图形所反映的相等关系和不等关系，肯定是从度量角度考虑的；针对平面图形，应该关注的是长度、角度和面积. 显然，图中的角度都是我们知道的定值，不需要继续研究.

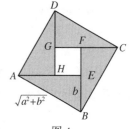

图 4

3. 提问：下面我们从长度入手，可以观察图 4 中涉及哪些线段的长？有没有"基础线段"？"基础线段"确定后，其他线段是随之而定吗？你认为把谁定为"基础线段"有利于图中数量的计算？

4. 追问：研究完长度后，我们再关注面积. 在图 4 中涉及哪些图形的面积，它们有哪些相等关系、不等关系？运算后有哪些相等关系和不等关系？先请学生自己思考，再按学生数学水平的不同分成若干小组，每组 4 人，小组内部交流，形成组内意见，由组内中下等水平的学生进行汇报，其他小组质疑点评. 其间，教师巡视，了解学情，适时适度点拨指导，直至得到正确的研究成果：当 $a$ 和 $b$ 都是正数时，$a^2+b^2 \geqslant 2ab$，当且仅当 $a=b$ 时，等号成立.

5. 追问：如果把正数 $a$ 和 $b$ 推广到任意实数，不等式还成立吗？如果成立，你会证明吗？如果不成立，你能举出反例吗？学生自主思考，尝试证明，教师巡视，并选取典型问题，在班内展示研讨，得到正确结论：对于任意实数 $a$，$b$，有 $a^2+b^2 \geqslant 2ab$，当且仅当 $a=b$ 时，等号成立. 针对学生学习基础，适当留给学生部分时间整理完善研究过程，同时教师用 PPT 展示推理的严谨叙述过程.

6. 学生完成课堂目标检测第(4)题，教师点评学生的完成情况.

**设计意图：**

引导学生得出：当 $a$ 和 $b$ 都是任意实数时，$a^2+b^2 \geqslant 2ab$，并由此发展学生直观想象和数学抽象素养.

**【问题 6】**请回忆本节课的学习内容，回答下面的问题：

1. 你能说一说从实际问题中抽象出不等式的步骤吗? 在抽象的过程中需要注意哪些问题?

2. 你能从数轴和实数运算的角度解释实数大小关系的基本事实吗?

3. 你认为用实数大小关系的基本事实比较代数式的大小和证明不等式的易错点是什么? 难点是什么? 你有办法解决这些问题吗?

**师生活动:**

1. 教师用 PPT 展示上述问题, 学生思考问题.

2. 教师找学生代表发言, 引导学生完善问题答案.

**设计意图:**

帮助学生回顾和小结学习内容.

**(五) 目标检测设计**

(1) 你能用不等式或不等式组表示下面的不等关系吗?

①某高速公路规定通过车辆的车货总高度 $h$ 从地面算起不能超过 4 m;

②$a$ 与 $b$ 的和是非负实数.

**设计意图:**

这是水平二的问题, 检测学生从具体问题中抽象不等式或不等式组的能力.

(2) 比较下列各组中两个代数式的大小:

① $(x+3)(x+7)$ 与 $(x+4)(x+6)$;

② $x^2$ 与 $x-1$.

**设计意图:**

这是水平二的问题, 让学生练习用两个实数大小关系的基本事实比较两个代数式的大小, 发展数学运算的核心素养.

(3) 已知 $a>b$, 你能证明 $a>\dfrac{a+b}{2}>b$ 吗?

**设计意图:**

这是水平二的问题, 检测学生用两个实数大小关系的基本事实比较两个代数式大小的目标达成情况.

(4) 如图 5 所示, 在一个面积小于 350 m² 的矩形地基的中心位置上建造一个仓库, 仓库的四周建成绿地, 仓库的长 $L$ 大于宽 $W$ 的 4 倍. 请用不等式表示问题中的不等关系.

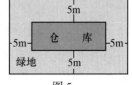

图 5

**设计意图:**

这是水平二的问题, 检测学生从具体实例中发现不等关系, 抽象不等式的能力.

**课后作业**

(1) 请试着举出几个现实生活中与不等式有关的例子.

**设计意图:**

这是水平二的问题, 让学生从生活实例中发现不等关系, 并用不等式表示, 提高学生发现和提出问题、分析和解决问题的能力.

(2) 某夏令营有 48 人, 出发前要从 A, B 两种型号的帐篷中选择一种. A 型号的帐篷比 B 型号的少 5 顶. 若只选 A 型号的, 每顶帐篷住 4 人, 则帐篷不够; 每顶帐篷住 5 人, 则有一顶帐篷没有住满. 若只选 B 型号的, 每顶帐篷住 3 人, 则帐篷不够; 每顶帐篷住 4 人, 则有帐篷多余. 设 A 型号的帐篷有 $x$ 顶, 用不等式将题目中的不等关系表示出来.

**设计意图:**

这是水平二的问题, 能从实际情境中发现不等关系, 抽象不等式, 培养数学抽象的核心素养.

(3) 比较下列各组中两个代数式的大小:

①$x^2+5x+6$ 与 $2x^2+5x+9$;　　②$(x-3)^2$ 与 $(x-2)(x-4)$;

③当 $x>1$ 时, $x^2$ 与 $x^2-x+1$;　　④$x^2+y^2+1$ 与 $2(x+y-1)$.

**设计意图:**

这是水平二的问题, 让学生利用实数大小关系的基本事实比较代数式的大小, 发展数学运算的核心素养.

# 第 2 课时　2.1 等式性质与不等式性质(二)

**(一) 课时教学内容**

等式与不等式的性质, 不等式性质的应用.

**(二) 课时教学目标**

1. 经历由等式性质探索不等式性质的过程, 能从"运算的不变性"的角度认识等式与不等式性质, 体会类比思想, 提高合情推理能力.

2. 能运用不等式性质证明简单不等式和求变量的取值范围, 在问题解决过程中发展逻辑推理的核心素养.

**(三) 教学重点与难点**

1. 教学重点: 类比等式的性质, 发现和证明不等式的性质.

2. 教学难点: 发现等式、不等式性质的思想方法, 不等式性质的证明与应用.

**(四)教学过程设计**

**课前检测:** 将下列问题发布在教学平台上让学生作答.

(1) 回顾等式的基本性质:

性质 1　如果 $a=b$, 那么 $b=a$;

性质 2　如果 $a=b$, $b=c$, 那么_____;

性质 3　如果 $a=b$, 那么 $a\pm c=$_____;

性质 4　如果 $a=b$, 那么 $ac=$_____;

性质 5　如果 $a=b$, $c\neq 0$, 那么 $\dfrac{a}{c}=$_____.

(2) 初中学习过的一些不等式的性质:

如果 $a>b$, 那么 $a+c$ _____ $b+c$;

如果 $a>b$, $c>0$, 那么 $ac$ _____ $bc$;

如果 $a>b$, $c<0$, 那么 $ac$ _____ $bc$.

**师生活动:**

学生独立完成, 教师利用图形计算器统计数据, 诊断学情, 解决问题.

**设计意图:**

归纳整理等式的基本性质, 回顾已有关于不等式的性质, 为探求不等式的性质做铺垫.

**【问题1】**观察等式的性质，我们发现性质1，2是关于等式自身的特性，可以将其称为"自反性""传递性". 其他几条性质的共性是什么？

**师生活动：**

1. 学生归纳等式性质3，4，5的共性，得出它们所研究的问题是"等式在运算中的不变性".

2. 学生运用类比的方法，对不等式性质进行猜想.

3. 如果学生表述性质1不完整，那么需要教师引导学生补充完整；如果对性质3和性质4学生提出减法和除法运算，那么教师要请学生先自主思考，再小组讨论，达成共识，将减法和除法运算归纳统一为加法和乘法运算.

4. 追问：你能用文字语言表述不等式的性质吗？

5. 教师板书不等式性质.

性质1　如果$a>b$，那么$b<a$；如果$b<a$，那么$a>b$.

即$a>b \Leftrightarrow b<a$(自反性，不等关系自身特征).

性质2　如果$a>b$，$b>c$那么$a>c$.

即$a>b$，$b>c \Rightarrow a>c$(传递性，不等关系自身特征).

性质3　如果$a>b$，那么$a+c>b+c$.（加法运算性质，从运算角度提出）.

即不等式的两边都加上同一个实数，所得不等式与原不等式同向.

性质4　如果$a>b$，$c>0$，那么$ac>bc$；如果$a>b$，$c<0$，那么$ac<bc$.（乘法运算性质，从运算角度提出）.

即不等式两边同乘一个正数，所得不等式与原不等式同向；不等式两边同乘一个负数，所得不等式与原不等式反向.

6. 追问：对比等式性质和不等式性质，你能说说它们的联系和区别吗？

**设计意图：**

让学生经历由等式的性质猜想不等式性质的过程，提升学生发现和提出问题、分析和解决问题的能力，体会不等式性质是不等运算中的不变性.

**【问题2】**你能证明自己发现的不等式性质吗？

**师生活动：**

1. 教师请学生思考，下面性质1的推理过程正确吗？如果正确，指出每一步的推理依据；如果不正确，说明理由. 因为$a>b$，所以$a-b>0$. 两边同乘以$-1$，得$-(a-b)<0$，即$b-a<0$，所以$b<a$. 同理可证：如果$a<b$，那么$b<a$.

2. 学生利用实数大小关系的基本事实独立思考证明性质2、性质3和性质4.

3. 追问：你能借助数轴解释不等式的性质3吗？

4. 追问：你能用不等式的性质证明"不等式中任何一项可以改变符号后移到不等号的另一边"吗？

5. 教师指出，利用不等式的基本性质，还可以得到一些常用的不等式性质，如性质5：如果$a>b$，$c>d$，那么$a+c>b+d$. 你能给出具体的证明过程吗？

学生独立思考证明方法后，教师选取典型证明方法用互动平台展示，教师梳理利用不等式性质证明不等式的思路，并板书证明步骤如下：

事实上，由 $a>b$ 和性质 3，得 $a+c>b+c$；

由 $c>d$ 和性质 3，得 $b+c>b+d$.

再根据性质 2，即得 $a+c>b+d$.

6. 追问：根据性质 5 所体现出来的加法运算中的不变性，我们还可以猜测哪种运算中的不变性？教师板书不等式性质 6，7.

性质 6　如果 $a>b>0$，$c>d>0$，那么 $ac>bd$.

性质 7　如果 $a>b>0$，那么 $a^n>b^n$（$n\in\mathbf{N}$，$n\geq2$）.

7. 学生完成课堂目标检测第(1)题，教师对学生的练习进行点评.

**设计意图：**

通过不等式的基本事实等证明不等式性质，体会不等式证明的基本方法，发展学生逻辑推理的能力.

【问题 3】你能利用不等式性质解决下面的例 1 吗？

例 1　已知 $0<a<2$，$-1<b<3$，分别求 $2a$，$-b$，$2a-b$ 的取值范围.

**师生活动：**

1. 给学生适当的时间进行思考，教师进行巡视，统计学生对问题解决的情况. 针对学生解题情况，适时启发学生，观察要求变量与已知变量的运算关系，联想不等式性质，使用不等式性质解决问题.

2. 教师板书以下正确解答：

解：因为 $0<a<2$，$2>0$，并且不等式两边同乘一个正数，所得不等式与原不等式同向，所以 $0<2a<4$.　　①

因为 $-1<b<3$，$-1<0$，

并且不等式两边同乘一个负数，所得不等式与原不等式反向，

所以 $-3<-b<1$.　　②

由①②及性质 5 可知 $-3<2a-b<5$.

3. 学生完成课堂目标检测第(2)题，教师对学生的练习进行点评.

**设计意图：**

让学生运用不等式性质求变量的取值范围，在解题的过程中培养学生逻辑推理与数学运算这两个核心素养.

【问题 4】你能利用不等式性质解决下面的例 2 吗？

例 2　已知 $a>b>0$，$c<0$，求证 $\dfrac{c}{a}>\dfrac{c}{b}$.

**师生活动：**

1. 给学生适当的时间思考例 2，结合不等式性质及其证明过程，从代数运算的角度分析代数式的特点.

2. 追问：请大家分析要求证的不等式结构上有什么特点？怎么运算才能得到这样的式子？

3. 教师结合学生对不等式分析梳理解题思路如下：

分析：要证明 $\dfrac{c}{a}>\dfrac{c}{b}$，因为 $c<0$，所以可以先证明 $\dfrac{1}{a}<\dfrac{1}{b}$. 利用已知 $a>b>0$ 和性质 4，即可

证明$\dfrac{1}{a}<\dfrac{1}{b}$.

教师板书下面规范的证明：

证明：因为$a>b>0$，所以$ab>0$，$\dfrac{1}{ab}>0$.

于是$a\cdot\dfrac{1}{ab}>b\cdot\dfrac{1}{ab}$，即$\dfrac{1}{b}>\dfrac{1}{a}$.

由$c<0$，得$\dfrac{c}{a}>\dfrac{c}{b}$.

设计意图：

让学生运用不等式性质证明不等式，在解题的过程中发展学生的逻辑推理与数学运算这两个核心素养.

【问题5】经过本节课的学习，请同学们思考下列问题：

1. 你能总结一下等式的基本性质和不等式的基本性质蕴含的数学思想吗？

2. 可以从哪些角度解释不等式性质？

3. 在应用不等式性质求变量的取值范围，以及证明不等式的过程中，哪些知识和方法对于解决问题起了比较重要的作用？

4. 在使用不等式性质的过程中，你认为应注意哪些问题？

设计意图：

梳理整堂课教学内容，使学生对不等式性质有系统的认识.

（五）目标检测设计

（1）用不等号"＞"或"＜"填空：

①如果$a>b$，$c<d$，那么$a-c$＿＿＿$b-d$；

②如果$a>b>0$，$c<d<0$，那么$ac$＿＿＿$bd$；

③如果$a>b>0$，那么$\dfrac{1}{a^2}$＿＿＿$\dfrac{1}{b^2}$；

④如果$a>b>c>0$，那么$\dfrac{c}{a}$＿＿＿$\dfrac{c}{b}$.

设计意图：

这是水平二的问题，检测学生运用不等式基本事实和不等式的性质比较两个代数式大小的目标达成情况.

（2）已知$2<a<3$，$-2<b<-1$，求$2a+b$的取值范围.

设计意图：

这是水平二的问题，检测学生运用不等式性质对变量的取值范围求解的能力.

**课后作业**

（1）下列不等式中成立的是（　　）.

（A）若$a>b>0$，则$ac^2>bc^2$　　　　（B）若$a>b>0$，则$a^2>b^2$

（C）若$a<b<0$，则$a^2<ab<b^2$　　　　（D）若$a<b<0$，则$\dfrac{1}{a}<\dfrac{1}{b}$

**设计意图：**

这是水平二的问题，检测学生运用实数大小关系的基本事实和不等式的性质比较两个代数式大小的目标达成情况.

（2）已知$-2<x<0$，$2<y<3$，求$2x-y$的取值范围.

**设计意图：**

这是水平二的问题，检测学生运用不等式的性质求变量的取值范围的能力.

（3）已知$a>b>0$，$c<d<0$，$e<0$，求证$\dfrac{e}{a-c}>\dfrac{e}{b-d}$.

**设计意图：**

这是水平二的问题，检测学生运用实数大小关系的基本事实和不等式的性质证明不等式的能力，用以培养学生的逻辑推理素养.

## 案例2　"2.2 基本不等式"单元—课时教学设计①
### 魏学军　北京市密云区教师研修学院

**一、内容和内容解析**

1. 内容

从具体情景中提炼出基本不等式,证明基本不等式,利用基本不等式求最值.

2. 内容解析

内容的本质:基本不等式反映了实数经过两种基本运算(即加法和乘法)后的变化规律. 从"数及其运算"的角度看,$\frac{a+b}{2}$是两个正数 $a$,$b$ 的"平均数";从定量几何的角度来讲,$ab$ 是长为 $a$、宽为 $b$ 的矩形面积,$\sqrt{ab}$是这两个正数 $a$、$b$ 的"几何平均". 因此,不等式中涉及的是代数、几何中的"基本量".

蕴含的思想方法:基本不等式涉及转化与化归的数学思想. 转化与化归思想表现在利用不等式性质探究基本不等式的证明思路,把某些函数的最大(小)值转化成能利用基本不等式求最大(小)值的形式,再结合基本不等式解决问题.

知识的上下位关系:不等式的基本事实、重要不等式是证明基本不等式的基础,基本不等式又是证明较复杂不等式、比较大小、解决函数最值的重要工具.

育人价值:基本不等式属于代数内容,代数的根源在于运算,"运算中的不变性、规律性"是发现代数性质的"引路人",也是基本不等式中蕴含的基本思想和方法,是学生夯实"四基"、提高"四能"和发展数学抽象素养的重要载体.

**教学重点**:发现并证明基本不等式 $\sqrt{ab}\leqslant\frac{a+b}{2}$($a>0$,$b>0$),用基本不等式求简单的最大值或最小值的问题.

**二、目标和目标解析**

1. 单元目标

(1) 从运算角度,通过对重要不等式结构进行分析得到基本不等式,能说出基本不等式及其结构特点.

(2) 掌握基本不等式 $\sqrt{ab}\leqslant\frac{a+b}{2}$($a>0$,$b>0$),能用多种方法证明基本不等式,发展学生的逻辑推理与数学运算素养.

(3) 能用基本不等式解决简单的最大值或最小值的问题,在运用基本不等式解决实际问题中,发展学生的数学抽象素养.

2. 目标解析

达成上述目标的标志是:

(1) 经历用"加法"和"乘法"描述重要不等式的过程,知道基本不等式的结构特点,能用

---

① 该教学设计于 2019 年 9 月被中国教师研修网收录为专家示范内容.

文字语言描述基本不等式.

(2) 能从"数""形"两个角度解释基本不等式, 即能运用不等式性质证明基本不等式, 并用几何图形解释基本不等式.

(3) 会从具体实例中抽象出不等式, 并通过分析和转化它的代数结构与数量关系, 利用基本不等式解决(求最值、比较大小等)问题.

### 三、教学问题诊断分析

1. 问题诊断

(1) 学生虽然在初中接触过函数最大值或最小值的问题, 但是没有学习过最大(小)值的严格定义, 不能正确理解函数的最大值或最小值是函数值所有取值中的一个.

(2) 学生虽然学习了重要不等式, 但是没有从代数运算的角度去认识重要不等式.

(3) 学生可能不知道从运算、关系等角度观察代数式的结构特点, 在利用代数性质进行逻辑推理方面经验不足.

(4) 学生从具体实例中抽象出数学问题的能力还有待提高.

2. 教学难点

分析代数式的结构特点和数量间的运算规律; 将具体实例抽象成数学问题, 并根据代数式的结构特点运用基本不等式解决最优化问题.

### 四、教学支持条件分析

1. 在课前检测环节中, 利用图形计算器诊断学情, 解决问题.

2. 在授课过程中, 利用师生交互平台及时交流学习经验, 适时进行评价分析, 有助于对学习活动各个环节的组织评价.

### 五、课时教学设计

# 第1课时　2.2　基本不等式(一)

(一) 课时教学内容

从代数运算角度认识基本不等式, 证明基本不等式.

(二) 课时教学目标

1. 通过从运算角度对重要不等式结构特点进行分析, 发现基本不等式并能对基本不等式进行简单变形.

2. 通过证明基本不等式和理解基本不等式的几何意义, 体会转化与化归思想, 发展学生的逻辑推理和直观想象素养.

3. 经历用基本不等式证明简单的不等式和求具体函数最大(小)值问题, 发展学生的逻辑推理和数学运算素养.

(三) 教学重点与难点

1. 教学重点

理解基本不等式 $\sqrt{ab} \leqslant \dfrac{a+b}{2} (a>0,\ b>0)$.

2. 教学难点

将不等式变形为可以运用基本不等式的结构, 并由此证明不等式或求函数的最大(小)值.

（四）教学过程设计

**课前检测：**

将下列问题发布在教学平台上让学生作答：

（1）已知 $a>b$，$c\in\mathbf{R}$，则 $a-c$＿＿＿$b-c$（填"＞"或"＜"）；

（2）已知 $a>0$，$b>c$，则 $ab$＿＿＿$ac$（填"＞"或"＜"）；

（3）若 $0<x\leqslant\dfrac{1}{4}$，则 $y=\dfrac{1}{x}$ 的最小值是＿＿＿＿.

**师生活动：**

（1）教师发布问题，学生独立自主完成并上传答案.

（2）教师利用图形计算器统计数据，诊断学情，组织解决问题，公布检测题正确答案：（1）＞；（2）＞；（3）4.

**设计意图：**

通过比大小的解题过程，回忆不等式的性质，为基本不等式的证明做铺垫. 利用求函数的最小值，体会函数的最小值是函数值中的一个值（最小的一个），为利用基本不等式求最大（小）值做铺垫.

**【问题1】** 如果用 $\sqrt{a}$，$\sqrt{b}$ 分别代替重要不等式 $a^2+b^2\geqslant2ab$ 中的 $a$，$b$ 可以得到什么样的结论？

**师生活动：**

1. 教师提出问题后学生分组进行讨论，教师收集学生讨论成果.

2. 教师提问：从运算的角度看，所得结论中含有哪些运算性质？

3. 教师讲解：不等式 $\sqrt{ab}\leqslant\dfrac{a+b}{2}$ 中含有加法和乘法两个最基本的运算，它反映了两个正数经过这两种基本运算后的变化规律，是逐步归纳、复合而构造其他代数公式的基础；它可以有许多变形，可以借助对 $a$，$b$ 进行代数变换，反映运算、变换中的不变性和规律性.

4. 教师板书：我们把不等式 $\sqrt{ab}\leqslant\dfrac{a+b}{2}$ 称为基本不等式. 其中，$\dfrac{a+b}{2}$ 叫做正数 $a$，$b$ 的算术平均数，$\sqrt{ab}$ 叫做正数 $a$，$b$ 的几何平均数.

5. 教师追问：你可以用文字语言描述基本不等式吗？

6. 教师讲解：为什么叫做"几何平均数"呢？我们在后面再来给大家解开谜底.

7. 学生完成课堂目标检测第（1）题，教师对学生的练习进行点评.

**设计意图：**

让学生将重要不等式特殊化，得到基本不等式，体会特殊化是发现数学结论的主要方法；学生从代数运算角度分析基本不等式中所蕴含的两个基本运算（加法和乘法），初步体会这类不等式的结构特点.

**【问题2】** 你还能用其他方法证明基本不等式吗？

**师生活动：**

1. 教师引导学生运用学习过的不等式性质或实数比较大小的基本事实对基本不等式进行证明.

2. 通过巡视，调研小组讨论情况，教师适时、适度参与其中，利用师生交互平台收集学生研讨成果，收集学生证明案例进行评讲.

3. 教师展示规范证明：

方法 1：分析法，与教科书证明一致.

方法 2：学生类比重要不等式的证明过程，得到如下证明.

证明：因为 $(\sqrt{a}-\sqrt{b})^2 \geq 0$，所以 $a+b-2\sqrt{ab}>0$.

　　　　所以 $a+b \geq 2\sqrt{ab}$.

　　　　所以 $\sqrt{ab} \leq \dfrac{a+b}{2}$.

方法 3：学生利用两个实数大小比较的基本事实，得到如下证明.

证明：因为 $\dfrac{a+b}{2}-\sqrt{ab}=\dfrac{a-2\sqrt{ab}+b}{2}=\dfrac{(\sqrt{a}-\sqrt{b})^2}{2} \geq 0$，

　　　　所以 $\dfrac{a+b}{2} \geq \sqrt{ab}$.

4. 教师引入：对于基本不等式，我们还可以从其他角度去解释. 在图 1 中，$AB$ 是圆的直径，点 $C$ 是 $AB$ 上一点，$AC=a$，$BC=b$. 过点 $C$ 作垂直于 $AB$ 的弦 $DE$，连接 $AD$，$BD$.

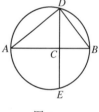

图 1

5. 教师追问：图 1 中 $\dfrac{a+b}{2}$ 和 $\sqrt{ab}$ 所代表的几何意义是什么？

6. 学生利用图 1，探究发现由于 $AB$ 是圆的直径，故 $\triangle ABD$ 为直角三角形. 通过推理得到：点 $C$ 是 $AB$ 上一点，弦 $DE$ 垂直于 $AB$，因此 $\triangle ACD \sim \triangle DCB$. 利用相似三角形的性质，可以得到 $CD=\sqrt{ab}$，而 $\dfrac{a+b}{2}$ 为圆的半径.

7. 教师指出：$\sqrt{ab}$ 体现了一个几何关系，即过一个圆的直径上任意一点做垂线，直径被分开的两部分为 $a$，$b$，那么这个垂线在圆内的一半长度就是 $\sqrt{ab}$，因此它也称为几何平均数.

8. 学生完成课堂目标检测第(2)题，教师对学生的练习进行点评.

**设计意图：**

从学生已有经验出发，引导学生利用不等式性质对基本不等式进行证明，在证明的过程中培养学生逻辑推理与数学运算这两个核心素养. 利用圆，从几何角度寻找代数平均数与几何平均数，指导学生认识几何平均数的由来，从几何角度解释基本不等式，引导学生进一步加深对基本不等式的认识.

【**问题 3**】你能利用基本不等式解决例 1 吗？

例 1　已知 $x>0$，求 $x+\dfrac{1}{x}$ 的最小值.

**师生活动：**

1. 教师指出：求 $x+\dfrac{1}{x}$ 的最小值，就是要求一个定值 $y_0$，使任意的 $x>0$，都有 $x+\dfrac{1}{x} \geq y_0$.

2. 教师引导学生观察代数式的结构特点，体会它和基本不等式的联系与区别.

3. 学生认识到 $x+\dfrac{1}{x}$ 与基本不等式有联系，它们都涉及和的运算. 区别是基本不等式中涉及的是两个正数 $a$，$b$ 的和，本题涉及了一个变量 $x$. 利用转化与化归思想，学生体会到可以把 $x$ 与 $\dfrac{1}{x}$ 看成是基本不等式中的两个变量 $a$，$b$.

4. 教师板书正确答案如下：

因为 $x>0$，所以 $x+\dfrac{1}{x}\geqslant 2\sqrt{x\cdot\dfrac{1}{x}}=2$，当且仅当 $x=\dfrac{1}{x}$，即 $x=1$ 时，等号成立，因此所求的最小值为 2.

**设计意图：**

通过对基本不等式的变量的替换，加深对基本不等式结构特点的认识，方便应用基本不等式求一些函数的最大(小)值.

【问题 4】你能利用基本不等式解决例 2 吗？

例 2　已知 $x$，$y$ 都是正数，求证：

①如果积 $xy$ 等于定值 $P$，那么当 $x=y$ 时，和 $x+y$ 有最小值 $2\sqrt{P}$；

②如果和 $x+y$ 等于定值 $S$，那么当 $x=y$ 时，积 $xy$ 有最大值 $\dfrac{1}{4}S^2$.

**师生活动：**

1. 学生通过交流发现题目中只含有加法 $(x+y)$ 和乘法 $(xy)$ 运算，联想基本不等式，解决问题.

2. 教师指导得到正确答案如下：

因为 $x$，$y$ 都是正数，所以 $\dfrac{x+y}{2}\geqslant\sqrt{xy}$.

①当积 $xy$ 等于定值 $P$ 时，因为 $\dfrac{x+y}{2}\geqslant\sqrt{P}$，所以 $x+y\geqslant 2\sqrt{P}$，当且仅当 $x=y$ 时，等号成立.

于是，当 $x=y$ 时，和 $x+y$ 有最小值 $2\sqrt{P}$.

②当和 $x+y$ 等于定值 $S$ 时，因为 $\sqrt{xy}\leqslant\dfrac{S}{2}$，所以 $xy\leqslant\dfrac{S^2}{4}$，当且仅当 $x=y$ 时，等号成立.

于是，当 $x=y$ 时，积 $xy$ 有最大值 $\dfrac{S^2}{4}$.

3. 学生完成课堂目标检测第(3)题，教师对学生的练习进行点评.

**设计意图：**

通过对基本不等式的等价变形，加深对基本不等式结构特点的认识，以此方便应用基本不等式求一些简单函数的最大(小)值.

【问题 5】回忆本节课的学习内容，回答下面的问题：

1. 你可以说一说基本不等式的结构特点吗？

2. 基本不等式还可以从别的角度进行解释吗？

3. 在应用基本不等式求最大(小)值，以及证明不等式的过程中，哪些知识和方法对于解决问题起了比较重要的作用？在使用基本不等式的过程中，你认为应注意哪些问题？

**师生活动：**

1. 教师用 PPT 展示上述问题.

2. 针对学生回答的情况，教师寻找学生适当补充，组织学生完善问题答案.

**设计意图：**

引导学生回顾和小结学习内容，提升对基本不等式和不等式性质的整体认识.

**【布置作业】**

作业：第 46 页练习第 2，3，5 题.

**设计意图：**

第 2，3 题练习用基本不等式解决不等式证明及求最值问题，第 5 题是实际应用问题，为下节课做铺垫.

**(五) 目标检测设计**

1. 课堂目标检测

(1) 已知 $x$，$y$ 都是正数，且 $x \neq y$，你可以说一说 $\dfrac{x}{y}$ 与 $\dfrac{y}{x}$ 的和存在什么规律吗？

**设计意图：**

这是水平一的问题，检测对基本不等式结构特点的认识程度，巩固基本不等式.

(2) 已知 $a$，$b \in \mathbf{R}$，求证：$ab \leq \left(\dfrac{a+b}{2}\right)^2$.

**设计意图：**

这是水平二的问题，检测学生利用基本不等式证明不等式的能力.

(3) 当 $x$ 取什么值时，$x^2 + \dfrac{1}{x^2}$ 取得最小值？最小值是多少？

**设计意图：**

这是水平一的问题，检测学生利用基本不等式求最大(小)值问题的达成情况.

2. 课后目标检测

(1) 已知 $x$，$y$ 都是正数，且 $x \neq y$，求证：$\dfrac{2xy}{x+y} < \sqrt{xy}$.

**设计意图：**

这是水平二的问题，检测学生利用不等式的性质和基本不等式证明不等式的能力.

(2) 已知 $-1 \leq x \leq 1$，求 $1 - x^2$ 的最大值.

**设计意图：**

这是水平二的问题，检测学生利用基本不等式求最大值或最小值的问题的达成情况.

(3) 已知直角三角形的面积等于 $50 \text{ cm}^2$，当两条直角边的长度各为多少时，两条直角边的和最小？最小值是多少？

**设计意图：**

这是水平二的问题，检测学生利用基本不等式求最大值或最小值问题的能力.

## 第2课时　2.2 基本不等式(二)

**(一) 课时教学内容**

基本不等式的应用.

**(二) 课时教学目标**

经历从具体实例中抽象出数学模型的过程,能用基本不等式解决简单的求最大值或最小值的问题,发展数学抽象素养.

**(三) 教学重点与难点**

1. 教学重点

用基本不等式解决简单实际问题中的求最大值或最小值的问题.

2. 教学难点

将具体问题抽象成数学最优化问题,并(根据代数式的结构特点)运用基本不等式解决问题.

**(四) 教学过程设计**

课前检测:将下列问题发布在教学平台上让学生作答.

1. 判断正误,对的在每个题后面的括号内打"√",错的在每个题后面的括号内打"×".

(1) 函数 $y=x+\dfrac{1}{x}$ 最小值是 2. (　　　)

(2) "$x>0$ 且 $y>0$" 是 "$\dfrac{x}{y}+\dfrac{y}{x}\geq 2$" 的充分不必要条件. (　　　)

(3) 若 $a\neq 0$,则 $a^2+\dfrac{1}{a^2}$ 最小值为 2. (　　　)

2. 已知 $x$,$y$ 都是正数,

(1) 如果积 $xy$ 等于定值 $P$,那么当_____时,和 $x+y$ 有最小值;

(2) 如果和 $x+y$ 等于定值 $S$,那么当_____时,积 $xy$ 有最大值.

**师生活动:**

1. 学生独立自主完成.

2. 教师利用图形计算器统计数据,诊断学情,解决问题.

**设计意图:**

了解学生对利用基本不等式求最值的适用条件的掌握情况,为在具体实例中利用基本不等式解决最优化的问题做铺垫.

**【问题1】** 用篱笆围一个面积为 100 m² 的矩形菜园,当这个矩形的边长为多少时,所用篱笆最短? 最短篱笆的长度是多少?

**师生活动:**

1. 学生独立思考,从实际问题中建立数学关系式.

2. 教师追问:如何用符号语言表达"用篱笆围一个面积为 100 m² 的矩形菜园"?

3. 教师追问:如何用符号语言表达"所用篱笆的长度"?

4. 教师追问:所列式子的结构有什么特点? 你可以通过这个特点选择合适的方法解决问题吗?

5. 教师适时点评,学生从代数运算的角度分析关系式的结构特点. 同学间互动交流,教师及时追问，找到解决方法，并结合解答过程梳理解题步骤.

6. 教师指导得到正确答案如下.

方法1：设矩形菜园的相邻两条边的长分别为 $x$ m，$y$ m，篱笆的长度为 $2(x+y)$ m. 由已知得 $xy=100$. 利用基本不等式可得 $x+y \geqslant 2\sqrt{xy}=20$，所以 $2(x+y) \geqslant 40$，当且仅当 $x=y=10$ 时，上式等号成立. 因此，当这个矩形菜园是边长为 10 m 的正方形时，所用篱笆最短，最短篱笆的长度为 40 m.

方法2：设矩形菜园的其中一边的长为 $x$ m，因为它的面积为 100 m²，所以它的另一边长为 $\dfrac{100}{x}$ m. 所以它的周长为 $2\left(x+\dfrac{100}{x}\right)$. 对于 $x>0$，利用基本不等式就得到 $x+\dfrac{100}{x} \geqslant 2\sqrt{x \cdot \dfrac{100}{x}}=20$，当且仅当 $x=\dfrac{100}{x}$，即 $x=10$ 时，等号成立. 因此，当这个矩形菜园是边长为 10 m 的正方形时，所用篱笆最短，最短篱笆的长度为 40 m.

7. 教师结合解答过程梳理解题步骤.

由实际背景，抽象出几何图形，将问题转化为几何问题；引入变量并找出变量间的数量关系，利用基本定理求解最值，最后回归解决实际问题.

**设计意图：**

让学生经历从具体情景中抽象出不等式，并利用基本不等式解决最优化问题.

**【问题2】** 用一段长为 36 m 的篱笆围成一个矩形菜园，当这个矩形的边长为多少时，菜园的面积最大？最大面积是多少？

**师生活动：**

1. 教师追问：你能类比问题1的研究方法对这个问题进行求解吗？

2. 教师进行巡视，统计学生解决问题的情况.

3. 教师收集不同答案如下.

方法1：设矩形菜园的相邻两条边的长分别为 $x$ m，$y$ m，菜园的面积为 $xy$ m². 由已知得 $2(x+y)=36$. 利用基本不等式可得 $\sqrt{xy} \leqslant \dfrac{x+y}{2}=\dfrac{18}{2}=9$，得 $xy \leqslant 81$，当且仅当 $x=y=9$ 时，等号成立. 因此，当这个矩形菜园是边长为 9 m 的正方形时，菜园的面积最大，最大面积是 81 m².

方法2：设矩形菜园的其中一边的长为 $x$ m，因为它的周长为 36 m，所以它的另一边长为 $(18-x)$ m，它的面积为 $x(18-x)$ m². 对于 $x>0$，利用基本不等式就得到 $x(18-x) \leqslant \left[\dfrac{x+(18-x)}{2}\right]^2=81$，当且仅当 $x=18-x$，即 $x=9$ 时，等号成立. 因此，当这个矩形菜园是边长为 9 m 的正方形时，菜园的面积最大，最大面积是 81 m².

方法3：设矩形菜园的其中一边的长为 $x$ m，因为它的周长为 36 m，所以它的另一边长为 $(18-x)$ m. 可得不等式组 $\begin{cases} x>0, \\ 18-x>0, \end{cases}$ 得到 $0<x<18$. 所以它的面积为 $y=x(18-x)$ m²，$x \in (0, 18)$. 根据二次函数的性质，当 $x=9$ 时，函数有最大值 81. 因此，当这个矩形菜园是边长为 9 m 的正方形时，菜园的面积最大，最大面积是 81 m².

4. 学生完成课堂目标检测的第(1)题.

5. 教师讲评学生检测情况.

设计意图:

进一步体会利用基本不等式解决实际问题中的优化问题.

**【问题3】** 某工厂要建造一个长方体形无盖贮水池,其容积为 4 800 $m^3$,深为 3 m. 如果池底每平方米的造价为 150 元,池壁每平方米的造价为 120 元,那么怎样设计水池能使总造价最低? 最低总造价是多少?

师生活动:

1. 教师追问: 如何用符号语言表达"一个长方体形无盖贮水池,其容积为 4 800 $m^3$,深为 3 m"?

2. 教师追问: 如何用符号语言表达"长方体形无盖贮水池的总造价"?

3. 教师追问: 根据所得式子的结构特点,你能选择适当的方法解决问题吗?

4. 学生自主思考,教师巡视,结合学生的解答情况,运用师生交互平台,展示学生解答情况,请其他学生指出问题所在,教师引导学生规范书写.

5. 教师指导得到正确答案如下:

设贮水池池底的相邻两条边的边长分别为 $x$ m, $y$ m,水池的总造价为 $z$ 元. 根据题意,有 $z = 150 \times \dfrac{4\,800}{3} + 120(2 \times 3x + 2 \times 3y) = 240\,000 + 720(x+y)$. 由容积为 4 800 $m^3$,可得 $3xy = 4\,800$,因此 $xy = 1\,600$. 由基本不等式可得 $z \geqslant 240\,000 + 720 \times 2\sqrt{xy} = 297\,600$,当且仅当 $x = y = 40$ 时,等号成立,此时 $z = 297\,600$. 所以,将贮水池的池底设计成边长为 40 m 的正方形时总造价最低,最低总造价是 297 600 元.

6. 学生完成课堂目标检测的第(2)题.

7. 教师讲评学生检测情况.

设计意图:

创设多变量的不等式结构,让学生多角度地体会如何利用基本不等式解决实际问题中的优化问题.

**【问题4】** 回忆本节课的学习内容,回答下面的问题:

1. 你能说一说利用基本不等式解决具体实例中的最优化问题的基本步骤吗?

2. 在应用基本不等式解决具体实例中的最优化问题的过程中,哪些知识和方法对于解决问题起了比较重要的作用? 在使用基本不等式的过程中,你认为应注意哪些问题?

师生活动:

1. 教师用 PPT 展示上述问题.

2. 针对学生回答的情况,教师寻找学生适当补充,组织学生完善问题答案.

设计意图:

小结本节课的学习内容,进一步明确利用基本不等式解决优化问题的方法与步骤.

**【布置作业】**

作业: 第 48 页习题 2.2 第 3,6 题.

设计意图:

巩固练习用基本不等式解决实际问题的能力.

**(五)目标检测设计**

1. 课堂目标检测:

(1)用 20 cm 长的铁丝折成一个面积最大的矩形, 应当怎样折?

**设计意图:**

这是水平二的问题, 检测学生在实际问题中运用基本不等式解决优化问题的能力.

(2)做一个体积为 32 $m^3$, 高为 2 m 的长方体纸盒, 当底面的边长取什么值时, 用纸最少?

**设计意图:**

这是水平二的问题, 检测学生在实际问题中运用基本不等式解决优化问题的能力.

2. 课后目标检测:

(1)用一段长为 30 m 的篱笆围成一个一边靠墙的矩形菜园(如图 2 所示), 墙长 18 m. 当这个矩形的边长为多少时, 菜园的面积最大? 最大面积是多少?

图 2

**设计意图:**

这是水平二的问题, 检测学生在实际问题中运用基本不等式解决优化问题的能力.

(2)已知一个矩形的周长为 36 cm, 矩形绕它的一条边旋转形成一个圆柱. 当矩形的边长为多少时, 旋转形成的圆柱的侧面积最大?

**设计意图:**

这是水平二的问题, 检测学生在实际问题中运用基本不等式解决优化问题的能力.

(3)要制作一个容积为 4 $m^3$, 高为 1 m 的无盖长方体容器, 已知该容器的底面造价是每平方米 20 元, 侧面造价是每平方米 10 元, 该容器的最低总造价是多少?

**设计意图:**

这是水平二的问题, 检测学生在实际问题中运用基本不等式解决优化问题的能力.

(4)某学校为了支持生物课程基地研究植物生长, 计划利用学校空地建造一间室内面积为 900 $m^2$ 的矩形温室, 在温室内划出 3 块全等的矩形区域, 分别种植 3 种植物, 相邻矩形区域之间间隔 1 m, 3 块矩形区域的前、后与内墙各保留 1 m 宽的通道, 左、右两块矩形区域分别与相邻的左右内墙

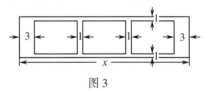

图 3

保留 3 m 宽的通道, 如图 3 所示. 设矩形温室的室内长为 $x$ m, 3 块种植植物的矩形区域的总面积为 $s$ $m^2$. 求 $s$ 的最大值.

**设计意图:**

这是水平二的问题, 检测学生在实际问题中运用基本不等式解决优化问题的能力.

## 案例3 "6.3平面向量基本定理及坐标表示"单元—课时教学设计①

王保东 北京市密云区教师研修学院

### 一、内容及其解析

#### 1. 内容

平面向量基本定理，平面向量的坐标表示，平面向量运算的坐标表示，以及利用平面向量基本定理及其坐标表示证明一些平面几何中的具体问题.

本单元共分4课时，具体分配如下：

| 课序 | 课题 |
|------|------|
| 第1课时 | 平面向量基本定理 |
| 第2课时 | 平面向量的正交分解、坐标表示，以及平面向量加、减运算的坐标表示 |
| 第3课时 | 平面向量数乘运算的坐标表示 |
| 第4课时 | 平面向量数量积的坐标表示 |

#### 2. 内容解析

（1）内容的本质

平面向量基本定理表明平面内任何一个向量都可以唯一地表示成一个基底的线性组合，它通过每个确定的基底，建立了平面向量与有序数对的一一对应关系，同一向量在不同基底下对应的有序数对不同. 将基底特殊化，取正交基底 $\{i, j\}$ 为直角坐标系的 $x$ 轴、$y$ 轴方向的单位向量，那么平面内任意向量 $a$ 就可唯一地表示为 $a = xi + yj$，于是向量 $a$ 可以用坐标 $(x, y)$ 表示，在上述基础上研究平面向量运算的坐标表示，就把向量运算转化为向量的坐标运算，实现向量运算的完全数量化.

（2）蕴含的思想方法

在确定一个平面的一个基底后，由平面向量基本定理知道平面内的任意一个向量都可以写成该基底的线性组合，所以平面上所有向量的运算都会转化为基底向量的运算，体现了平面向量基本定理的基础性和结构性；一个定点 $O$，两个不平行的向量 $a$，$b$ 便在"原则"上确定了平面 $\alpha$，这是对平面的定性刻画. 对于平面 $\alpha$ 内任意一点 $A$，可以利用平面向量基本定理把平面 $\alpha$ 上的向量 $\overrightarrow{OA}$ 表示为 $\lambda_1 a + \lambda_2 b$，实现平面内任意一点的向量化，此时点就成了"可操纵"的对象，通过正交分解把向量坐标化，给向量真正赋予了"数"的灵性，为通过数的运算处理"形"的问题搭建了桥梁.

（3）知识的上下位关系

平面向量的概念、线性运算及其几何意义，以及物理中力的合成与分解是平面向量基本定理的研究基础；平面向量基本定理是共线向量定理的推广，也是正交分解和将向量运算转化为代数运算的基础. 平面向量基本定理为用向量方法解决问题奠定了基础，特别是平面几

---

① 该教学设计于2020年2月被中国教师研修网收录为专家示范内容.

何问题(例如选取适当的基底,先将几何元素用这组基底表示,再将几何元素间的关系转化为用基底表示的向量运算,或者建立适当的直角坐标系,先将几何元素坐标化,再将几何元素间的关系转化为向量坐标化后的向量运算).平面向量基本定理及其坐标表示的研究对空间向量基本定理及其坐标表示的学习具有示范作用.平面向量基本定理具有承上启下的作用.

(4) 育人价值

基本定理最重要的是基底思想,用两个不共线向量、通过线性运算统一表示平面内的向量,从而使问题的解决有了一致标准、相同的参照系,为用向量运算研究几何问题提供了有力工具,这对发展学生的理性思维很有好处.基底正交化,与平面直角坐标系实现了联系和统一,使向量运算与实数运算统一,彻底实现了向量运算的数量化,为定量研究几何问题奠定了基础,其中蕴含的数学思想对发展学生的直观想象、数学运算和逻辑推理等素养都很有作用.

(5) 教学重点

根据上述分析,本单元的教学重点是平面向量基本定理、平面向量的坐标表示及平面向量运算的坐标表示.

**二、目标及其解析**

1. 目标

(1) 理解平面向量基本定理及其意义.

(2) 能借助平面直角坐标系,掌握平面向量的正交分解及坐标表示.

(3) 会用坐标表示平面向量的加、减运算与数乘运算.

(4) 能用坐标表示平面向量的数量积,会表示两个平面向量的夹角.

(5) 能用坐标表示平面向量共线、垂直的条件.

2. 目标解析

达成上述目标的标志是:

(1) 能在具体情境(力的分解)中,经历研究平面向量基本定理的过程,将平面内任一向量 $a$ 表示为该平面内两个取定的不共线向量 $e_1$, $e_2$ 的线性组合 $a = \lambda_1 e_1 + \lambda_2 e_2$(即会证明存在性),会用反证法证明上述表示形式的唯一性;能应用平面向量基本定理解决一些简单问题.

(2) 能知道正交分解是将基底特殊化的结果,无论从物理角度还是数学研究问题的思想方法角度都有重要意义;能在直角坐标系中,熟练地选择正交基底,经历平面向量坐标表示的定义的过程,发现向量坐标与点的坐标之间的关系,会求平面向量的坐标.

(3) 能运用平面向量坐标的概念和向量的线性运算的知识,推出两个向量的和、差及数乘向量的坐标与这两个向量相应坐标之间的运算关系,会用表示平面向量的有向线段的端点坐标表示该向量的坐标,能将向量的线性运算转化为坐标运算.

(4) 能类比用坐标表示平面向量的线性运算的研究路径,推出用坐标表示平面向量的数量积运算的方法,能用向量数量积的坐标运算公式推导出坐标表示的向量的夹角,并会借助计算器和夹角公式求向量夹角的近似值.

(5) 能借助数乘运算的坐标表示,探究共线向量的坐标之间的数量关系,会用向量共线条件证明三点共线;能借助数量积运算的坐标表示,得到两个互相垂直的向量坐标之间的数量关系,会用坐标表示的两个向量相互垂直的条件判断两个向量是否垂直.

### 三、教学问题诊断分析

1. 问题诊断

(1) 学生的认知基础，既有物理中的力和速度等矢量的分解、合成的经验，也有向量线性运算的经验.

(2) 本单元内容围绕向量在两个基底上的唯一分解展开. 唯一性的证明需要用到反证法. 学生对在什么情况下需要用反证法，如何运用反证法证明都不熟悉，需要教师对唯一性的理解进行解释，自然引出反证法.

(3) 学生对于引入基底这个概念的意义需要在后续学习中才能理解，而选择、运用基底进行运算求解的能力更需要在后续训练中逐渐形成. 所以应当设计对基底的作用及意义的说理过程. 虽然从形式上看，平面向量的基本定理不难理解，但对其中蕴含的基本思想——用基底表示几何基本元素(如果将向量的始点"集中"在同一个点，则整个平面就可以被向量的终点所填满)，基本定理的作用(几何问题"代数化"的根据)等，需要一个渐进过程才能有深入了解，这也需要教师有意识地安排循序渐进的体会过程.

2. 教学难点

基于上述分析，本单元的教学难点是平面向量基本定理唯一性的证明；基底的作用和意义；基底的选择；定理中蕴含的基本思想.

### 四、教学支持条件分析

1. 在平面向量基本定理发现过程中，可以利用信息技术工具展示几组典型的向量分解的例子，在此基础上固定基底，改变要表示的向量的大小或方向，观察向量表示的变化与表示的唯一性，帮助学生理解定理.

2. 在授课过程中，利用师生交互平台及时交流学习经验，适时进行评价分析，有助于对学习活动各个环节的组织评价.

### 五、课时教学设计

## 第1课时　6.3.1平面向量基本定理

(一) 课时教学内容

平面向量基本定理的引入、证明和简单应用.

(二) 课时教学目标

1. 学生受力的分解的启发，经历将某一向量在一组基底上唯一分解的过程，发现并证明平面向量基本定理，发展逻辑推理的数学素养.

2. 学生通过选择适当基底，经历用基底表示几何基本元素，用基底运算解决平面几何问题的过程，体会基底的作用，以及数形结合、转化与化归的思想.

(三) 教学重点与难点

1. 教学重点

平面向量基本定理，"基底"思想.

2. 教学难点

平面向量基本定理唯一性的证明，根据具体问题的特点恰当选择基底.

(四)教学过程设计

课前检测：

将下列问题发布在教学平台上让学生作答.

1. 如果一个非零向量 $a$ 与向量 $b$ 共线，我们可以如何表示向量 $b$?

2. 如图 1 所示，平行四边形 $ABCD$ 的两条对角线相交于点 $M$，设 $\overrightarrow{AB}=\boldsymbol{a}$，$\overrightarrow{AD}=\boldsymbol{b}$，用向量 $\boldsymbol{a}$，$\boldsymbol{b}$ 表示向量 $\overrightarrow{MA}$，$\overrightarrow{MB}$，$\overrightarrow{MC}$，$\overrightarrow{MD}$.

图 1

**师生活动：**

1. 教师发布问题，学生利用图形计算器作答并上传答案.

2. 教师利用图形计算器统计数据，诊断学情，组织解决问题，公布检测题正确答案.

**设计意图：**

通过试题 1，学生明白两个向量共线的位置关系可以通过向量的数乘运算来进行代数表示，而且表示的结果是唯一的，这为本课引出平面向量基本定理提供研究问题的思路和方向. 通过试题 2，学生构造平行四边形，利用给定向量将目标向量进行表示，为本节课的研究在方法上做铺垫.

【**问题 1**】前边我们学习了向量的运算，我们知道位于同一直线上的向量可以由位于这条直线上的一个非零向量表示. 如果我们把视野拓展到平面，你能提出类似的问题吗？

**师生活动：**

1. 引导：一条直线上的向量可以由位于这条直线上的一个非零向量表示，那么一个平面上的向量是否可以由一个平面内的两个不共线向量表示呢？解决这个问题容易让我们联想到物理中的类似知识，即力的合成与分解. 我们知道，已知两个力，可以求出它们的合力；反过来，如图 2 所示，我们可以根据解决实际问题的需要，通过作平行四边形，将力 $\boldsymbol{F}$ 分解为多组大小、方向不同的分力.

图 2

2. 追问：类比力的分解，我们是否可以通过作平行四边形，将向量 $\boldsymbol{a}$ 分解成两个向量，使向量 $\boldsymbol{a}$ 是这两个向量的和呢？

3. 启发：请你自己任意画出两个不共线的向量 $\boldsymbol{e}_1$，$\boldsymbol{e}_2$，并考查平面内任意向量 $\boldsymbol{a}$ 是否都能用它们表示.

4. 教师巡视，结合学生完成情况，提醒学生这里的向量是自由向量，它们的始点可以移动，解决问题时，常常将 3 个向量的起点放在一起.

5. 教师需要搜集如图 3 所示的 4 种学生解决问题的典型方案，用师生互动平台展示，并

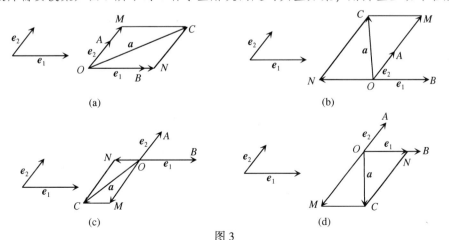

(a)　　　　　　　　　　　(b)

(c)　　　　　　　　　　　(d)

图 3

组织学生互评,引导学生得出结论 $a=\lambda_1 e_1+\lambda_2 e_2$;然后教师用信息技术工具作图,通过任意旋转向量的终点改变向量 $a$ 的方向,或者通过伸缩改变模的大小,引导学生,无论向量 $a$ 是否与 $e_1$,$e_2$ 和中的一个共线,都能得出得出结论 $a=\lambda_1 e_1+\lambda_2 e_2$.

6. 追问:当 $a$ 为零向量时,$a$ 还能表示成 $\lambda_1 e_1+\lambda_2 e_2$ 的形式吗?

7. 板书:平面内任一向量 $a$,对于该平面内的不共线向量 $e_1$,$e_2$ 都存在一对实数 $\lambda_1$,$\lambda_2$ 使得 $a=\lambda_1 e_1+\lambda_2 e_2$.

设计意图:

学生受力的分解的启发,经历动手作图,构造平行四边形,将某一向量在一组基底上唯一分解的过程,初步认识平面向量基本定理的图形表示与代数表示,发展直观想象和数学运算的核心素养.

【问题2】 由构造平行四边形将向量 $a$ 分解的作图过程,你认为向量 $a$ 用向量 $e_1$,$e_2$ 表示的形式是唯一的吗?你能从代数的角度给予证明吗?

师生活动:

1. 提示:证明 $a$ 的表示形式唯一,就是指当给定向量 $e_1$,$e_2$ 和向量 $a$ 后,只有确定的一对 $\lambda_1$,$\lambda_2$ 满足 $a=\lambda_1 e_1+\lambda_2 e_2$. 也就是说除了 $\lambda_1$,$\lambda_2$ 以外的实数都不能使得 $a=\lambda_1 e_1+\lambda_2 e_2$ 成立,这是无法一一验证的,所以,我们可以从反面思考,假设 $a$ 还可以表示成 $a=\mu_1 e_1+\mu_2 e_2$(这里 $\lambda_1\neq\mu_1$ 和 $\lambda_2\neq\mu_2$ 至少有一个成立),由此推出矛盾就可以了.

2. 学生自主书写证明过程,在教师的组织下,互动交流,整理完善.

3. 教师组织学生回顾证明唯一性的方法和归纳证明步骤.

4. 追问:为什么要证明定理的"唯一性"呢?

预设:因为只有证明了"唯一性",才能在用这个定理去解决问题时得到唯一确定的结果.

设计意图:

学生对平面向量基本定理表示方式唯一性,运用反证法进行证明,发展逻辑推理的数学素养.

【问题3】 你能把上述探究发现的结果归纳为一个定理,并用数学的语言描述出来吗?

师生活动:

1. 提问,学生思考并回答,教师给予引导和纠正,共同得出平面向量基本定理.

2. 教师板书师生共同研究的成果,指出课题,并给出相关概念的定义.

平面向量基本定理 如果 $e_1$,$e_2$ 是同一平面的两个不共线向量,那么对于这一平面内的任一向量 $a$,有且只有一对实数 $\lambda_1$ 和 $\lambda_2$ 使 $a=\lambda_1 e_1+\lambda_2 e_2$.

若 $e_1$,$e_2$ 不共线,我们把 $\{e_1,e_2\}$ 叫做表示这一平面内所有向量的一个基底.

3. 追问:根据平面向量基本定理的内容,你觉得定理的作用是什么?

4. 学生先自己思考,再小组讨论交流,总结归纳出两点:第一,平面向量基本定理可以将平面内所有的向量及其运算关系问题转化为关于基底向量的运算关系问题;第二,平面向量基本定理将平面内每一个向量与它在同一基底下的分解表示中的实数对 $(\lambda_1,\lambda_2)$ 建立了一一对应关系,说明向量的问题可以通过研究实数对 $(\lambda_1,\lambda_2)$ 得以解决.

设计意图:

学生经历定理的探究、发现、证明和反思特点的过程,提升用数学的语言理解和表述所发现的结论的能力，发展数学抽象的核心素养.

例1　如图4所示，$\overrightarrow{OA}$，$\overrightarrow{OB}$不共线，且$\overrightarrow{AP}=t\overrightarrow{AB}(t\in\mathbf{R})$，用$\overrightarrow{OA}$，$\overrightarrow{OB}$表示$\overrightarrow{OP}$.

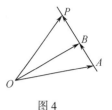

图4

**师生活动：**

1. 教师用 PPT 发布问题，要求学生先自主思考，再交流解题思路，预设有两个解题思路.

思路1　从所求出发，先用$\overrightarrow{OA}$，$\overrightarrow{AP}$表示$\overrightarrow{OP}$；由于$\overrightarrow{AP}=t\overrightarrow{AB}$，进而用$\overrightarrow{OA}$，$\overrightarrow{AB}$表示$\overrightarrow{OP}$；由于$\overrightarrow{AB}=\overrightarrow{OB}-\overrightarrow{OA}$，从而用$\overrightarrow{OA}$，$\overrightarrow{OB}$表示$\overrightarrow{OP}$；按照上述思路可以得到$\overrightarrow{OP}=(1-t)\overrightarrow{OA}+t\overrightarrow{OB}$.

思路2　题目中含有$\overrightarrow{OA}$，$\overrightarrow{OB}$，$\overrightarrow{OP}$，$\overrightarrow{AP}$，$\overrightarrow{AB}$5个向量，根据学习任务，只需分别用$\overrightarrow{OP}-\overrightarrow{OA}$替换$\overrightarrow{AP}$，用$\overrightarrow{OB}-\overrightarrow{OA}$替换$\overrightarrow{AB}$，再化简就可以得到$\overrightarrow{OP}=(1-t)\overrightarrow{OA}+t\overrightarrow{OB}$.

2. 学生任选其中一种思路进行求解.

3. 追问：观察$\overrightarrow{OP}=(1-t)\overrightarrow{OA}+t\overrightarrow{OB}$，你有什么发现？

预设：观察，可以发现$(1-t)+t=1$. 也就是说，若$\overrightarrow{OA}$，$\overrightarrow{OB}$不共线，当$\overrightarrow{AP}=t\overrightarrow{AB}$，即点 $P$ 在直线 $AB$ 上时，$\overrightarrow{OP}=\lambda_1\overrightarrow{OA}+\lambda_2\overrightarrow{OB}$的表示式中，$\lambda_1+\lambda_2=1$. 反过来，若$\overrightarrow{OA}$，$\overrightarrow{OB}$不共线，$\overrightarrow{OP}=\lambda_1\overrightarrow{OA}+\lambda_2\overrightarrow{OB}$的表示式中，$\lambda_1+\lambda_2=1$，那么点 $P$ 在直线 $AB$ 上.

**设计意图：**

在给定基底的前提下，学生用含基向量的向量方程刻画平面内的三点共线问题，体会转化与化归的思想.

例2　如图5所示，$CD$ 是$\triangle ABC$的中线，$CD=\dfrac{1}{2}AB$，用向量方法证明$\triangle ABC$是直角三角形.

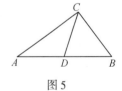

图5

**师生活动：**

1. 教师用 PPT 发布问题，要求学生先自主思考，再交流解题思路.

2. 教师启发学生，用向量方法证明首先要先确定一个基底，用它表示向量$\overrightarrow{CA}$，$\overrightarrow{CB}$，再证明$\overrightarrow{CA}\cdot\overrightarrow{CB}=0$，从而证得$\triangle ABC$是直角三角形.

3. 教师根据学生完成的情况，展示典型的解法. 根据选取基底的不同，预设有3种不同的解法. 第一，取$\{\overrightarrow{DC},\overrightarrow{DA}\}$为基底；第二，取$\{\overrightarrow{DC},\overrightarrow{DB}\}$为基底；第三，取$\{\overrightarrow{CA},\overrightarrow{CB}\}$为基底.

4. 教师组织学生探讨如何根据问题特点恰当选择基底，并归纳用向量解决平面几何问题的基本步骤.

5. 教师板书探讨结果.

基底的选择：一般选择从一点出发的、模已知(或具有比例关系)、夹角已知的两个向量为基底.

用向量解决平面几何问题的基本步骤：第一步，根据问题特点恰当选择基底；第二步，将平面几何中的元素用基向量的线性组合表示，把元素之间的关系转化为关于基向量的运算；

第三步，用向量运算的结果解释平面几何图形特点.

**设计意图：**

学生会自主恰当选择基底，归纳出用向量的方法解决平面几何问题的步骤，体会化归的思想，提高数学抽象的能力.

**【问题4】** 请回忆本节课的学习内容，回答下面的问题：

1. 在本节课中提出问题的方法是什么？

2. 研究平面向量基本定理的基本思路是什么？

3. 你在选取基底和用向量的方法解决平面几何问题方面积累了哪些学习经验？

**师生活动：**

1. 教师用 PPT 展示上述问题，学生思考问题.

2. 教师找学生代表发言，引导学生完善问题答案.

**设计意图：**

帮助学生回顾和小结学习内容.

**（五）目标检测设计**

1. 设 $e_1$，$e_2$ 是平面内一组基底，则下面四组向量中，能作为平面内一组基底的是（　　）.

(A) $e_1 - e_2$ 与 $e_2 - e_1$　　　　(B) $2e_1 + 3e_2$ 与 $-4e_1 - 6e_2$

(C) $e_1 - e_2$ 与 $e_1 + e_2$　　　　(D) $2e_1 - e_2$ 与 $0.5e_2 - e_1$

**设计意图：**

这是水平二的问题，检测学生判断具体向量是否能作为基底的能力.

2. 如图 6 所示，$AD$，$BE$，$CF$ 是 $\triangle ABC$ 的三条中线，$\overrightarrow{CA} = a$，$\overrightarrow{CB} = b$. 用 $a$，$b$ 表示 $\overrightarrow{AB}$，$\overrightarrow{AD}$，$\overrightarrow{BE}$，$\overrightarrow{CF}$.

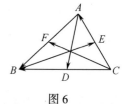

图 6

**设计意图：**

这是水平二的问题，检测学生运用平面向量基本定理表示平面向量的掌握情况.

**课后作业**

1. 如图 7 所示，平行四边形 $ABCD$ 的两条对角线相交于点 $O$，$\overrightarrow{AB} = a$，$\overrightarrow{AD} = b$，点 $E$，$F$ 分别是 $OA$，$OC$ 的中点，$G$ 是 $CD$ 的三等分点 $\left(DG = \dfrac{1}{3}CD\right)$.

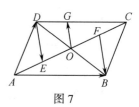

图 7

① 用 $a$，$b$ 表示 $\overrightarrow{DE}$，$\overrightarrow{FB}$，$\overrightarrow{OG}$；

② 能由①得出 $DE$，$BF$ 的关系吗？

**设计意图：**

这是水平二的问题，检测学生对平面向量基本定理的理解，以及运用平面向量的线性运算解释平面几何中平行关系的能力.

2. 如图 8 所示，在 $\triangle ABC$ 中，$AD = \dfrac{1}{4}AB$，点 $E$，$F$ 分别是 $AC$，$BC$ 的中点，设 $\overrightarrow{AB} = a$，$\overrightarrow{AC} = b$.

①用 $a$，$b$ 表示 $\overrightarrow{CD}$，$\overrightarrow{EF}$；

②如果∠$A=60°$，$AB=2AC$，$CD$，$EF$ 有什么关系？用向量方法证明你的结论.

设计意图：

这是水平二的问题，检测学生对平面向量基本定理的理解，以及运用平面向量的线性运算解释平面几何中垂直关系的能力.

## 第2课时　6.3.2 平面向量的正交分解及坐标表示
## 6.3.3 平面向量加减运算的坐标表示

（一）课时教学内容

平面向量的正交分解及坐标表示，平面向量加、减运算的坐标表示，有向线段表示的向量坐标公式，求用坐标表示的两个向量的加、减运算.

（二）课时教学目标

1. 通过对平面向量基本定理中基底特殊化（垂直）的过程，会对该平面内的向量进行正交分解，体会数形结合的思想.

2. 通过取 $\{i，j\}$ 为基底，会根据向量 $a$ 唯一正交分解成 $xi+yj$ 的表示方式，求该向量的坐标，知道向量坐标与点的坐标之间的联系，发展直观想象的素养.

3. 经历运用平面向量坐标的概念和向量的加、减运算的知识求向量坐标的过程，会求坐标表示的向量的加、减运算，会用表示平面向量的有向线段的端点坐标表示该向量的坐标，体会向量坐标概念的基础作用，发展数学运算的核心素养.

（三）教学重点与难点

1. 教学重点：平面向量的坐标表示，平面向量加、减运算的坐标表示.

2. 教学难点：平面向量的坐标表示.

（四）教学过程设计

课前检测：

将下列问题发布在教学平台上让学生作答.

1. 平面向量基本定理的内容是什么？

2. 平面向量基本定理的作用是什么？

师生活动：

1. 教师发布问题，学生利用图形计算器作答并上传答案.

2. 教师利用图形计算器统计数据，诊断学情，组织解决问题，公布检测题正确答案.

设计意图：

复习旧知识，为将基底特殊化、平面向量坐标化做准备.

教师指出：给定平面内两个不共线的向量 $e_1$，$e_2$，由平面向量基本定理可知，平面上的任意向量 $a$，均可分解为两个向量 $\lambda_1 e_1$，$\lambda_2 e_2$，即 $a=\lambda_1 e_1+\lambda_2 e_2$，其中向量 $\lambda_1 e_1$ 与 $e_1$ 共线，向量 $\lambda_2 e_2$ 与 $e_2$ 共线.

【问题1】从以往的学习中我们发现，特殊情形往往是非常重要的（例如 $a\perp b$，$a\cdot b=0$）.你认为怎样的基底是特殊的？

师生活动：

1. 学生根据学习经验猜想规定基向量互相垂直.

2. 教师引导学生从向量运算和物理具体实例的角度简述理由.

向量运算的角度：基底互相垂直时，它们的数量积为零，此时，将平面内的向量运算转化为基底的线性组合之间的运算比较简单.

从物理的角度：根据实际需要，在物理中将力 **F** 按互相垂直的方向上分解是非常常见且实用的一种情形，如图 9 所示，重力 **G** 沿互相垂直的两个方向分解，得到下滑力 **F₁** 和压力 **F₂**.

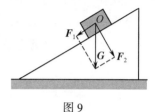

图 9

3. 讲解：既然基底互相垂直的情形是一种重要的情形，为今后使用方便，我们可以给出一个新定义——把一个向量分解为两个互相垂直的向量，叫做把向量作正交分解.

**设计意图：**

学生知道引入向量正交分解的意义，理解向量正交分解的概念.

【**问题2**】我们知道，在平面直角坐标系中，每一个点都可用一对有序实数(即它的坐标)表示，那么，如何表示直角坐标平面内的一个向量呢？

**师生活动：**

1. 追问：如果让你选择，在直角坐标系中，你会取谁为基底呢？

2. 讲解：如图 10 所示，在平面直角坐标系中，设与 $x$ 轴、$y$ 轴方向相同的两个单位向量分别为 **i**, **j**，取 $\{i, j\}$ 作为基底，对于平面内的任意一个向量 **a**，由平面向量基本定理可知，有且只有一对实数 $x$，$y$，使得 **a** $=x\boldsymbol{i}+y\boldsymbol{j}$. 这样，平面内的任一向量 **a** 都可由 $x$，$y$ 唯一确定，我们把有序数对 $(x, y)$ 叫做向量 **a** 的坐标，记作

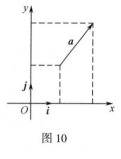

图 10

$$\boldsymbol{a}=(x, y). \qquad ①$$

其中，$x$ 叫做 **a** 在 $x$ 轴上的坐标，$y$ 叫做 **a** 在 $y$ 轴上的坐标，式① 叫做 **a** 的坐标表示.

3. 提问：你能写出向量 **i**, **j** 和 **0** 的坐标表示吗？

4. 追问：我们知道，直角坐标平面内的点会有唯一的坐标与它对应，平面向量也有唯一的坐标和它对应，在什么情况下，点的坐标和向量的坐标是相同的呢？

预设：当表示向量 **a** 的有向线段 $AB$ 的起点不是原点时，显然起点和终点的坐标都不是向量 **a** 的坐标，如图 11 所示，以原点为起点作 $\overrightarrow{OA_1}=\boldsymbol{a}$，则点 $A_1$ 的位置由向量 **a** 唯一确定. 设 $\overrightarrow{OA_1}=x\boldsymbol{i}+y\boldsymbol{j}$，则 $\overrightarrow{OA_1}$ 的

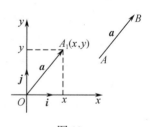

图 11

坐标 $(x, y)$ 就是终点 $A_1$ 的坐标；反过来，终点 $A_1$ 的坐标 $(x, y)$ 也就是 $\overrightarrow{OA_1}$ 的坐标. 因为 $\overrightarrow{OA_1}=$ **a**，所以终点 $A_1$ 的坐标 $(x, y)$ 就是向量 **a** 的坐标，也就是说向量的坐标与以原点为起点表示它的有向线段的终点坐标相同.

这样就建立了向量的坐标与点的坐标之间的联系.

**设计意图：**

让学生经历类比点的坐标探究平面向量坐标表示的过程，明确点的坐标与向量坐标之间的关系，体会向量坐标表示的意义.

例1　如图 12 所示，分别用基底 $\{i, j\}$ 表示向量 **a**, **b**, **c**, **d**，并求它们的坐标.

**师生活动:**

1. 学生独立思考, 教师巡视学生完成情况.

2. 学生代表上台展示不同的解题思路和过程.

预设有 3 种解题思路:

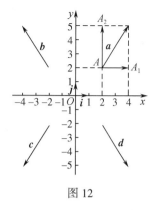

图 12

方法一　先将向量 $\boldsymbol{a}$ 按 $\boldsymbol{i}$, $\boldsymbol{j}$ 的方向分解, 得到 $\boldsymbol{a} = \overrightarrow{AA_1} + \overrightarrow{AA_2}$, 再用 $\boldsymbol{i}$ 表示 $\overrightarrow{AA_1}$, 用 $\boldsymbol{j}$ 表示 $\overrightarrow{AA_2}$, 从而用 $\boldsymbol{i}$, $\boldsymbol{j}$ 表示 $\boldsymbol{a}$, 得到 $\boldsymbol{a}$ 的坐标. 用同样的方法可以用 $\boldsymbol{i}$, $\boldsymbol{j}$ 表示向量 $\boldsymbol{b}$, $\boldsymbol{c}$, $\boldsymbol{d}$, 得到 $\boldsymbol{b}$, $\boldsymbol{c}$, $\boldsymbol{d}$ 的坐标.

方法二　利用向量的坐标与点的坐标之间的联系解决这个问题: 作 $\overrightarrow{OM} = \boldsymbol{a}$, 则点 $M$ 的坐标就是 $\boldsymbol{a}$ 的坐标. 用同样的方法, 可以得到 $\boldsymbol{b}$, $\boldsymbol{c}$, $\boldsymbol{d}$ 的坐标.

方法三　利用 4 个向量之间位置的几何关系: $\boldsymbol{a}$ 与 $\boldsymbol{b}$ 关于 $y$ 轴对称, $\boldsymbol{a}$ 与 $\boldsymbol{c}$ 关于原点对称, $\boldsymbol{a}$ 与 $\boldsymbol{d}$ 关于 $x$ 轴对称, 由一个向量的坐标得出其他 3 个向量的坐标.

3. 教师组织学生归纳解题方法和步骤.

**设计意图:**

学生经历在具体实例中用向量坐标表示的概念求向量的坐标的过程, 体会数形结合的思想, 通过结合问题特点联系不同知识解决问题的过程, 培养学生思维的灵活性.

**教师指出:** 我们已经将向量用坐标表示, 那么向量的运算能否也用坐标表示呢? 下面我们学习 6.3.3 平面向量加、减运算的坐标表示.

**【问题 3】** 已知向量 $\boldsymbol{a} = (x_1, y_1)$, $\boldsymbol{b} = (x_2, y_2)$, 你能得出 $\boldsymbol{a} + \boldsymbol{b}$, $\boldsymbol{a} - \boldsymbol{b}$ 的坐标吗?

**师生活动:**

1. 学生自主探究, 在独立思考的基础上小组讨论解题思路.

2. 教师依据学生完成情况, 启发引导, 共同探究解题思路: 由于 $\boldsymbol{a} + \boldsymbol{b}$ 与 $\boldsymbol{a} - \boldsymbol{b}$ 都是向量, 写出它们的坐标, 就是要将它们用基底 $\{\boldsymbol{i}, \boldsymbol{j}\}$ 线性表示, 这取决于构成它们的基础向量 $\boldsymbol{a}$ 和 $\boldsymbol{b}$ 也要能用基底 $\{\boldsymbol{i}, \boldsymbol{j}\}$ 线性表示, 这显然由已知向量的坐标可以完成.

3. 学生自主完成求解过程, 教师巡视, 了解学情.

4. 板书: 已知向量 $\boldsymbol{a} = (x_1, y_1)$, $\boldsymbol{b} = (x_2, y_2)$, 那么 $\boldsymbol{a} + \boldsymbol{b} = (x_1 + x_2, y_1 + y_2)$, $\boldsymbol{a} - \boldsymbol{b} = (x_1 - x_2, y_1 - y_2)$.

5. 追问: 你能用文字语言描述两个向量和、差的坐标与这两个向量坐标之间的关系吗?

**设计意图:**

通过研究平面向量加、减运算的坐标表示的过程, 体会平面向量坐标表示将向量 $\boldsymbol{a}$ 的坐标形式 $(x, y)$ 与向量 $\boldsymbol{a}$ 的向量形式 $x\boldsymbol{i} + y\boldsymbol{j}$ 的等价转化, 发展学生的逻辑推理能力.

例 2　已知向量 $\boldsymbol{a} = (2, 1)$, $\boldsymbol{b} = (-3, 4)$, 求 $\boldsymbol{a} + \boldsymbol{b}$, $\boldsymbol{a} - \boldsymbol{b}$ 的坐标.

**师生活动:**

1. 学生独立思考, 自主完成.

2. 教师巡视, 了解学情, 运用信息技术展示正确求解过程.

**设计意图:**

让学生运用向量加、减运算的坐标表示求向量和、差的坐标, 熟悉向量加、减的坐标运算公式.

**【问题 4】** 对于直角坐标平面内的向量 $\overrightarrow{AB}$，前面我们通过将它平移，使起点 $A$ 与原点 $O$ 重合得到 $OA_1$，$A_1$ 的坐标 $(x，y)$ 就是向量 $\overrightarrow{AB}$ 的坐标. 如果给定 $A(x_1，y_1)$，$B(x_2，y_2)$，如图 13 所示，你能由 $A$，$B$ 的坐标直接得出向量 $\overrightarrow{AB}$ 的坐标吗？

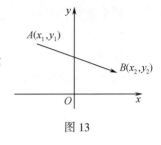

图 13

师生活动：

1. 提问：由点 $A$ 的坐标，你能知道哪个向量的坐标？由 $B$ 的坐标，你又能知道哪个向量的坐标？

2. 追问：新得到的两个向量与所求向量存在怎样的运算关系？根据这种运算关系可以求出向量 $\overrightarrow{AB}$ 的坐标吗？

3. 由学生独立思考，或在教师的启发下完成，得到 $\overrightarrow{AB}=(x_2-x_1，y_2-y_1)$.

4. 追问：你能用文字语言解释这个公式吗？

预设：一个向量的坐标等于表示此向量的有向线段的终点坐标减去起点的坐标.

设计意图：

学生经历由点的坐标联想到向量的坐标，又重新得到的向量与所求向量之间的运算关系求出所求向量坐标的过程，体会数形结合和转化的思想.

例 3 如图 14 所示，已知 ▱$ABCD$ 的 3 个顶点 $A$，$B$，$C$ 的坐标分别是 $(-2，1)$，$(-1，3)$，$(3，4)$，求顶点 $D$ 的坐标.

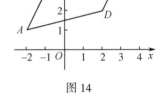

图 14

师生活动：

1. 学生自主思考解题思路，再小组讨论交流.

2. 教师请小组代表发言，阐述思路是什么，并说明思路是怎么想到的.

预设，解题思路至少有 3 种：

方法一 利用平行四边形对边平行且相等，得到 $\overrightarrow{AB}=\overrightarrow{DC}$，设 $D$ 点的坐标为 $(x，y)$，由有向线段表示的向量坐标公式构造关于 $x$，$y$ 的方程，再解方程.

方法二 利用向量加法的平行四边形法则得到 $\overrightarrow{BD}$ 的坐标，再由 $\overrightarrow{OD}=\overrightarrow{OB}+\overrightarrow{BD}$ 求得向量 $\overrightarrow{OD}$ 的坐标，进而得到顶点 $D$ 的坐标.

方法三 利用平行四边形对角线互相平分，设 $AC$ 与 $BD$ 交于 $P$，则 $\overrightarrow{OP}=\dfrac{1}{2}(\overrightarrow{OB}+\overrightarrow{OD})=\dfrac{1}{2}(\overrightarrow{OA}+\overrightarrow{OC})$，所以 $\overrightarrow{OB}+\overrightarrow{OD}=\overrightarrow{OA}+\overrightarrow{OC}$，下面既可以将 $D$ 点的坐标设出来解方程组，也可以移项为 $\overrightarrow{OD}=\overrightarrow{OA}+\overrightarrow{OC}-\overrightarrow{OB}$ 直接求解.

3. 学生选择一种思路进行求解.

4. 教师提问：上述各种解法在思想方法上有哪些异同？你觉得哪种方法比较好？

设计意图：

学生会用有向线段的端点坐标求向量的坐标，会利用平行四边形的性质构造方程或等式求出点的坐标，体会数形结合和方程的思想，提高分析问题和解决问题的能力.

【**问题5**】经过本节课的学习，请同学们思考下列问题：

1. 请你回忆一下本节课学习了哪些知识，这些知识有哪些作用？

2. 你是如何得到上述知识的？其间蕴含了哪些思想方法？

3. 你运用上述知识解决了哪些问题？其中的关键是什么？

**师生活动：**

1. 教师用 PPT 展示问题，学生思考，并回答.

2. 教师组织学生质疑补充完善.

**设计意图：**

梳理整堂课教学内容，使学生对向量的坐标表示，以及向量加、减运算的坐标表示有系统的认识.

（五）目标检测设计

1. 已知作用在坐标原点的 3 个力分别为 $F_1=(3, 4)$，$F_2=(2, -5)$，$F_3=(3, 1)$，求作用在原点的合力 $F_1+F_2+F_3$ 的坐标.

**设计意图：**

这是水平二的问题，检测学生运用向量加法的坐标表示求和向量的坐标的达成情况.

2. 已知 $\square ABCD$ 的顶点 $A(-1, -2)$，$B(3, -1)$，$C(5, 6)$，求顶点 $D$ 的坐标.

**设计意图：**

这是水平二的问题，检测学生综合运用向量坐标表示和向量的加、减运算坐标表示求平面几何中点的坐标的能力.

**课后作业**

1. 在下列各小题中，已知向量 $a$，$b$ 的坐标，分别求 $a+b$，$a-b$ 的坐标.

① $a=(-2, 4)$，$b=(5, 2)$；　　② $a=(4, 3)$，$b=(-3, 8)$；

③ $a=(2, 3)$，$b=(-2, -3)$；　　④ $a=(3, 0)$，$b=(0, 4)$.

**设计意图：**

这是水平二的问题，检测学生运用向量加、减运算坐标表示求向量和、差坐标的达成情况.

2. 在下列各小题中，已知向量 $A$，$B$ 两点的坐标，分别求 $\overrightarrow{AB}$，$\overrightarrow{BA}$ 的坐标.

① $A(3, 5)$，$B(6, 9)$；　　② $A(-3, 4)$，$B(6, 3)$；

③ $A(0, 3)$，$B(0, 5)$；　　④ $A(3, 0)$，$B(8, 0)$.

**设计意图：**

这是水平二的问题，检测学生运用有向线段的端点坐标求向量坐标的达成情况.

3. 若点 $A(0, 1)$，$B(1, 0)$，$C(1, 2)$，$D(2, 1)$，则 $AB$ 与 $CD$ 有什么位置关系？证明你的猜想.

**设计意图：**

这是水平二的问题，检测学生自主画图，依图猜想，凭向量的坐标运算结果证明的能力，发展学生的直观想象和逻辑推理素养.

## 第3课时　6.3.4 平面向量数乘运算的坐标表示

**(一) 课时教学内容**

平面向量数乘运算的坐标表示，用坐标表示的两个向量共线的充要条件，中点坐标公式.

**(二) 课时教学目标**

1. 学生通过类比用坐标表示平面向量的加、减运算的研究路径，推出用坐标表示平面向量的数乘运算的方法，发展学生数学运算的核心素养.

2. 学生经历探究共线向量的坐标之间的关系的过程，能用坐标表示两个向量共线的充要条件，体会引入向量的坐标表示可用数量关系直接刻画向量之间的共线关系，发展逻辑推理的核心素养.

3. 通过运用向量坐标形式线性运算和共线的充要条件解决平面几何问题的过程，发现中点坐标公式，体会用数的运算结果解释向量之间或者几何之间位置关系的思想方法.

**(三) 教学重点与难点**

1. 教学重点

平面向量的数乘运算，中点坐标公式.

2. 教学难点

对平面向量共线的坐标表示的理解.

**(四) 教学过程设计**

**课前检测：**

将下列问题发布在教学平台上让学生作答.

1. 研究平面向量加、减运算的坐标表示中，研究背景和研究路径各是什么？

2. 向量坐标与点的坐标的关系是什么？向量坐标与表示它的有向线段的端点的坐标之间的关系又是什么？

**师生活动：**

1. 教师发布问题，学生利用图形计算器作答并上传答案.

2. 教师利用图形计算器统计数据，诊断学情，组织解决问题，公布检测题正确答案.

**设计意图：**

通过试题 1，学生回忆向量加、减运算的坐标表示的研究背景和研究路径，为本节课推导向量的数乘运算的坐标表示从研究方法上做铺垫. 通过试题 2 为本节课具体例题做铺垫.

**【问题1】**前面我们已经研究了向量和向量的加、减运算的坐标表示，根据已有的运算，你认为还有哪些问题需要研究？

**师生活动：**

1. 追问：如果已知向量 $a=(x, y)$，你能得出 $\lambda a$ 的坐标吗？

2. 学生类比向量加、减运算的坐标表示方法，推导数乘运算的坐标表示.

3. 教师板书：已知向量 $a=(x, y)$，那么 $\lambda a =(\lambda x, \lambda y)$.

4. 追问：你能用文字语言描述实数与向量数乘的坐标与这个向量坐标之间的关系吗？

**设计意图：**

通过类比研究平面向量加、减运算的坐标表示的过程，推导出数乘向量的坐标表示，发展学生逻辑推理的能力.

例1　已知向量 $\boldsymbol{a}=(2,1)$，$\boldsymbol{b}=(-3,4)$，求 $3\boldsymbol{a}+4\boldsymbol{b}$ 的坐标.

师生活动：

1. 学生独立思考，自主完成.

2. 教师巡视，了解学情，运用互动平台展示正确求解过程.

设计意图：

让学生综合运用向量线性运算的坐标表示求向量的坐标，熟悉向量线性运算的坐标运算公式.

【问题2】在数乘向量中，我们特别研究了两个向量共线的充要条件. 你能用坐标表示这个条件吗？

师生活动：

1. 追问：已知向量 $\boldsymbol{a}=(x_1,y_1)$，$\boldsymbol{b}=(x_2,y_2)$，其中 $\boldsymbol{b}\neq0$，求 $\boldsymbol{a}$ 与 $\boldsymbol{b}$ 共线的充要条件.

2. 学生自主思考，书写研究过程，在教师的组织下，互动交流，整理完善.

预设：学生得到 $\begin{cases} x_1=\lambda x_2 & ① \\ y_1=\lambda y_2 & ② \end{cases}$ 之后，由于消去参数 $\lambda$ 的想法不同，会有各种结构不同

的等式：用①÷②消去 $\lambda$ 得到 $\dfrac{x_1}{y_1}=\dfrac{x_2}{y_2}$，但它不能作为 $\boldsymbol{a}$ 与 $\boldsymbol{b}$ 共线的充要条件，因为这里要求 $y_1$

和 $y_2$ 均不能为 0，所以 $\dfrac{x_1}{y_1}=\dfrac{x_2}{y_2}$ 是 $\boldsymbol{a}$ 与 $\boldsymbol{b}$ 共线的充分不必要条件；用①$\times y_2$−②$\times x_2$消去 $\lambda$ 得到

$x_1y_2-x_2y_1=0$，是 $\boldsymbol{a}$ 与 $\boldsymbol{b}$ 共线的充分必要条件.

3. 教师组织学生归纳研究步骤，分析共线定理坐标表示的作用.

设计意图：

学生经历探究共线向量的坐标之间的关系的过程，能用坐标表示两个向量共线的充要条件，体会引入向量的坐标表示可用数量关系直接刻画向量之间的共线关系，发展逻辑推理的核心素养.

例2　已知向量 $\boldsymbol{a}=(4,2)$，$\boldsymbol{b}=(6,y)$，且 $\boldsymbol{a}/\!/\boldsymbol{b}$，求 $y$.

师生活动：

1. 学生根据坐标表示的共线向量的充要条件构造方程，解方程.

2. 教师巡视，发现问题，个别指导，并公布答案.

设计意图：

学生经历用坐标表示的共线向量的充要条件求出 $y$ 的过程，体会方程的思想，以及运用向量的坐标表示解决向量共线问题的简洁性.

例3　已知 $A(-1,-1)$，$B(1,3)$，$C(2,5)$，判断 $A$，$B$，$C$ 三点之间的位置关系.

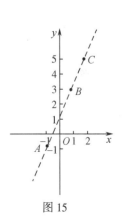

师生活动：

1. 教师用 PPT 发布问题，要求学生先自主思考，再交流解题思路.

2. 师生共同归纳解题思路：先猜后证，即先在直角坐标系中作出 $A$，$B$，$C$ 三点，如图 15 所示，发现 $A$，$B$，$C$ 三点共线，再用代数方法证明向量 $\overrightarrow{AB}$ 与 $\overrightarrow{AC}$ 共线.

图 15

3. 学生自主书写解题过程, 教师巡视指导, 用交互平台展示学生解法.

4. 归纳总结用向量坐标形式证明三点共线的步骤.

**设计意图:**

学生经历先作图猜想再推理证明的思维过程, 会用向量坐标运算证明三点共线问题, 发展直观想象和数学运算的核心素养.

**【问题 3】**对于共线的三点 $A$, $B$, $C$, 你觉得哪些特殊关系最值得讨论? 怎么讨论?

**师生活动:**

1. 预设: $B$ 是线段 $AC$ 的中点、三分点; 用端点坐标表示等分点坐标.

2. 追问: 设 $P$ 是线段 $P_1P_2$ 上的一点, 点 $P_1(x_1, y_1)$, $P_2(x_2, y_2)$. 如果当 $P$ 是线段 $P_1P_2$ 的中点, 你能求出点 $P$ 的坐标吗? 若 $P$ 是线段 $P_1P_2$ 的三等分点, $P$ 点的坐标又会怎么样?

3. 师生共同归纳解题思路: 先作出示意图, 根据示意图找到向量之间的关系, 再将向量之间的关系转化成坐标的运算关系, 要注意三等分点的位置不唯一, 需要分类讨论.

4. 学生自主书写解题过程, 教师巡视指导, 选典型问题和解法用交互平台展示, 组织学生互动点评完善.

5. 教师指出: 由第一小问的求解得到点 $P$ 的坐标满足 $\begin{cases} x = \dfrac{x_1+x_2}{2}, \\ y = \dfrac{y_1+y_2}{2}. \end{cases}$ 此公式为线段 $P_1P_2$ 的中点坐标公式, 是中学数学基础公式之一, 应用非常广泛.

6. 追问, 将问题推广到一般情况, 如图 16 所示, 当 $\overrightarrow{P_1P} = \lambda \overrightarrow{PP_2}$, 点 $P$ 的坐标是什么?

7. 追问: 前面研究中点坐标和三等分点坐标公式的求解思路, 对解决现在的问题有没有启发?

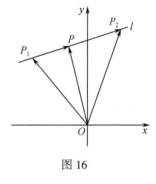

图 16

8. 教师指出: 求得点 $P$ 的坐标 $(x, y)$ 满足 $\begin{cases} x = \dfrac{x_1+\lambda x_2}{1+\lambda}, \\ y = \dfrac{y_1+\lambda y_2}{1+\lambda}. \end{cases}$ 此公式

为线段 $P_1P_2$ 的定比分点坐标公式, 第一小问是 $\lambda = 1$ 的情况, 第二小问是 $\lambda = \dfrac{1}{2}$ 或 $\lambda = 2$ 的情况.

**设计意图:**

学生经历将几何问题向量化, 向量问题坐标化的转化过程, 推导出线段的中点坐标公式和定比分点坐标公式, 体会用数的运算结果解释向量之间, 或者几何之间位置关系的思想方法, 发展数学运算的核心素养.

**【问题 4】**请回忆本节课的学习内容, 回答下面的问题:

1. 在本节课中你学会了哪些知识? 这些知识有哪些用途?

2. 研究平面向量数乘运算的坐标表示和向量共线充要条件坐标表示的基本思路是什么?

3. 本节课用到先画图直观判断, 再从代数角度严谨推理证明的思维方法, 你觉得在什么情况下可以采用这种方法？

**师生活动：**

1. 教师用 PPT 展示上述问题，学生思考问题.

2. 教师找学生代表发言，再找学生适当补充，引导学生完善问题答案.

**设计意图：**

引导学生回顾和小结学习内容，为后面的数量积的坐标运算提供了研究思路.

（五）目标检测设计

1. 已知向量 $a = (3, 2)$，$b = (0, -1)$，求 $-2a+4b$，$4a+3b$ 的坐标.

**设计意图：**

这是水平二的问题，检测学生综合运用向量及向量运算的坐标表示求向量线性运算的坐标的达成情况.

2. 当 $x$ 为何值时，$a = (2, 3)$ 与 $b = (x, -6)$ 共线.

**设计意图：**

这是水平二的问题，检测学生运用坐标表示的向量共线的充要条件求参数的能力，体会方程的思想.

**课后作业**

1. 若点 $A(-2, -3)$，$B(2, 2)$，$C(-1, 3)$，$D(-7, -4.5)$，判断 $\overrightarrow{AB}$ 与 $\overrightarrow{CD}$ 是否共线.

**设计意图：**

这是水平二的问题，检测学生运用坐标表示的向量共线的充要条件判断向量共线的达成情况.

2. 求线段 $AB$ 的中点坐标：

①$A(2, 1)$，$B(4, 3)$；　②$A(-1, 2)$，$B(3, 6)$；　③$A(5, -4)$，$B(3, -6)$.

**设计意图：**

这是水平一的问题，检测学生运用中点坐标公式求线段中点坐标的达成情况.

3. 已知 $A(1, 1)$，$B(-1, 5)$，且 $\overrightarrow{AC} = \dfrac{1}{2}\overrightarrow{AB}$，$\overrightarrow{AD} = 2\overrightarrow{AB}$，$\overrightarrow{AE} = -2\overrightarrow{AB}$，，求点 $C$，$D$，$E$ 的坐标.

**设计意图：**

这是水平二的问题，检测综合运用向量运算的坐标表示求点的坐标的能力.

# 第 4 课时　6.3.5 平面向量数量积的坐标表示

（一）课时教学内容

平面向量数量积的坐标表示，用坐标表示的向量的模和夹角公式，两个向量垂直的充要条件.

（二）课时教学目标

1. 学生能类比用坐标表示平面向量的线性运算的研究路径，推出用坐标表示平面向量的数量积运算的方法，会求坐标表示的向量的模，发展学生数学运算的核心素养.

2. 学生经历探究垂直向量的坐标之间的关系的过程，能用坐标表示两个向量垂直的充要条件，体会转化与化归的思想.

3. 通过运用向量数量积的坐标形式研究向量夹角公式的坐标表示，会用夹角公式解决向量之间或平面几何图形中夹角问题，体会用数的运算结果解释向量之间或者几何图形之间位置关系的思想方法.

（三）教学重点与难点

1. 教学重点

平面向量的数量积的坐标表示，根据向量坐标求向量的模、夹角，以及判断向量垂直.

2. 教学难点

运用向量和向量运算的坐标表示，证明两角差的余弦公式.

（四）教学过程设计

课前检测：

将下列问题发布在教学平台上让学生作答.

1. 平面向量数量积的定义是什么？如何用数量积刻画几何图形中的角和距离？

2. 研究平面向量线性运算的坐标表示中，研究背景和研究路径各是什么？

师生活动：

1. 教师发布问题，学生利用图形计算器作答并上传答案.

2. 教师利用图形计算器统计数据，诊断学情，组织解决问题，公布检测题正确答案.

设计意图：

学生回忆向量数量积的概念，知道数量积与向量的模、夹角的关系，为本节课的新研究打好基础；回忆向量线性运算的坐标表示的研究背景和研究路径，体会研究思维方法的一致性和逻辑的连贯性.

**教师指出：**前边我们学习了向量和向量的线性运算的坐标表示，积累了一些用坐标表示向量和坐标运算的经验，今天我们继续研究向量的数量积的坐标表示问题. 由于平面向量数量积涉及向量的模和夹角，在实现数量积坐标表示之后，向量的模和夹角也都可以与向量的坐标联系起来.

**【问题 1】**已知向量 $a=(x_1, y_1)$，$b=(x_2, y_2)$，怎样用 $a$ 与 $b$ 的坐标表示 $a \cdot b$ 呢？

师生活动：

1. 学生结合运算律，类比向量线性运算的坐标表示方法推导数量积运算的坐标表示.

2. 学生自主完成求解过程，教师巡视，了解学情.

3. 教师板书：已知向量 $a=(x_1, y_1)$，$b=(x_2, y_2)$，$a \cdot b=x_1 x_2 + y_1 y_2$.

4. 追问：你能用文字语言描述平面向量数量积的坐标与这两个向量坐标之间的关系吗？

设计意图：

通过类比研究平面向量加、减运算的坐标表示的过程，推导出向量数量积的坐标表示，发展学生的逻辑推理能力.

**【问题 2】**有了数量积的坐标表示，你觉得可以解决哪些问题？可以得出哪些有用的结论？

师生活动：

1. 追问：设 $a=(x, y)$，你能推出向量模的坐标表示吗？

2. 学生自主完成求解过程，教师巡视，了解学情，组织学生展示点评.

3. 教师板书：已知向量 $\boldsymbol{a}=(x,\ y)$，那么 $|\boldsymbol{a}|=\sqrt{x^2+y^2}$.

4. 追问：如果表示向量 $\boldsymbol{a}$ 的有向线段的起点 $P$ 和终点 $Q$ 坐标分别为 $(x_1,\ y_1)$，$(x_2,\ y_2)$，那么向量 $\boldsymbol{a}$ 的模又将如何？

预计：$|\boldsymbol{a}|=|\overrightarrow{AB}|=\sqrt{(x_2-x_1)^2+(y_2-y_1)^2}$.

教师指出：$|\overrightarrow{AB}|=\sqrt{(x_2-x_1)^2+(y_2-y_1)^2}$ 也是平面上两点之间的距离公式.

5. 追问：设 $\boldsymbol{a}=(x_1,\ y_1)$，$\boldsymbol{b}=(x_2,\ y_2)$，你能找到向量 $\boldsymbol{a}\perp\boldsymbol{b}$ 的充要条件吗？

6. 教师板书：已知向量 $\boldsymbol{a}=(x_1,\ y_1)$，$\boldsymbol{b}=(x_2,\ y_2)$，那么 $\boldsymbol{a}\perp\boldsymbol{b}\Leftrightarrow x_1x_2+y_1y_2=0$.

设计意图：

学生运用平面向量的数量积的坐标表示，得到向量模的坐标运算公式和坐标表示的向量垂直的充要条件，并通过研究有向线段表示的向量的模得到两点之间的距离公式，体会从一般到特殊研究向量数量积性质的思想方法.

例1　若点 $A(1,\ 2)$，$B(2,\ 3)$，$C(-2,\ 5)$，则 $\triangle ABC$ 是什么形状？证明你的猜想.

师生活动：

1. 追问：这是一个探索性问题，你可以借助什么方法进行猜想？

2. 学生独立思考后，回答教师提问，画图. 如图 17 所示，猜测 $\triangle ABC$ 是以 $\angle A$ 为直角的直角三角形.

3. 追问：如何用向量的方法证明 $\angle A$ 为直角？

预设：$\angle A$ 为直角 $\Leftrightarrow\overrightarrow{AB}\perp\overrightarrow{AC}$.

4. 学生书写证明过程，教师巡视，了解学情，运用互动平台展示正确求解过程.

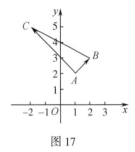

图 17

设计意图：

学生经历画图猜想，运用向量的坐标运算严谨证明的过程，体会数形结合的思想，提高分析问题和解决问题的能力.

【问题3】设 $\boldsymbol{a}$，$\boldsymbol{b}$ 是非零向量，$\boldsymbol{a}=(x_1,\ y_1)$，$\boldsymbol{b}=(x_2,\ y_2)$，$\theta$ 是 $\boldsymbol{a}$ 与 $\boldsymbol{b}$ 的夹角，你能利用平面向量数量积的坐标表示求出 $\cos\theta$ 吗？

师生活动：

1. 学生自主思考，书写研究过程，在教师的组织下，互动交流，整理完善.

2. 教师板书：设 $\boldsymbol{a}$，$\boldsymbol{b}$ 是非零向量，$\boldsymbol{a}=(x_1,\ y_1)$，$\boldsymbol{b}=(x_2,\ y_2)$，$\theta$ 是 $\boldsymbol{a}$ 与 $\boldsymbol{b}$ 的夹角，则

$$\cos\theta=\frac{\boldsymbol{a}\cdot\boldsymbol{b}}{|\boldsymbol{a}\|\boldsymbol{b}|}=\frac{x_1x_2+y_1y_2}{\sqrt{x_1^2+y_1^2}\ \sqrt{x_2^2+y_2^2}}.$$

设计意图：

学生运用向量数量积的坐标表示和向量模的坐标表示推出向量夹角的坐标表示公式.

例2　设向量 $\boldsymbol{a}=(5,\ -7)$，$\boldsymbol{b}=(-6,\ -4)$，求 $\boldsymbol{a}\cdot\boldsymbol{b}$ 及 $\boldsymbol{a}$，$\boldsymbol{b}$ 的夹角 $\theta$（精确到 $1°$）.

师生活动：

1. 学生自主思考，书写解答过程.

2. 教师提示：要将求出含无理数运算的 $\cos\theta$ 借助计算器得到近似值，在利用计算器中的"$\cos^{-1}$"解得 $\boldsymbol{a}$，$\boldsymbol{b}$ 的夹角 $\theta$ 的近似值.

**设计意图:**

学生经历用坐标的运算求向量数量积、模和夹角余弦值的过程,熟悉运算公式,体会计算器在实数近似计算和求锐角近似值中的作用.

例3 用向量方法证明两角差的余弦公式 $\cos(\alpha-\beta)=\cos\alpha\cos\beta+\sin\alpha\sin\beta$.

**师生活动:**

1. 教师用 PPT 发布问题,要求学生先自主思考,再交流解题思路.

2. 教师根据学生完成情况,引导学生按照下面的思路思考.

(1) 思考的出发点是用 $\alpha$,$\beta$ 的正弦、余弦表示 $\alpha-\beta$ 的余弦. 为此,联系正弦、余弦的定义,在平面直角坐标系 $xOy$ 内以 $O$ 为圆心作单位圆,以 $x$ 轴的非负半轴为始边作角 $\alpha$,$\beta$,它们的终边与单位圆的交点分别为 $A$,$B$,用 $\alpha$,$\beta$ 的正弦、余弦表示点 $A$,$B$ 的坐标,进而用 $\alpha$,$\beta$ 的正弦、余弦表示向量 $\overrightarrow{OA}$,$\overrightarrow{OB}$ 的坐标.

(2) 用由(1)得到的向量 $\overrightarrow{OA}$,$\overrightarrow{OB}$ 的坐标表示向量 $\overrightarrow{OA}$,$\overrightarrow{OB}$ 的夹角 $\theta$ 的余弦. 由向量数量积的坐标表示得 $\overrightarrow{OA}\cdot\overrightarrow{OB}=\cos\alpha\cos\beta+\sin\alpha\sin\beta$,由向量数量积的定义得 $\overrightarrow{OA}\cdot\overrightarrow{OB}=\cos\theta$,所以 $\cos\theta=\cos\alpha\cos\beta+\sin\alpha\sin\beta$.

(3) 探讨 $\alpha-\beta$ 与 $\theta$ 的关系,进而用 $\cos\theta$ 表示 $\cos(\alpha-\beta)$,从而用 $\alpha$,$\beta$ 的正弦、余弦表示 $\alpha-\beta$ 的余弦. 如图 18 所示,得 $\alpha-\beta$ 与 $\theta$ 的关系式 $\alpha-\beta=2k\pi\pm\theta$,由此可得 $\cos(\alpha-\beta)=\cos\theta$,所以 $\cos(\alpha-\beta)=\cos\alpha\cos\beta+\sin\alpha\sin\beta$.

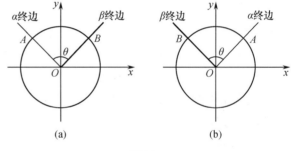

图 18

3. 学生自主书写解题过程,教师巡视指导,用交互平台展示学生解法.

**设计意图:**

学生经历根据公式特点联想三角函数定义构造单位圆,并借助向量的数量积证明的过程,体会运用向量坐标工具进行探究的简洁性,培养学生的创新思维,有利于提高学生发现和提出问题、分析和解决问题的能力.

【问题4】请回忆本节课的学习内容,回答下面的问题:

1. 在本节课中你学会了哪些知识?这些知识有哪些用途?

2. 研究平面向量数量积的坐标表示和向量垂直充要条件坐标表示的基本思路是什么?

3. 本节课用到先画图直观判断,再从代数角度严谨推理证明的思维方法,你觉得在什么情况下可以采用这种方法?

**师生活动:**

1. 教师用 PPT 展示上述问题,学生思考问题.

2. 教师找学生代表发言,教师寻找学生适当补充,引导学生完善问题答案.

**设计意图:**

引导学生回顾和小结学习内容,理解用向量数量积的坐标运算解决距离和夹角问题的简洁性.

(五)目标检测设计

1. 已知向量 $a=(-3, 4)$，$b=(5, 2)$，求 $|a|$，$|b|$，$a·b$.

设计意图：

这是水平一的问题，检测直接运用向量数量积和模的坐标运算公式求值的达成情况.

2. 已知 $a=(2, 3)$，$b=(-2, 4)$，$c=(-1, -2)$，求 $a·b$，$(a+b)·(a-b)$，$a·(b+c)$，$(a+b)^2$.

设计意图：

这是水平二的问题，检测学生综合运用向量运算的坐标表示求值的能力.

**课后作业**

1. 分别在平面直角坐标系中作出下列各组点，猜想以 $A$，$B$，$C$ 为顶点的三角形的形状，然后给出证明.

① $A(-1, -4)$，$B(5, 2)$，$C(3, 4)$；

② $A(-2, -3)$，$B(19, 4)$，$C(-1, -6)$；

③ $A(2, 5)$，$B(5, 2)$，$C(10, 7)$.

设计意图：

这是水平二的问题，检测学生先画图猜想，再运用坐标表示的向量垂直的充要条件判断向量垂直的达成情况.

2. 已知 $|a|=3$，$b=(1, 2)$，且 $a/\!/b$，求 $a$ 的坐标.

设计意图：

这是水平二的问题，检测学生通过构造方程，运用向量模的坐标公式和向量共线的充要条件确定所求向量坐标的达成情况.

3. 已知 $a=(4, 2)$，求与 $a$ 垂直的单位向量的坐标.

设计意图：

这是水平二的问题，检测学生通过构造方程，综合运用向量数量积和模的坐标表示，以及向量垂直的充要条件确定所求向量坐标的能力.

## 案例4 "平面向量全章复习"单元—课时教学设计①

魏学军　北京市密云区教师研修学院

### 一、内容及其解析

1. 内容

向量的概念与几何表示，向量的运算与运算性质；基本定理及其坐标表示；向量法.

2. 内容解析

（1）内容的本质

向量理论具有深刻的数学内涵、丰富的物理背景. 向量既是代数研究对象，也是几何研究对象，是沟通几何与代数的桥梁. 向量是描述直线、曲线、平面、曲面及高维空间数学问题的基本工具，是进一步学习和研究其他数学领域问题的基础，在解决实际问题中发挥着重要作用. 本单元包含 3 大部分内容. 一是向量的概念、运算及运算律. 向量是一个"运算对象"，向量的运算包括线性运算和数量积运算，向量运算性质包括代数性质和几何性质. 二是基本定理及其坐标表示. 由平面向量基本定理出发，借助平面直角坐标，实现由平面向量正交分解得到向量坐标表示. 对于平面图形的研究而言，这是关键. 由此可以表示图形的基本元素，再通过向量运算可以得出几何性质. 坐标表示使得几何元素及其关系实现了彻底的代数化，可以通过数的运算研究几何性质. 三是向量法，主要是用向量法解决几何问题，用向量语言、方法表述和解决现实生活、数学和物理中的问题，特别是用向量法研究三角形、平行四边形等.

（2）蕴含的思想和方法

向量是既有大小，又有方向的量，兼有代数与几何两种形式，具有代数的抽象严谨和几何的直观，集中体现数形结合的思想. 向量作为一个运算对象，通过类比实数运算体现了研究运算的基本套路，但是也要关注向量以物理知识为背景定义"方向的运算"，在运算性质中除运算律以外的几何性质. 基本定理中最重要的是基底思想，用两个不共线向量，通过线性运算统一表示平面内的向量，从而使问题的解决有了一致标准、相同的参照系，为用向量运算研究几何问题提供了有力工具. 这对发展学生的理性思维很有好处. 基底正交化，与平面直角坐标系实现了联系和统一，使向量运算与实数运算统一，彻底实现了向量运算的数量化，为定量研究几何问题奠定了基础，其中蕴含的数学思想对发展学生的直观想象、数学运算和逻辑推理等素养都很有作用. 向量是数形结合的桥梁，它既有代数特征，又有几何特征，通过向量可以实现代数问题与几何问题的相互转化. 向量法，先把几何图形中的元素用向量来表示，再借助向量的运算研究图形中几何元素之间的关系，最后把向量运算的结果翻译成平面几何的形式，体现了数形结合的思想.

（3）知识的上下位关系

从物理中对力、速度、位移等的分析，了解平面向量的实际背景，抽象出平面向量的概念，类比实数的运算得出向量的运算；向量是描述直线、曲线、平面、曲面及高维空间数学

---

① 该教学设计于 2020 年 2 月被中国教师研修网收录为专家示范内容.

问题的基本工具，而平面向量是学习空间向量的基础，是进一步学习和研究其他数学领域问题的基础. 向量代数所依附的线性代数是高等数学中一个完整的体系，是重要的数学模型.

（4）育人价值

类比数及其运算得出向量及其运算，促进学生理解数学运算与逻辑推理的关系；学习的重要目的之一在于应用，在应用的过程中加深学生对相关知识的理解. 向量的应用是学生发展"四基"、提高"四能"的重要载体.

（5）教学重点

向量的概念、向量的运算、平面向量基本定理、向量运算的坐标表示及以上知识的应用.

## 二、目标和目标解析

1. 目标

（1）借助本章知识结构图，掌握平面向量基础知识，建立平面向量部分知识之间的联系，形成知识发生发展的脉络，体会知识的系统化和整体性.

（2）借助具体问题的解决，掌握平面向量运算及其几何意义，体会利用向量方法研究有关问题的思维方式和类比、数形结合、分类与整合、化归与转化等数学思想方法.

（3）通过在综合问题情境中，借助向量表示和运算解决有关的问题，发展数学抽象、数学运算素养.

2. 目标解析

（1）学生能回顾平面向量学习过程，说出整章向量相关的知识要素，梳理写出整章知识结构图.

（2）学生能自主解决具体问题，利用几何作图分析问题中涉及的向量及其相互关系，使研究对象简单化、本质化，准确规范地使用向量运算得出正确结果；说出其中蕴含的数学思想.

（3）学生能在综合问题情境中，分析问题，用向量表示出问题中关键的点、线；进行向量计算得出结果.

## 三、教学问题诊断分析

学生已经学习向量的概念、向量的加减运算、向量的数乘运算、向量的数量积、平面向量基本定理、向量运算的坐标表示、利用向量证明余弦定理和正弦定理，积累了一些认识某个运算体系和借助向量解决问题的经验. 学生已具备了一定的观察问题、分析问题的能力，以及能从简单的物理背景及生活背景中抽象出数学概念的能力. 这些都是学生学习本单元的基础. 但是学生学习的相关知识零散化，运用向量知识、其他数学知识或物理知识的综合能力不足，难以探寻解决问题的途径，这成为本单元教学的难点.

## 四、教学支持条件分析

复习课既要有完整的知识架构，也要有具体概念、具体法则的详细解读，将此类细节提前做好准备于 PPT 上，使学生对重点概念有精准的认识，注意细节体现完整的形成过程，有利于重点难点的掌握与突破；利用实物投影将学生作品进行展示、比较，提高教学效率.

## 五、课时教学设计

# 第 1 课时　向量基础知识及简单应用

（一）课时教学内容

向量基础知识及简单应用.

（二）课时教学目标

1. 学生通过自主学习进行知识的整理、归纳，能写出本章知识结构图，梳理平面向量部分知识之间的联系并形成脉络，体会知识的系统化和网络化.

2. 学生经历具体问题的解决过程，能准确使用平面向量运算及其几何意义解决相关问题，体会数形结合、分类与整合、化归与转化等数学思想方法.

（三）教学重点与难点

重点：平面向量基础知识及应用规律化、系统化和网络化.

难点：知识间的联系.

（四）教学过程设计

**课前作业：**

研究一个数学运算对象的一般套路是：背景—概念、表示、分类、性质—运算与运算性质—联系与应用，平面向量这一章的基础知识我们已经学习完毕，请大家梳理本章的知识结构图.

**师生活动：**

学生借助教材、课堂笔记等资料，根据自己的理解梳理本章知识结构图.

**设计意图：**

本章复习课首先让学生站在数学知识的整体高度认识问题、思考问题，学生自主归纳总结，有利于学生自主性学习，从而达到让学生学会学习的目的.

【问题1】小组讨论完善组员的知识结构图. 你能展示修改后的知识结构图并做出知识点及其联系的说明吗?

**师生活动：**

学生以已有知识结构图为基础，通过与同组同学的相互讨论、相互学习而主动建构新的理解. 教师通过巡视，调研小组讨论情况，适时、适度参与其中，利用师生交互平台收集学生研讨成果，展示学生完善后的结构图(如图1所示).

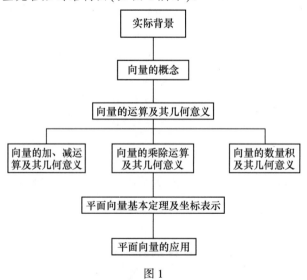

图 1

**设计意图:**

复习课的任务之一是梳理基础知识、构建知识间的联系. 本项任务以学生为中心,充分发挥学生的主体作用,引导学生开展自主学习和合作学习,从整体上把握学习的"套路"——定义、表达、性质、应用;并在此基础上,利用学科知识内在的紧密联系,将获得的新知识与新知识有关的已有知识和经验信息相联系.

**【问题2】** 完成下列习题,你能说出解题过程都用到了哪些知识吗?你是如何使用的?使用中要注意的要点是什么?

1. 判断下列命题是否正确(正确的在括号内打"√",错误的打"×")

(1) $\overrightarrow{AB}+\overrightarrow{BA}=0$. 　　　　　　　　　　　　　　　　　　(　　)

(2) $\overrightarrow{AB}+\overrightarrow{BC}=\overrightarrow{AC}$. 　　　　　　　　　　　　　　　　　(　　)

(3) $\overrightarrow{AB}-\overrightarrow{AC}=\overrightarrow{BC}$. 　　　　　　　　　　　　　　　　　(　　)

(4) $0\overrightarrow{AB}=0$. 　　　　　　　　　　　　　　　　　　　　(　　)

2. 设 $a$, $b$ 都是非零向量,下列4个条件中,一定能使 $\dfrac{a}{|a|}+\dfrac{b}{|b|}=0$ 成立的是(　　).

(A) $a=b$ 　　　　(B) $a/\!/b$ 　　　　(C) $a=-\dfrac{1}{3}b$ 　　　　(D) $a\perp b$

3. (2017 北京理) 设 $m$, $n$ 为非零向量,则"存在负数 $\lambda$,使得 $m=\lambda n$"是" $m\cdot n<0$ "的 (　　).

(A) 充分而不必要条件 　　　　(B) 必要而不充分条件

(C) 充分必要条件 　　　　(D) 既不充分也不必要条件

**师生活动:**

教师提出问题,展示于PPT,学生独立思考后进行解答、质疑、辨析,将每一个问题的内涵对应的基本概念、基础法则整理清楚.

教师针对第1题追问:

向量的概念是什么?用有向线段如何表示一个向量?(目的是通过对1(1)题的思考明确相等向量、相反向量、零向量的概念.)

你能说说向量的加法、减法、向量的数乘运算、向量的数量积是如何定义的吗?这些运算的几何意义是什么?(目的是通过对第1(2)-(4)题的思考复习向量加法、减法、数乘运算.)

教师针对第2,3题追问:

运算律是运算的灵魂,你能通过第2,3题,说明向量的加法、向量的数乘运算、向量的数量积有哪些运算律吗?这些运算律的几何意义是什么?这些运算律与数的运算律的联系与区别是什么?

预设:由第2题得出向量数乘运算与向量平行之间的关系,进一步明确方向相同与相反都是平行;说出 $\dfrac{a}{|a|}$ 是 $a$ 方向上的单位向量,明确单位向量的含义;由第3题区别数乘与数量积运算的区别,明确其代数属性的不同,同时强调其几何意义的不同. 在前面题目中已经将数乘运算说清楚,这里应重点展开数量积运算,关注数量积运算的应用.

**设计意图：**

在建立整体框架的基础上，具体知识的复习采用"以问题为载体"的方式——解答具体的题目，在解答过程中阐释用什么知识，再明确知识的本质、需要注意的要点，等等. 在完成整体认知的基础上，继续追问细节，深化学生对向量的理解. 向量作为数学对象的抽象，是一个"运算对象". 帮助学生理解平面向量的几何意义和代数意义. 向量的运算包括线性运算和数量积运算，向量运算性质包括代数性质和几何性质.

**【问题 3】** 向量是几何与代数的桥梁，这种优越性是如何实现的呢？思考下列问题.

1. 在下列各组向量中，可以作为基底的是(      ).

(A) $e_1=(0, 0)$, $e_2=(1, -2)$          (B) $e_1=(-1, 2)$, $e_2=(5, 7)$

(C) $e_1=(3, 5)$, $e_2=(6, 10)$          (D) $e_1=(2, -3)$, $e_2=\left(\dfrac{1}{2}, -\dfrac{3}{4}\right)$

2. 已知平面直角坐标系中，点 $O$ 为原点，$A(-3, -4)$，$B(5, -12)$.

(1) 求 $\overrightarrow{AB}$ 坐标及 $|\overrightarrow{AB}|$ 的值；

(2) 若 $\overrightarrow{OC}=\overrightarrow{OA}+\overrightarrow{OB}$，$\overrightarrow{OD}=\overrightarrow{OA}-\overrightarrow{OB}$，求 $\overrightarrow{OC}$ 与 $\overrightarrow{OD}$ 坐标；

(3) 求 $\overrightarrow{OA} \cdot \overrightarrow{OB}$ 的值；

(4) 求 $\overrightarrow{OA}$ 与 $\overrightarrow{OB}$ 的夹角.

3. (2012 北京理) 已知正方形 $ABCD$ 的边长为 1，点 $E$ 是 $AB$ 边上的动点，则 $\overrightarrow{DE} \cdot \overrightarrow{CB}$ 的值为_____，$\overrightarrow{DE} \cdot \overrightarrow{DC}$ 的最大值为_____.

**师生活动：**

学生思考教师提出的问题，一步一步梳理所学知识；回忆向量基本运算及运算法则，思考平面向量基本定理，并能将基底特殊化之后得出向量坐标并进行坐标运算；思考利用坐标表达的好处.

教师针对第 1, 2 题追问：

平面向量基本定理是什么？这个定理的意义是什么？你能说说什么是向量的坐标表示吗？你能梳理向量的坐标运算公式吗？你能用向量的坐标表示描述向量的长度及两个向量的夹角吗？

学生回忆平面向量基本定理的有关知识，通过观察、操作、思考，发现对基底的理解最后要落实在两个点上——非零、不共线，教师通过追问，使学生知道为什么"非零向量"是隐含在"不共线"内的；利用简单例题熟悉向量坐标运算，教师利用多媒体展示坐标对应的点及相应向量，并且利用追问——请指出 $\overrightarrow{AB}$ 所在位置，确定起点和终点，进而呈现有向线段，直观理解向量概念.

教师针对第 3 题展示学生不同的做题方法，预设一种直接利用向量几何性质结合运算律进行解答，一种利用构建直角坐标系和向量坐标运算进行解答.

教师追问：平移对向量有无影响？加法、减法的几何意义是什么？数量积的几何含义是什么？两种方法的本质含义是否一致？坐标法的优势在哪里？使用坐标法解决问题的前提是什么？需要注意哪些问题？

**设计意图:**

通过结构图引领学生整体认识向量一章的内容及相互联系,通过例题深化学生对向量的认识."基底化"是解决向量问题的重要方法,也是连接几何与代数的重要依据,要引导学生避免死记硬背,利用几个问题引导学生注重知识的产生、发展的过程,捋顺向量相关知识的来龙去脉.由几何到代数(坐标表达),再由代数到几何(利用向量坐标描述向量共线、量的长度及两个向量的夹角),体会向量是沟通几何与代数的桥梁.

**【问题 4】** 回忆本节课的学习内容,回答下面的问题.

1. 你可以说一说向量的特点吗?

2. 向量有哪些运算? 能总结一下运算规律吗?

**师生活动:**

1. 教师用 PPT 展示上述问题.

2. 针对学生回答的情况,教师寻找学生做适当补充,组织学生完善问题答案.

**设计意图:**

引导学生回顾和总结学习内容,提升对向量的整体认识.

**布置作业:**

作业: 第 59 页复习参考题 6 第 2,3,5,6 题.

**设计意图:**

第 2,3 题练习用向量基本概念和运算、平面向量基本定理解决相关问题,第 5,6 题用于向量坐标运算的复习和巩固.

**(五) 目标检测设计**

1. 下列命题中,真命题的序号为＿＿＿＿.

①若向量$\overrightarrow{AB}$与向量$\overrightarrow{DC}$是共线向量,则点 $A$,$B$,$C$,$D$ 必在同一条直线上;

②$\overrightarrow{AB}=\overrightarrow{DC}$是 $A$,$B$,$C$,$D$ 四点构成平行四边形的充要条件;

③单位向量不一定都相等;

④若向量 $a$,$b$ 满足 $|a|=|b|$,则 $a=\pm b$;

⑤$a=b$ 的充要条件是 $|a|=|b|$,且 $a/\!/b$;

⑥若 $a^2=b^2$,则 $a=b$ 或 $a=-b$;

⑦若 $a\cdot b=0$,则 $a$ 或 $b$ 为零向量;

⑧向量 $a$ 与向量 $b$ 平行,则 $a$ 与 $b$ 的方向相同或相反;

⑨若 $\lambda a=0$,则 $\lambda=0$ 或 $a=0$.

**设计意图:**

检测对向量基础概念的认识程度,巩固向量重要概念.

2. 在正方形 $ABCD$ 中,点 $E$ 是 $DC$ 的中点,点 $F$ 是 $BC$ 的一个三等分点(如图 2 所示),那么$\overrightarrow{EF}=(\quad)$.

(A) $\dfrac{1}{2}\overrightarrow{AB}-\dfrac{1}{3}\overrightarrow{AD}$　　　　　(B) $\dfrac{1}{4}\overrightarrow{AB}+\dfrac{1}{2}\overrightarrow{AD}$

(C) $\dfrac{1}{3}\overrightarrow{AB}+\dfrac{1}{2}\overrightarrow{DA}$　　　　　(D) $\dfrac{1}{2}\overrightarrow{AB}-\dfrac{2}{3}\overrightarrow{AD}$

图 2

**设计意图：**

检测学生对平面向量基本定理及向量加减运算的理解，本题也可以利用向量坐标运算完成.

## 第2课时　平面向量综合应用

**（一）课时教学内容**

平面向量综合应用.

**（二）课时教学目标**

1. 借助具体问题的解决，总结归纳一般解题方法，引导学生体会向量是连接代数与几何的桥梁，关注数形结合在解决向量问题中的重要作用.

2. 通过在综合问题情境中，借助向量表示点和线及其位置关系，再通过向量进行向量计算得出结果，提升学生的直观想象、数学建模、逻辑推理和数学运算素养.

**（三）教学重点与难点**

重点：平面向量代数与几何相结合的应用.

难点：从综合背景抽象出向量问题.

**（四）教学过程设计**

前言：平面向量这一章的基础概念及基本运算我们已经学习完毕，并且也进行了梳理，我们知道学习的重要目的之一在于应用，在综合应用的过程中也可以加深理解相关知识，本节课我们来尝试一些向量应用.

**【问题1】** 已知 $a$，$b$ 是不共线的向量，且 $\overrightarrow{AB} = a + 5b$，$\overrightarrow{BC} = -2a + 8b$，$\overrightarrow{CD} = 3(a - b)$，则（　　）.

(A) $A$，$B$，$D$ 三点共线　　　　(B) $A$，$B$，$C$ 三点共线

(C) $B$，$C$，$D$ 三点共线　　　　(D) $A$，$C$，$D$ 三点共线

**师生活动：**

教师要关注全体学生对问题1的理解，鼓励学生独立思考，小组进行交流. 教师引导学生思考：可以从哪些角度考虑三点共线问题？两条直线平行与向量平行有什么区别？本题中向量 $a$，$b$ 是基底，教师给出利用向量加、减法的定义求解相关向量的方法并明确共线向量的特征，进而推广到如何使用向量这个工具判断三点共线问题.

追问：你还能想到哪些由向量关系推导出的几何结论呢？

预设：直线的垂直关系，三角形形状（例如等腰三角形、等边三角形、直角三角形等），四边形形状（例如平行四边形、梯形、矩形、菱形等）.

**设计意图：**

向量本身有一个完整的运算体系，向量的应用不仅仅局限于常规加法、减法、数乘、数量积、求模、求角等问题，更重要的是利用向量解决其他问题. 通过本题的解答，引导学生初步体会向量是连接几何与代数的桥梁.

**【问题2】** 设点 $A$，$B$，$C$ 不共线，则"$\overrightarrow{AB}$ 与 $\overrightarrow{AC}$ 的夹角为锐角"是"$|\overrightarrow{AB} + \overrightarrow{AC}| > |\overrightarrow{BC}|$"的（　　）.

(A) 充分而不必要条件　　　　(B) 必要而不充分条件

(C) 充分必要条件　　　　　　(D) 既不充分也不必要条件

师生活动：

学生独立思考，可能会从代数角度给出答案. 由 $|\overrightarrow{AB}+\overrightarrow{AC}| > |\overrightarrow{BC}|$ 等价于 $|\overrightarrow{AB}+\overrightarrow{AC}| >$ $|\overrightarrow{AC}-\overrightarrow{AB}|$，两边同时平方得出：

$|\overrightarrow{AB}|^2+|\overrightarrow{AC}|^2+2\overrightarrow{AB}\cdot\overrightarrow{AC} > |\overrightarrow{AB}|^2+|\overrightarrow{AC}|^2-2\overrightarrow{AB}\cdot\overrightarrow{AC}$，即 $\overrightarrow{AB}\cdot\overrightarrow{AC} > 0$.

则有 $|\overrightarrow{AB}|\cdot|\overrightarrow{AC}|\cos\theta > 0$，可知 $\overrightarrow{AB}$ 与 $\overrightarrow{AC}$ 的夹角为锐角；不难发现反推依然成立.

可以从几何直观角度给出答案吗？几何与代数相结合对本题有哪些帮助？

设计意图：

向量不仅仅用于解决向量问题，更多的是用来解决平面几何问题. 在解决平面几何问题的过程中，要关注点线的位置关系，以及通过直观想象发现规律，利用向量知识实现科学严谨的证明，体会数与形相辅相成解决向量问题.

【问题3】一个人骑自行车由 A 地出发向东骑行了 9 km 到达 B 地，然后由 B 地向南偏东 30°方向骑行了 6 km 到达 C 地，再从 C 地向北偏东 30°骑行了 16 km 到达 D 地，求这个人由 A 地到 D 地的位移(角度精确到 1°).

师生活动：

学生作出几何图形，将问题转化为向量加法问题，并依据向量加法定义及平面几何知识求解，给出解答过程和结果. 由于这是将实际问题转化为向量问题，对有困难的学生，教师可以引导学生理解题意，思考问题中有哪些关键点、关键字、关键数据，如何表达，与所学的哪些向量知识有联系，等等，并适当规范学生的书写.

学生认识到题目涉及的是既有大小又有方向的量，与向量有联系，清楚题目中涉及的向量概念与运算. 教师利用巡视发现并解决学生的问题，此题至少应提出两种解决方案，一种就是利用向量的几何意义，作图求解；另一种可以抽象成直角坐标系，进而转化为向量的坐标运算. 对比两种解决方案，从计算角度、思维深度等方面进行阐述，给出每种解法的优势.

通过本题的解答，师生共同归纳出利用向量解决实际问题的具体步骤. 首先要抽象出具体的点，由具体的点明确起点与终点，进而抽象出具体的向量. 然后对该向量进行方向与大小两方面的辨析，对已有两个向量或多个向量之间的关系，要明确判断方式及计算方法. 最后利用向量的加法、减法、数乘、数量积运算，实现最终结果的表达，并且将代数结果转化为几何结果.

解法一：设向东 1 km 的位移为向量 $\boldsymbol{i}$，向北 1 km 的位移为向量 $\boldsymbol{j}$，于是，$\overrightarrow{AB}=9\boldsymbol{i}$，$\overrightarrow{BC}=3\boldsymbol{i}-3\sqrt{3}\boldsymbol{j}$，$\overrightarrow{CD}=8\boldsymbol{i}+8\sqrt{3}\boldsymbol{j}$，所以，$\overrightarrow{AD}=\overrightarrow{AB}+\overrightarrow{BC}+\overrightarrow{CD}=20\boldsymbol{i}+5\sqrt{3}\boldsymbol{j}$，可得 $|\overrightarrow{AD}|=\sqrt{400+75}=$ $\sqrt{475}=5\sqrt{19}$，$\tan\angle BAD=\dfrac{\sqrt{3}}{4}$，$\angle BAD\approx 23°$. 因此，这个人由 A 地到 D 地的位移的大小为 $5\sqrt{19}$ km，方向为北偏东约 67°.

解法二：设向东为 $x$ 轴正方向，向北为 $y$ 轴正方向，A 地为坐标原点，可依据题目所给距离与角度得出 B 地坐标(9，0)，C 地坐标(12，$-3\sqrt{3}$)，D 地坐标(20，$5\sqrt{3}$)，即 $\overrightarrow{AD}=(20,$ $5\sqrt{3})$，$|\overrightarrow{AD}|=\sqrt{400+75}=\sqrt{475}=5\sqrt{19}$，$\tan\angle BAD=\dfrac{\sqrt{3}}{4}$，$\angle BAD\approx 23°$.

因此，这个人由 A 地到 D 地的位移的大小为 $5\sqrt{19}$ km，方向为北偏东约 67°.

**设计意图：**

通过在具体的综合性的知识背景下，对向量进行应用，加深学生对向量基本概念、基本运算的特点的认识，思考由向量到平面向量基本定理，到向量的坐标运算，进一步捋顺知识的脉络.

**【问题4】** 在本节学习的过程中，哪些知识和方法对于解决向量问题起了比较重要的作用？在使用向量解决问题的过程中，你认为应注意哪些问题？

**师生活动：**

学生回顾本节课学习内容，一步步由浅入深体会向量本身的特点——代数属性与几何属性并存，以及向量的数形结合特征. 由代数结论到几何结论，由几何图形辅助思考，引导学生关注向量应用的灵活性.

**布置作业**

作业：第 59 页复习参考题 6 第 9，10，13(2)–(5) 题.

**设计意图：**

在明确向量线性运算的背景、法则、几何意义、运算律的基础上，让学生体会向量集几何、代数于一身的两重性，在解决简单的几何问题、物理问题等方面有很好的应用.

**（五）目标检测设计**

1. 第 59 页复习参考题 6 第 13(6) 题.

若平面向量 $a$，$b$，$c$ 两两的夹角相等，且 $|a| = 1$，$|b| = 1$，$|c| = 3$，则 $|a+b+c| =$（　　）.

(A) 2　　　　(B) 5　　　　(C) 2 或 5　　　　(D) $\sqrt{2}$ 或 $\sqrt{5}$

**设计意图：**

检测对数形结合在解决向量问题中的重要作用的理解.

2. 第 59 页复习参考题 6 第 12 题.

海中有一座小岛，周围 3 n mile 内有暗礁. 一艘海轮由西向东航行，望见该岛在北偏东 75°，海伦航行 8 n mile 以后，望见该岛在北偏东 55°. 如果这艘海轮不改变航向继续前进，有没有触礁的危险？

**设计意图：**

检测学生在综合问题情境中，利用向量解决问题的能力.

# (二)"单元—课时教学设计"模式二

## 1. "模式二"设计栏目与要求介绍

"单元—课时教学设计"模式二主要以北京教育科学研究院基础教育研究中心中学教研室推荐单元教学设计方法为基础进行单元—课时教学设计.

### 1) "单元—课时教学设计"模式二的栏目

(1) 单元(或主题)教学背景分析.

单元(或主题)教学背景分析包含以下两个方面.

教学内容分析及课时分配：说明本单元(或主题)的教学主要内容与课程标准、教材、学科知识等的关联，阐述其教育教学功能和价值；说明本单元(或主题)的课时分配情况，以及每课时的主要内容.

学生情况分析：通过测试、调研或访谈等分析学生在思维、认知等方面的基本情况，说明本单元(或主题)学习中学生的思维障碍点和发展点.

(2) 单元(或主题)教学目标.

利用表格或图示，说明本单元(或主题)整体教学目标与各课时教学目标，以及其间的联系.

(3) 单元(或主题)教学过程设计.

单元(或主题)教学设计是由几个相关联的课时教学设计按照一定逻辑构成的，突出整体性、结构性和逻辑性. 以流程图或表格的形式，简要呈现本单元(或主题)的教学过程，并注明课时. 教学过程中包括主要教学环节(或问题线索、内容线索、学习任务)、主要教学活动(包括主要课程资源说明)，以及该环节或活动的设计意图.

(4) 单元(或主题)学习效果评价及结果分析.

对本单元(或主题)教学后的学生学习效果评价进行设计，包括评价目标、评价内容、评价方式及工具(可附件)、评价结果及教学质量分析等.

(5) 本单元(或主题)教学特色分析(300~500 字).

(6) 单元(或主题)教学设计中第 $n$ 课时详细介绍.

教学设计的栏目：教学目标、教学重点和难点、教学过程. 其中，在教学过程中主要有以下环节：环节介绍、教师引入、问题、教师活动、学生活动、设计意图.

### 2) "单元—课时教学设计"模式二具体要求解读

(1) 对于指导思想、目标、过程等栏目的书写，教师需要先有一个总的说明，就是在整个单元(或主题)教学里的指导思想、教学背景分析、教学目标、教学过程的说明. 在教师挑出某几节课或者某一节课做示例的时候，再把每节课的指导思想、教学目标、教学过程做一个说明. 因此，对于教学目标与教学过程来讲，实际是分成了两部分，一个是单元总的，一个是每节课的教学目标与教学过程. 它们之间应该是一个相互呼应的关系.

(2) 在课程内容理解方面，如果要从比较详细的方面来做，那么要有前沿、有文献、有剖析、有分布表、有实施要点.

（3）对学生进行调查分析，在这里需要有问卷和数据统计．教师在进行整章或者整单元的学情分析的时候，这种数据性的分析或者说问卷性的表述是必不可少的．教师不一定把整张问卷都附上去，但是对于通过问卷得出的一些结论，教师可以通过一些表格、饼形图或直方图等方式去表述，表明在这里是有问卷的，并且对问卷的结果进行了一个统计分析，在统计分析的结果之上，形成了一定的结论．这个结论是深刻影响教师教学过程设计的，所以这一部分是需要引起教师重视的．尤其我们一些年轻教师在做这种单元教学设计的时候，有时候就忽略了这一部分．教师在做问卷的时候，有好多时候就是一个个独立的题，题目之间的逻辑关系不清楚．其实，教师在做调查问卷的时候，需要设计一个大的一级维度，看看希望通过问卷达到一个什么样的目的，分成几个大的方向．在一级维度下，制定二级维度，即对于学生的能力、知识方面想进一步了解的内容．在二级维度下，可能还有三级维度……教师如果想借鉴其他研究的成果，或者其他老师的问卷，除了借鉴之外，应该还有自己的维度的一个考虑，即通过问卷要达到的目的是什么．目的其实很简单，都是为单元（或主题）整体教学设计的教学目标和教学重难点服务．无论教师在前边做了多少分析，最后都要有一个总结．统计完结果之后，最后形成认识与思考．对于这部分内容，一部分是在学情分析里出现，表明通过问卷对学生有一个总结；还有一部分是在教学过程中的设计意图中体现出来．我们得出的结论通常情况下就是在这两个部分加以体现．在单元（或主题）教学过程中要分成 $n$ 个层次去讲，例如有些内容起着承上巩固的作用，有些内容是为启下类比，而有些内容则是大学后续学习的基础．在每个层次里挑一节课，那么这些课可能又分成了若干个层次，这些层次之间的教学活动也是有层次关系的．这些层次关系为什么这么定？在这里的设计意图是什么？设计依据是什么？这些就是从前边教学背景分析、指导思想确定及学情分析来的．

（4）单元（或主题）教学设计特色分析切忌流水账，要有个人的想法和特点，从总体到细节，到活动展示，到亮点的展示，等等．

（5）不同的作业形式体现了教师对于学生不同能力的培养，代表了教师对于教学方式方法的一种探索和验证．所以教师在留作业的时候，需要针对自身教学特点、培养目标，布置多种形式的作业．在做表述的时候，最好加一个最后的评价反思．

## 2. "模式二"典型案例

# "诱导公式"单元—课时教学设计①
## 苑智莉 北京市密云区第二中学

### 一、单元指导思想与理论依据

《普通高中数学课程标准(2017年版)》指出:高中数学课程面向全体学生,以学生发展为本,落实立德树人根本任务,高中数学教学以发展学生数学学科核心素养为导向,培育科学精神和创新意识.优化课程结构,突出数学主线,凸显数学的内在逻辑和思想方法;重视学生的学习过程,创设合适的教学情境,启发学生思考,引导学生把握数学内容的本质.在诱导公式的教学中,不仅学生要"知其然"更要"知其所以然",在学生为主体、教师为主导的原则下,通过问题串,层层设问,自主归纳总结诱导公式二,并梳理研究路径,充分揭示获取知识和方法的思维过程.在第二课时公式五与公式六的学习中,研究方法与第一课时一致,由于对称轴的改变,角与角之间的关系和点坐标之间的关系也发生改变,增加了推导难度.研究三角函数性质时所使用的数形结合,与前面已有的通过观察函数图象而得出性质,有较大的不同,这一过程也提升了学生的创新思维能力.

### 二、单元教学背景分析

(一) 单元教学内容分析及课时分配

1. 教学内容分析

诱导公式是单位圆的特殊对称性(关于原点、坐标轴和直线 $y=x$ 对称、旋转 $\dfrac{\pi}{2}$ 的对称性)的代数化,是单位圆上具有特殊对称性的点之间的关系在相应的角之间的关系及三角函数取值之间关系的直接反映,是三角函数自变量取值有某些特殊关系时,对应三角函数的取值规律,是三角函数的基本性质.任意角、弧度制、三角函数的概念,单位圆的对称性,以及函数的性质是学习诱导公式的基础.诱导公式是圆的特殊对称性,三角恒等变换是圆的更一般的对称性.这种特殊与一般的关系,蕴含着诱导公式与三角恒等变换之间的特殊与一般的关系.因为点 $P(\cos x,\sin x)$ 的变化是在单位圆上旋转,所以余弦函数、正弦函数的性质一定与圆的性质有关.因此,与圆的几何性质建立联系,为发现三角函数的性质提供思路,是研究三角函数的重要思想方法.另外,充分发挥单位圆的作用,借助单位圆的性质研究三角函数,有利于发展学生直观想象的能力.在强调函数的变换与坐标系的变换及其关系、对称性与不变性的过程中渗透现代数学思想.这样处理,体现了三角函数性质的整体性,可以更充分地发挥三角函数在培养学生的直观想象、数学抽象、逻辑推理、数学运算和数学建模等核心素养方面的作用.

2. 课时分配

诱导公式共分为两课时,具体如下.

---

①该教学设计于2019年11月在中国教师研修网线上线下混合研修活动中作为现场课素材.

第一课时：诱导公式二、公式三、公式四及其证明和应用.

第二课时：诱导公式五、公式六及其证明和应用.

(二) 学生情况分析

1. 通过前测，学生对关于原点和坐标轴对称点的坐标之间的关系掌握较好.

2. 学生对于圆的对称性有一定的认知基础，也已经学习了三角函数的定义，但要将二者建立关系并发现它们之间的联系，还是有一定的困难的.

3. 研究三角函数性质时所使用的数形结合，与前面已有的通过观察函数图象而得出性质，有较大的不同，这种研究方法是学生所不熟悉的.

### 三、单元—课时教学目标

(一) 单元教学目标

1. 理解诱导公式二至公式四，借助单位圆的对称性，利用定义推导出 $\pi+\alpha$，$-\alpha$，$\pi-\alpha$ 的诱导公式.

2. 理解诱导公式五和公式六，借助单位圆的对称性，利用定义推导出 $\frac{\pi}{2}+\alpha$，$\frac{\pi}{2}-\alpha$ 的诱导公式.

3. 能综合运用诱导公式将任意给定的三角函数值转化为锐角三角函数值，能运用诱导公式解决三角函数式的化简、求值和证明.

(二) 课时教学目标

第一课时目标

1. 经历由单位圆关于原点和坐标轴的对称性及三角函数的定义研究三角函数对称性的过程，推导出 $\pi+\alpha$，$-\alpha$，$\pi-\alpha$ 的诱导公式，发展学生直观想象、逻辑推理的数学核心素养.

2. 通过分析诱导公式二、公式三、公式四两组角之间的关系，体会诱导公式能将任意角三角函数值转化为锐角三角函数值的作用，会运用诱导公式一至公式四进行简单三角函数式的化简、求值，发展学生数学运算的核心素养.

3. 通过对诱导公式二研究思路的梳理，能自主探究公式三和公式四，提高学生归纳总结和类比学习的能力.

第二课时目标

1. 经历由单位圆关于直线 $y=x$ 的对称性、旋转 $\frac{\pi}{2}$ 的对称性，以及运用三角函数的定义研究三角函数对称性的过程，推导出 $\frac{\pi}{2}-\alpha$，$\frac{\pi}{2}+\alpha$ 的诱导公式，发展学生直观想象、逻辑推理的数学核心素养.

2. 通过分析诱导公式五、公式六两组角之间的关系，利用公式将正弦函数和余弦函数相互转化的过程，体会转化与化归的思想方法.

3. 经历运用诱导公式一至公式六进行三角函数式的化简、求值和证明的过程，总结综合运用诱导公式解决三角函数问题的基本思路，发展学生数学运算的核心素养.

单元目标是由课程标准决定的，课时目标是单元目标的分解和细化.

### 四、单元教学过程设计

第一课时：诱导公式二、公式三、公式四.

第二课时：诱导公式五、公式六.

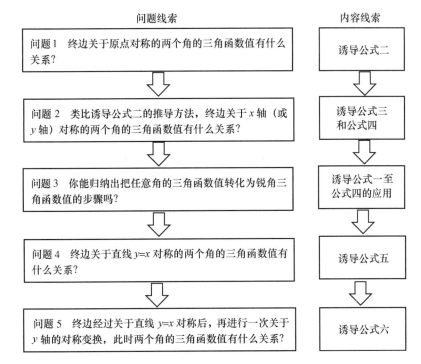

## 五、单元学习效果评价及结果分析

（一）结果性评价

评价目标：能够分析运算对象，选择运算方式，求解运算结果.

评价内容：设置测评题.

1. 化简：$\dfrac{\cos(180°+\alpha)\sin(\alpha+360°)}{\tan(-\alpha-180°)\cos(-180°+\alpha)}$.

2. 已知 $\sin(\pi+\alpha)=-\dfrac{1}{2}$，计算：

（1）$\sin(5\pi+\alpha)$；

（2）$\sin\left(\dfrac{\pi}{2}+\alpha\right)$；

（3）$\cos\left(\alpha-\dfrac{3\pi}{2}\right)$.

（二）过程性评价

评价目标：

（1）参与活动的态度与表现.

（2）认真听取他人意见并进行思考、分析、交流的表现程度.

（3）积极发表个人观点和意见的表现程度.

（4）合作交流的态度及能力表现程度.

评价内容：

| 项目 | A级 | B级 | C级 | 个人评价 | 同学评价 | 教师评价 |
|------|------|------|------|------|------|------|
| 认真 | 上课认真听讲，讨论态度认真 | 上课能认真听讲，有参与讨论 | 上课无心听讲，极少参与讨论 | | | |
| 积极 | 积极举手发言，参与讨论与交流 | 能举手发言，有参与讨论与交流 | 很少举手，极少参与讨论与交流 | | | |
| 自信 | 大胆尝试并表达自己的想法 | 有提出自己的不同看法，并做出尝试 | 不敢尝试和表达自己的想法 | | | |
| 善于与人合作 | 善于与人合作，虚心听取别人的意见 | 能与人合作，能接受别人的意见 | 缺乏与人合作的精神，难以听进别人的意见 | | | |
| 思维的条理性 | 能有条理地表达自己的意见，解决问题的思路清晰，做事有计划性 | 能表达自己的意见，有解决问题的能力，但条理性差些 | 不能准确地表达自己的观点，缺乏条理性，不能独立解决问题 | | | |
| 思维的创造性 | 具有创造性思维，能用不同的方法解决问题，独立思考 | 能用老师提供的方法解决问题，有一定的思考能力和创造性 | 思考能力差，缺乏创造性 | | | |

**六、本单元教学特色分析**

1. 注重数学的整体性，过程方法清晰，研究思路在教学用书的基础上进行了改进，数和形两条线明确．整个单元思想方法一致，有整体架构．

2. 情景恰当有效，从数学内部自然而然引入．通过引入讲清楚诱导公式的上位关系，即诱导公式是三角函数的基本性质，函数的性质是描述当自变量取值具有某些特殊关系时，对应的函数值有哪些关系．整个过程流畅自然．

3. 问题串的设计有思维含金量，在有思考价值的问题引导下完成学习任务．教师适时助力，注重学习方法的指导．

4. 系列化的有内在逻辑关联的数学活动．学生有独立思考，自主探究，合作交流的课堂活动，给予学生充分的展示机会，学生拿着自己的作品进行展示、讲解和点评．

# 第1课时　诱导公式二、公式三、公式四课时设计

**(一) 教学目标**

1. 经历由单位圆关于原点和坐标轴的对称性及三角函数的定义研究三角函数对称性的过程，推导出 $\pi + \alpha$，$-\alpha$，$\pi - \alpha$ 的诱导公式，发展学生直观想象、逻辑推理的数学核心素养．

2. 通过分析诱导公式二、公式三、公式四两组角之间的关系，体会诱导公式能将任意角三角函数值转化为锐角三角函数值的作用，会运用诱导公式一至公式四进行简单三角函数式的化简求值，发展学生数学运算的核心素养．

3. 通过对诱导公式二研究思路的梳理，能自主探究公式三和公式四，提高学生归纳总结和类比学习的能力．

**(二)教学重点**

利用圆的对称性探究诱导公式,运用诱导公式一至公式四进行简单三角函数式的化简求值.

**(三)教学难点**

发现单位圆关于原点和坐标轴的对称性与三角函数之间的关系.

**(四)教学过程**

**教师引入**:我们知道,任意角的三角函数的定义是借助单位圆提出的.事实上,圆最重要的性质就是对称性,由此想到,可以利用圆的对称性来研究三角函数的对称性.如图1所示,在直角坐标系中画一个单位圆,以 $x$ 轴非负半轴为始边,作一个任意角 $\alpha$.角 $\alpha$ 的终边与单位圆交于点 $P_1$.角 $\alpha$ 三角函数值由点 $P_1$ 唯一确定.

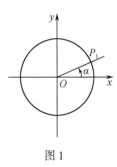

图1

**【问题1】** 如图2所示,在直角坐标系内,设任意角 $\alpha$ 的终边与单位圆交于点 $P_1$.作 $P_1$ 关于原点的对称点 $P_2$,以 $OP_2$ 为终边的角 $\beta$ 与角 $\alpha$ 有什么关系?

**预设**:学生思考后回答: $\beta = (\pi + \alpha) + 2k\pi,\ k \in \mathbf{Z}$.

**教师讲解**:以 $OP_2$ 为终边的角 $\beta$ 都是与角 $\pi + \alpha$ 终边相同的角,根据诱导公式一只要探究角 $\pi + \alpha$ 与 $\alpha$ 的三角函数值之间的关系,由于三角函数值是由角的终边和单位圆的交点唯一确定的,所以我们再来关注一下对称点 $P_1$ 和 $P_2$ 坐标之间的关系.设点 $P_1(x_1,\ y_1)$ , $P_2(x_2,\ y_2)$ ,根据点 $P_2$ 是点 $P_1$ 关于原点的对称点,你能得到什么结论?

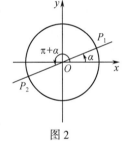

图2

**预设**:学生根据图2回答: $x_2 = -x_1,\ y_2 = -y_1$.

**教师追问**:你能根据三角函数定义,找到(角) $\pi + \alpha$ 与 $\alpha$ 的三角函数值之间的关系吗?

**预设**:学生思考后回答: $\sin(\pi + \alpha) = -\sin\alpha,\ \cos(\pi + \alpha) = -\cos\alpha,\ \tan(\pi + \alpha) = \tan\alpha$ .

**教师提问**:我们观察这组公式,看一看自变量取值有什么特殊关系?对应的正弦函数值、余弦函数值及正切函数值分别有什么关系?

**预设**:学生独立思考后回答:自变量取值增加 $\pi$ 个单位后,对应的正弦值互为相反数,余弦值互为相反数,正切值不变.

**教师布置检测题**:把下列三角函数转化为锐角三角函数.

$$\cos\left(\frac{13\pi}{9}\right) = \underline{\hspace{2cm}};\qquad \sin(1 + \pi) = \underline{\hspace{2cm}}.$$

**教师追问**:你是如何得到的?能不能总结一下做题思路和公式的作用?

**学生活动**:独立思考完成题目并分享解题思路.预设学生答案:第一个答案为 $-\cos\dfrac{4\pi}{9}$,第二个答案为 $-\sin 1$.先判断两个角均为第三象限角,将它们关于原点对称,转化为第一象限角的三角函数值就可以了.所以这组公式的作用是:可将第三象限角的三角函数值转化到第一象限角的三角函数值,也就是化成锐角三角函数值.

**教师提问**:回顾诱导公式二的研究过程,你能梳理一下研究诱导公式二的思路吗?

**学生总结**：根据圆的对称性得到角的终边对称，根据角的终边对称确定角与角的关系，又通过对称点坐标之间的关系和三角函数定义等量代换得到三角函数值之间的关系.

**设计意图**：学生在教学情境中，由三角函数的定义出发，利用单位圆关于原点的对称性推导出诱导公式二；总结出研究诱导公式二的路径，发展学生直观想象的数学素养.

【**问题2**】类比诱导公式二的推导方法，在直角坐标系内，设任意角 $\alpha$ 的终边与单位圆交于点 $P_1$，如果作 $P_1$ 关于 $x$ 轴（或 $y$ 轴）的对称点 $P_3$（或 $P_4$），那么又可以得到什么结论？

**教师活动**：教师巡视调研小组讨论情况，适时、适度参与其中.

**学生活动**：学生独立完成，小组交流，展示分享. 预设学生答案：类比关于原点对称的研究方法，先作出 $P_1$ 关于 $x$ 轴的对称点 $P_3$（如图3所示），以 $OP_3$ 为终边的角为 $-\alpha + 2k\pi$，$k \in \mathbf{Z}$. 根据诱导公式一，研究 $-\alpha$ 与 $\alpha$ 的三角函数值之间的关系就可以了. 设点 $P_3(x_3, y_3)$，可得 $x_3 = x_1$，$y_3 = -y_1$. 再根据三角函数定义可得 $\sin(-\alpha) = -y_1$，$\cos(-\alpha) = x_1$，$\tan(-\alpha) = -\dfrac{y_1}{x_1}$. 整理后我们得到诱导公式三：$\sin(-\alpha) = -\sin\alpha$；$\cos(-\alpha) = \cos\alpha$；$\tan(-\alpha) = -\tan\alpha$.

**教师追问**：还有哪个小组可以展示一下终边关于 $y$ 轴对称的研究成果吗？

**学生活动**：利用投影展示讲解. 预设学生答案：先作出 $P_1$ 关于 $y$ 轴的对称点 $P_4$（如图4所示），以 $OP_4$ 为终边的角为 $\pi - \alpha + 2k\pi$，$k \in \mathbf{Z}$. 根据诱导公式一，研究 $\pi - \alpha$ 与 $\alpha$ 的三角函数值之间的关系就可以了. 设点 $P_4(x_4, y_4)$，可得 $x_4 = -x_1$，$y_4 = y_1$. 再根据三角函数定义可得 $\sin(\pi - \alpha) = y_1$，$\cos(\pi - \alpha) = -x_1$，$\tan(\pi - \alpha) = -\dfrac{y_1}{x_1}$. 整理后我们得到诱导公式四：

$$\sin(\pi - \alpha) = \sin\alpha；\cos(\pi - \alpha) = -\cos\alpha；\tan(\pi - \alpha) = -\tan\alpha.$$

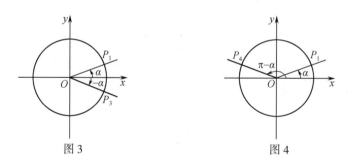

图3                    图4

**教师提问**：这两组公式的自变量取值有什么特殊关系？对应的正弦函数值、余弦函数值及正切函数值分别有什么关系？

预设学生思考后回答：当诱导公式三中的自变量取值之和为 0 时，对应的正弦值互为相反数，余弦值不变，正切值互为相反数. 当诱导公式四中的自变量取值之和为 $\pi$ 时，对应的正弦值不变，余弦值互为相反数，正切值互为相反数.

**教师布置检测题**：我们明确了诱导公式三和公式四的具体内容之后，应用这两组公式解决下面的问题. 把下列三角函数转化为锐角三角函数.

$$\sin\left(-\frac{\pi}{5}\right) = \underline{\qquad}；\qquad \tan(-70°6') = \underline{\qquad}；\qquad \cos\frac{6\pi}{7} = \underline{\qquad}.$$

**教师追问**：你是如何得到的？能不能总结一下做题思路和公式的作用？

**预设学生总结**：第一个和第二个均为第四象限角，将它们关于 $x$ 轴对称，转化为第一象限角的三角函数值就可以了．所以这组公式的作用是：可将第四象限角的三角函数值转化到第一象限角的三角函数值，也就是化成锐角三角函数值．第三个为第二象限角，将它关于 $y$ 轴对称，转化为第一象限角的三角函数值就可以了．所以这组公式的作用是：可将第二象限角的三角函数值转化到第一象限角的三角函数值，也就是化成锐角三角函数值．

**设计意图**：学生类比得出诱导公式二的研究方法，利用圆关于 $x$ 轴和 $y$ 轴的对称性，得到诱导公式三和公式四，体会研究路径和方法的一致性．

**例 1** 利用诱导公式求下列三角函数值．

(1) $\cos 225°$；
(2) $\sin \dfrac{8\pi}{3}$；

(3) $\sin\left(-\dfrac{16\pi}{3}\right)$；
(4) $\tan(-2040°)$．

**教师活动**：教师巡视观察，寻找典型解法，展示交流选择诱导公式的方法．

**学生活动**：学生自主思考，分析运算对象，选择运算公式，求得运算结果．学生分组讨论，互助交流求解方法．

**【问题 3】**通过以上两个例题，请你梳理一下解题思路，归纳出把任意角的三角函数转化为锐角三角函数的步骤．

**教师活动**：布置问题．

**学生归纳总结**：首先明确角所在的象限，然后选择恰当的诱导公式，最后按照程序进行运算，求得运算结果．

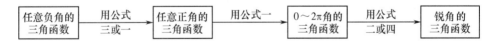

**设计意图**：学生进一步明确公式一至公式四的作用，归纳出运用诱导公式解题的基本步骤，提高学生自觉地、理性地选择公式进行运算的能力．

**【问题 4】**回忆本节课的学习内容，回答下面的问题．

1. 通过这节课你学会了哪些知识？能解决什么问题？你是怎么得到这些知识的？

2. 在这节课的学习过程中，我们运用了哪些思想方法？

**教师活动**：教师用 PPT 展示上述问题．

**学生活动**：学生回顾总结本节课的学习内容，梳理研究路径，提升整体认识．

**设计意图**：引导学生回顾和总结学习内容，提升对诱导公式的整体认识．通过梳理，学生对探究的过程、思路、方法有一个清晰的认识，为下一步研究诱导公式五与公式六奠定基础．

**课后作业**：第 191 页练习 2(1)(3)(4)(6)．

# 二、课时教学设计

课时教学设计一般有以下几个板块：指导思想与理论依据、教学背景分析、教学目标、教学流程示意、教学过程设计、本教学设计与以往或其他教学设计相比的特点.

1. 教学背景分析包含以下五个内容：教学内容、学生情况、教学方式、教学手段、技术准备.

2. 教学目标包含：教学目标、教学重点与难点.

3. 教学过程设计主要按照以下程序：环节介绍、教师引入、问题、教师活动、学生活动、设计意图.

下面按照新授课和复习课介绍一部分典型课例.

## （一）第一类：新授课

### 课例 1　"1.3.2 函数的奇偶性"教学设计[①]

授课教师：王晓娟　北京市密云区新农村中学

指导教师：王保东　北京市密云区教师研修学院

#### 一、指导思想与理论依据

（一）指导思想

教育的根本任务是"立德树人"．数学教育中的"立德树人"，以数学核心素养为统领．提升学生的数学素养，就是要引导学生会用数学眼光观察世界，会用数学思维思考世界，会用数学语言表达世界．形成积极主动、勇于探索的学习方式是《普通高中数学课程标准（2017 年版）》的基本理念之一．新课程的基本理念，以学生为本，在尊重教师主导作用的同时，倡导积极主动、勇于探索的学习方式，注重培育学生的主动精神，鼓励学生的创造性思维．在奇偶性概念的教学过程中，从学生思考问题的角度出发，帮助他们解决探究中的问题，同时给予充分的思考时间和交流时间，让学生的思维过程得到充分的展示，及时表扬和鼓励学生，激发学生以积极的态度投入到学习中去．

（二）理论依据

心理学认为，一切思维都是从问题开始的．"疑"是思之始，学之端．成功地使学生提出问题的教学才能真正调动学生的积极性．所以，我认为应该带着学生走向问题，激发学生的认知冲突．在教学过程中，我根据数学知识体系及学生认知结构，进行层层设疑，以疑启思，通过设计一系列的问题让学生充分参与到课堂中来，使学生的主体性得到充分体现．

建构主义的学习理论强调以学生为中心，认为学生是认知的主体，是知识意义的主动建构者，教师对学生只起到帮助和促进的指导作用，并不要求教师直接向学生传授和灌输知识．所以，在教学过程中，我总是鼓励学生阐述他们的想法，顺着学生的思路展开教学，这样解决他们的认知冲突；根据学生的情况组织有必要的讨论，深入到他们的讨论中去，适时、适当给予指导，让学生成为学习的主人．

#### 二、教学背景分析

（一）教学内容

本节课内容是人教 A 版数学必修 1，第 1 章第 3 节"函数的基本性质"的第二课时"函数的奇偶性"．函数是描述事物运动变化规律的数学模型．如果掌握了研究函数性质的方法，那么也就基本把握了解决相应事物变化规律的方法，因此研究函数的性质是非常重要的．函数的奇偶性属于函数领域的知识，是学生学过的函数概念的延续和拓展，又是后续研究其他具体函数的基础，是在高中数学起承上启下作用的核心知识之一．函数奇偶性是研究函数的一个重要几何特征，因此成为函数的重要性质之一，它的研究也为幂函数、三角函数的性质等后续内容的深入起着铺垫的作用．奇偶性的教学无论是在知识还是在能力方面，都对学生的教

---

[①] 该教学设计于 2018 年 12 月在北京市农村学校中学数学教师展示活动中获市级一等奖.

育起着非常重要的作用，因此本节课充满着数学方法论的渗透教育，同时又是数学美的集中体现. 知识结构图如图 1 所示.

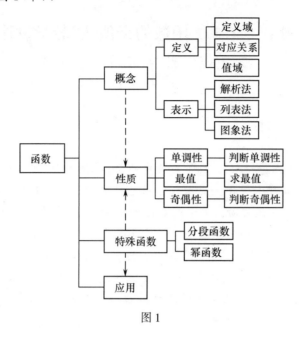

图 1

（二）学生情况

1. 学生在初中阶段已经学习了轴对称图形和中心对称图形，并且有了一定数量的简单函数的储备，同时，刚刚学习了函数单调性，积累了研究函数的基本方法与初步经验.

2. 在研究函数的单调性方面，学生懂得了由形象到具体，然后再由具体到一般的科学处理方法，具备一定数学研究方法的感性认识.

3. 我校是一所乡村学校，是密云区招生分数最低的高中校，授课班级学生数学基础薄弱，思维不够灵活. 学生参与课堂教学不够积极，实践探索能力稍差.

（三）教学方式

结合本课的教学内容与学生实际，采用教师启发与学生探究相结合的教学方式.

（四）教学手段

多媒体.

（五）技术准备

PPT、几何画板.

### 三、教学目标及重点难点

（一）教学目标

1. 学生能够通过具体函数知道奇函数、偶函数的概念；能够判断简单函数的奇偶性.

2. 带领学生体验奇函数、偶函数概念形成的过程，体会由形及数、数形结合的数学思想，并学会由特殊到一般的归纳推理的思维方法.

3. 通过绘制和展示优美的函数图象，陶冶学生的情操，进行美学教育；经历概念的形成过程，培养学生探究、推理的思维能力.

（二）教学重点难点

1. 教学重点：函数奇偶性的概念.

2. 教学难点：函数奇偶性的概念的形成过程.

### 四、教学过程设计

(一) 观察图片，引入新课

利用 PPT 展示生活中的对称图形(风筝、京剧脸谱、太极图).

利用 PPT 展示以下函数图象：

$$f(x)=\frac{1}{x^2};\ f(x)=2-\mid x\mid;\ f(x)=x^3;\ f(x)=\sin x,\ x\in\left[-\frac{\pi}{2},\ \frac{\pi}{2}\right].$$

**设计意图：**

1. 让学生观察图片，看看图片具有怎样的对称性. 学生说出是轴对称还是中心对称. 同理，让学生观察函数图象，回答是否也具有这样的特征.

2. 通过图片的展示，引起学生的兴趣，培养学生的审美，激发学生的学习兴趣. 生活中的对称图形有很多，之所以选择这三个，主要是让学生品味中国的传统文化.

3. 由生活中的对称图形到函数中对称的函数图象，逐步过渡到这节课研究的主题. 让学生感知这种对称性普遍存在，有研究的价值.

(二) 合作探究，形成概念

探究一：偶函数概念

1. 自己画图

请同学们先填表 1 和表 2，再分别在图 2(a) 和图 2(b) 中画出下列函数图象.

| 表 1 | | | | | | | | | |
|---|---|---|---|---|---|---|---|---|---|
| $x$ | … | -3 | -2 | -1 | 0 | 1 | 2 | 3 | … |
| $f(x)=x^2$ | … | | | | | | | | … |

| 表 2 | | | | | | | | | |
|---|---|---|---|---|---|---|---|---|---|
| $x$ | … | -3 | -2 | -1 | 0 | 1 | 2 | 3 | … |
| $f(x)=\mid x\mid$ | … | | | | | | | | … |

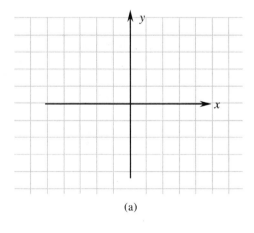

(a)

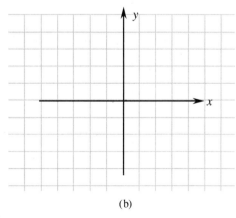

(b)

图 2

**设计意图：**

从学生熟悉的 $f(x)=x^2$ 和 $f(x)=\mid x\mid$ 入手，减少学生学习高中数学的生疏感，降低学生的畏惧感. 沿用初中作图的顺序：列表，描点，连线，顺应了学生的认知规律，锻炼学生的作图能力、动手实践能力，为下一步问题的提出做好准备. 比对 PPT 中两个函数的正确图象，检查函数图象是否有问题，如有问题应及时改正.

2. 抽象概念

【问题 1】请同学们观察这两个函数图象，从对称的角度看它们有什么共同特征？

**学生活动**：学生观察所画的两个函数图象，回答这两个函数图象有什么样的共同特征.

**设计意图**：引导学生观察函数的图象，从图形的角度去认识函数的特征，直观地去认识这两个函数，发现函数图象关于 $y$ 轴对称.

【问题 2】请同学们观察在相应的函数值表格中，是如何体现这种对称的特征的.

**学生活动**：学生观察画图时所填写的函数对应值表，并经观察发现规律"当自变量取值互为相反数时，函数值相等".

**设计意图**：通过特殊值让学生认识函数对称性的实质，体会由特殊到一般的数学研究过程；体验由形及数的研究过程，为形成概念做好铺垫.

【问题 3】是就表格这几个特殊值符合这个规律，还是对任意的自变量取值都成立？

**学生活动**：对函数 $f(x) = x^2$，任意的自变量取值都满足这个规律.

【问题 4】你能尝试用数学符号语言描述这种特征吗？

**学生活动**：学生归纳出 $f(-x) = f(x)$.

**设计意图**：实现从自然语言到数学符号语言的抽象.

【问题 5】请同学们根据对偶函数的初步认识，给偶函数下一个定义.

**设计意图**：通过具体实例使学生对偶函数的"形"和"数"的特征有了初步的认识，再让学生归纳偶函数的概念，实现从特殊到一般的抽象过程.

**学生活动**：学生归纳偶函数的概念.

**教师板书**：如果对于函数 $y = f(x)$ 的定义域内的任意一个自变量 $x$，都有 $f(-x) = f(x)$，则这个函数叫做偶函数.

3. 概念辨析

【问题 1】请同学们回答：函数 $f(x) = x^2 (x \in [-3, 2])$ 是偶函数吗？

**学生活动**：有学生会根据函数的图象得出结论，因为关于 $y$ 轴不对称，也有学生会依据刚才对偶函数定义的分析，在定义域中取一个特殊值 $x = -3$，$f(-3) = 9$，但函数在 3 处无意义，即 3 不在定义域里. 函数不满足对定义域中任意一个自变量取值都有 $f(-x) = f(x)$，所以此函数不是偶函数.

【问题 2】如果函数 $f(x) = x^2 (x \in [-3, a-1])$ 是偶函数，你能确定 $a$ 的取值吗？

**设计意图**：概念深化，让学生进一步体会偶函数的定义域特征.

**教师追问**：请学生思考：偶函数的定义域应该具备什么特征？

**学生活动**：学生有可能回答成对出现，教师引导进一步挖掘定义，因为定义域内每一个自变量取值都符合 $f(-x) = f(x)$，所以要求：$x \in D$ (定义域)，$-x \in D$，那么定义域中的自变量就要成对出现，所以可以得到定义域关于原点对称.

4. 简单应用

练习：已知定义域为 **R** 的偶函数 $y = f(x)$ 的部分图象如图 3 所示，你能把图象补充完整吗？

**学生活动**：学生在学案上完成并进行展示.

**设计意图**：概念的进一步深化，让学生理解概念的本质.

探究二：奇函数的概念

**教师活动**：带领学生一起梳理偶函数概念的研究过程，按照这样的研究步骤，以小组为单位探究奇函数的概念.

请同学们按照偶函数的研究步骤，以小组为单位，来研究下面两个函数.

(1) $f(x)=x$；　　　　　(2) $f(x)=\dfrac{1}{x}$.

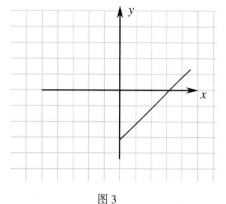

图 3

**学生活动**：学生首先进行自主研究，然后进行小组交流、展示、质疑思辨，形成奇函数的概念.

**设计意图**：让学生类比偶函数的研究过程，所有小组成员一起研究奇函数的概念，这既让学生体会了函数性质的研究过程，又加深了小组之间的合作学习. 通过学生合作和展示的过程，增强学生的自信，发现学生的闪光点，锻炼学生的表达能力，体现学生对奇函数概念的理解.

(三) 剖析概念，强化内涵

观察奇偶函数定义，发现相同点和不同点.

相同点：对定义域的要求，即关于原点对称.

不同点：$f(x)$ 与 $f(-x)$ 的关系不同.

偶函数：$f(-x)=f(x)$.

奇函数：$f(-x)=-f(x)$.

及时小结：由奇偶性概念得出，函数具有奇偶性的前提条件是——定义域关于原点对称. 因此，判断函数的奇偶性时，应该首先考虑定义域. 如果定义域不关于原点对称，那么这个函数肯定不具有奇偶性. 我们从"数"和"形"两个角度研究了奇函数和偶函数特点，归纳出奇偶函数的定义，判断一个函数的奇偶性有图象法、定义法.

**设计意图**：使知识上升一个高度，从"数"和"形"两方面认识函数的奇偶性，让学生经历知识的"发展"过程.

(四) 讲练结合，应用概念

例 1　请同学们判断下列函数的奇偶性.

(1) $f(x)=x^4$；

(2) $f(x)=x+\dfrac{1}{x}$；

(3) $f(x)=x+1$.

**设计意图**：展现学生的掌握情况，发现学生存在的问题，及时纠错，并鼓励学生大胆创新，选择不同方法，并勇敢展示自己的方法. 发现问题，强化关注函数定义域，并判断是否关于原点对称.

(五) 回顾反思，知识建构(见图4)

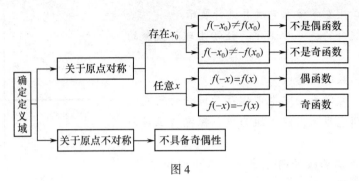

图 4

**设计意图**：关注学生的自主体验，让学生反思和发表本堂课的体验和收获，检测学生的课堂达成度.

（六）课后作业，深化概念

1. 第 36 页练习 1 写在作业本上，练习 2 在书上完成.

2. 请根据学过的函数，写出一个奇函数、一个偶函数，并进行证明.

# 课例2 "垂直关系中的探索性问题"教学设计①

授课教师：王　玥　北京市密云区第二中学

指导教师：王保东　北京市密云区教师研修学院

## 一、指导思想与理论依据

认知建构学习理论强调建构过程要引导学生发现原有知识结构与新知识之间的不协调性，然后主动去改变它. 学习的认知建构发生在具体的情景中，在具体的情景中，能够使学生感受到知识的意义.

学习者中心模式把有效教学建立在对学习者个体差异的分析上. 它的目的不在于要求每个学习者接受所有学科规定的内容，而在于强调每个学习者都能得到个体的充分自由发展.

本节课收集了学生在平时学习中容易出现的问题，学生们通过对问题的讨论，加深对定理的理解，形成知识网络；通过对具体问题的研究，使学生明确定理对于解决问题的重要性，感受到知识的意义；通过思维导图，学生体验解决问题的整个过程，为后面解决同类问题提供思路；通过小组讨论、交流展示、分工合作，使不同程度的学生都能有所收获.

## 二、教学背景分析

### (一) 教学内容

本节课是人教版《普通高中课程标准实验教科书 数学2(必修)》第2章第3节的内容，属于高三文科复习课. 在立体几何部分，要求学生用数学语言表述有关平行、垂直的性质和判定，并对某些结论进行论证，运用直观感知、推理论证、度量计算等认识和探索空间图形的性质，建立空间观念. 这种处理突出了空间图形的探索、研究过程，几何建模过程，合情推理与演绎推理的结合. 位置关系中的垂直关系是典型的问题，而垂直关系中的探索性问题，对学生空间想象能力的考查尤为突出. 对空间想象能力的考查要求是：能够根据题设条件想象出空间图形，能够正确地分析出图形中基本元素及其相互关系，并能够对空间图形进行分解和组合. 这一部分在高中教材体系中占有不可替代的地位. 立体几何的内容注重定义、定理的产生和联系，从而形成完整的知识结构体系. 本节课的学习对理顺学生的知识架构体系、提高学生的综合能力起着十分重要的作用.

### (二) 学生情况

学生能够感知生活中有大量的线面、面面垂直关系，通过前测，学生已经基本掌握了线线、线面、面面垂直关系的判定和性质，从而具备了研究空间位置关系的经验，体会了立体几何中转化的数学思想方法，但是对于定理的熟练应用还缺乏科学的严谨性，解决探索性的问题还缺乏思路.

要达成本节课的目标，这些已有的知识和经验基础不可或缺，除此之外还需要在整体上把握本节课的研究内容、方法和途径，能运用转化、类比等数学思想，同时具备较好的发现观察、直观感知、空间想象、合情推理、抽象概括等能力，以及独立思考、合作交流、反思质疑等良好的数学学习习惯.

---

① 该教学设计于 2018 年 12 月在北京市中学数学科"示范性教研活动"评选中获市级一等奖.

本授课班级是区级示范校的高三文科班，学生学习态度端正，具备一定的数学素养，但是缺乏对数学知识的灵活运用，对数学有畏难心理，不能很好地从整体上把握知识之间的相互联系.

（三）教学方式

启发讨论式.

（四）教学手段

多媒体课件、实物投影仪.

### 三、教学目标与重点难点

（一）教学目标

1. 学生能够理解空间直线与直线、直线与平面和平面与平面的垂直关系；掌握线面垂直和面面垂直的判定定理及性质定理.

2. 学生通过对例题的分析和对问题的探究，会把空间问题转化为平面问题，尝试用不同的方法找到需要确定的点、线、面，逐步形成解决探索性问题的思路及方法.

3. 让学生感受"线线、线面、面面"之间垂直关系转化的必要性和可能性，体会逻辑推理的严谨性.

（二）教学重点难点

1. 教学重点：线线垂直、线面垂直、面面垂直的相互转化.

2. 教学难点：梳理立体几何中(与垂直有关的)探索性问题的解题思路.

### 四、教学流程示意图

### 五、教学过程设计

（一）展示目标，解读目标

通过前一阶段的复习，发现同学们在解决有关垂直关系的探索性题目时，存在如下问题：

1. 证明的书写过程缺乏准确性，说明同学们对于定理的内容掌握得还不熟练；

2. 没有解题思路，说明同学们缺乏解决这类题目的一般方法.

主要原因是对线线、线面、面面的垂直关系的转化理解不到位.

**学生活动**：学生评价下面的解题步骤，找出不合理的书写，并说明问题产生的根源.

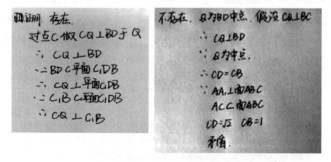

**设计意图**：通过展示学生的书写，激发学习兴趣，有利于发现学生的问题，使得本节课的学习目标明确.

（二）梳理知识，建构网络

$$垂直关系\begin{cases}垂直关系——线线垂直、线面垂直、面面垂直\\判断垂直的依据——垂直关系的判定定理和性质定理\\主要的解题思路——空间图形和平面图形的相互转化\end{cases}$$

**学生活动**：学生梳理垂直关系的解题思路.

**设计意图**：梳理垂直关系的相关知识，为本节课的复习内容做铺垫，加强知识之间的联系.

例题：如图 1 所示，在三棱锥 $P\text{-}ABC$ 中，$PA\perp$ 平面 $ABC$，$\angle ABC$ $=90°$.

**【问题 1】** 写出图中所有的线线垂直、线面垂直、面面垂直的位置关系.

线线垂直关系：

共面垂直 $AB\perp BC$，$PA\perp AC$，$PA\perp AB$，$PB\perp BC$；

异面垂直 $PA\perp BC$.

线面垂直关系：$PA\perp$ 平面 $ABC$，$BC\perp$ 平面 $PAB$.

面面垂直关系：平面 $PAC\perp$ 平面 $ABC$，平面 $PAB\perp$ 平面 $ABC$，平面 $PBC\perp$ 平面 $PAB$.

**学生活动**：学生审题，找出图中所有的垂直关系，然后小组讨论，互相补充.

**设计意图**：开放性问题，拓展学生的思维，激发学生的学习兴趣，使学生的思维具有严谨性.

**审题思维导图：**

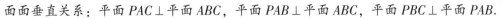

$$已知条件\xrightarrow{\text{标注}}\begin{cases}数量关系\\几何关系\xrightarrow{\text{联想定义、定理}}垂直关系\end{cases}$$

**学生活动**：学生形成思维导图，明确立体几何中审题的一般途径.

**设计意图**：使学生明确解题思路，形成思维导图，使得解决问题的途径在学生头脑中有比较清楚的流程.

（三）合作探究，交流展示

**【问题 2】** 如图 2 所示，$M$ 为 $PC$ 上任意一点，在 $\triangle PCB$ 内的平面区域（包括边界），是否存在点 $E$，使得 $AE\perp BM$？

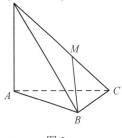
图 2

（1）存在点 $E$，使得 $AE\perp BM$. 过点 $A$ 作直线 $PB$ 的垂线，垂足为 $E$，由已知可得，平面 $PAB\perp$ 平面 $PBC$，且交线为 $PB$，所以，$AE\perp$ 平面 $PBC$，又因为 $BM\subset$ 平面 $PBC$，所以 $AE\perp BM$.

（2）过点 $A$ 作直线 $PB$ 的垂线，垂足为 $E$，$AE\perp PB$，$AE\perp BC$，所以，$AE\perp$ 平面 $PBC$，$BM\subset$ 平面 $PBC$，所以 $AE\perp BM$.

**学生活动**：学生尝试操作，寻找点 $E$ 的位置，并给出严格的证明，规范书写过程.

**设计意图**：学生直观感知，找到点 $E$ 的位置，然后给出严谨的证明，体现研究数学问题的一般流程，体现垂直关系的相互转化，发散学生思维.

**思维导图：**

（1）动点 $M$ ——动直线 $BM$ ——定平面 $PBC$ ——找平面 $PBC$ 的垂线（已知平面 $PBC\perp$ 平面 $PAB$）——过点 $A$ 作交线 $PB$ 的垂线.

（2）动点 $M \longrightarrow$ 动直线 $BM \longrightarrow$ 定平面 $PBC \longrightarrow$ 找直线 $PB$ 的垂线（已知 $BC \perp AE$）$\longrightarrow$ 过点 $A$ 作直线 $PB$ 的垂线.

**学生活动**：学生进行小结，并总结解决问题的一般思路.

**设计意图**：培养学生从不同的角度思考问题，进一步熟悉线线、线面、面面之间垂直关系的相互转化.

（四）疑难点拨，挖掘本质

**【问题3】**如图3所示，延长 $CB$ 至 $D$，连接 $AD$，$PD$，在 $\triangle PDC$ 内的平面区域（包括边界），是否存在点 $E$，使得 $AE \perp$ 平面 $PDC$？

**【问题4】**如图4所示，在线段 $CB$ 上取一点 $D$，连接 $AD$，$PD$，在线段 $PD$ 上，是否存在点 $E$，使得 $AE \perp$ 平面 $PDC$？

**学生活动**：学生积极思考，结合对前面问题的分析，快速给出解决问题的方法.

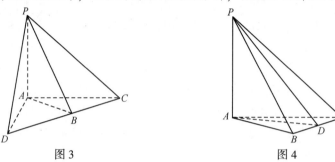

图3　　　　　　　　　　　　　　　图4

**设计意图**：考查学生举一反三的能力，当背景改变了，是否能够认清事物的本质，找到解决问题的关键.

**对命题结论的探索方法**：

1. 当结论成立时，先猜后证，即先观察，尝试给出条件再证明；

2. 当结论不成立时，先假设结论成立，再寻找与结论相矛盾的条件，由此假设不成立.

**学生活动**：学生对解决探索性问题的一般思路进行梳理.

**设计意图**：使学生明确对于探索性问题的解决思路及解题的逻辑结构.

**【问题5】**$P_1$ 是线段 $PB$ 上（不含端点）一点，当 $\angle AP_1B$ 为锐角时（如图5所示），在 $\triangle P_1BC$ 内的平面区域（包括边界）内，是否存在点 $E$，使得 $AE \perp$ 平面 $P_1BC$？当 $\angle AP_1B$ 为钝角时（如图6所示），在 $\triangle P_1BC$ 内的平面区域（包括边界），是否存在点 $E$，使得 $AE \perp$ 平面 $P_1BC$？

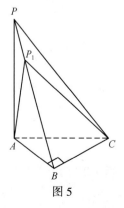
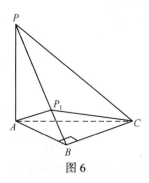

图5　　　　　　　　　　　　　　　图6

**小结**：垂直关系的相互转化，图形之间的相互关系.

**学生活动**：对问题 3，4，5 进行归纳总结，找到事物的本质联系.

**设计意图**：使学生明确在基本图形中所蕴含的垂直关系及探索性问题的解题思路.

（五）反思总结，巩固训练

1. 解决垂直问题的思维方法.

2. 解决有关垂直关系的探索性问题的一般策略.

**学生活动**：谈本节课的收获，归纳解题的思想方法.

**设计意图**：巩固基础知识和基本思想方法，提高基本技能.

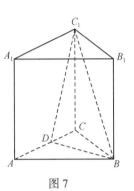

图 7

（**巩固练习**）如图 7 所示，在三棱柱 $ABC\text{-}A_1B_1C_1$ 中，各侧棱均垂直于底面，$\triangle ABC$ 是正三角形，$D$ 为线段 $AC$ 的中点.

（1）求证：$BD \perp$ 平面 $ACC_1A_1$；

（2）在 $\triangle BC_1D$ 内的平面区域（包括边界）是否存在点 $E$，使 $CE \perp$ 平面 $C_1BD$，并说明理由.

**学生活动**：学生独立完成巩固练习题并规范书写.

**设计意图**：检测本节课学生的学习效果.

### 六、学习效果评价设计

高中数学学习评价关注学生知识技能的掌握，更关注数学学科核心素养的形成和发展，制定科学合理的学业质量要求，促进学生在不同学习阶段数学学科核心素养水平的达成.

本节课的学习效果从以下三个方面来评价：

1. 学生是否对于基础知识有进一步的认识，形成了知识网络；

2. 学生是否在学习活动中与他人合作；

3. 通过本节课的学习，学生能否探索到、学到所要学习的知识技能并加以运用.

## 课例3　"1.3.1 函数的单调性与导数"教学设计[①]

授课教师：高美霞　北京市密云区新农村中学
指导教师：王保东　北京市密云区教师研修学院

### 一、指导思想与理论依据

（一）指导思想

教育的根本任务是"立德树人"，数学教育中的"立德树人"，以数学核心素养为统领．提升学生的数学素养，就是要引导学生会用数学眼光观察世界，会用数学思维思考世界，会用数学语言表达世界．形成积极主动、勇于探索的学习方式是《普通高中数学课程标准（2017年版）》的基本理念之一，它倡导自主探究、动手实践、合作交流、阅读自学等学习数学的方式，使学生的学习过程成为教师引导下的"再创造"过程，发展学生的创造性思维．

在导数与函数的单调性中，从实际问题出发，学生亲自动手操作图形计算器，画出函数和它的导函数图象，借助几何直观引导学生对图象进行观察、对比、分析，探索并提炼函数的导数与单调性的关系，然后通过导数的几何意义去验证所得到的结论．充分发挥信息技术的优势，让计算机完成复杂的作图，利用信息技术的各种功能，为学生开拓观察、思考、归纳、猜想的空间，使学生有更多的时间和机会从事高水平数学思维、理解数学本质的活动．同时给予学生充分的思考时间和交流时间，让学生的思维过程得到充分的展示，及时表扬和鼓励学生，激发学生以积极的态度投入到学习中去．

（二）理论依据

现代信息技术的广泛应用正在对数学课程内容和学习方式等方面产生深刻的影响．高中数学课程应提倡实现信息技术与课程内容的有机整合，整合的基本原则是有利于学生认识数学的本质．高中数学课程应提倡利用信息技术来呈现以往教学中难以呈现的课程内容．

心理学认为，一切思维都是从问题开始的，"疑"是思之始、学之端，成功地使学生提出问题的教学才能真正调动学生的积极性．所以，我认为应该带着学生走向问题，激发学生的认知冲突．在教学过程中，我根据数学知识体系及学生认知结构，进行层层设疑，以疑启思．设计一系列的问题，通过信息技术提供的交互式学习环境使学生可以按照自己的认知基础、学习兴趣来选择内容，这就为学生主动、积极地发挥创造了条件，使学生的主体性得到了充分体现．

### 二、教学背景分析

（一）教学内容

"导数在研究函数中的应用——函数的单调性与导数"是高中新教材人教A版选修2-2第1章第3节第1课时的内容．本课是学生学习导数这个工具之后的一个具体应用．单调性作为函数的重要性质之一，在必修1中就从定义出发研究过，并利用函数的单调性求解过函数的最值．现在我们运用导数这个工具再次对函数的单调性进行研究，就需要引导学生体会前后两种研究方法的区别和联系．

导数作为函数的变化率刻画了函数变化的趋势，而函数的单调性也是对函数的变化趋势

---

[①]　该教学设计于2018年6月在北京市基础教育优秀教学设计评选活动中获市级一等奖．

的一种刻画. 导数是平均变化率的极限, 因此, 导数可以作为研究函数单调性的工具, 而且利用导数研究函数的单调性更具有一般性.

《普通高中数学课程标准(2017 年版)》中有数学课程的十大"基本理念", 其中第 9 条是"注重信息技术与数学课程的整合", 现代信息技术的广泛应用正在对数学课程内容、数学教学、数学学习等方面产生深刻的影响. 高中数学课程应提倡实现信息技术与课程内容的有机整合, 在数学学习和各种数学应用中, 恰当而有效地使用信息技术以获得结果.

（二）学生情况

1. 在学习本节内容以前, 学生已经学习了函数单调性的定义和导数的概念.

2. 学生刚接触导数的应用, 利用导数研究函数性质的能力和意识都不强, 因而在教学设计中, 直观形象非常重要. 所以, 我的设计思路是由"形"到"数", 再由"数"到"形": 从生活中的高台跳水问题出发, 引导学生发现函数单调性与导函数正负之间的关系, 再利用图形计算器画出函数与其导函数图象, 让学生可以形象地观察原函数的单调性与导函数的正负之间的关系, 再由所得到的结论求出函数的单调区间, 进而为手工画出函数图象奠定基础.

3. 我校是一所乡村学校, 授课班级学生数学基础薄弱, 思维不够灵活. 学生参与课堂教学不够积极, 实践探索能力稍差. 所以, 我设计每节课时, 都注重激发学生的兴趣, 让学生积极参与课堂, 动手操作, 提高学生的数学思维和表达能力, 在课堂上注重引导, 让学生参与每个环节, 让他们体会探索、合作、交流的快乐.

（三）教学方式

采用教师启发与学生合作探究相结合的教学方式.

（四）教学手段

引导学生动手操作、观察、分析、猜想, 并借助图形计算器验证, 调动学生参与课堂教学的主动性和积极性.

（五）技术准备

Ti 图形计算器、PPT 课件.

### 三、教学目标与重点难点

（一）教学目标

1. 学生了解函数的单调性与导数之间的关系, 会用导数方法判断函数的单调区间.

2. 调动学生所有感官参与学习, 安排动手操作作图、动眼观察识图、动脑思考析图的实践活动, 通过自主活动获取函数的导数与单调性的关系, 培养学生的抽象概括能力.

3. 通过问题引导学生观察、猜想、动手实践, 组内讨论、交流, 培养参与意识与合作意识.

（二）教学重点难点

1. 教学重点: 能运用导数工具求出函数的单调区间.

2. 教学难点: 探索并了解函数的单调性与导数之间的关系; 体会导数方法在研究函数性质中的一般性和有效性.

### 四、教学流程示意图

**五、教学过程设计**

**(一) 知识回顾, 唤起求知**

**教师引入**: 函数是描述客观世界的重要数学模型, 因此研究函数性质是非常重要的, 譬如函数的单调性.

**【问题 1】** 我们可以用什么方法来判断函数单调性呢?

**教师活动**: 方法一: 函数单调性的定义.

方法二: 通过函数的图象直接观察函数单调性.

**思考**: 有没有更为简单可操作的方法研究函数单调性呢?

**学生活动**: 回忆函数单调性的判断方法, 思考并比较这几种方法的优缺点.

**设计意图**: 从已有知识体系出发, 使学生感觉学习的连续性, 并激发学生继续探究的好奇心.

**(二) 创设情境, 引出课题**

**教师活动**: 展示高台跳水时运动员的位移随时间变化的趋势与速度随时间变化的关系.

**学生活动**: 通过物理中学习过的位移与速度的概念结合导数定义去观察、分析函数 $h(t)$ 的增减性与 $v(t)$ 的关系.

**设计意图**: 通过生活中的问题引导学生观察、发现函数单调性与导函数的关系.

**(三) 动手操作, 探究发现**

**【问题 1】** 对于所有函数, 单调性是否都与导函数正负之间存在上述关系? 导数作为函数的变化率刻画了函数的变化趋势, 而函数的单调性也是对函数变化趋势的一种刻画, 导数与函数的单调性一定存在某种联系, 那怎么来研究它们的联系比较直观方便呢?

请你和同桌商量后选择一个函数, 利用手中的图形计算器画出函数图象并计算它的导数, 探究导函数与函数的单调性之间的联系.

**教师活动**: 单击 键开机, 单击 开启作函数图象功能, 出现图 1 所示的界面.

图 1

输入想要研究的函数解析式, 并作出导函数图象. 首先单击 tab 键出现新函数 $f_2(x)=$, 单击 里的 出现 $f_2(x)=\frac{d}{d\square}(\square)$, 输入 $f_2(x)=\frac{d}{dx}(f_1(x))$, 单击 enter 键, 出现导函数图象.

**学生活动**: 每组学生选取一个函数, 利用图形计算器画出原函数图象, 观察每个区间的函数单调性的变化, 并画出导函数, 观察原函数的单调性与导函数的正负之间的关系. 通过图形计算器的互动功能, 选取不同学生所作函数图象, 让学生分享交流观察后所得结论.

**设计意图**: 通过图形计算器画出函数及其导函数图象, 观察并归纳出对于选定的函数, 它的单调性和导数正负之间的关系, 从图象上来观察更加直观, 在从形到数的过程中让学生体会数形结合的思想.

**教师活动：**

**思考 1：**每组同学通过自己选取的特殊函数得到了一些结论，找同学展示自己通过作原函数与导函数图象得出的结论.（通过图形计算器的互动功能，显示全体学生的屏幕作图结果，挑选典型的函数进行观察，如图 2 所示.）

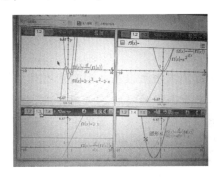

图 2

可以把这些结论一般化吗？（是否所有函数的单调性与导数的正负都有关系？）

**学生活动：**独立思考，分组讨论，学生分享动手操作的结果，并猜想.

**设计意图：**观察、猜想，由特殊到一般进行归纳.

（四）小组交流，抽象概括

**思考 2：**这样的结论一定正确吗？

**教师活动：**我们已经知道，函数 $y=f(x)$ 在 $x_0$ 处的导数 $f'(x_0)$ 表示曲线在点 $(x_0,f(x_0))$ 处的切线的斜率，可以通过导数几何意义来验证结论.

单击"菜单"—"8. 几何"—"4. 作图"—"7. 切线"，如图 3 所示.

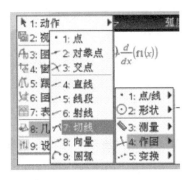

图 3

拖动切点，引导学生观察切线斜率.

**得出结论：**函数单调性与导数的正负的关系.

**学生活动：**

1. 通过图形计算器画出所选函数的切线，拖动切线，观察切线的斜率的变化与函数单调性之间的关系.

2. 归纳、总结.

**设计意图：**不完全归纳法所得到的结论并不一定正确，

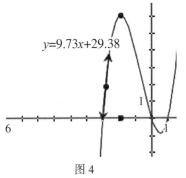

$y=9.73x+29.38$

图 4

通过这个问题让学生体会到数学的逻辑性、严谨性，以及数形之间的内在联系.

（五）应用结论，加深理解

**教师活动：**

例1　函数 $y=f(x)$ 的导函数的图象如图5所示，试描述函数 $y=f(x)$ 的单调性.

**学生活动：**学生观察图象得到结论，组内讨论交流；阐述发现的结论.

**设计意图：**用机器最终是为了不用机器，从利用图形计算器画出导函数，到归纳总结出原函数的特征，再用归纳出的函数特征很方便地手工画出原函数的草图. 反思这一过程让学生明白，用导数研究函数性质是一种直观有效的方法，体会数学学习过程中探究的乐趣.

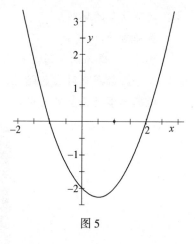

图5

（六）巩固结论，深化提高

例2　求函数 $f(x)=x^3+x^2-x$ 的单调区间，并用图形计算器检验自己的结论.

例3　求函数 $f(x)=\ln x-x$ 的单调区间，并用图形计算器检验自己的结论.

**学生活动：**每位同学分别动手求导函数并根据导函数确定原函数的单调区间，画出函数 $f(x)$ 图象，用手持图形计算器检验.

**设计意图：**

1. 巩固知识点，加深理解；

2. 体会在求函数单调性的时候不要忘记函数的定义域的重要性.

（七）回顾反思，感悟升华

**教师活动：**总结这节课学习了什么知识，学习了什么方法，用到了什么思想.

**学生活动：**学生总结提升（函数单调性与导数的关系，函数图象与导函数图象的关系，由特殊到一般的思想，数形结合的思想……）.

**设计意图：**培养学生梳理知识点，总结知识内容，建构知识体系的能力. 对思维过程再反思，完善学生知识结构.

（八）课后延伸，巩固成果

**教师活动：**

练习：判断下列函数的单调性，并利用图形计算器画出函数图象检验自己的结论.

（1）$f(x)=3x-x^3$；　　　　　　　（2）$f(x)=e^x-x$.

**学生活动：**学生课后完成.

**设计意图：**加强对所学内容的巩固理解.

**六、学习效果评价设计**

（一）评价方式

例1　函数 $y=f(x)$ 的导函数的图象如图5所示，试描述函数 $y=f(x)$ 的单调性.

例2　求函数 $f(x)=x^3+x^2-x$ 的单调区间，并用图形计算器检验自己的结论.

（二）评价量规

1. 结果性评价：通过课堂例题环节进行测评.

2. 过程性评价：在本节课上，为较好地完成过程性评价目标，我设计了多个活动环节，从以下几方面对学生进行评价.

（1）参与活动及动手操作的态度与表现；

（2）认真听取他人意见并进行思考、分析、交流的表现程度；

（3）积极发表个人观点和意见的表现程度；

（4）合作交流的态度及能力表现程度.

**七、本教学设计与以往或其他教学设计相比的特点**

1. 本节课的设计，较好地体现了信息技术与数学课程的有机整合.

这节课通过生活中的实际问题引发学生对函数单调性与导数关系的思考、猜想. 学生利用手持图形计算器由特殊到一般进行验证，提高了课堂效率，增强了学生们对函数单调性变化与导数关系的直观印象.

2. 以学生为本，发挥学生学习的主动性.

本节课从学生的基本认知出发，在学生的最近发展区设置题目，通过问题引导学生观察、猜想、动手实践，组内讨论、交流，加强参与意识与合作意识.

3. 本节课使学生感受数学与生活是紧密联系的，学的同时增强学好数学的信念.

本节课由开始的高台跳水问题发现函数的单调性与其导数的关系，让学生发现生活中的问题可以通过数学知识分析、解释. 图形计算器的操作让学生感受科技的发达与学好数学的重要性.

# 课例4 "正态分布"教学设计①

授课教师：苑智莉　北京市密云区第二中学

指导教师：王保东　北京市密云区教师研修学院

## 一、指导思想与理论依据

《普通高中数学课程标准(2017年版)》指出：高中数学课程面向全体学生，以学生发展为本，落实立德树人根本任务. 高中数学教学以发展学生数学学科核心素养为导向，培育科学精神和创新意识. 优化课程结构，突出数学主线，凸显数学的内在逻辑和思想方法；重视学生的学习过程，创设合适的教学情境，启发学生思考，引导学生把握数学内容的本质. 提倡独立思考、自主学习、合作交流等多种学习方式，激发学生学习的兴趣，养成良好的学习习惯. 实现：人人都能获得良好的数学教育，不同的人在数学上得到不同的发展，促进学生数学学科核心素养的形成和发展.

在正态分布中，从实际问题出发，学生亲自动手操作图形计算器，追踪当 $\mu$ 一定时，随着 $\sigma$ 变化，函数图象的位置变化；当 $\sigma$ 一定时，随着 $\mu$ 变化，函数图象的位置变化. 借助几何直观、数据显示，引导学生对图象进行观察、分析，得到正态分布曲线的特点. 让图形计算器完成复杂的作图，利用信息技术的各种功能为学生开拓观察、思考、归纳、猜想的空间，使学生有更多的时间和机会从事高水平数学思维、理解数学本质的活动. 同时给予学生充分的思考时间和交流时间，让学生的思维过程得到充分的展示，及时表扬和鼓励学生，激发学生以积极的态度认识到现代信息技术的广泛应用正在对数学课程内容和学习方式等方面产生深刻的影响. 高中数学课程提倡实现信息技术与课程内容的深度融合，基本原则是有利于学生认识数学的本质. 高中数学课程提倡利用信息技术来呈现以往教学中难以呈现的课程内容.

心理学认为，一切思维都是从问题开始的，"疑"是思之始、学之端，成功地使学生提出问题的教学才能真正调动学生的积极性. 所以，教师应该带着学生走向问题，激发学生的认知冲突. 在教学过程中，根据数学知识体系及学生认知结构，进行层层设疑，以疑启思，通过问题串、任务链来推进课堂，通过信息技术提供的交互式学习环境使学生可以按照自己的认知基础、学习兴趣来选择内容，这就为学生主动、积极地发挥创造了条件，使学生的主体性得到了充分体现.

## 二、教学背景分析

### (一) 教学内容

本节课是人教A版选修2-3第2章随机变量及其分布的最后一节，学生在学习了离散型随机变量及其分布列的含义，知道可以通过随机变量来刻画随机现象，理解伯努利试验，掌握二项分布，了解超几何分布的基础上研究一种连续型随机变量——正态分布随机变量. 正态分布在统计中是很常用的分布，由中心极限定理可知一个随机变量如果是众多的、互不相干的、不分主次的偶然因素作用结果之和，它就服从或近似服从正态分布. 服从正态分布的

① 该教学设计于2019年5月在北京市中学数学学科"示范性教研活动"评选中获市级一等奖.

随机变量是一种连续型随机变量. 我们知道, 离散性随机变量最多取可列个不同值, 它等于某一特定实数的概率可能大于 0, 人们感兴趣的是它取某些特定值的概率, 即感兴趣的是其分布列; 连续型随机变量可能取某个区间上的任何值, 它等于任何一个实数的概率都为 0, 所以通常感兴趣的是它落在某个区间的概率. 离散性随机变量的概率分布规律用分布列描述, 而连续型随机变量的概率分布规律用分布密度函数 (曲线) 描述. 本节课是高中唯一一种连续型分布, 为大学继续学习指数分布、伽马分布、幂分布等连续型分布奠定基础, 说明正态分布在概率统计理论中占有重要地位.

《普通高中数学课程标准 (2017 年版)》对本节课的要求如下.

1. 通过误差模型, 了解服从正态分布的随机变量. 通过具体实例, 借助频率直方图的几何直观, 了解正态分布的特征.

2. 了解正态分布的均值、方差及其含义.

(二) 学生情况

1. 在学习本节内容以前, 学生已经学习了离散性随机变量及其分布, 具有一定的统计思想.

2. 学生利用图形计算器作图追踪: 当 $\mu$ 一定时, 随着 $\sigma$ 变化, 函数图象的位置变化; 当 $\sigma$ 一定时, 随着 $\mu$ 变化, 函数图象的位置变化. 通过图形计算器计算服从正态分布的 $X$ 特殊的区间内的概率, 总结、归纳 $3\sigma$ 原则. 对于控制变量来总结规律的方法, 学生可能会有障碍.

3. 我校是城镇生源较差的学校, 授课班级学生数学基础薄弱, 思维不够灵活. 学生参与课堂教学不够积极, 实践探索能力稍差. 所以, 在设计每节课时, 注重激发学生的兴趣, 让学生积极参与课堂, 动手操作, 提高学生的数学思维和表达能力; 在课堂上注重引导, 让学生参与每个环节, 让他们体会探索、合作、交流的快乐.

(三) 教学方式

采用教师启发与学生合作探究相结合的教学方式.

(四) 教学手段

引导学生动手操作、观察、分析、猜想, 并借助图形计算器得到相关结论, 调动学生参与课堂教学的主动性和积极性.

(五) 技术准备

Ti 图形计算器、PPT 课件.

### 三、教学目标与重点难点

(一) 教学目标

1. 通过高尔顿板试验, 观察小球分布规律, 引入正态分布密度曲线, 借助图象介绍正态分布曲线的特点及其表示的意义.

2. 通过控制变量法来研究参数对正态曲线的影响, 学生体会从特殊到一般的研究问题的方法.

3. 通过经历正态分布概念的形成过程, 学生尝试用数据和图形分析问题, 发展数学抽象、逻辑推理、直观想象、数据分析的核心素养.

(二) 教学重点难点

1. 教学重点: 正态分布密度曲线的特点及其所表示的意义.

2. 教学难点: 正态分布密度曲线所表示的意义.

**四、教学流程示意图**

| 创境激趣 问题定向 | → | 深化认知 形成概念 | → | 动手操作 探究发现 | → | 小组交流 抽象概括 | → | 巩固理论 深化提高 | → | 回顾返思 感悟升华 |

**五、教学过程设计**

（一）创境激趣，问题定向

**教师引入**：学生通过图形计算器观察高尔顿板试验（如图 1 所示）并思考以下问题.

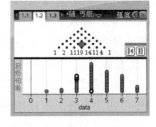

图 1

【**问题 1**】在投放小球之前，你知道这个小球会落在哪个球槽中吗？随着试验次数增加，球槽中小球堆积的高度是多少？堆积的形状特点是什么？

**教师活动**：利用 PPT 发布问题.

**学生活动**：以小组为单位，观察试验视频，思考老师提出的问题.

【**问题 2**】以球槽的编号为横坐标，以小球落入各个球槽内频率值为纵坐标，你能利用图形计算器画出频率分布直方图吗？

**教师活动**：利用 PPT 发布问题. 将学生画出的频率分布直方图进行展示.

**学生活动**：学生动手操作利用图形计算器画出频率分布直方图.

【**问题 3**】当试验次数增加时，频率分布折线图有什么变化特点？

**教师活动**：引导学生观察频率分布折线图的特点.

**学生活动**：观察、猜想、归纳.

**设计意图**：通过观察高尔顿板试验，激发学生学习兴趣，增加求知欲. 借助频率分布直方图更加准确、直观、形象地研究小球的分布规律，为正态曲线的得出做铺垫. 通过画频率分布直方图可知直方图的外形与试验中小球的堆积形状是一样的.

（二）深化认知，形成概念

【**问题 4**】当试验次数增加时，频率分布折线图有什么变化特点？

**教师活动**：利用 PPT 发布问题.

**学生活动**：学生会发现当试验次数增加时，频率分布折线图会越来越像一条钟形曲线（如图 2 所示）.

**教师活动**：引出正态分布密度曲线，正态分布密度函数

$$\varphi_{\mu,\sigma}(x) = \frac{1}{\sqrt{2\pi}\sigma} e^{-\frac{(x-\mu)^2}{2\sigma^2}}, \quad x \in (-\infty, +\infty).$$

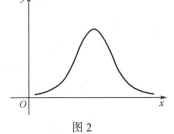

图 2

**教师追问**：这里每个长方形的面积的含义是什么？

**学生活动**：学生经过回忆，容易得到：长方形的面积代表的是相应区间内数据的频率及总面积为 1.

**教师追问**：如果去掉高尔顿板试验中最下边的球槽，并沿其底部建立一个水平坐标轴，其刻度单位为球槽的宽度，用 $X$ 表示落下的小球第一次与高尔顿板底部接触时的坐标，则 $X$ 是一个随机变量，$X$ 落在区间的概率为多少？

**学生活动**：如图 3 所示，预设落在区间 $(a,b)$ 的概率的近似值

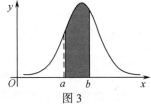

图 3

其实就是在$(a, b]$上的阴影部分即曲边梯形的面积，曲边梯形面积等于函数$\varphi(x)$在区间$(a, b]$上的定积分.

**教师讲解**：给出正态分布定义，一般地，如果对于任何实数$a$，$b(a<b)$，随机变量$X$满足$P(a < X \leq b) = \int_{a}^{b} \varphi_{\mu, \sigma}(x)\,\mathrm{d}x$，则称$X$服从正态分布，记为$X \sim \mathrm{N}(\mu, \sigma^2)$.

**设计意图**：教师的层层设问，为求随机变量$X$落在$(a, b]$的概率做铺垫，从而引出定积分，得到正态分布.

（三）动手操作，探究发现

【问题5】利用图形计算器画出$\varphi_{\mu,\sigma}(x)$的图象并根据解析式说出正态曲线的特点.

**学生活动**：观察、发现、展示、交流.

**教师活动**：对于学生给出的结论进行点评、补充.

（四）小组交流，抽象概括

【问题6】参数$\mu$，$\sigma$分别对$\varphi_{\mu,\sigma}(x)$图象有怎样的影响？

**教师活动**：将学生分2组，第1组同学使用图形计算器在同一直角坐标系上画当$\sigma=0.5$，$\mu$分别等于$-1$，0，1的3个$\varphi_{\mu,\sigma}(x)$图象（见图4）；第2组同学使用图形计算器在同一直角坐标系上画当$\mu=0$，$\sigma$分别等于0.5，1，2的3个$\varphi_{\mu,\sigma}(x)$图象（见图5）. 能得到什么结论？

**学生活动**：独立思考，分组讨论，学生分享动手操作的结果，并猜想.

**设计意图**：通过图形计算器画出函数图象，观察当$\sigma$一定时，不同的$\mu$如何影响曲线的变化；当$\mu$一定时，不同的$\sigma$如何影响曲线变化. 从图象上来观察更加直观，在从形到数的过程中让学生体会数形结合的思想.

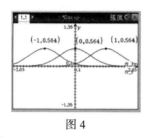 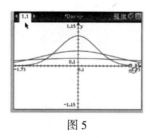

　　　　　图4　　　　　　　　　　　　　　　图5

【问题7】同学们以组为单位各自写出一个随机变量$X$服从正态分布，自定$\mu$，$\sigma$分别计算$P(\mu-\sigma<X\leq\mu+\sigma)$，$P(\mu-2\sigma<X\leq\mu+2\sigma)$，$P(\mu-3\sigma<X\leq\mu+3\sigma)$. 你能得出什么结论？

**学生活动**：分组讨论，学生分享动手操作的结果，并猜想.

（五）巩固理论，深化提高

例1　某地区数学考试的成绩$X$服从正态分布，其密度曲线如图6所示，则成绩$X$位于区间$[52, 68]$的概率是多少？并用图形计算器检验自己的结论.

**教师活动**：利用PPT发布问题.

**学生活动**：独立动手通过图象来求其$\mu$，$\sigma$的值，根据结论求出概率并用手持图形计算器检验.

**设计意图**：巩固知识，加深理解，并会恰当应用.

（六）回顾反思，感悟升华

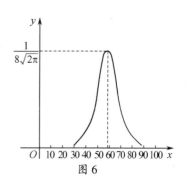

图6

【**问题 8**】这节课学习了什么知识？用什么方法得到的？蕴含什么思想方法？

## 六、本教学设计与以往或其他教学设计相比的特点

1. 本节课的设计，较好地体现了信息技术与数学课程的深度融合.

这节课通过高尔顿板试验引发学生对正态曲线的思考、猜想；学生利用手持图形计算器由特殊到一般进行验证，提高了课堂效率，增强了学生们对参数 $\mu$，$\sigma$ 的直观印象.

2. 以学生为本，发挥学生学习的主动性.

本节课从学生的基本认知出发，在学生的最近发展区设置题目，通过问题引导学生观察、猜想、动手实践，组内讨论、交流，加强参与意识与合作意识.

3. 本节课使学生们感受数学与生活是紧密联系的，学的同时增强学好数学的信念.

本节课由高尔顿板试验开始，让学生发现生活中的问题可以通过数学知识分析、解释. 图形计算器的操作让学生感受科技的发达与学好数学的重要性.

4. 拓宽教材，充分利用图形计算器解决问题.

为了拓展学生思维，本节课在探究 $3\sigma$ 原则中，学生利用图形计算器直观感知、验证结论，增加学生应用研究所得结论的能力.

## （二）第二类：复习课

# 课例1　"三角函数性质的综合应用"教学设计①

授课教师：张　波　首都师范大学附属密云中学
指导教师：魏学军　北京市密云区教师研修学院

## 一、指导思想与理论依据

新课程力求在"必备知识、关键能力、学科素养、核心价值"四层确立学习目标，以及"基础性、综合性、应用性、创新性"四个方面的基础上设计教学，着重关注数学思想，聚焦核心素养，培养学生独立思考和运用所学知识分析问题、解决问题的能力.

新课程的基本理念，以学生为本，倡导积极主动、勇于探索的学习方式，注重培育学生的数学学科核心素养，这也是育人价值和数学课程目标的集中体现. 学习是学生的一种特殊的认知过程，教师在数学课堂中要指导学生进行学习，将数学学科核心素养融入课堂教学中，落实四基和四能. 教师根据认知目标与情感目标并重的要求安排教学过程，充分调动学生的知、情、意、行等诸方面的积极性，引导学生独立自主地展开思维活动，融会贯通地掌握知识、发展智力、培养能力，学会用数学的思维进行思考，用数学的语言进行表达，实现教育目标，达到全面发展，这是本节课教学设计的指导思想.

建构主义的学习理论强调以学生为中心，认为学生是认知的主体，是知识意义的主动建构者，教师对学生只起到帮助和促进的指导作用，并不要求教师直接向学生传授和灌输知识. 所以，在教学过程中，我总是鼓励学生阐述他们的想法，顺着学生的思路展开教学，解决他们的认知冲突；根据学生的情况组织有必要的讨论，深入到他们的讨论中去，适时、适当的给予指导，让学生成为学习的主人.

心理学认为，一切思维都是从问题开始的，"疑"是思之始、学之端，成功地使学生提出问题的教学才能真正调动学生的积极性. 所以，我认为应该带着学生走向问题，激发学生的认知冲突. 在教学过程中，我根据数学知识体系及学生认知结构，以疑启思，通过设计一系列的问题激发学生学习的积极性，帮助学生成为学习活动的主体；使学生以积极的情感体验和深层次的认知参与投入到学习中去，培养学生的问题意识，激发学生的应用意识.

## 二、教学背景分析

### （一）教学内容

本节课是高中教材人教A版必修4第1章的内容，是高中数学基础内容，也是重要内容之一，历年来在数学学科高考中都占有重要地位.《普通高中数学课程标准（2017年版）》指出，三角函数是一类最典型的周期函数，可用几何直观和代数运算的方法研究三角函数的周期性、奇偶性（对称性）、单调性和最大（小）值等性质. 张景中院士指出："在中学数学课程中，三角函数的内容至关重要. 三角函数不仅是连接几何与代数的一座桥梁，还是沟通初等数学与高等数学的一条通道."三角函数除了具有一般函数的性质外，还呈现出与其他基本初

---

① 该教学设计于2019年12月在北京市中学数学学科"示范性教研活动"评选中获市级一等奖.

等函数不一样的特征，例如具有其独特的周期性和对称性，并且与向量、复数、立体几何、解析几何等数学知识有较为紧密的联系. 更进一步，三角函数知识具有丰富的实际背景和广泛的应用价值，在其他学科中有广泛的应用，例如地理学、力学、电磁学等. 正是因为三角函数具有这么丰富的特征，因此在高考考查中体现了基础性、综合性和应用性的特征. 基于三角函数典型性质——周期性和对称性，我从函数性质应用的"大局"出发，首先设计了一份前测问卷，然后对问卷进行统计，在统计之后，发现问题，以此为依据，设计本节习题课的教学，以提高对所学知识的应用能力，以及分析问题和解决问题的能力.

（二）学生情况

1. 学生已经对三角函数进行了系统的复习，初步形成了三角函数的知识网络，也具备了一定的应用所学知识来解决问题的能力.

2. 我校是密云区重点高中，授课班级为高三理科教学班，学生基础比较扎实，思维活跃，能够积极参与课堂教学，乐于实践，勇于探索，所以我设计每节课时，都以学生为主体，注重培养学生的数学表达能力，把课堂交给学生，让他们体会合作交流的快乐.

3. 学生的不足之处是对知识的灵活应用能力不强，有待提高.

（三）教学方式

启发式教学.

（四）教学手段

鼓励学生合作探究，引导学生动手操作、观察、分析、类比、抽象、概括，调动学生参与课堂教学的主动性和积极性.

（五）技术准备

PPT 课件、几何画板、课堂前测和后测.

### 三、教学目标与重点难点

（一）教学目标

1. 学生能在具体问题中，指出三角函数的周期、对称轴、对称中心，分析它们之间的关系.

2. 学生经历运用三角函数的周期性、对称性和单调性解决具体的实际问题的过程，体会三角函数性质在解题中的应用.

3. 培养学生运用几何直观（函数图象）解决问题的意识.

（二）教学重点难点

1. 教学重点：三角函数的周期性和对称性的应用.

2. 教学难点：应用三角函数的周期性和对称性解决具体问题.

### 四、教学流程示意图

分析前测 提出问题 → 独立思考 分析问题 → 小组合作 分享交流 → 练习反馈 层层递进 → 回顾反思 感悟升华 → 课后检测 深化理解

### 五、教学过程设计

（一）分析前测，提出问题

**教师引入**：在本节课的前测中，教师设计了 8 个小问题. 通过对学生的作答进行分析，教师发现学生的基础概念和基本知识完成得非常好，对所有学生提出表扬. 在第 3 题中，学生几乎一致认为三角函数比较特殊的性质是周期性，还有人回答了对称性；第 4 题准确率接近百分之百；但是对于第 5~8 题，学生对相关知识点的掌握就有待加强了. 表 1 是我们的前测题目和数据分析.

表 1

| 题目 | 正确人数 | 错误人数 | 准确率 |
|---|---|---|---|
| 1. 请画出正弦函数和余弦函数的图象. (三角函数图象，事实性知识) | 36 | 0 | 100% |
| 2. 请写出正弦函数和余弦函数的性质. (三角函数性质，事实性知识) | 36 | 0 | 100% |
| 3. 你认为正弦函数和余弦函数与以往学过的初等函数 (例如：一次函数、二次函数、指数函数、对数函数等) 相比，相对特殊的性质是什么？(三角函数性质，事实性知识) | 36 | 0 | 100% |
| 4. 正弦函数 $y=\sin x$ 相邻对称轴之间的距离是最小正周期的_____倍，相邻对称中心之间的距离是最小正周期的_____倍，对称中心到相邻对称轴之间的距离是最小正周期的_____倍. (三角函数性质，事实性知识) | 32 | 4 | 88.89% |
| 5. 已知函数 $f(x)=\sin(x+\varphi)$ 满足 $f\left(\dfrac{\pi}{3}\right)=1$，则 $f\left(\dfrac{5\pi}{6}\right)$ 的值为_____. (利用周期解决问题，程序性知识/具体学科技能) | 28 | 8 | 77.78% |
| 6. 已知 $\sin\varphi=\dfrac{1}{2}$，$\varphi\in[0,2\pi]$，则 $\varphi=$_____. (已知三角函数值求角，程序性知识/具体学科技能) | 30 | 6 | 83.33% |
| 7. 已知 $\sin\varphi=\dfrac{1}{2}$，则 $\varphi=$_____. (已知三角函数值求角，程序性知识/具体学科技能) | 25 | 11 | 69.44% |
| 8. 已知函数 $y=\sin(2x+\varphi)$ 图象的一部分，如图所示，则 $\varphi=$_____. (利用三角函数图象求角，程序性知识/具体学科技能) | 22 | 14 | 61.11% |

【问题 1】第 5 题：已知函数 $f(x) = \sin(x+\varphi)$ 满足 $f\left(\dfrac{\pi}{3}\right) = 1$，则 $f\left(\dfrac{5\pi}{6}\right)$ 的值为 _____.

**教师活动**：投影展示第 5 题.

**学生活动**：回顾自己前测的内容，回答问题，修改前测，进行小结，对于第 5 题，阐述解题思路(根据前测，先请用代入法求解的学生来回答问题，然后请利用对称轴和对称中心与周期的关系来解题的学生进行思路阐述).

**设计意图**：多数学生都是将 $\left(\dfrac{\pi}{3},\ 1\right)$ 代入函数解析式，求出具体的 $\varphi$ 值，然后再将 $\dfrac{5\pi}{6}$ 代入解析式，求出 $f\left(\dfrac{5\pi}{6}\right)$ 的值；只有个别学生想到最值点与最近零点之间的距离为周期的 $\dfrac{1}{4}$ 倍，所以 $\dfrac{5\pi}{6}$ 是函数的零点. 这说明学生虽然记住了基础知识，但是对于如何在题目中对其进行应用还不太清楚，这也是我设计本节习题课的目的.

【问题 2】第 6 题：已知 $\sin\varphi = \dfrac{1}{2}$，$\varphi \in [0,\ 2\pi]$，则 $\varphi =$ _____.

第 7 题：已知 $\sin\varphi = \dfrac{1}{2}$，则 $\varphi =$ _____.

第 8 题：已知函数 $y = \sin(2x+\varphi)$ 图象的一部分，如图 1 所示，则 $\varphi =$ _____.

**设计意图**：第 6~8 题层层递进(有范围—无范围—有图形背景)，让学生领会在已知三角函数值的条件下，如何求角问题的区别与联系，尤其要让学生去体会在解决无范围问题的时候，要先在一个周期内进行求解，再相应地加上函数的周期；遇到有图形背景时，要利用函数的单调性进行取舍，也要让学生明确单调性是函数最基本的性质. 前测的第 1~4 题，是对三角函数的基本概念进行回顾，看学生基本知识的落实情况，第 5~8 题是三角函数基本知识的应用. 从前测的

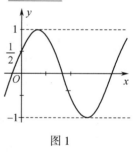

图 1

结果来看，学生还存在比较大的问题，所以针对这些问题，设计本节课的教学——三角函数周期性和对称性的应用.

**教师活动**：板演本节课题目.

(二) 独立思考，分析问题

【问题】已知函数 $f(x) = A\sin(\omega x+\varphi)$ $(A>0,\ \omega>0)$ 图象上的一段如图 2 所示，那么在区间 $(0,\ 2\pi)$ 上，使 $f(x) = f(0)$ 成立的 $x$ 的取值集合为 _____.

预设 1：由图可知，$A = 1$，$\dfrac{T}{2} = \dfrac{5\pi}{6} - \dfrac{\pi}{3} = \dfrac{\pi}{2}$，所以 $\omega = 2$. 因为 $f(x) = \sin(2x+\varphi)$ 图象过点 $\left(0,\ \dfrac{\sqrt{3}}{2}\right)$，所以 $f(x) = \sin\varphi = \dfrac{\sqrt{3}}{2}$，而图象在点 $\left(0,\ \dfrac{\sqrt{3}}{2}\right)$ 处属于上升阶段，所以 $\varphi = \dfrac{\pi}{3} + 2k\pi$，$k \in \mathbf{Z}$，即 $f(x) = \sin\left(2x+\dfrac{\pi}{3}\right)$.

通过解方程 $f(x) = f(0)$，$x \in (0,\ 2\pi)$，求得 $x \in \left\{\dfrac{\pi}{6},\ \pi,\ \dfrac{7\pi}{6}\right\}$.

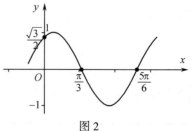

图 2

预设 2：求得 $f(x)=\sin(2x+\varphi)$ 之后，还可以通过找对称轴 $x=\dfrac{\left(\dfrac{\pi}{3}+\dfrac{5\pi}{6}\right)}{2}=\dfrac{7\pi}{12}$，得到图象过

点 $\left(\dfrac{7\pi}{12},\ -1\right)$，求得 $\varphi=\dfrac{\pi}{3}+2k\pi$，$k\in\mathbf{Z}$；再通过解方程 $f(x)=f(0)$，$x\in(0,\ 2\pi)$，求得

$x\in\left\{\dfrac{\pi}{6},\ \pi,\ \dfrac{7\pi}{6}\right\}$.

预设 3：前两种解法都是先找到函数解析式，再通过解三角方程进行求解，还可以直接

利用图象，先确定函数的周期为 $T=\pi$ 和一条对称轴是 $x=\dfrac{\left(\dfrac{\pi}{3}+\dfrac{5\pi}{6}\right)}{2}=\dfrac{7\pi}{12}$，再通过相邻两条对

称轴之间间隔半周期，求出 $y$ 轴右侧第一条对称轴为 $x=\dfrac{\pi}{12}$. 造成函数值相等的原因可能是周

期性，也可能是对称性，也可能是两条性质的共同作用造成的，所以先利用函数图象关于直

线 $x=\dfrac{\pi}{12}$ 对称的对称性，得到第一个 $x=\dfrac{\pi}{6}$，再利用函数的周期性得到另外两个 $x$ 的取值，分

别为 $\pi$，$\dfrac{7\pi}{6}$. 综上可知 $x\in\left\{\dfrac{\pi}{6},\ \pi,\ \dfrac{7\pi}{6}\right\}$.

**教师活动**：巡视学生完成情况.

**学生活动**：独立思考，分析问题；在独立思考分析的基础上，在小组内进行合作，分享、交流解题思路；学生代表板演解法，然后进行讲解；由不同解法的同学进行补充.

**教师活动**：学生分享、交流之后，教师小结并板演思路.

**设计意图**：本题既是对前测结果的检验，也是三角函数周期性和对称性在解决问题中的应用. 在学生思考过程中，收集学生的做法，让典型做法的学生交流和分享解题思路，教师进行小结提升. 然后，应用几何画板画出函数 $f(x)=\sin\left(2x+\dfrac{\pi}{3}\right)$ 的图象与 $y=\dfrac{\sqrt{3}}{2}$ 的交点，让学生观察，找到两个三角函数值相等的原因，有可能是周期性造成的，也有可能是对称造成的，学生去体会周期性和对称性在解题中的应用，培养学生的观察和应用能力.

（三）练习反馈，层层递进

**【问题 1】** 已知函数 $f(x)=A\cos(\omega x+\varphi)$ 的图象如图 3 所示，

$f\left(\dfrac{\pi}{2}\right)=-\dfrac{2}{3}$，则 $f(0)$ 的值为_____.

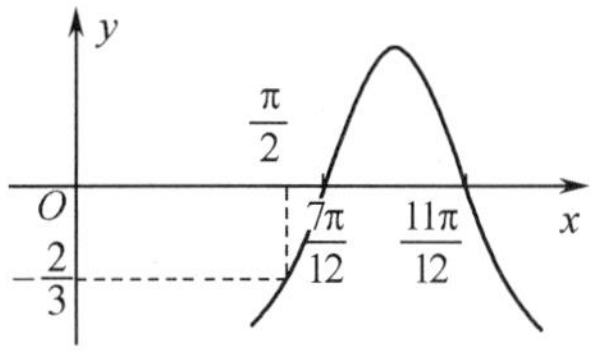

图 3

预设 1：由图 3 可知，函数周期为 $T=2\left(\dfrac{11\pi}{12}-\dfrac{7\pi}{12}\right)=\dfrac{2}{3}\pi$，

$\left(\dfrac{7\pi}{12},\ 0\right)$ 是函数的一个对称中心，所以 $f\left(\dfrac{2}{3}\pi\right)=-f\left(\dfrac{6\pi}{12}\right)=-f\left(\dfrac{\pi}{2}\right)$，由周期性可知，

$f(0)=\dfrac{2}{3}$.

预设 2：还可以利用周期性和对称性，将部分图象进行补图，补充图象后，可得 $f(0)=\dfrac{2}{3}$.

**教师活动**：巡视学生完成情况.

**学生活动**：独立思考，梳理解题思路，分析与上一题的区别.

**教师活动**：学生分享、交流之后，教师小结，并板演思路.

**设计意图**：让学生体会数与形之间的转化. 本题只给出部分图形，需要学生利用三角函数的周期性和对称性，将图补完整，培养学生用图形解决问题的意识. 学生利用部分图象，读出周期性和对称性，再利用这些性质进行补图；同时让学生去体会两个三角函数值互为相反数的原因是对称中心造成的.

**【问题 2】** 设函数 $f(x)=\sin(\omega x+\varphi)$，$A>0$，$\omega>0$，若 $f(x)$ 在区间 $\left[\dfrac{\pi}{6},\dfrac{\pi}{2}\right]$ 上具有单调性，且 $f\left(\dfrac{\pi}{2}\right)=f\left(\dfrac{2\pi}{3}\right)=-f\left(\dfrac{\pi}{6}\right)$，则 $f(x)$ 的最小正周期为_____.

预设 1：由题目中所给条件"若 $f(x)$ 在区间 $\left[\dfrac{\pi}{6},\dfrac{\pi}{2}\right]$ 上具有单调性"，可知 $\dfrac{T}{2}\geqslant\dfrac{\pi}{2}-\dfrac{\pi}{6}=\dfrac{\pi}{3}$，即 $T\geqslant\dfrac{2\pi}{3}$，所以导致 $f\left(\dfrac{\pi}{2}\right)=f\left(\dfrac{2\pi}{3}\right)$ 的原因是函数关于直线 $x=\dfrac{7\pi}{12}$ 对称，即直线 $x=\dfrac{7\pi}{12}$ 是函数的一条对称轴. 同样因为"若 $f(x)$ 在区间 $\left[\dfrac{\pi}{6},\dfrac{\pi}{2}\right]$ 上具有单调性"，造成 $f\left(\dfrac{\pi}{2}\right)=-f\left(\dfrac{\pi}{6}\right)$ 的原因是中心对称性质. 即 $\left(\dfrac{\pi}{3},0\right)$ 是函数的一个对称中心. 由于 $\dfrac{7\pi}{12}-\dfrac{\pi}{3}=\dfrac{\pi}{4}<\dfrac{T}{2}$，说明直线 $x=\dfrac{7\pi}{12}$ 与点 $\left(\dfrac{\pi}{3},0\right)$ 是函数相邻的对称轴和对称中心，所以 $\dfrac{T}{4}=\dfrac{7\pi}{12}-\dfrac{\pi}{3}=\dfrac{\pi}{4}$，即 $T=\pi$.

预设 2：根据所给信息，可以描出函数的部分草图，利用图象可得函数最小正周期为 $\pi$，但是原理还是与预设 1 一样.

**教师活动**：巡视学生完成情况.

**学生活动**：先独立思考此题，在独立思考的基础上，进行小组内的合作交流，小组代表进行板演讲解.

**设计意图**：对于无图问题，要能够应用对称性等性质，画出函数图象，从而进行求解. 此题难度加大，属于对称性与周期性的综合应用，但是学生可能会忽略"若 $f(x)$ 在区间 $\left[\dfrac{\pi}{6},\dfrac{\pi}{2}\right]$ 上具有单调性"这一条件，所以可以在学生讲完之后，进行提问：老师有 3 个困惑，需要你们的帮助. (1) $f\left(\dfrac{\pi}{2}\right)=f\left(\dfrac{2\pi}{3}\right)$ 为什么不是因为周期性造成的呢？(2) 为什么选择用 $f\left(\dfrac{\pi}{2}\right)=-f\left(\dfrac{\pi}{6}\right)$ 来确定对称中心，而不是用 $f\left(\dfrac{2\pi}{3}\right)=-f\left(\dfrac{\pi}{6}\right)$？(3) 为什么 $x=\dfrac{7\pi}{12}$ 与 $\left(\dfrac{\pi}{3},0\right)$ 是相邻的对称轴和对称中心呢？以此引发学生的思考. 如果时间不够了，需要学生课下思考这三个小问题，下节课继续交流、分享.

（四）回顾反思，感悟升华

**教师活动**：提问，出示PPT.

1. 通过今天的这三个小题，你认为所考查的知识点是什么？

2. 知识点之间有怎样的区别和联系？

3. 解决这类问题的关键是什么？

4. 在三角函数部分性质应用过程中，你有自己的想法吗？课后请做一个思维导图来呈现你自己的思维过程.

**学生活动**：小结自己的收获.

**设计意图**：上述问题从有图到有部分图象，再到无图，层层递进，难度逐渐加大，但都是紧紧围绕着三角函数的周期性和对称性的应用而进行求解的，让学生能够理解：在三角函数中，造成两个三角函数值相等的原因有两个，一是周期，二是对称轴；造成两个函数值互为相反数的原因是对称中心，同时培养学生严谨的逻辑推理能力.

（五）课后检测，深化理解

1. 已知 $\omega>0$，$0<\varphi<\pi$，直线 $x=\dfrac{\pi}{4}$ 和 $x=\dfrac{5\pi}{4}$ 是函数 $f(x)=\sin(\omega x+\varphi)$ 图象的两条对称轴，则 $\omega=$ _____，$\varphi=$ _____.

2. 已知函数 $f(x)=\sin(\omega x+\varphi)\left(\omega>0,\ |\varphi|\leqslant\dfrac{\pi}{2}\right)$，$x=-\dfrac{\pi}{4}$ 为 $f(x)$ 的零点，$x=\dfrac{\pi}{4}$ 是 $y=f(x)$ 图象的对称轴，且 $f(x)$ 在 $\left(\dfrac{\pi}{18},\dfrac{5\pi}{36}\right)$ 单调，则 $\omega$ 的最大值为 _____.

## 六、本教学设计与以往或其他教学设计相比的特点

1. 分析前测，有的放矢.

在高三一轮复习完三角函数单元后，我根据自己学生的情况设计了一个前测问卷，共有8个问题. 第1~4题是知识和概念层面的，发现学生的学习效果很好，也能够建立三角函数的知识网络图，说明学生对基本知识的记忆还是不错的；第5~8题是对知识应用层面的检测，发现学生还存在很大的问题，应用意识还不强，对于三角函数的典型性质——周期性和对称性的理解还不够到位，因此设计了本节习题课的教学. 本教学设计最大的特点，是根据前测的结果，调整复习策略和方案，从学生的实际情况出发，注重课堂的实效性，提升学生的问题解决能力.

2. 设计合理，层层递进.

本节课主要解决两个问题. 一是前测中已知三角函数值求角，有无范围是一个限制条件，要在一个周期内进行求解，但是当给出图形背景时，在一个周期内求解还要利用单调性进行取舍. 二是周期性和对称性的应用，处理这类问题时，要看周期、对称轴和对称中心对函数值关系的影响，还要注意数形结合的应用. 如果有图，要注意利用图象；若有部分图象，看是否需要将图补全；若没有图象，看是否能够利用题目中的已知条件，画出图象进行求解. 这也是在进一步深化图象在函数问题处理中的重要性.

## 课例 2 "含有参数的一元二次不等式的解法"教学设计①

授课教师：马菲菲　首都师范大学附属密云中学
指导教师：王保东　北京市密云区教师研修学院

### 一、指导思想与理论依据

学习迁移是指一个人在一种情境中的学习影响他在其他情境中的学习，如一种学习加强另一种学习为正迁移；反之一种学习干扰即削弱另一种学习即为负迁移. 布鲁纳的迁移理论认为，只有掌握基本结构，了解基本概念、基本原理和基本方法，才能促进学习正迁移. 要促进学生在学习中的正迁移，提升学生的学习迁移能力，教师应重视基本知识的教学，有意识地引导学生寻找不同知识之间的相同要素，启发学生对知识进行概括，从而提高学生的学习迁移能力.

《普通高中数学课程标准(2017 年版)》在课程基本理念中提出，高中数学教学应注重信息技术与数学课程的深度融合，提高教学的实效性. 本节课借助手持图形计算器，为学生学习数学知识提供一个实践操作的重要平台，使学生自由地畅游于数学知识的海洋中，增强数学学习的趣味性和实用性.

### 二、教学背景分析

#### (一) 教学内容

一元二次不等式及其解法是对已经学过的集合、函数知识的巩固和运用，也与数列、三角函数、圆锥曲线及导数内容密切相关.《普通高中数学课程标准 (2017 年版)》提出要从函数观点看一元二次不等式，即借助一元二次函数求解一元二次不等式，并用集合表示一元二次不等式的解集；结合一元二次函数的图象，说明一元二次不等式与相应函数、方程的联系. 此外，解一元二次不等式是高考的一个重要考点，其中含参数的一元二次不等式问题经常结合导数问题出现，由于参数的不确定性加大了求解不等式的难度，需要对参数值分类讨论. 本节复习课是高二所学知识的巩固和延伸，帮助学生系统梳理知识、提高解题能力. 学生借助图形计算器观察参数值变化对函数图象的影响，通过循序渐进的学习，从函数图象角度理解函数值的正负本质上是一元二次不等式的解集问题，对"一元二次方程、二次函数、一元二次不等式"之间的内在联系有进一步的认识，并能够很好地进行函数、方程、不等式的划归与转化. 基于以上分析，本节课的教学重点为：梳理和归纳含有参数的一元二次不等式的求解步骤，确定分类讨论的依据.

#### (二) 学生情况

在必修阶段的学习中，学生已经掌握了系数为常数的一元二次不等式的解法，整理了基本解题步骤，具备了学习本节课的知识基础，课前检测设计了三个问题，每题得分情况如图 1 所示.

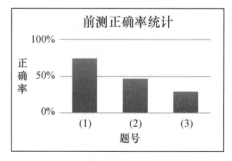

图 1

① 该教学设计于 2019 年 12 月在北京市中学数学科 "示范性教研活动" 评选中获市级一等奖.

　　第 2 题为解关于 $x$ 的不等式，正确率仅为 47%，学生在做题时忽略了 $a$ 取不同值时可能改变方程根的情况；第 3 题是二次项系数含参类型不等式，学生对含有参数的一元二次不等式的解法掌握得不够系统，在为什么要分类、如何分类、分类之后如何正确计算求解这几个问题上容易出错，此外答题格式也不够规范. 基于以上分析，本节课的教学难点为：对参数进行正确的分类讨论.

　　（三）教学方式

　　学生自主互助学习为主，教师教授为辅.

　　（四）教学手段

　　借助手持图形计算器进行探究，运用思维工具系统梳理知识结构.

　　（五）技术准备

　　1. Ti 图形计算器；

　　2. 电子白板.

### 三、教学目标与重点难点

　　（一）教学目标

　　1. 结合具体函数图象探索含有参数的一元二次不等式与相应函数、方程的联系，进一步说明"三个二次"之间的关系.

　　2. 利用手持图形计算器作函数图象，体会参数变化对函数图象及不等式解集的影响，感受数形结合、分类讨论等思想方法.

　　3. 归纳具体一元二次不等式的研究方法，利用流程图梳理含参的一元二次不等式的求解步骤，体会由具体问题到数学方法的归纳过程，发展学生的逻辑推理素养.

　　（二）教学重点难点

　　1. 教学重点：梳理和归纳含有参数的一元二次不等式的求解步骤，确定分类讨论的依据.

　　2. 教学难点：对参数进行正确的分类讨论.

### 四、教学流程示意图

### 五、教学过程设计

【问题 1】在之前的课程中我们已经学习了数字系数的一元二次不等式的解法，那么：

　　(1) 解题的基本步骤是什么？

　　(2) 每一步依据了哪些数学知识？

　　(3) 你在哪一步容易出错？原因是什么？

　　**学生活动**：回顾解题步骤及涉及的相关知识和问题.

　　**设计意图**：引入学习内容的同时，初步构建知识网络（见图 2），为促进学习正迁移做好储备.

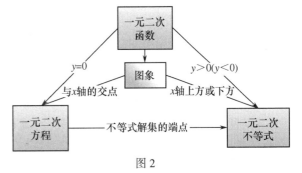

图 2

【**问题2**】请同学们回忆一元二次函数、一元二次方程和一元二次不等式之间有什么关系.

**学生活动**：思考并回答.

【**问题3**】表1所列是解含有参数的一元二次不等式涉及的知识要素, A 同学解答第(1)题的过程如图3所示, 结合知识要素写出 A 同学解答第(1)题的每一步的解题依据, 并分析是否有错误, 如果有, 请改正.

其中第(1)题为: 解关于 $x$ 的不等式 $x^2-(a+1)x+a>0$.

表1

| | |
|---|---|
| 1 | 判断是否为一元二次不等式 |
| 2 | 不等式变等式求对应方程的根 |
| 3 | 判断是否有根 |
| 4 | 利用因式分解求根 |
| 5 | 利用求根公式求根 |
| 6 | 判断两根大小 |
| 7 | 画出对应的二次函数图象 |
| 8 | 根据函数图象求对应不等式的解集 |
| 9 | 利用不等式性质求参数范围 |

图3

**学生活动**：学生逐步分析解题依据, 指出错误, 说明产生问题的原因, 改正错误. 独立思考, 完成任务. 同学展示, 其他同学进行补充和完善.

**设计意图**：相应方程可以进行因式分解的一元二次不等式是考试常见内容. 通过这个活动, 让学生分析解题思路并纠错改正, 在此过程中体会分类讨论的依据, 培养学生对知识的整合和思辨能力.

**教师展示**：借助图形计算器观察当参数 $a$ 变化时, 函数图象的变化情况(如图4所示), 从而得出分类讨论的原因和讨论结果.

**学生活动**：观察参数变化对图象产生的影响, 由零点的变化分析得出相应不等式的解集.

**设计意图**：更直观地感受当 $a$ 变化时, 图象开口方向不变, 但两零点大小不确定时函数图象的变化, 进而总结解此类不等式的解法, 感受数形结合、分类讨论的思想方法.

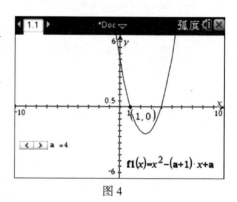

图4

【**活动1**】请你梳理此类问题的解题方法.

**学生活动**：总结此类不等式解法如图5所示, 梳理思维过程. 投影展示.

**设计意图**：通过归纳解题方法, 初步培养学生分析归纳问题的能力.

【**问题4**】图6所示是 B 同学解答第(2)题的过程, 请你概括该同学每步的解题依据, 并分析是否有错误, 如果有, 请改正.

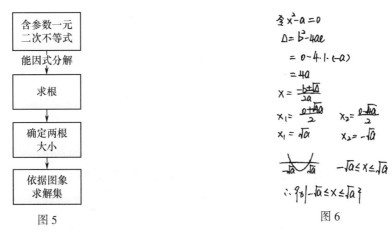

图 5　　　　　　　　　　　　　　　　　图 6

其中第(2)题为：解关于 $x$ 的不等式 $x^2-a\le0$.

**学生活动**：学生观察思考后指出图 6 中的错误并改正.

**设计意图**：学生在解答此类问题的过程中，忽略方程可能无解的情况. 通过纠错，强化参数不确定性对求根的影响，充实知识结构.

**【活动 2】** 梳理解题方法(见图 7).

**学生活动**：独立思考完成，总结此类问题的解题方法，小组交流后展示.

**设计意图**：完善知识结构，进一步培养学生的分析问题能力和逻辑推理能力.

**【问题 5】** 图 8 所示是同学 C 和同学 D 解答第(3)题的过程，请你找出错误，说明错误原因.

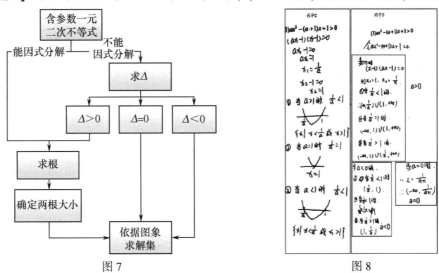

图 7　　　　　　　　　　　　　　　　图 8

其中第(3)题为：解关于 $x$ 的不等式 $ax^2-(a+1)x+1>0$.

**学生活动**：学生指出错误，分析原因及改正方法.

**设计意图**：同学 C 的错误是忽略二次项系数对图象的影响. 通过纠错明确错因，体会分类讨论思想的分类依据，培养学生严谨的思维能力. 同学 D 有意识对二次项系数进行分类，但忽略了 $a<0$ 时两根大小是确定的，在问题发现的过程中，培养学生合理分类意识，做到不重不漏.

教师追问：(预设)

① 同学 C 在分类时，先写参数范围，后写两根大小，这样写合理吗?

② 在对两根比大小时, 如果需要求参数范围, 应该先考虑哪种情况呢? 对比方程和不等式哪个求解更简单?

**学生活动**: 观察、分析, 说出想法.

**设计意图**: 指出同学在解题过程中经常出现的问题, 在分类讨论时, 应该先有依据, 再求范围, 以此规范书写.

【**活动3**】请同学借助图形计算器观察 $a$ 取不同的值时函数图象的变化(如图9所示), 根据图象, 思考该如何进行分类讨论.

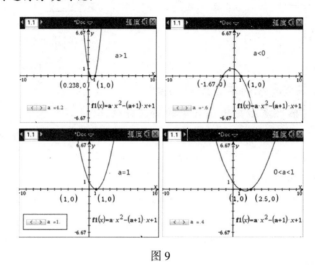

图9

**学生活动**: 小组合作完成, 观察不同情况下函数图象, 分析分类依据.

**设计意图**: 观察 $a$ 的变化对图象的影响, 思考如何分类, 结合函数零点情况解不等式.

【**活动4**】总结含参数一元二次不等式问题解决方法.

**学生活动**: 梳理解题方法, 完善知识结构(见图10).

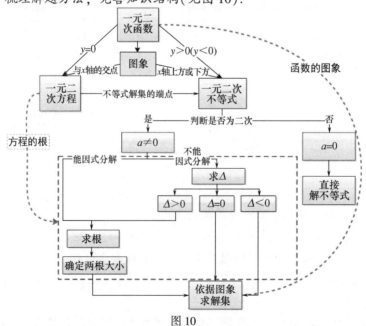

图10

**设计意图**：体会借助图象求解不等式的基本思路和方法，体会三个二次之间的密切关系.

**变式训练**：当 $a>1$ 时，解关于 $x$ 的不等式 $ax^2-(a+1)x+1>0$.

**学生活动**：思考、作答.

**设计意图**：对参数范围进行限制，体会参数范围缩小导致二次项系数或根的情况更具体，从而分类情况减少，进一步培养学生的逻辑思维.

**【活动 5】**课堂检测：

（1）若不等式 $x^2-5x-a<0$ 有解，求 $a$ 的取值范围；

（2）当 $0<a<1$ 时，解关于 $x$ 的不等式 $2ax^2+(a-2)x-1<0$.

**学生活动**：自主完成.

**设计意图**：了解学生掌握情况.

**【活动 6】**课堂小结.

（1）回顾含参数一元二次不等式的基本解题步骤和分类依据.

（2）体会函数、方程、不等式三者之间的关系，依据函数图象求不等式解集的方法同样也可以推广到其他类型不等式.

**学生活动**：回忆、体会.

**设计意图**：引导学生反思学习过程，概括出解决含参数一元二次不等式的思想方法.

**课后作业：**

1. 回顾二次函数、一元二次方程与一元二次不等式之间的关系的知识结构图，体会含参数一元二次不等式的解法.

2. 已知 $f(x)=2ax^2+(a-2)x-1$，当 $0<a<1$ 时，求 $f(x)<0$ 的解集.

**学生活动**：记录、完成.

**设计意图**：巩固所学知识.

**六、本教学设计与以往或其他教学设计相比的特点**

1. 用"问题"解决问题

本节课通过对学生错例的分析，结合图形计算器绘图，体会如何分类是符合逻辑的，起到矫正错误的作用，并让学生思考进行分类的依据及解决这个问题的一般思路，增强学生分析问题和解决问题的能力，发展逻辑推理的核心素养.

2. 潜移默化提升核心素养

本节课的核心是围绕着函数、方程、不等式三者的联系解决含参数的一元二次不等式的问题. 通过问题变式层层深入，在夯实基础知识的同时，又渗透了分类讨论、数形结合的思想方法，在点滴问题中总结经验方法，积累了基本活动经验.

3. 将信息技术融入课堂

教学中使用图形计算器最大的优势，是动态的演示过程为学生的分类讨论提供了依据，加深了学生对这部分知识的理解. 除此之外，它能使学生真正动起来参与到课堂中，充分发挥了学生的主体地位，调动了学生的积极性和主动性.

## 课例3 "三角函数析题课"教学设计①

授课教师：丁　莉　北京师范大学密云实验中学
指导教师：王保东　北京市密云区教师研修学院

### 一、指导思想与理论依据

《普通高中数学课程标准(2017年版)》指出"数学源于对现实世界的抽象，基于抽象结构，通过符号运算、形式推理、模型建构等，理解和表达现实世界中事物的本质、关系和规律。""函数是描述客观世界中变量关系和规律的最为基本的数学语言和工具，在解决实际问题中发挥重要作用，而三角函数就是刻画周期性变化规律的数学模型。"因此，本节课在以学生为主体、教师为主导的原则下，通过任务驱动、问题串的设计，引导学生学会分析问题、挖掘数学知识的本质，并在学习过程中理解数学方法、提高逻辑推理的能力，提升用数学眼光观察世界、用数学思维思考世界、用数学语言表达世界的意识。

### 二、教学背景分析

（一）教学内容

本节课是人教A版必修4第1章第4节"三角函数的图象与性质"中的复习内容："正弦型函数$f(x)=A\sin(\omega x+\varphi)$"给定取值区间求值域析题课。在本节课之前，学生已经学习了正弦函数的图象和性质，给本节课的学习奠定了基础。在本节课中，学生经过自主探究、小组交流突破解决这类问题的难点，同时加深对相关概念的理解，并且提升对于利用换元法解题思想的理解，提高逻辑推理的能力。

（二）学生情况

1. 学生已经学习了正弦函数的图象与性质。根据问卷调查发现，对于"正弦型函数$f(x)=A\sin(\omega x+\varphi)$"在给定区间求值域的解答，学生还存在问题。

2. 学生在之前的学习过程中，已经使用过换元法，但是对换元法的理解还不够透彻，运用它解题还存在困难。

3. 我校是密云区的三类校。我所授课的班级数学基础较为薄弱，思维不够灵活，探究能力较弱，所以要给予充分的自主思考、合作交流时间，并且课堂中要注意适时的引导，让学生能够更高效地参与到学习中去。

（三）教学方式

结合教学内容和学生情况，本节课采用析题课的教学模式。

（四）教学手段

利用Ti图形计算器、多媒体辅助教学。

（五）技术准备

1. PPT课件；

2. 多媒体展台；

3. Ti图形计算器。

① 该教学设计于2019年5月在北京市基础教育优秀教学设计评选活动中获市级一等奖。

### 三、教学目标和重点难点

**(一) 教学目标**

1. 学生通过对解答过程中各步相对依据的筛选，加深对于三角函数相关知识的理解，总结出思维程序图，完善思维结构.

2. 学生能够解决"正弦型函数 $f(x)=A\sin(\omega x+\varphi)$"在给定区间求值域的问题，在借助正弦函数图象解题的过程中，体会数形结合的思想.

3. 通过分析解题过程，学生体会换元法在解题过程中的作用，提高逻辑推理能力.

**(二) 教学重点难点**

1. 教学重点：提炼解决"正弦型函数 $f(x)=A\sin(\omega x+\varphi)$"在给定区间求值域问题的思维程序图.

2. 教学难点：换元法在解题过程中的应用.

### 四、教学流程示意图

### 五、教学过程设计

**(一) 数据分析，明确任务**

**教师引入**：在 PPT 中展示课前调查问卷的结果统计，进行数据分析. 根据问题的结果可以看出，对于"正弦型函数 $f(x)=A\sin(\omega x+\varphi)$"在给定区间求值域的内容，大家掌握得还不太好，对于解题方法的理解还存在一些问题，今天我们换一种方式来研究，尝试突破这个难点.

**学生活动**：观看数据结果，回想自己在解题中的困难.

**设计意图**：了解学生在解题过程中的问题，表明本节课的主题和必要性.

**(二) 阅读思考，正确分析**

**教师引入**：首先我们来看活动 1，请大家认真读题完成问题 1 和问题 2.

**【活动 1】** 图 1 列出了"三角函数给定区间求最值"相关题目的解答过程. 结合解答过程思考：

**【问题 1】** 解答过程中各个步骤的依据是什么？请选择恰当的知识要素填写在对应的位置.

**知识要素：**

正弦函数的图象和性质、诱导公式、余弦函数的图象和性质、二倍角公式、二次函数的图象和性质、等量代换、一次函数的图象和性质、等式计算、正比例函数的图象和性质、两角和差的正弦公式、图象上的点和坐标一一对应、函数图象上点坐标的特点、特殊角的三角函数值.

**学生活动**：认真审题，查看知识要素，回

图 1

顾相关概念, 思考完成问题 1.

　　**设计意图**：对于学生来说题目有一定难度, 给出解题过程而不是让学生做题, 避免打击学生信心, 新颖的模式还可以引起学生兴趣, 并且有利于提高学生分析问题、解决问题的能力. 学生在选择知识要素时, 可以加深对于相应概念的理解.

　　【**问题 2**】试着说明其中涉及的思想方法.

　　**教师活动**：教师巡视, 恰当给予提示. 同学们基本都完成后进行小组讨论.

　　**学生活动**：分析解题过程, 找出其中的数学思想方法.

　　**设计意图**：根据调查, 学生对换元法的理解并不透彻, 所以需要进行深入的剖析, 具体到为什么运用换元法, 如何运用, 争取帮助学生突破难点, 加深学生对于数形结合思想的理解.

　　(三)合作交流, 完善思路

　　【**活动 2**】和小组内的同学互相交流, 看看他人是如何思考的, 将自己的想法告诉同伴, 试试能否形成小组内一致意见. 如不能形成一致意见, 记录差异之处.

　　**学生活动**：小组讨论, 每名同学在组内说出自己的想法, 进行查漏补缺, 组内达成一致意见.

　　**设计意图**：在小组讨论中互相帮助, 在小组展示中分工合作, 提高团队合作的意识.

　　【**活动 3**】在全班汇报小组的讨论结果.

　　**教师活动**：请一个小组介绍他们的结论, 将"知识要素"贴在黑板上解题过程中的恰当位置, 并请一名代表发言.

　　**学生活动**：小组代表讲解选择知识要素的理由、思想方法在过程中的体现和如何应用. 其他组同学进行点评, 并发表不同意见, 提出问题, 大家共同思考解答.

　　**教师活动**：点评总结, 强调重点.

　　**设计意图**：学生在展示过程中提高用数学语言表达的能力. 提高学生参与兴趣, 提高课堂参与度.

　　(四)阶段总结, 思维建构

　　【**问题 3**】尝试总结"解决三角函数给定区间求最值问题"的思维步骤, 画出解题思维程序图.

　　**教师活动**：巡视学生完成情况, 挑选典型的答案利用投影展示.

　　**学生活动**：思考分析, 在学案上画出思维程序图, 一名同学到黑板上完成. 展示分享, 点评完善.

　　**教师追问**：现在大家已经总结出了解题的程序, 那么这个程序可以解决哪种类型的题目呢? 同学们试着分析题目的特征.

　　**学生活动**：分析题目, 尝试抽象出解决"正弦型函数 $f(x)=A\sin(\omega x+\varphi)$"在给定区间 $D$ 上的求值域问题的一般形式.

　　**设计意图**：学生对解题过程进行重点概括, 把握核心内容, 提高归纳概括的能力. 帮助学生形成学习经验, 解决其他问题.

　　**教师提问**：经过今天这节课的深入分析大家觉得这类题还难吗? 下面我们来看一下效果, 请同学们完成问题 4, 将答案完成在 Ti 图形计算器上.

**【问题4】** 某同学解答一道三角函数题："已知函数 $f(x)=\cos^2 x-\sin^2 x$，求函数 $f(x)$ 在区间 $\left[-\dfrac{\pi}{6}, \dfrac{\pi}{4}\right]$ 上的最大值和最小值."的解答过程如图 2 所示.

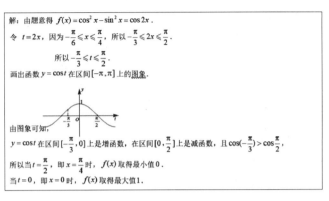

图 2

表 1 列出了某些数学知识.

表 1

| 1 | 函数的概念 |
|---|---|
| 2 | 弧度制的概念 |
| 3 | 正弦定理、余弦定理 |
| 4 | 任意角的正弦、余弦的定义 |
| 5 | 两角和的正切公式 |
| 6 | 二倍角的余弦公式 |
| 7 | $y=\cos x$ 的图象 |

请写出在上述解答过程中，用到的此表中的数学知识_____.

**学生活动**：认真审题分析，完成问题 4. 在图形计算器上填写答案.

**教师活动**：查看学生的解题过程，利用 Ti 图形计算器的统计功能实时显示完成正确率情况，找答案不正确的同学展示问题，大家共同分析纠正.

**设计意图**：利用 Ti 图形计算器的统计功能，实时反映学生完成情况，给予学生有针对性的指导，提升课堂效率.

**【问题5】**（请将答案完成在 Ti 图形计算器上.）

函数 $f(x)=2\sin\left(2x+\dfrac{\pi}{4}\right)$ 在 $\left[-\dfrac{\pi}{4}, \dfrac{\pi}{4}\right]$ 上的最小值和最大值分别是（    ）.

A. $[-1, 1]$        B. $[-\sqrt{2}, 1]$        C. $[-\sqrt{2}, 2]$        D. $[-2, 2]$

**学生活动**：在学案最后一页的草稿纸上书写过程，将答案提交在 Ti 图形计算器上.

**教师活动**：巡视学生完成情况，个别指导. 学生都提交答案后分析完成情况，将没有做对的同学的学案投影，大家共同分析错因.

**设计意图**：检测学生求解闭区间上"正弦型"函数的最大值与最小值方法的达成情况.

（五）问题引领，反思提升

**教师提问**：通过这节课你收获了什么？

**学生活动**：冥想一分钟，不同层次的学生分享交流自己的收获．

**教师活动**：点评学生发言，最后进行补充总结．

**设计意图**：回顾梳理思路，重温重点．学生对所学知识、方法进行总结，提高归纳概括的能力．

（六）课后作业，主体落实

1. 求函数 $f(x) = \cos 2x$ 在 $\left[-\dfrac{\pi}{6}, \dfrac{\pi}{4}\right]$ 上的最小值和最大值．

2. 试着改变 $x$ 的范围，出一道新的题目并完成．

**学生活动**：课后认真完成作业．

**设计意图**：复习巩固所学知识．

### 六、本教学设计与以往或其他教学设计相比的特点

1. 课前设计调查问卷及访谈发现学生问题，基于问题和学情准备教学素材，精心设计学教方式．关注学生的原有认知基础，激发学生探究的兴趣和解决问题的欲望；通过任务组、问题串引导学生思考、探究、合作、交流、展示，加强参与意识与合作意识．

2. 本节课教师采用了析题课的教学模式，节省了"做题"时间；在生生互动和师生互动中，剖析解题过程中的每一个步骤，解决所有疑惑，增强学生对知识和思想方法的理解，并揭示核心解题方法"换元法"；解题思维程序图则是为了引导学生建构完整的思维结构，建立整体意识．

3. 利用图形计算器实时反映学生的答题情况，精准定位学生的疑惑，大大提高课堂检测的效果和效率．

# 课例4　"解析几何综合析题课"教学设计①

授课教师：张　静　北京师范大学密云实验中学
指导教师：王保东　北京市密云区教师研修学院

## 一、指导思想与理论依据

高中数学新课程标准要求以发展学生数学学科素养为向导，创设合适的教学情境，启发思考，引导学生把握数学内容的本质. 本节课教学在以学生为主体、教师为主导的原则下，通过创设合理的教学情境，即"析题课"的设计，激发学生的学习兴趣，引导学生合作交流、共同探究，激活学生思维，让学生在情境中参与学习；通过"活动组""任务链""问题串"的导向设计，启发学生观察、思考、类比、探索，达到充分揭示获取知识和方法的思维过程这一目的.

## 二、教学背景分析

（一）教学内容

本节课是高三二轮复习的圆锥曲线部分"直线与圆锥曲线"的第一节课. 作为二轮复习"直线与圆锥曲线"的起始课，本节课不仅要使学生了解解析几何中"直线与圆锥曲线"有关的题目的解答过程中涉及的知识要素，更重要的还要总结归纳"解决平面解析几何综合问题"的思维步骤. 在整个过程中要渗透解析几何的基本思想和方法：坐标法、数形结合思想、联系的观点.

（二）学生情况

1. 通过高三一轮的复习，学生已经基本掌握了直线、圆、椭圆、抛物线、双曲线的几何性质；对涉及直线和曲线位置关系的综合题目，学生能够处理定直线和定曲线的位置关系，解决简单的几何性质，而且对于韦达定理的应用比较熟悉，已经基本掌握平面向量的相关知识，但是对于直线和曲线动起来之后，就无从下手了.

2. 学生有用代数方法研究几何问题的意识，但是操作起来比较困难.

3. 学生能够积极参与课堂，但遇到解析几何问题畏难情绪明显，思维能力、探究能力较弱，所以在问题的设计上要低起点，循序渐进，并且课堂中要注意适时引导，让学生能够更高效地参与到学习中去.

（三）教学方式

结合教学内容和学生情况，采用析题课的方式.

（四）教学手段

多媒体辅助教学.

（五）技术准备

PPT课件.

## 三、教学目标

1. 借助一个"解析几何"综合题的解答过程，能够提炼题干核心问题，选出相应的知识要

---

① 该教学设计于2019年5月在北京市中学数学学科"示范性教研活动"评选中获市级一等奖.

素，并解释.

2. 通过对解答过程的解析，归纳总结出"解决平面解析几何综合问题"的思维步骤.

3. 通过对"解决平面解析几何综合问题"的思维步骤的探究，重点提升直观想象、逻辑推理的素养.

### 四、问题框架

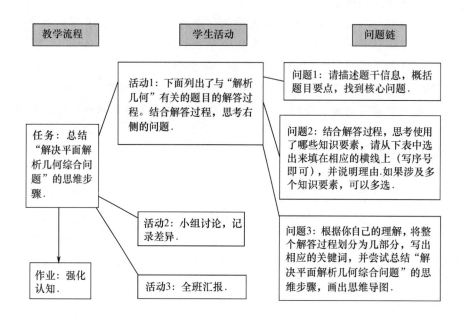

### 五、教学流程示意图

### 六、教学过程

（一）数据分析，明确任务

课前通过"问卷星"对学生期末解析几何的答题状况及解析几何的掌握情况进行问卷调查，基于问卷调查的结果设计本节课.

（二）阅读思考，正确分析

**活动 1**：阅读下面与"解析几何"有关的题目的解答过程. 结合解答过程，回答问题 1 和问题 2.

已知椭圆 $\frac{x^2}{4}+y^2=1$ 右顶点为 $A$，过点 $Q(0,\sqrt{3})$ 作直线 $l$，与椭圆 $C$ 交于 $M$，$N$ 两点. 若直线 $x=3$ 上存在点 $P$，使得四边形 $PAMN$ 是平行四边形，求直线 $l$ 的方程.

解答过程：依题意作图（见图 1）.

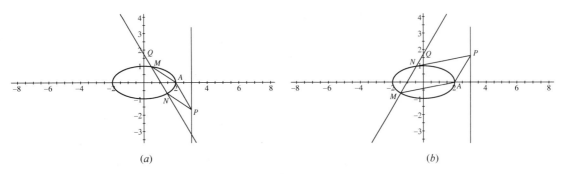

图 1

设 $M(x_1, y_1)$，$N(x_2, y_2)$，$P(3, y_0)$. 当直线 $l$ 无斜率时，$x=0$ 不满足条件. 当直线 $l$ 有斜率时，设方程为 $y=kx+\sqrt{3}$，因为四边形 $PAMN$ 是平行四边形. 所以平行四边形对边平行且相等，所以直线 $PA$ 的方程为 $y=k(x-2)$，所以 $P(3, k)$，

$$\xrightarrow{\text{法1}} \begin{cases} k_{PA}=k_{MN} \quad\quad \Rightarrow P(3, k) \\ |PA|=|MN| \Rightarrow \sqrt{1+k^2}=\sqrt{1+k^2}\,|x_1-x_2| \Rightarrow |x_1-x_2|=1 \Rightarrow x_2-x_1=1 \end{cases}$$

$$\xrightarrow{\text{法2}} \overrightarrow{PA}=\overrightarrow{NM} \Rightarrow (2-3, -k)=(x_1-x_2, y_1-y_2) \Rightarrow \begin{cases} x_2-x_1=1 \\ -k=y_1-y_2 \end{cases} \Rightarrow x_2-x_1=1$$

由 $x_2-x_1=1$ 可得 $(x_1+x_2)^2-4x_1x_2=1$  ①

由 $\begin{cases} y=kx+\sqrt{3}, \\ x^2+4y^2=4, \end{cases}$ 得 $(4k^2+1)x^2+8\sqrt{3}kx+8=0$，

由 $\Delta>0$，得 $k^2>\dfrac{1}{2}$，且 $x_1+x_2=-\dfrac{8\sqrt{3}k}{4k^2+1}$，$x_1x_2=\dfrac{8}{4k^2+1}$.

联立方程组，即：$\begin{cases} (x_1+x_2)^2-4x_1x_2=1 \\ x_1+x_2=-\dfrac{8\sqrt{3}k}{4k^2+1} \\ x_1x_2=\dfrac{8}{4k^2+1} \end{cases}$

整理得 $16k^4-56k^2+33=0$，解得 $k=\pm\dfrac{\sqrt{3}}{2}$，或 $k=\pm\dfrac{\sqrt{11}}{2}$.

经检验均符合 $\Delta>0$，但 $k=-\dfrac{\sqrt{3}}{2}$ 时不满足四边形 $PAMN$ 是平行四边形，舍去.

所以 $k=\dfrac{\sqrt{3}}{2}$，或 $k=\pm\dfrac{\sqrt{11}}{2}$.

**【问题 1】**请描述题干信息，概括题目要点，找到核心问题.

(参考答案)：题目当中有一个定椭圆，有一个过定点的动直线与椭圆相交，直线在运动过程中，求满足一个几何条件的时候的直线方程(即求直线的斜率 $k$).

**师生活动：**

1. 课前教师发布任务，教师将学生的答案，分门别类地整理，让学生展示过后，说清理由. 然后同学们讨论几种方案的优劣，并说明理由.

2. 和小组内的同学互相交流，看看他人是如何思考的，将自己的想法告诉同伴，试试能否形成小组内一致的意见，如不能形成一致的意见，记录差异之处.

3. 在全班汇报小组的讨论结果.

**设计意图**：对于解析几何部分，学生的思维和能力都比较薄弱，所以让学生自己在没有解答过程的前提下做这样一个综合题，确实是有困难的，所以事先把解答过程呈现出来，让学生分析，这对于较为困难的解析几何部分，是非常的适用的. 首先要让学生整体把握题目特征，弄清问题，概括题目要点，找到核心问题，即弄清目标. 学生对于问题1的答案，大致分为两种，一种是简单的阐述，另一种是画出"思维导图"形式分析问题，正好让学生分析自己和优秀的思维方式之间的差别，分析别人的好的地方，自己差在哪里；自己今后的努力方向是什么；别人的做法是否具有可推广性.

**【问题2】** 结合解答过程，思考使用了哪些知识要素，请从下列选项中选出来填在相应的横线上(写序号即可)，并说明理由. 如果涉及多个知识要素，可以多选.

(1) 椭圆的几何性质；

(2) 椭圆顶点的概念；

(3) 直线的点斜式方程；

(4) 直线的点斜式方程的使用条件；

(5) 直线与椭圆相交的代数表达；

(6) 平行四边形的几何性质；

(7) 充要条件；

(8) 两点间的距离公式；

(9) 弦长公式；

(10) 两根差与两根和、两根积的关系；

(11) 韦达定理；

(12) 解三元二次方程组；

(13) 消元思想；

(14) 用换元法解一元四次方程；

(15) 向量相等的概念；

(16) 两直线平行的代数表达.

**师生活动**：交上来的试卷，反映出的情况和课前的调查问卷类似，75%左右的孩子在这部分还可以，漏掉知识点的较多. 教师将一位同学的试卷答案贴在黑板上，让这位同学，逐条分析理由，其他同学补充.

**设计意图**：由局部推理产生联想，分析每一句的含义，并联想相关的概念和原理. 由于解析几何这部分相对来说比较难，所以我降低了难度，给出所涉及的知识要素，让学生从中进行选择即可，让学生加深解析几何部分所考查的知识点的理解.

(三)问题引领，反思提升

**活动2**：根据你自己的理解，将整个解答过程划分为几部分，写出相应的关键词，并尝试总结"解决平面解析几何综合问题"的思维步骤，画出思维导图.（参考答案如图2所示.）

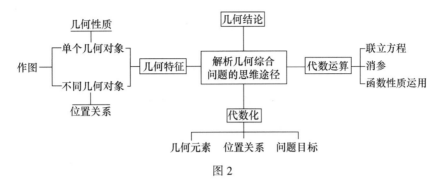

图 2

（1）要能够根据问题的条件，读出几何对象的几何特征.从两个方面去分析：对于单个的几何对象，要研究它的几何性质；对于不同的几何对象，要关注它们之间的位置关系.在此基础上作出图形，直观地表达出所分析出来的几何对象的几何特征.

（2）在明确了几何对象的几何特征的基础上，要进行有效的、合理的代数化，包括几何元素的代数化、位置关系的代数化、所要研究问题的目标的代数化等.

（3）进行代数运算，包括解所联系的方程组、消去所引进的参数、运用函数的研究方法解决有关的最值问题，等等.

（4）根据经过代数运算得到的代数结果，分析得出几何的结论.

**师生活动**：大多数学生都知道解析几何综合题的思维步骤，但是呈现出来的答案都没有在解答过程中划分，到底哪些步骤是第一条？哪些步骤是第二条？课上通过一连串的问题，追问学生的疑惑点.代数表达，到底表达什么？怎么表达？引导学生不断地深入思考，努力攻克自己在解析几何中的障碍.

**设计意图**：基于特征分析和知识联想，归纳"解决平面解析几何综合问题"思维步骤，画出思维导图.理解每个步骤具体的操作程序.

（四）课后作业，主体落实

请同学们思考"平行四边形"这个条件还能怎样转化，写出过程.比较几种转化，选择一种转化方式书写解答过程，并写出你的感悟.

转化一：因为四边形 $PAMN$ 是平行四边形，所以对边平行且相等，所以直线 $PA$ 的方程为 $y=k(x-2)$，所以 $P(3,k)$.

$$\xrightarrow{\text{法1}}\begin{cases} k_{PA}=k_{MN}\Rightarrow P(3,k)\\ |PA|=|MN|\Rightarrow\sqrt{1+k^2}=\sqrt{1+k^2}\,|x_1-x_2|\Rightarrow|x_1-x_2|=1\Rightarrow x_2-x_1=1 \end{cases}$$

$$\xrightarrow{\text{法2}}\overrightarrow{PA}=\overrightarrow{NM}\Rightarrow(2-3,-k)=(x_1-x_2,y_1-y_2)\Rightarrow\begin{cases} x_2-x_1=1\\ -k=y_1-y_2 \end{cases}\Rightarrow x_2-x_1=1$$

转化二：（参考答案）

$$\text{平行四边形两组对边平行转化①}\Rightarrow\begin{cases} k_{PA}=k_{MN}\Rightarrow P(3,k)\\ k_{PN}=k_{AM}\Rightarrow\dfrac{k-y_2}{3-x_2}=\dfrac{-y_1}{2-x_1} \end{cases}$$

$(k-y_2)(2-x_1)=-y_1(3-x_2)$，$(k-kx_2-\sqrt{3})(2-x_1)=-(kx_1+\sqrt{3})(3-x_2)$，

即$(2k+\sqrt{3})(x_1-x_2+1)=0$（$k\neq-\dfrac{\sqrt{3}}{2}$，否则直线过点$A$），所以$x_2-x_1=1$.

平行四边形两组对边平行转化②$\Rightarrow\begin{cases}\overrightarrow{PA}\,/\!/\,\overrightarrow{NM}\Rightarrow y_2-y_1=-y_0(x_1-x_2)\\\overrightarrow{PN}\,/\!/\,\overrightarrow{AM}\Rightarrow(x_2-3)y_1=(x_1-2)(y_2-y_0)\end{cases}$

转化三：（参考答案）

平行四边形对角线互相平分转化①$\Rightarrow PM$的中点与$AN$的中点重合，即$PM$的中点$(\dfrac{3+x_1}{2}$,

$\dfrac{y_1+y_0}{2})$，$AN$的中点$(\dfrac{2+x_2}{2}$, $\dfrac{y_2}{2})$，所以$\dfrac{3+x_1}{2}=\dfrac{2+x_2}{2}$，所以$x_2-x_1=1$.

平行四边形对角线互相平分转化②$\Rightarrow\overrightarrow{PA}+\overrightarrow{PN}=\overrightarrow{PM}$

$\overrightarrow{PA}=(-1$, $-k)$，$\overrightarrow{PN}=(x_2-3$, $y_2-k)$，$\overrightarrow{PM}=(x_1-3$, $y_1-k)$，

即$(x_2-4$, $y_2-2k)=(x_1-3$, $y_1-k)$，所以$x_2-x_1=1$.

**设计意图**：解析几何首先是几何. 在这里，"代数"只是我们解决几何问题时用到的工具. 学生在解答过程中，首先要将几何图形的性质用代数的语言来描述，最终是通过坐标的代数运算来研究几何图形的性质. "几何"是我们思考的起点和终点，也是问题的缘起和归宿. 这部分就是想让学生体会同一个"几何"性质，不管转化的方向有几个，最后的代数表达式是一样的，只是从计算的角度，有的复杂，有的简单而已，那么后面的学习就让同学们不断优化自己的解题策略，争取达到最优.

**七、本教学设计与以往或其他教学设计相比的特点**

1. 本次教学设计与以往的其他的教学设计相比，第一个亮点在课前进行了学情调查，通过"问卷星"对学生期末解析几何的答题状况及解析几何的掌握情况进行了问卷调查，基于问卷调查的结果设计了本节课，使得本节课更有针对性.

2. 本次教学设计与以往的其他的教学设计相比，第二个亮点就是授课的方式. 本节课采用的是"析题课"的方式. 对于解析部分，学生的思维和能力都比较薄弱，所以让学生自己在没有解答过程的前提下做这样一个综合题，确实是有困难的，所以事先把解答过程呈现出来，让学生分析，这对于较为困难的解析几何部分，是非常适用的. 而且这种授课方式解决了学生一个很大的问题，就是解题困难知识表象，在析题课的过程中，我们可以进行细致的分析，学生哪里有困难一目了然，非常的清晰. 在整个教学过程中，是知识要素与数学思考协同产生作用，效果显著. 另外，本节课的教学模式发生改变，不仅仅是教师讲学生听，而是独立思考+小组合作，同伴互助进步更快.

# 课题5　"直线和圆相交的中点弦问题析题课"教学设计①

授课教师：周跃鑫　北京市密云区第二中学

指导教师：李金荣　北京市密云区第二中学

## 一、指导思想与理论依据

《普通高中数学课程标准(2017年版)》指出：教师要把教学活动的重心放在促进学生学会学习上，积极探索有利于促进学生学习的多样化教学方式，不仅限于讲授与练习，也包括引导学生阅读自学、独立思考、动手实践、自主探索、合作交流等，教师要善于根据不同的内容和学习任务采用不同的教学方式，优化教学，抓住关键的教学与学习环节，增强实效．我将"自主探索、合作交流"作为本节课的设计理念，教学中本着以学生发展为本的理念，充分给学生思考、分析的时间与空间，创造讨论、交流展示思维的机会，通过他们自主探索、合作交流，展示学生解决问题的思维过程，总结思想方法，共享学习成果，体验数学学习成功的喜悦．通过师生之间、生生之间不断对话、合作交流，发展学生的数学观察能力和语言表达能力，培养学生思维的发散性和严谨性．通过教师的积极引导和启发，提升课堂效率．本节课的习题选择主要是从直线和圆相交的中点弦问题解决方法入手，体现解决解析几何问题的一般思路，让学生通过自主探索、合作交流，理解、内化相应的解题方法，提升解决问题的能力．

## 二、教学背景分析

（一）教学内容

本节课内容是在学生学习了普通高中课程标准实验教科书A版《数学》必修2第四章圆与方程之后的析题课——直线和圆．一方面它与学生初中学习的平面几何知识有着密切的联系，另一方面它为进一步学习"圆锥曲线"等内容做准备．分类讨论、数形结合、转化与化归等数学思想方法有着广泛的应用．直线和圆问题解决方法的探究与推导，需要学生观察、分析、推理，有助于培养学生的直观想象、数学运算、逻辑推理数学素养．本节课将以测试试题为载体，对解决直线和圆问题的一般思路进行归纳总结．

（二）学生情况

授课班级的学生为贯通二年级学生，已经学习了直线和圆的基本概念和性质，在熟悉的数学情境中，能够自主探究解决问题的方法并合作交流形成共识，具备学习本节课内容的知识基础．

（三）教学方式与手段

结合教学内容和学生情况，采用析题课的方式．

（四）技术准备

希沃交互平台．

## 三、教学目标与重点难点

（一）教学目标

1. 通过对解答过程中各步相对依据的筛选，加深对于直线和圆相交相关知识的理解，总

---

①　该教学设计于2019年6月在北京市中学数学科"示范性教研活动"评选中获市级一等奖．

结出思维导图，完善思维过程.

2. 能够解决有关直线和圆相交的中点弦问题. 在借助图象进行性质分析的过程中，体会数形结合的思想.

3. 通过分析解题过程，体会不同解法，发展逻辑推理的数学素养.

（二）教学重点与难点

1. 教学重点：提炼解决直线和圆相交的中点弦问题的思维导图.

2. 教学难点：根据问题的特征，将几何条件进行代数化.

## 四、教学流程示意图

数据分析 明确任务 → 阅读思考 正解分析 → 合作交流 完善思路 → 阶段总结 思维建构 → 问题引领 反思提升 → 课后作业 主体落实

## 五、教学过程设计

（一）数据分析，明确任务

教师引入：本次考试，班级平均分为 130 分. 年级平均分为 90.9 分，说明我们达到实验班应该有的位置. 试卷中 20 题第一问我们的平均分是 5.8 分，说明绝大部分同学没有问题，第二问得分率仅为 41%. 通过翻阅大家的试卷，部分同学完成了题目，得到满分；部分同学只是简单地进行了联立，少部分同学没有思路，形成鲜明对比. 我们要重视解析几何问题一般解题思路，本节课来解决直线和圆相交的中点弦问题.

（二）阅读思考，正解分析

20. 已知圆 $M$：$2x^2+2y^2-6x+1=0$. 设直线 $l$ 过点 $A(0, 2)$ 与圆 $M$ 在第一象限的部分交于 $B$，$C$ 两点，与 $x$ 轴正半轴交于点 $D$. 若 $O$ 为坐标原点，且 $\triangle OAB$ 与 $\triangle OCD$ 的面积相等，求直线 $l$ 的斜率.

【问题1】图 1 列出了甲同学 20 题的正确解答过程，请认真阅读，结合甲同学的解答过程，写出甲同学解决本题每一步所涉及的数学知识要素（从表 1 中选择）.

甲同学的解题过程：

表1

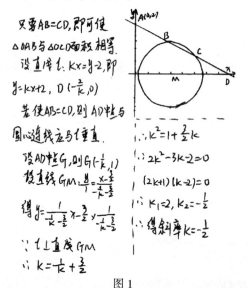

| 直线点斜式方程 | 垂径定理 |
|---|---|
| 直线与圆相交 | 圆与圆相交 |
| 中点坐标公式 | 两直线垂直 |
| 直线斜率公式 | 点到直线距离 |
| 点在直线上 | 直线与圆相切 |
| 点在圆上 | 韦达定理 |
| 圆的标准方程 | 两直线相交 |
| 圆的一般方程 | 三角形面积公式 |
| 直线的斜截式方程 | 弦长公式 |

图1

**教师活动**：教师在巡视过程中与学生小声交流，先请学生说说直观感受，再引导学生将说出的感受转化成文字表达.

**学生活动**：学生独立思考，在学案上写下自己的想法.

**活动预设**：

甲同学解题过程涉及数学知识：三角形面积公式、直线的斜截式方程、两直线相交、垂径定理、中点坐标公式、直线斜率公式.

甲同学解题思路：

**设计意图**：独立思考是合作学习的基础，问题 1 中给出学生对于本题的一种正确解法，让学生对推理的依据进行深入思考，尝试总结解决这种解法的思路.

（三）合作交流，完善思路

**【问题 2】**如图 2 所示，列出了乙同学解答本题的过程. 结合乙同学的解答过程，指出上述解答过程中解法的依据和思路，思考该解答思路是哪个环节出现了问题，并写出正确的解答过程.

**教师活动**：选择其中的一个小组进行交流. 教师巡视学生成果.

**学生活动**：学生首先自己寻找解题过程中书写的问题，然后进行小组交流，小组达成一致.

**活动预设**：

解：设 $B(x_1, y_1)$，$C(x_2, y_2)$，直线 $l : y = kx + 2$.

联立 $\begin{cases} 2x^2 + 2y^2 - 6x + 1 = 0, \\ y = kx + 2. \end{cases}$ 消去 $y$

得 $(2 + 2k^2)x^2 + (8k - 6)x + 9 = 0$.

所以 $\Delta = (8k - 6)^2 - 36(2 + 2k^2) > 0$.

解得：$x_1 + x_2 = \dfrac{6 - 8k}{2 + 2k^2}$.

所以 $BC$ 中点 $P$ 的横坐标为 $x_P = \dfrac{3 - 4k}{2 + 2k^2}$.

因为 $AB = DC$，所以线段 $AD$ 与 $BC$ 中点重合.

因为 $A(0, 2)$，$D\left(-\dfrac{2}{k}, 0\right)$，所以 $AD$ 的中点横坐标为 $-\dfrac{1}{k}$，即 $x_P = -\dfrac{1}{k}$.

所以 $\dfrac{3 - 4k}{2 + 2k^2} = -\dfrac{1}{k}$，解得 $k = -\dfrac{1}{2}$，或 $k = 2$（舍）.

**设计意图**：展示小组讨论的结果，锻炼学生的数学表达能力，通过小组之间的展示交流，学生相互补充和完善，加深对问题的理解.

**【问题 3】**考试结束后，丙同学对于本题进行了深入思考，又产生了下面解答过程，结合丙同学的解答过程，思考丙同学解法的依据和思路是什么. 从解题思路来看能否解决问题，

20. 解:

依题:

(1)原式 $= x^2 + y^2 - 3x + \dfrac{1}{2} = 0$

∴圆心 $M\left(\dfrac{3}{2}, 0\right)$

(2) $\begin{cases} x^2 + y^2 - 3x + \dfrac{1}{2} = 0 \\ kx - y + 2 = 0 \end{cases}$

$x^2 + (kx + 2)^2 - 3x + \dfrac{1}{2} = 0$

$(1 + k^2)x^2 + (4k - 3)x + \dfrac{1}{2} = 0$.

$B(x_1, y_1) \quad C(x_2, y_2)$

$x_1 \cdot x_2 = \dfrac{9}{2(1 + k^2)}$

$x_1 + x_2 = \dfrac{-4k + 3}{1 + k^2}$

图 2

如果可以的话，你可以帮助他解决吗？不可以的话，说明理由.

设 $B(x_1, y_1)$，$C(x_2, y_2)$，直线 $l：y=kx+2$.

因为点 $B$，$C$ 在圆 $M：2x^2+2y^2-6x+1=0$ 上，

所以有 $\begin{cases} 2x_1^2+2y_1^2-6x_1+1=0, \\ 2x_2^2+2y_2^2-6x_2+1=0. \end{cases}$

两式相减得：$2(x_1+x_2)(x_1-x_2)+2(y_1+y_2)(y_1-y_2)-6(x_1-x_2)=0$.

**教师活动**：教师巡视展示学生成果，小组代表汇报讨论结果.

**学生活动**：学生审题，尝试独立解决，和小组内的同学互相交流，看看他人的书写，是否和自己书写的一样，如不一样，讨论之.

**设计意图**：展示小组讨论的结果，锻炼学生的数学表达能力，通过小组之间的展示交流，学生相互补充和完善，加深对问题的理解，让学生进一步明确求解直线和圆相交的中点弦问题方法和步骤.

（四）阶段总结，思维建构

**【问题4】**通过上述 3 名同学解答本题的过程，总结解决直线和圆相交中点弦问题的思路.

**教师活动**：肯定学生的成果，结合学生的发言展示解决这个问题的思维导图，辅助学生加深对讨论结果的认识.

**学生活动**：独立思考，在课堂学案上写下自己的想法. 各小组在组长的带领下进行交流讨论，请本组中数学学习较吃力的同学先发言，其他同学在此基础上进行纠正、补充和完善，达成一致的意见，小组代表发言.

**活动预设**：解决直线 $l$ 与圆 $M$ 相交中点弦问题的思路如图 3 所示.

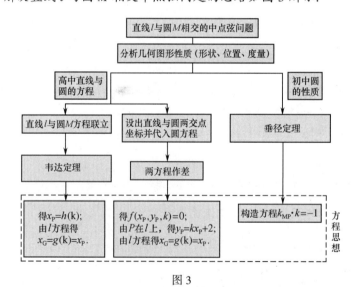

图 3

**设计意图**：让学生归纳出解决问题的一般流程，能够更好地帮助学生理解和掌握此类问题.

（五）问题引领，反思提升

**【问题5】**请你回顾本节课我们的研究内容和学习过程，思考以下问题：

1. 解决直线与圆相交弦中点问题思路是什么?

2. 在与同学合作学习的过程中, 你有哪些体会和收获?

**师生活动**: 对两个问题, 请学生发表自己的想法.

**设计意图**: 回顾本节课的主要内容, 了解学生参与合作学习的体会, 树立学生主动合作交流的学习意识.

(六) 课后作业, 主体落实

**【问题6】** 请你完成以下作业:

1. 完善活动方案上三种解法的整理;

2. 直线与圆专题测试卷.

**设计意图**: 课后巩固.

**六、本教学设计与以往或其他教学设计相比的特点**

1. 以数为据, 课堂教学试题难度适当.

本节课从前测试题数据分析出发, 发现班级平均分为130分, 体现了实验班学生在知识掌握上应有的水平. 班级学生试题分析中, 20题第2问区分度非常大, 有少部分同学得到满分, 极个别同学没有得分, 多数同学得分在2~4分. 以数为据, 寻找到学生学习中的可增长点, 让所有的学生都能参与课堂教学.

2. 教学形式新鲜, 在活动中促进学生主动思考.

第一个活动不是直接让学生解答, 而是给出调研中学生中出现的优秀的书写过程, 让学生观察、思考, 通过思考给定答案运用的数学知识要素反思自己的知识储备, 通过解决他人解题思路障碍这一过程总结解决问题的一般程序. 材料从学生中来, 学生感觉新鲜、亲切, 在思考和讨论的过程中学生也会自然地联想自己的思维障碍点. 通过大家的讨论, 起到展示正规、矫正错误的作用.

3. 合作学习使学生的课堂参与度大大提高.

以往的复习课多数时候是教师一个人在讲或者是和少数学生之间的交流, 讲的题目具有一定难度时, 能跟教师呼应的只有少数程度较好的学生, 讲简单了优等生又"吃不饱". 通过前期测试, 以数据为选题依据, 让所有人在课堂上都有收获. 课堂教学采取合作学习的形式, 以学生自主解答为基础, 再进行小组内的讨论交流, 要求每个学生都参与, 说出自己的想法, 这样程度较好的学生可以帮助出现问题的学生, 小组达成一致的过程就是相互帮助、共同提高的过程. 在全班展示环节更可以锻炼学生的数学表达能力, 增强自信心, 加深对研究内容的理解.

# 第三部分 撰写教科研论文的研究与实践

## 如何撰写符合规范的教研论文

（本文以章建跃博士讲稿为基础整理所得）

### 一、观点

教研论文应该是老师在教学实践的基础上，通过对自己的教学过程进行自我反思而形成的教学研究的成果. 教研论文的特质应该是"实践基础上的理性概括"，实践要成为它的第一特性.

教研论文不是简单的教学体会，需要有一定的教学理论的支撑. 要实现从经验当中提炼规律，从而来提升教学经验的迁移能力，成为能让其他人可以借鉴的经验.

所以，要写出一篇教研论文需要以下几个基础：第一个是自己的实践，这个实践是首要的. 第二个要做一个有心人，实践当中有一些怎样的体会，要有自己的真情实感. 第三个就是要提炼出一些有借鉴意义的东西，需要有一定的教学理论的积累.

### 二、教研论文的基本结构

教研论文的基本结构基本上分为五个部分，第一个是标题，第二个是摘要，第三个是关键词，第四个是正文，第五个是参考文献.

1. 标题

标题作为文章的眉目，要体现写作的意图和文章的主旨. 标题可以有不同的形式，但是要达到一些基本的要求. 比如说：主标题要揭示课题的实质，要成为全文内容的一个高度的概括，而且往往是文章的一个中心的论点. 需要满足以下要求：主题明确，论点鲜明，表达简洁，便于读者把握全文的内容；或者指明文章的内容的范围；还有字数不能太多，等等.

2. 摘要

摘要是论文的要点摘录、观点概括，要让读者不读全文就知文章要义. 所以摘要需要：短、精、全. 摘要一般是由目的、方法、结果和结论四个部分组成.

好的"摘要"应满足的基本要求：

（1）逻辑性，句子连贯，互相呼应；

（2）要慎用长句，句型简单，不分段；

（3）每句话都有实质意义，无空泛、笼统之词；

（4）不含本学科领域的常识内容；

（5）不对论文内容做诠释和评论(尤其是不做自我评价)；

（6）用第三人称，采用"对……进行了研究""进行了……调查"等，不必使用"本文""作者"等作为主语.

3. 关键词

关键词是论文的核心概念，代表了论文讨论的主要内容. 关键词的要求：简单、常用、明确、具体. 关键词数量不能多, 一般在 3 个左右, 有时 1 个关键词也可以.

4. 正文

第一, 是选题, 中小学教师是教育的实践者, 选题主要应该来自自己的教学实践当中发现的问题探讨, 要避免大而空的选题.

第二, 应该有自己的想法, 这很重要. 东拼西凑, 大量摘抄文献的做法是非常忌讳的, 不需要去那样做.

第三, 文章要尽量短一些, 最好不要超过四千字, 一题一议式的文章最好.

第四, 不要编造情景, 但也不能是课堂教学实录, 可以是对教学过程的一个概括描述.

第五, 文字表达要朴实, 生僻字要少用, 更不要生硬编造.

第六, 文章中不能出现错别字.

第七, 逻辑连贯, 前后一致. 这也是我们数学老师应该具有的一个基本功.

第八, 自我欣赏似的表达最好不要有. 供读者参考等不可取.

下面的话列出一些当前特别需要研究的课题:

学科教学内容的理解问题. 例如, 不等式的性质的本质是什么? 如何理解"基本不等式"? 为什么称为"基本"? 数学是如何刻画数学平面里的"平"的? 基本几何图形的位置关系的性质要研究的问题是什么? 为什么解析几何中首选一个点和斜率作为确定直线的要素?

数学教材的理解问题. 例如, 函数概念的归纳过程? 等差数列的定义要以什么为核心? "直线的点斜式方程"中核心要解决什么问题?

对于某一具体内容, 学生的学习难点到底是什么?

针对一些典型的概念, 进行概念教学的研究;

代数中, 如何围绕"运算"这一核心, 引导学生发现和提出问题, 如何使学生学会"有效、有系统地运算"? 如何培养学生良好的运算习惯?

如何发挥几何的教育功能, 培养学生的几何直观和逻辑推理?

如何提出有思考力度的问题, 引导学生展开探究性学习?

什么样的内容和问题需要合作学习? 合作学习与独立思考的关系怎样把握?

5. 参考文献

参考文献, 一般有两种情况: 一种是在研究和论文写作过程中, 对某一著作或论文的整体的参考或借鉴, 这时应该在文后的"参考文献"栏目中列出; 另一种是引用观点, 这时要在引文的相应位置上用脚注方式标注清楚. 这个是一个学术的规范, 也是涉及诚信问题, 是要特别注意的.

### 三、如何修改论文

好文章是改出来的.

教学论文是一个再创造的过程, 不是为写而写. 主要是为了把自己在教学中亲身经历、深切感受和理解的"教学故事", 通过某个问题, 表达某种感悟、见解和某种态度. 因此, 主题、立意是论文的核心和灵魂, 它决定和左右着文章的构思和创作过程.

撰写论文是一个不断提升自己对问题的认识的过程. 教科研的主题无非是学科知识的理解、学生认知规律的把握、不同课型的教学设计与实施、教学反思与评价等, 每一个问题都涉及素材选择、不断深化、不断挖掘的过程.

修改文章的常用手段：

增，增补过渡句使"文气"顺畅，增加有说服力的事例，增加权威观点等；

删，删可有可无的字、词、句、段，力求简练；

调，如调整句子关系和词序，使句子通顺；调整段落结构；

改，对错别字或者病句，予以改正，使文章文通字顺．

最后送给大家几个词：度人度己——教师要有菩萨情怀，教学的过程就是普度众生的过程．第二个就是让教科研成为我们的生活方式，养成一种习惯．然后是学而时习之，思想到了极致就能开悟，我们要做一个有心人．能力的来源是什么？信心，精进，正念，定力，智慧．我们要为人师表，默而识之，学而不厌，诲人不倦！

# 关注基础和思维习惯，合理引导学生思考①

王保东　北京市密云区教师研修学院

## 一、引子

笔者最近听了一节普通校的高三二轮复习课，题目是"立体几何综合五——折叠问题"。在教师例题讲解环节中的提问方式和引导学生解决问题的切入点方面，笔者发现了一些问题，这些问题在当前的教学中具有普遍性。

**例题**　如图1所示，菱形 $ABCD$ 的边长为6，$\angle BAD = 60°$，$AC \cap BD = O$，将菱形 $ABCD$ 沿对角线 $AC$ 折起，得到三棱锥 $B-ACD$，点 $M$ 是棱 $BC$ 的中点，$DM = 3\sqrt{2}$。

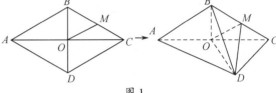

（Ⅰ）求证：$OM /\!/$ 平面 $ABD$；

（Ⅱ）求证：平面 $ABC \perp$ 平面 $MDO$；

（Ⅲ）求三棱锥 $M-ABD$ 的体积。

图1

授课教师先要求学生读题，并完成如下小测题：

1. 在菱形 $ABCD$ 中，$\angle AOB = $ _____，$\angle AOD = $ _____，$BD = $ _____，$AC = $ _____，$OM = $ _____。

2. 在三棱锥 $B-ACD$ 中，$\angle AOB = $ _____，$\angle AOD = $ _____，$OD = $ _____，$OM = $ _____，$\angle DOM = $ _____。

3. 写出线面平行的判定定理、线面垂直的判定定理、面面垂直的判定定理。

4. 写出锥体体积公式、柱体体积公式、求体积的经验。

8分钟后，教师找几个学生核对小测题答案，对出现的问题进行了讲解，然后要求学生自己解答例题第（Ⅰ）问，大部分学生都能顺利解答。接着教师带领大家思考第（Ⅱ）问，教师提示：

折叠问题的关键是关注菱形折成三棱锥后，谁变谁不变。折到什么程度是由 $DM = 3\sqrt{2}$ 决定的。

然后就让学生自己动手做题了，结果10分钟后还有许多学生没有找到解题思路，教师只好自己把求解过程讲解一遍。

对上述教学过程，笔者有如下思考：

1. 安排课前小测，有复习旧知、了解学情，为后续解决问题搭台的作用。但本节课已是二轮复习中立体几何的最后一节课，有关垂直的判定定理和体积公式绝大多数学生都应该没问题了，占用上课时间测试，会冲淡教学重点，完全没有必要。另外，对小测中的度量问题直接核对答案，也没有起到了解学情的目的。

2. 整节课围绕一道综合性很强的例题（模拟题或高考题的形式）组织教学，没有体现出二轮复习"新"在何处，是以教师经验设计问题，没有反映学生的实际状况。第一问大多数学生3分钟就完成了，说明线面平行不需要在课上再复习。舍掉第一问，学生有更充分的时间研究

---

① 该文 2018 年 6 月发表于杂志《数学通报》。

第二问的面面垂直问题.

3. 虽然教师前期做了准备(小测中求∠DOM),但对解决第二问的简单提示对学生没有多少帮助. 教师可以先请学生独立思考一下问题,再让学生描述所见,交流所想(经验和困惑),通过师生互动和追问,弄清折叠的本质:折叠后还在同一平面上的各元素之间的位置关系和度量关系都不变;折到什么程度是由 $DM=3\sqrt{2}$ 决定的,由数"$3\sqrt{2}$"联想到垂直,只能用勾股定理的逆定理等.

由上述教学过程可见,虽然经过长期的教育改革,教师的教育理念和教学方式等都发生了巨大变化,但教师不顾学生的认知基础,提出的问题深一脚浅一脚,一旦超出学生思维水平,学生不能给出回答,教师就自己开讲,并不顾及学生是否能够理解. 教学实践中,违背学生认知规律的情况仍然比较普遍. 如何改变这种状况呢?

章建跃博士提出,"理解数学、理解学生、理解教学是提高教学质量的基本保证",其中理解学生,就是要了解学生的数学认知规律和情感发展规律,使教学更适合学生,因材施教,促进学生数学素养的养成. 具体针对一堂课而言,既要理解当前的数学知识与学生的生活经验和已有数学经验的联系,这是确定教学出发点的依据;又要把握当前知识与学生已有认知结构的"距离"及相互作用(正迁移和负迁移),这是确定教师对学生学习过程干预强度的依据. 在践行"三个理解"的实践中,笔者在"理解学生"上摸索了一种"试水深"的方法,就像一个人要涉水过河,要想顺利过河,必须先知道水有多深,这就要先找一个办法试一试水深. 教学也是如此,要想知道学生现有的认知基础和思维习惯,就得先设计一些问题,让学生答一答,反馈一下才行,下面以一个案例来说明如何"试水深".

## 二、试水深发现问题

案例:含两个绝对值的不等式解法举例.

本节课重点研究 $|x-a|+|x-b|\geq c$ 型不等式的解法.

为了"试水深",笔者先让学生举出一个含一个绝对值的不等式,并给出它的解法. 预设有5种解法,即用绝对值不等式的公式求解;用绝对值的几何意义求解;用平方变形求解;利用函数图象求解;分类讨论去绝对值求解.

学生给出了很多例子,笔者选择 $|x-6|>3$ 让全班学生进行解答. 学生给出了4种解法,其中如下两种解法对"含两个绝对值的不等式"的解决有重要意义:

解法一　利用数轴,数形结合. 许多学生先画出一个数轴,在数轴上标出实数±3对应的点,将 $x-6$ 看成一个整体,如图2所示. 由 $|x-6|>3$,可

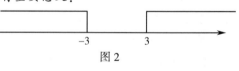

图2

知点"$x-6$"在−3和3的两侧,进而得到 $x-6$ 的范围,化简可确定 $x$ 的范围. 但学生上课的做法与预设还是有出入.

从学生的思维过程看,他们利用换元,把 $|x-6|>3$ 转化成 $|x|>3$,利用 $|x|>a(a>0)$ 的解集求解问题,得到了正确答案,但这种解法对研究"含两个绝对值的不等式"的解作用不大. 通过"试水"发现,学生知道 $|a|$ 的几何意义,却不明白 $|a-b|$ 的几何意义是数轴上点"$a$"和"$b$"之间的距离,这会对本课的后续学习造成障碍. 于是笔者立即调整教学计划,通过问题引导学生对 $|a-b|$ 的几何意义进行再认识:

(1) $|x|$ 的几何意义是什么?

生：点 $x$ 到原点的距离.

（2）原点对应的数是 0，能把这个距离用 $x$ 和 0 的运算再表示一下吗？

生：$0-x$ 或 $x-0$，即 $|x-0|$.

师：因此，$|x|$ 是 $|x-0|$ 的简化，大家不要小看这个表示，它在认识绝对值的几何意义中有重要作用.

（3）$|a-b|$ 的几何意义是什么？由此，你能给出 $|x-6|>3$ 的新解法吗？

在学生自主研究的过程中，提醒学生注意，研究不等的问题，经常从相等开始，可以先在数轴上找到方程 $|x-6|=3$ 的根 3 和 9，3 和 9 把数轴分成

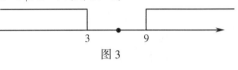

图 3

5 部分，将 $x$ 分别"发放"到 5 个部分，进行检验，如图 3 所示，易得 $x>9$ 或 $x<3$.

解法二　按学生的说法叫"分情况讨论"．笔者用实物投影仪展示了 A 同学的做法：因为 $|x-6|>3$，所以 $x-6>3$　or　$-x+6>3$，得 $x>9$　or　$x<3$.

看到学生的书写过程，笔者意识到学生对如何分类讨论和如何表示讨论过程存在一定问题，这是必须先解决的．于是，笔者先请 A 同学说说自己的想法.

生 A：当 $x-6>0$ 时，$|x-6|=x-6>3$；当 $x-6<0$ 时，$|x-6|=6-x>3$. 再化简就行了.

追问：大家认为 A 同学这样书写对吗？小组讨论一下．认为做对的同学，请思考书写过程中的每一步说理是否充分？认为做得不对的同学，你认为该如何改进？

通过合作交流、质疑思辨，同学们逐步认识到，分类讨论的前提是先对 $x$ 做了一个限制，然后在此限制下求得 $x$ 的一个新限制，满足这两个限制条件的 $x$ 才是合题意的范围，因此应该对它们取交集．而类与类之间的集合应该取并集，在书写上可以借助"｛"（如 $\begin{cases} x-6 \geq 0, \\ x-6>3. \end{cases}$ 或

$\begin{cases} x-6<0, \\ x-6<-3. \end{cases}$ 的形式），既保证书写简洁，又透出较强的逻辑性.

之后，笔者继续追问：

B 同学的书写过程是"因为 $|x-6|>3$，所以 $x-6>3$　or　$x-6<-3$，所以 $x>9$　or　$x<3$"．你认为对吗？你能看出 A、B 两位同学书写的区别吗？

这个追问的目的是让学生明白两种方法的结果一样，但体现的思维过程不同．B 同学的书写显然是运用了公式 $|x|>a(a>0)\Leftrightarrow x>a$ 或 $x<-a$.

最后，笔者组织学生反思：

本题为什么要分类讨论？如何分类？

通过反思，学生知道了分类讨论是为了去绝对值，因此使含绝对值项为零的 $x$ 就是分类的"界".

上述过程实际上是学生对绝对值不等式的"再认识"过程．这里的关键是让学生把 $|x|$ 的几何意义说出来：点 $x$ 到原点的距离，即 $|x-0|$，$|x|$ 是 $|x-0|$ 的简化，在此基础上，就能比较好地过渡到 $|x-3|$ 的几何意义；接着，要求学生把 $|x-3|>6$ 的几何意义说出来，借助几何意义，理解相应的解集．这些问题解决好了以后，再进行拓展，同时强调把新问题转化为旧问题，就为解决本课的主要问题做好了铺垫.

然而，学生真的能按照老师设计的路子走吗？

### 三、解含两个绝对值的不等式的教学过程

通过"试水深"，发现问题并进行补救后，笔者提出了新任务：

解不等式 $|x-1|+|x+2|\geq 5$.

并提示学生，含一个绝对值的不等式的各种解法还能用吗？使用时应该注意什么问题呢？

笔者发现，许多学生并不按笔者的预设走，他们的做法是：

因为 $|x-1|+|x+2|\geq 5$，

所以 $|x-1+x+2|\geq 5$.

所以 $|2x+1|\geq 5$.

所以 $2x+1\geq 5$ 或 $2x+1\leq -5$.

所以 $x\geq 2$ 或 $x\leq -3$.

显然，"因为"后面的第一个"所以"就错了. 为调整众多学生的解题方向，笔者利用实物投影展示了学生的解答，并让大家思考其中是否存在问题.

很快，有学生发现了问题. 笔者乘势让给出上述解答的一位学生说一下如此解答的理由. 他说："我把 $x-1$ 看成 $x$，把 $x+2$ 看成 $y$，不等式 $|x-1|+|x+2|\geq 5$ 就相当于 $|x|+|y|\geq 5$. 如果能把左端的两个绝对值转化成一个绝对值，就转化成已经解决的问题了. 这就想到了利用刚学过不久的绝对值三角不等式 $|x|+|y|\geq |x+y|$ 进行转化，得到 $|x+y|\geq 5$，也就是 $|x-1+x+2|\geq 5$".

对此，笔者让学生分组讨论. 经过讨论，许多学生发现了错误的根源：$|x+y|$ 和 5 都比 $|x|+|y|$ 小，所以 $|x+y|$ 和 5 是不能比较大小的.

追问：在什么情况下这一步的推理是正确的呢？

学生：当绝对值不等式的等号成立时，不等式的求解过程就成了等价转化，所以这一步的推理是可以的，但是对任意的实数 $x$，$y$，显然绝对值不等式 $|x|+|y|\geq |x+y|$ 不恒取等号，因此这个解法行不通.

再追问：如果我们把不等式的符号语言翻译成文字语言，就是"求数轴上到 1 和 -2 对应的点的距离的和大于或者等于 5 的点 $x$ 的取值集合"，这对你解决这个问题有什么启示？

在此提示下，学生顺利完成了借助几何意义求解的方法. 基于前期准备和方法的类比，学生也顺利完成了"画图法"和"分类讨论法"求解.

### 四、教学反思与教学再设计

看似比较完美，但课后反思，笔者发现其中存在许多遗憾.

（一）为什么经过复习、引导，学生还是想不到用绝对值的几何意义？

通过查看教材，笔者明白了，学生刚学完绝对值三角不等式，造成学习"惯性"，自然会优先想到用绝对值三角不等式(这是出现了负迁移)，同时也说明学生前期学习时对绝对值三角不等式的运用条件和作用理解不够准确，笔者没有把握这一学情.

（二）为什么不严谨的方法可以得出准确答案？

可以发现，学生利用绝对值三角不等式求解的方法虽然不严谨，但运算结果却和正确答案一致，这是为什么？是必然的，还是巧合？在什么时候，这样解出的结果是对的，什么时候，又是错误的呢？如果在课上能关注到这一点，让学生继续研究就更有价值了. 让学生解决自己的困惑，组织学生开展问题解决的辨析过程是学生亲身参与的学习体验过程，更有利

于学生积累学习经验.

（三）教学再设计

1. 从"数"的角度解释问题，应从绝对值三角不等式等号成立的条件入手.

（1）当 $(x-1)(x+2)\geq0$ 即 $x\geq1$ 或 $x\leq-2$ 时，

$|x-1|+|x+2|=|(x-1)+(x+2)|=|2x+1|$.

这时，$|x-1|+|x+2|\geq5$，即为 $|2x+1|\geq5$，即 $2x+1\geq5$ 或 $2x+1\leq-5$.

解得 $x\geq2$ 或 $x\leq-3$.

与 $x\geq1$ 或 $x\leq-2$ 结合，得 $x\geq2$ 或 $x\leq-3$.

（2）当 $(x-1)(x+2)<0$，即 $-2<x<1$ 时，

$|x-1|+|x+2|=|(x-1)-(x+2)|=3$.

所以 $|x-1|+|x+2|\geq5$ 无解.

综合（1）（2）可知，原不等式的解集为 $\{x\mid x\geq2$ 或 $x\leq-3\}$.

2. 从"形"的角度是否能解释这种现象呢？

根据绝对值不等式的几何意义，$|x-1|+|x+2|\geq5$ 的解的集合就是数轴上到点 $-2$ 和 $1$ 的距离之和不小于 $5$ 的点的集合.

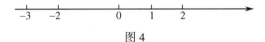

图 4

观察图 4，容易发现，当 $-3<x<2$ 时，$|x-1|+|x+2|<5$；当 $x=-3$ 或 $2$ 时，$|x-1|+|x+2|=5$；当 $x<-3$ 或 $x>2$ 时，$|x-1|+|x+2|>5$. 所以不等式的解集是 $\{x\mid x\geq2$ 或 $x\leq-3\}$.

进一步观察还可以发现，区间 $[-3,2]$ 的长度为 $5$，区间 $[-2,1]$ 的长度为 $3$，它们的中点都是 $-\dfrac{1}{2}$. 根据对称性，$|x-1|+|x+2|\geq5$ 的解集与 $|2x+1|\geq5$ 的解集等价，并且只要 $c>$ $|(x-1)-(x+2)|=3$，不等式 $|x-1|+|x+2|\geq c$ 就与不等式 $|(x-1)+(x+2)|\geq c$ 等价.

若将原不等式中的"5"换成比"3"小的数，如"2"，则不等式 $|x-1|+|x+2|\geq2$ 又如何解决呢？注意到任意 $x\in[-2,1]$，都有 $|x-1|+|x+2|=3>2$，而当 $x<-2$ 或 $x>1$ 时，$|x-1|+|x+2|>3$，所以 $|x-1|+|x+2|\geq2$ 的解集为 **R**.

推广到一般，就可以得到不等式 $|x-a|+|x-b|\geq c(c>0)$ 的新求法.

（1）当 $|(x-a)-(x-b)|=|a-b|\geq c(c>0)$ 时，

不等式 $|x-a|+|x-b|\geq c(c>0)$ 解集为实数集；

（2）当 $|(x-a)-(x-b)|=|a-b|<c(c>0)$ 时，

不等式 $|x-a|+|x-b|\geq c(c>0)$ 等价于 $|(x-a)+(x-b)|\geq c$，解集为 $\{x\mid x\geq\dfrac{a+b+c}{2}$ 或 $x\leq$

$\dfrac{a+b-c}{2}\}$.

同理，对于不等式 $|x-a|+|x-b|\leq c(c>0)$，

（1）当 $|(x-a)-(x-b)|=|a-b|>c(c>0)$ 时，原不等式解集为空集；

（2）当 $|(x-a)+(x-b)|=|a-b|\leq c(c>0)$ 时，原不等式等价于 $|(x-a)+(x-b)|\geq c$，解集

为 $\left\{ x \mid \dfrac{a+b-c}{2} \leqslant x \leqslant \dfrac{a+b+c}{2} \right\}$.

果真如此设计,学生经历不甘心被否定(解法不对,结果对)、追查原因(关注不等式的等价变形和不等价变形的条件)、解释巧合的过程,体会偶然中的必然,并从数形两个角度对非等价转化重新分析,完善解题方案,再从特殊推广到一般,可以积累重要的思辨经验;同时,这样的教学还注意到如何利用不等式、绝对值不等式的基础知识解决问题的能力的培养,这里就是利用好 $|x-a|>b$ 或 $|x-a|<b$ 的几何意义,这对发展学生的"四基""四能",从而落实数学学科核心素养是非常有好处的.

### 五、结束语

作为教师,我们应清醒地认识到,学生思考水平的提高,既是向他人学习的结果,更是自身感悟的结果,思考能力的高低取决于学生学习经验的不断积累.当然,这个经验来自课本、生活实践及学生自己的解题实践.而善于运用原有的各种经验,认识和把握问题的本质,建立事物间的内在联系并解决问题,就是"会用数学的眼光看世界,会用数学的思维思考世界,会用数学的语言表达世界"的具体表现.

**参考文献:**

[1] 章建跃. 教育随想录:下卷. 杭州:浙江教育出版社,2017.6.

[2] 胡素芬. 小议启发学生思维的不同切入点. 中学数学教学参考,2017(3):37.

# "诱导公式"单元—课时教学设计与点评①

教学设计：张　波　首都师范大学附属密云中学
　　　　　　苑智莉　北京市密云区第二中学
　　点评：王保东　北京市密云区教师研修学院

**摘　要**：以"诱导公式"为例，研究基于核心素养的中学数学教学策略与方法. 在单元教学设计的基础上给出课时教学设计，以充分体现数学的整体性、逻辑的连贯性、思想的一致性、方法的普适性、思维的系统性，切实防止碎片化教学，通过有效的"四基""四能"教学，使数学学科核心素养真正落实于数学课堂.

**关键词**：单元—课时教学；数学核心素养；诱导公式

## 一、内容和内容解析

### 1. 内容

本单元的教学内容是诱导公式二至诱导公式六及其证明，运用诱导公式进行简单三角函数式的证明、化简和求值.

本单元内容分为两个课时，第一课时是诱导公式二至公式四，第二课时是诱导公式五和公式六.

### 2. 内容解析

内容的本质：三角函数是刻画现实世界中周期变化的函数模型；诱导公式是三角函数的基本性质，函数的性质是描述当自变量取值具有某些特殊关系时，对应的函数值有哪些关系. 另外诱导公式也是圆的对称性的"代数化"，我们可以在直角坐标系中借助单位圆的对称性来研究它，即以三角函数的自变量也就是角为出发点，根据圆的对称性得到角的终边的对称性，进而确定角与角之间的关系，再根据坐标间的关系得到三角函数的关系.

点评：内容本质应围绕对概念内涵的阐述，其中"诱导公式是三角函数的基本性质，是圆的对称性的'代数化'"都是对诱导公式本质的刻画；但"三角函数是刻画现实世界中周期变化的函数模型"与诱导公式不是直接关联，可以去掉；"在直角坐标系中借助单位圆的对称性来研究它，即以三角函数的自变量也就是角为出发点，根据圆的对称性得到角的终边的对称性，进而确定角与角之间的关系，再根据坐标间的关系得到三角函数的关系"是对诱导公式研究路径的阐述，也可以去掉.

建议内容本质修改为：

诱导公式是单位圆的特殊对称性（关于原点、坐标轴和直线 $y=x$ 对称、旋转 $\dfrac{\pi}{2}$ 的对称性）的代数化，是单位圆上具有特殊对称性的点之间的关系在相应的角之间的关系，以及三角函数取值之间关系的直接反映，是三角函数自变量取值有某些特殊关系时，对应三角函数的取

---

①　该文 2020 年 8 月发表于杂志《中国数学教育》.

值规律, 是三角函数的基本性质.

蕴含的思想方法: 以直角坐标系为基准, 从三角函数的定义出发, 借助单位圆的特殊对称性, 研究三角函数的基本性质就是探究在自变量(圆心角)取值有某些特殊关系时, 函数值有哪些特殊关系. 重点是"关系"的转化. 研究的路径是: 圆的对称性—角与角的关系—坐标间的关系—三角函数的关系. 因此, 用数形结合的思想, 从单位圆上的点关于原点、坐标轴、直线 $y=x$ 等的对称性出发探究诱导公式, 是一个自然的思路, 也是学习诱导公式的主线.

知识的上下位关系: 任意角、弧度制、三角函数的概念, 单位圆的对称性, 以及函数的性质是学习诱导公式的基础; 诱导公式是圆的特殊对称性, 三角恒等变换是圆的更一般的对称性. 这种特殊与一般的关系, 蕴含着诱导公式与三角恒等变换之间的特殊与一般的关系.

育人价值: 因为点 $P(\cos x, \sin x)$ 的变化是在单位圆上旋转, 所以余弦函数、正弦函数的性质一定与圆的性质有关. 因此, 与圆的几何性质建立联系, 为发现三角函数的性质提供思路, 是研究三角函数的重要思想方法. 另外, 充分发挥单位圆的作用, 借助单位圆的性质研究三角函数, 有利于提高学生的直观想象能力. 在强调函数的变换与坐标系的变换及其关系, 对称性与不变性的过程中渗透现代数学思想, 这样处理, 体现了三角函数性质的整体性, 可以更充分地发挥三角函数在培养学生的直观想象、数学抽象、逻辑推理、数学运算和数学建模等核心素养方面的作用.

教学重点: 利用圆的对称性探究诱导公式, 运用诱导公式进行简单三角函数式的求值、化简与恒等式的证明.

点评: 教学设计中, 内容解析是首要任务, 这是促使教师理解数学内容的一个举措, 是非常重要的. 从笔者在教研过程中的观察所见, 教学中出现的问题, 主要来自教师对内容理解不到位. 本教学设计采用章建跃博士提出的"单元—课时"教学设计模板, 其中对内容解析提出了四个方面的要求, 即内容的本质、蕴含的思想方法、知识的上下位关系、育人价值, 这是一个全面的内容解析结构, 对一线教师分析教学内容有很好的引导性. 教师给出的上述解析表明, 设计者能够理解三角函数性质的整体性, 体会研究方法的一致性, 这对课堂中落实数学学科核心素养是非常重要的.

**二、目标和目标解析**

1. 单元目标

(1)经历由单位圆关于原点、坐标轴和直线 $y=x$ 的对称性及三角函数的定义研究三角函数对称性的过程, 推导 $\pi+\alpha$, $-\alpha$, $\pi-\alpha$, $\frac{\pi}{2}+\alpha$, $\frac{\pi}{2}-\alpha$ 的诱导公式, 发展学生的直观想象、逻辑推理数学核心素养.

(2)通过分析诱导公式两组角之间的联系, 体会诱导公式能将任意角三角函数值转化为锐角三角函数值的作用, 会运用诱导公式一至公式六进行三角函数式的求值、化简和证明.

(3)在运用诱导公式解决三角函数式的化简、求值和证明的实际问题中, 提升学生的数学运算素养.

2. 目标解析

达成上述目标的标志是:

(1) 能利用圆的对称性推导出诱导公式二.

（2）以诱导公式二为基础，可以类比推导出其他四个公式.

（3）会应用上述公式解决简单的化简、求值和证明问题.

**点评**：要正确区分单元教学目标和课时教学目标. 单元教学目标一般就是课程标准中规定的单元内容要求，而课时教学目标则是单元教学目标的细致分解. 教学目标解析就是将课程标准内容要求中的"了解""理解""掌握""经历""体验""探究"等具体转化为行为表现. 因此建议将教学目标及其解析修改为：

1. 单元目标

（1）理解诱导公式二至公式四，借助单位圆的对称性，利用定义推导出 $\pi+\alpha$，$-\alpha$，$\pi-\alpha$ 的诱导公式.

（2）理解诱导公式五和公式六，借助单位圆的对称性，利用定义推导出 $\frac{\pi}{2}+\alpha$，$\frac{\pi}{2}-\alpha$ 的诱导公式.

（3）能综合运用诱导公式将任意给定的三角函数值转化为锐角三角函数值，能运用诱导公式解决三角函数式的化简、求值和证明.

2. 目标解析

（1）能利用定义及单位圆上关于原点、$x$ 轴和 $y$ 轴对称的点的横、纵坐标之间的关系，发现并提出诱导公式二至公式四，并能用于三角恒等变换.

（2）能利用定义及单位圆上关于直线 $y=x$ 和旋转 $\frac{\pi}{2}$ 的对称点的横、纵坐标之间的关系，发现并提出诱导公式五至公式六，并能用于三角恒等变换.

（3）能归纳出运用诱导公式解题的基本步骤：先确定角的象限，再选择恰当的诱导公式，并按照一定的程序进行运算，求得运算结果.

### 三、教学问题诊断分析

1. 问题诊断

（1）学生对于圆的对称性有一定的认知基础，也已经学习了三角函数的定义，但要将二者建立关系，发现它们之间的联系还有一定的困难.

（2）研究三角函数性质时所使用的数形结合，与前面已有的通过观察函数图象而得出性质，有较大的不同，这种研究方法是学生所不熟悉的.

2. 教学难点

发现圆的对称性与三角函数值之间的关系，建立两者的联系.

### 四、教学支持条件分析

1. 在授课过程中，利用师生交互平台及时交流学习经验，适时进行评价分析，有助于对学习活动各个环节的组织评价.

2. 在将单位圆的特殊对称性反映在角之间的关系式时，借助几何画板的动态效果，转动角 $\alpha$ 的终边带动角 $\beta$ 的终边进行旋转，观察变化之中的不变性，有利于把握角之间关系的本质.

### 五、课时教学设计

# 第1课时　5.3 诱导公式（一）

（一）课时教学内容

诱导公式二至公式四及其证明，运用诱导公式进行简单三角函数式的证明、化简和求值.

**（二）课时教学目标**

1. 经历由单位圆关于原点和坐标轴的对称性及三角函数的定义研究三角函数对称性的过程，推导出 $\pi+\alpha$，$-\alpha$，$\pi-\alpha$ 的诱导公式，发展学生的直观想象、逻辑推理数学核心素养.

2. 通过分析诱导公式二、公式三、公式四两组角之间的关系，体会诱导公式能将任意角三角函数值转化为锐角三角函数值的作用，会运用诱导公式一至公式四进行简单三角函数式的化简求值，发展学生的数学运算核心素养.

3. 通过对诱导公式二研究思路的梳理，能自主探究公式三和公式四，提高学生归纳总结和类比学习的能力.

**（三）教学重点与难点**

**1. 教学重点**

利用圆的对称性探究诱导公式，运用公式一至公式四进行简单三角函数式的化简求值.

**2. 教学难点**

发现单位圆关于原点和坐标轴的对称性与三角函数之间的关系.

**（四）教学过程设计**

**课前检测：**

1. 点 $A(1, 2)$ 关于坐标原点的对称点 $A_1$ 的坐标为 _____.

2. 若点 $M$ 与点 $N$ 关于原点对称，则它们坐标之间有什么关系？你能用符号语言表述吗？

3. 若点 $M$ 与点 $N$ 关于 $x$ 轴对称，则它们坐标之间有什么关系？你能用符号语言表述吗？

4. 若点 $M$ 与点 $N$ 关于 $y$ 轴对称，则它们坐标之间有什么关系？你能用符号语言表述吗？

**师生活动：**

1. 教师分析前测情况.

2. 学生修正前测中的问题.

**设计意图：** 考查学生关于原点和坐标轴的对称点的坐标之间关系的掌握情况，为得到诱导公式做好知识上的准备.

**点评：** 课前检测的目的既是为了解学情，也是为新授课做些知识和方法上的铺垫. 在课堂教学中，课前检测的内容是与本节课的学习密切相关的初中知识，根据生源情况做检测是有必要的. 但是，诱导公式二的研究是在同角三角函数关系式和诱导公式一的基础上，所以检测研究诱导公式一的研究背景和研究路径，有利于学生类比提出问题和解决问题.

**引入：** 我们知道，任意角的三角函数的定义是以单位圆为背景的，而单位圆有着丰富的几何性质，前面我们利用它的几何性质，得到了同角三角函数之间的基本关系. 事实上，圆的最重要性质就是对称性，对称性也是函数的重要性质，比如说奇偶性. 由此想到，是否可以利用圆的对称性来研究三角函数的对称性呢？这就是我们要研究的任务.

**板书研究任务：** 利用单位圆的对称性（图）→三角函数的对称性（数）.

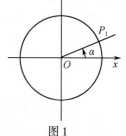

图1

**【问题1】** 为了更好地开展研究，你觉得我们需要先做哪些准备工作呢？

**师生活动：**

1. 启发：借助三角函数的定义研究，需要作图. 如图1所示，在直角坐标系中画一个单位圆，以 $x$ 轴非负半轴为始边，作一个任意角 $\alpha$，角 $\alpha$ 的终边与单位圆交于点 $P_1$，由三角函数的定义知道，角 $\alpha$ 的三角函数值由点 $P_1$ 唯一确定.

2. 追问：在直角坐标系中，你认为应该先研究圆的哪些对称性？

预设：关于坐标轴和原点对称.

3. 追问：三角函数的对称性是三角函数的基本性质，你还记得函数性质指的是什么吗？你能由此猜测如何研究三角函数的性质吗？

预设：因为函数的性质是研究自变量取值有特殊关系时，函数值有怎样的特殊关系，而三角函数的自变量在图中对应的是角，所以我们首先要关注对称的两个点各自所在终边对应的角之间的关系，再研究相应的三角函数值(即对称点的坐标)之间的关系.

点评：借助前期学习经验，由三角函数的定义出发，与圆的几何性质建立联系，为发现三角函数的性质提供研究背景；启发学生从特殊化入手，与函数的性质建立联系，为研究三角函数的性质提供研究方向. 这样的问题设计有利于落实"四能".

【问题2】你能利用单位圆关于原点的对称性来研究三角函数的对称性吗？

师生活动：

1. 提问：以关于原点对称为例，还应该作出点 $P_1$ 关于原点的对称点 $P_2$，你会在图1中作出点 $P_2$ 吗？

预设：将 $OP_1$ 反向延长，交单位圆于点 $P_2$，如图2所示.

2. 追问：在图2中，以 $OP_2$ 为终边的角 $\beta$ 与角 $\alpha$ 有什么关系. 角 $\beta$，$\alpha$ 的三角函数值之间有什么关系？

3. 引导：你能用 $\alpha$ 表示一个以 $OP_2$ 为终边的角吗？

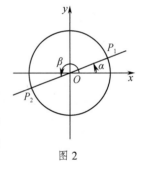

图2

预设：学生若答不出 $\pi+\alpha$，则教师启发学生从角的加法运算方面思考；学生若答出 $\pi+\alpha$，则教师请学生说明依据，并追问角 $\beta$ 与 $\pi+\alpha$ 有什么关系. 同时教师可以借助几何画板的动态功能绕原点旋转角 $\alpha$ 的终边至角 $\beta$ 的终边，结合旋转的圈数和方向的不同，明确角 $\beta$ 与角 $\pi+\alpha$ 之间的关系.

4. 讲解：以 $OP_2$ 为终边的角 $\beta$ 都是与角 $\pi+\alpha$ 终边相同的角，根据诱导公式一只要探究角 $\pi+\alpha$ 与 $\alpha$ 的三角函数值之间的关系.

找到角的关系就找到了自变量取值的关系，那么它们对应的三角函数值又有怎样的关系呢？由于三角函数值是由角的终边和单位圆的交点唯一确定的，所以我们再来关注一下对称点 $P_1$ 和 $P_2$ 坐标之间的关系.

5. 提问：设点 $P_1(x_1, y_1)$，$P_2(x_2, y_2)$，根据点 $P_2$ 是点 $P_1$ 关于原点的对称点，你能得到什么结论？

6. 追问：你能根据三角函数的定义，找到 $\pi+\alpha$ 与 $\alpha$ 的三角函数值之间的关系吗？

7. 板书：公式二　$\sin(\pi+\alpha) = -\sin\alpha$，$\cos(\pi+\alpha) = -\cos\alpha$，$\tan(\pi+\alpha) = \tan\alpha$.

8. 追问：我们观察这组公式，看一看自变量取值有什么特殊关系？对应的正弦函数值、余弦函数值及正切函数值分别有什么关系？

预设：差为 $\pi$ 的两个角对应的正弦值互为相反数，余弦值互为相反数，正切值不变.

9. 追问：回顾公式二的研究过程，你能梳理一下研究公式二的思路吗？

学生总结(教师补充):根据单位圆的对称性得到角的终边对称,根据角的终边对称确定角与角之间的关系,再通过对称点坐标之间的关系和三角函数的定义等量代换得到三角函数值之间的关系.

10. 板书:

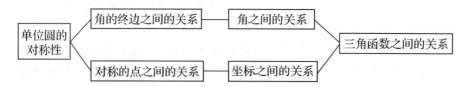

11. 布置课堂目标检测第(1)题,即将下列三角函数转化为锐角三角函数,并填在横线上:①$\cos\dfrac{13\pi}{9}=$＿＿＿＿＿;②$\sin(1+\pi)=$＿＿＿＿＿.

12. 追问:你是如何解决上述问题的?你能说出公式二的作用吗?

预设:作用是可以将第三象限的三角函数值转化为第一象限的三角函数值.

设计意图:

学生在教学情境中,由三角函数的定义出发,利用单位圆关于原点的对称性推导出诱导公式二;总结出研究诱导公式二的路径,发展直观想象的数学素养,为学生自主探究诱导公式三、四奠定基础.

点评:诱导公式二的研究背景、研究路径,以及对研究结果的分析与后面诱导公式的研究方法是一脉相承的.如果学生学会了诱导公式二的研究策略,自然就会自主研究后面的诱导公式,这对培养学生用数学的思维方式研究问题、发展学生的理性思维是有益处的.在实际教学过程中,教师根据所教学生的特点,采用启发式教学,从三角函数定义出发,得到任意角 $\alpha$ 的终边与单位圆的交点 $P_1$,根据对称性得到 $P_1$ 的对称点 $P_2$,由几何画板演示角 $\alpha$ 的终边旋转至与角 $\beta$ 的终边重合,找到了角与角之间的关系(自变量之间的关系),又通过对称点坐标之间的关系,得到诱导公式二.这样的设计是在教师的启发下,学生亲自参与研究背景的创设,体验由"形"到"数"研究过程中"关系"的有序转化,有利于学生掌握研究的思想和方法.当然,针对基础好的学生群体,也可以直接请学生自主探究,再合作交流,完善研究成果.由于学生自主探究,有可能得到"意外"的研究成果,比如 $-\pi+\alpha$ 与 $\alpha$ 的同名三角函数之间的关系式.这时,教师要组织学生讨论"意外"的研究成果与诱导公式二本质上的一致性.课堂教学实践说明,教师设计的目标检测题可以帮助学生体会诱导公式二在解决三角函数式问题中的作用.

【问题3】你能类比诱导公式二的研究方法,利用单位圆关于坐标轴的对称性来研究三角函数的其他对称性吗?

师生活动:

1. 学生自主探究,小组讨论,教师巡视调研小组讨论情况,适时、适度参与其中,寻找典型问题,进行展示,并组织学生辨析.

预设:学生可能不会找终边关于 $y$ 轴对称时相应的角之间的关系,或对获得结论的解释不正确,教师应从任意角的概念和运算的角度引导学生思考.

2. 板书诱导公式三和公式四:

公式三　$\sin(-\alpha)=-\sin\alpha$，$\cos(-\alpha)=\cos\alpha$，$\tan(-\alpha)=-\tan\alpha$.

公式四　$\sin(\pi-\alpha)=\sin\alpha$，$\cos(\pi-\alpha)=-\cos\alpha$，$\tan(\pi-\alpha)=-\tan\alpha$.

3. 追问：这两组公式中自变量取值有什么特殊关系？对应的正弦函数值、余弦函数值及正切函数值分别有什么关系？

预设：公式三的文字语言表示是互为相反数的两个角对应的余弦值相等，正弦值互为相反数，正切值也互为相反数. 公式四的文字语言表示是互补的两个角对应的正弦值相等，余弦值互为相反数，正切值也互为相反数.

4. 布置课堂目标检测第(2)题，即将下列三角函数转化为锐角三角函数，并填在横线上：

①$\sin(-\dfrac{\pi}{5})=$ _____；②$\tan(-70°6')=$ _____；③$\cos\dfrac{6\pi}{7}=$ _____.

5. 追问：你是如何解决上述问题的？你能通过练习，说出公式三和公式四的作用吗？

6. 预设：可将第四象限角的三角函数值转化到第一象限角的三角函数值，可将第二象限角的三角函数值转化到第一象限角的三角函数值.

**设计意图：**

学生类比得出诱导公式二的研究方法，利用圆关于 $x$ 轴和 $y$ 轴的对称性，得到诱导公式三和公式四，体会研究路径和方法的一致性.

**点评：**将利用单位圆关于 $x$ 轴和 $y$ 轴的对称性研究三角函数的对称性一起布置给学生，既突出了研究各个诱导公式的整体架构，又是对诱导公式二学习效果的一次检验. 教师利用自主探究、组内交流、典型问题展示、师生和生生互动、质疑思辨等多种活动方式，充分体现以学生为主体和以教师为主导. 学生思维活跃，有利于弄清问题的本源和结果创新. 如当研究单位圆关于 $y$ 轴对称时，教师追问学生是怎么得到如图3所示以 $OP_4$ 为终边的一个角 $\beta=\pi-\alpha$ 时，学生回答的理由是因为 $\angle AOP_4=\alpha$，其实这种解释是一种典型的错误，它与角 $\alpha$ 的任

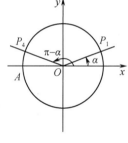

图 3

意性不符，出现问题的原因是学生没有正确区分初中与高中角的定义的差异. 事实上，初中的角是由两条射线"夹"出来的，高中的角是由一条射线"转"出来的. 找角之间的相等关系，需要用到任意角的运算概念，本质上就是绕着原点旋转角终边的过程. 因此以 $OP_4$ 为终边的角 $\beta$ 可以看成是先由 $x$ 轴的非负半轴绕着原点"反向"旋转，旋转量与 $\alpha$ 相同，再旋转 $\pi$ 弧度得到的，所以 $\beta=\pi-\alpha$. 从这个旋转的过程看终边与单位圆交点的相应变化，可以发现，变化的过程相当于先将点 $P_1$ 关于 $x$ 轴对称得到点 $P_1'$，再将点 $P_1'$ 关于原点对称得到点 $P_4$. 基于公式三和公式二的研究经验，相应的角依次可以为 $\alpha$，$-\alpha$，$-\alpha+\pi$，所以 $\beta=\pi-\alpha$. 这也说明关于 $y$ 轴对称的问题可以看成是经过两次特殊对称(先关于 $x$ 轴对称，再关于原点对称)得到的，有利于公式六研究背景的自然提出.

**例1**　利用公式求下列三角函数值：

(1) $\cos 225°$；　　　(2) $\sin\dfrac{8\pi}{3}$；　　　(3) $\sin(-\dfrac{16\pi}{3})$；　　　(4) $\tan(-2040°)$.

**师生活动：**

1. 学生自主思考，分析运算对象，选择运算公式，求得运算结果.

2. 学生分组讨论，互助交流求解方法.

3. 教师巡视观察，寻找典型解法，展示交流选择诱导公式的方法.

4. 提问：通过上面的例题，你对诱导公式一至公式四的作用有什么进一步的认识？你能归纳一下把任意角的三角函数转化为锐角三角函数的步骤吗？

5. 板书：

$$\boxed{\begin{array}{c}\text{任意负角的}\\\text{三角函数}\end{array}}\xrightarrow{\substack{\text{用公式}\\\text{三或一}}}\boxed{\begin{array}{c}\text{任意正角的}\\\text{三角函数}\end{array}}\xrightarrow{\substack{\text{用公}\\\text{式一}}}\boxed{\begin{array}{c}0\sim2\pi\text{的角的}\\\text{三角函数}\end{array}}\xrightarrow{\substack{\text{用公式}\\\text{二或四}}}\boxed{\begin{array}{c}\text{锐角的三}\\\text{角函数}\end{array}}$$

基本步骤：明确角所在的象限，选择恰当的诱导公式，按照程序进行运算，求得运算结果.

6. 学生完成课堂目标检测第(3)题，化简 $\dfrac{\cos(180°+\alpha)\sin(\alpha+360°)}{\tan(-\alpha-180°)\cos(-180°+\alpha)}$.

**设计意图：**

学生进一步明确公式一至公式四的作用，归纳出运用诱导公式解题的基本步骤，提高学生自觉地、理性地选择公式进行运算的能力.

**点评：**教师给学生自主选择公式求解问题的时间和空间，让学生体会到选用公式的顺序不同会带来解题方法的不同. 在组织学生交流，指导学生反思的过程中，进一步体会四个诱导公式各自的作用，归纳提炼解题步骤，有利于学生形成技能，发展数学运算的素养.

**【问题4】** 回忆本节课的学习内容，回答下面的问题：

1. 这节课你学会了哪些知识？能解决什么问题？运用这些知识解决问题的基本步骤是什么？

2. 你是怎么得到这些知识的？

3. 这节课的学习过程中我们运用了哪些思想方法？

**师生活动：**

1. 教师用 PPT 展示上述问题.

2. 针对学生回答的情况，教师寻找学生适当补充，组织学生完善问题答案.

**设计意图：**

引导学生回顾和小结学习内容，提升对诱导公式的整体认识. 通过梳理，学生对探究的过程、思路、方法有一个清晰的认识，为下一步研究公式五与公式六奠定基础.

**点评：**课堂小结的设计体现回忆核心知识内容、总结学习经验和提炼思想方法，不仅有利于学生核心知识的落实，更有利于学生理性思维的培养.

**【作业】**

1. 利用公式求下列三角函数值：

(1) $\cos(-420°)$；　　　　　(2) $\sin(-\dfrac{7\pi}{6})$；　　　　　(3) $\tan(-1140°)$；

(4) $\sin(-\dfrac{7\pi}{6})$；　　　　　(5) $\tan 315°$；　　　　　(6) $\sin(-\dfrac{11\pi}{4})$.

**设计意图：**这是水平二的问题，检测学生恰当选择诱导公式一至公式四进行三角函数求值的达成情况，发展学生数学运算的核心素养.

2. 化简：

（1）$\sin(-\alpha-180°)\cos(-\alpha)\sin(-\alpha+180°)$；

（2）$\cos^2(-\alpha)\sin(2\pi+\alpha)\tan^3(-\alpha-\pi)$.

**设计意图**：这是水平二的问题，检测学生恰当选择诱导公式一至公式四和同角三角函数关系式进行三角函数式化简的达成情况，提高学生分析问题和解决问题的能力.

3. 求证：

（1）$\sin(360°-\alpha)=-\sin\alpha$；

（2）$\cos(360°-\alpha)=\cos\alpha$；

（3）$\tan(360°-\alpha)=-\tan\alpha$.

**设计意图**：这是水平二的问题，检测学生恰当选择诱导公式一和公式三证明三角恒等式的达成情况.

## 第 2 课时　5.3 诱导公式（二）

**（一）课时教学内容**

诱导公式五、公式六及其证明和应用.

**（二）课时教学目标**

1. 经历由单位圆关于直线 $y=x$ 的对称性、旋转 $\dfrac{\pi}{2}$ 的对称性，以及运用三角函数的定义研究三角函数对称性的过程，推导出 $\dfrac{\pi}{2}-\alpha$，$\dfrac{\pi}{2}+\alpha$ 的诱导公式，发展学生的直观想象、逻辑推理数学核心素养.

2. 通过分析诱导公式五、公式六两组角之间的关系，利用公式将正弦函数和余弦函数相互转化的过程，体会转化与化归的思想方法.

3. 经历运用诱导公式一至公式六进行三角函数式的化简、求值和证明的过程，总结综合运用诱导公式解决三角函数问题的基本思路，发展学生的数学运算核心素养.

**（三）教学重点与难点**

1. 教学重点

利用单位圆关于直线 $y=x$ 的对称性和旋转 $\dfrac{\pi}{2}$ 的对称性探究诱导公式五和公式六，运用公式一至公式六进行三角函数式的证明、化简、求值.

2. 教学难点

发现单位圆关于直线 $y=x$ 的对称性与三角函数之间的关系，建立联系.

**（四）教学过程设计**

**课前检测**：请学生回答下列问题.

1. 探究诱导公式二至公式四的思想方法和路径各是什么？

2. 诱导公式一至公式四的作用各是什么？

**师生活动**：

1. 教师公布答案，分析检测情况.

2. 学生修正检测中存在的问题.

**设计意图**：考查学生利用单位圆的特殊对称性研究三角函数对称性的情境、路径和思想方法，为得到诱导公式五和六做好研究前的准备工作；检测诱导公式的具体内容，为本节课中对恰当选择诱导公式奠定基础.

引入：前面我们在直角坐标系中，利用单位圆关于原点和坐标轴的特殊对称性，得到相应三角函数的对称性，也就是诱导公式二至公式四. 事实上，圆的特殊对称性还包括关于各个象限的角平分线的对称性、旋转对称性等. 下面我们一起研究在直角坐标系中，利用单位圆关于直线 $y=x$ 对称的对称性来研究三角函数的对称性.

**点评**：课前检测和教学引入语直指诱导公式的整体架构，有利于学生顺利进入研究情境.

**【问题1】**你能利用单位圆关于直线 $y=x$ 对称的对称性来研究三角函数的对称性吗？

**师生活动**：

1. 提问：基于前面诱导公式的学习，你能给出研究的情境吗？

预设：如图4所示，在直角坐标系中画一个单位圆，以 $x$ 轴非负半轴为始边，作一个任意角 $\alpha$，角 $\alpha$ 的终边与单位圆交于点 $P_1$，作点 $P_1$ 关于直线 $y=x$ 的对称点 $P_5$.

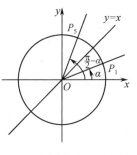

图 4

2. 追问：你能说一说研究的路径吗？

3. 追问：在研究过程中，你想如何寻找以 $OP_5$ 为终边的角 $\gamma$ 与 $\alpha$ 之间的关系？

4. 追问：你能根据图4，猜出点 $P_1$ 与点 $P_5$ 坐标之间的关系吗？你能尝试给予证明吗？

5. 学生先自主思考研究，再小组合作互动交流，最后选择小组代表展示，师生评价，完善研究结果.

6. 板书：诱导公式五 $\sin(\frac{\pi}{2}-\alpha)=\cos\alpha$，$\cos(\frac{\pi}{2}-\alpha)=\sin\alpha$.

7. 追问：类比前面诱导公式的学习经验，得到新的诱导公式后，可以做哪些拓展研究？

预设：(1)用文字语言来解释诱导公式五：互余的两个角中一个角的正弦值是另一个角的余弦值，一个角的余弦值是另一个角的正弦值. (2)分析诱导公式五的作用：可以将第二象限角的三角函数值转化为第一象限角的三角函数值，并且实现正弦函数和余弦函数相互转化.

8. 布置课堂目标检测第(1)题，证明：①$\cos(\frac{5\pi}{2}-\alpha)=\sin\alpha$；②$\sin(\frac{9\pi}{2}-\alpha)=\cos\alpha$.

**设计意图**：

学生在教学情境中，由三角函数的定义出发，利用单位圆关于直线 $y=x$ 的对称性推导出诱导公式五，发展直观想象、逻辑推理数学素养.

**点评**：公式五的研究方法与前面学过的诱导公式的研究思想和方法是一致的，所以教师在教学设计上更加突出学生自主探究环节的设置. 但是由于对称轴变为直线 $y=x$，增加了公式推导的难度. 在教学过程中，学生遇到的第一个困难是寻找角 $\gamma$ 与 $\alpha$ 之间的关系. 教师给学生创造机会，请学生展示自己的想法和做法，有的学生提出，先把角 $\alpha$ 看成 $(0,\frac{\pi}{4})$ 内的角，由图 4 得到 $\gamma = \frac{\pi}{2} - \alpha + 2k\pi$，$k \in \mathbf{Z}$；再逆时针旋转角 $\alpha$ 的终边一周，在运动过程中观察 $\gamma$ 与 $\alpha$ 之间的关系是否发生变化．也有学生提出，可以先绕着原点 $O$ "反向"旋转角 $\alpha$ 的终边，得到角 $-\alpha$，发现角 $-\alpha$ 的终边与角 $\gamma$ 的终边互相垂直，所以再将角 $-\alpha$ 的终边旋转 $\frac{\pi}{2}$ 就与角 $\gamma$ 的终边重合，由任意角的运算得到 $\gamma = -\alpha + \frac{\pi}{2}2 + k\pi$，$k \in \mathbf{Z}$．针对学生给出的解决方案，教师逐一请学生介绍思路是怎么想到的，使学生的"创意"更具有借鉴性．为使学生更好地理解所得结论对任意角 $\alpha$ 都成立，教师借助几何画板的动态功能，将角 $\alpha$ 的终边绕原点 $O$ 旋转一周，让学生感受在角 $\alpha$ 的变化过程中，$\gamma$ 与 $\alpha$ 之间关系的不变性．教师对信息技术运用恰当，有利于突破教学难点．学生遇到的第二个困难是如何确定点 $P_1$ 和 $P_5$ 坐标之间的关系．教师指出，为突出直观感知想到分别过点 $P_1$ 作 $x$ 轴的垂线，过点 $P_5$ 作 $y$ 轴的垂线，将点的坐标"图形化"得到两个直角三角形，观察两个直角三角形的关系就可以得到点 $P_1$ 和 $P_5$ 坐标之间的关系，并肯定这种关系具有一般性，在学习解析几何以后可以给出比较简单的证明，课下大家也可以针对其他情况分类讨论给予证明．教师对第二个难点的处理，比较恰当，既突出了问题解决过程中的数形结合和分类讨论思想，又不纠结于细枝末节，提高了课堂学习效率．

**【问题 2】** 在探究诱导公式二至公式五的过程中，都是将点 $P_1$ 做了一次对称变换，如果对点 $P_1$ 连续做两次对称变换，又能得到三角函数的哪些对称性呢？我们不妨在图 4 中，继续作 $P_5$ 关于 $y$ 轴的对称点 $P_6$，如图 5 所示．你能得到什么结论？

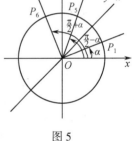

图 5

**师生活动：**

1. 提问：根据公式五的研究经验，你能说一说探究任务的关键环节吗？

预设：先找到以 $OP_6$ 为终边的角 $\theta$ 与角 $\alpha$ 之间的关系，再找到点 $P_1$ 和点 $P_6$ 坐标之间的关系．

2. 学生自主探究，小组讨论后，进行个别展示，教师巡视，调研小组研究情况，适时、适度参与其中，寻找典型问题辨析．

3. 板书：公式六 $\sin(\frac{\pi}{2} + \alpha) = \cos \alpha$，$\cos(\frac{\pi}{2} + \alpha) = -\sin \alpha$．

4. 追问：接下来我们该研究哪些内容？

预设：(1)用文字语言来解释诱导公式六的内容，角度增加 $\frac{\pi}{2}$ 之后角的正弦值等于原来角的余弦值，余弦值等于原来角的正弦值的相反数．(2)公式六的作用，可以将第二象限角的三角函数值转化为第一象限角的三角函数值，并且实现正弦函数和余弦函数相互转化．

5. 布置课堂目标检测第(2)题，证明：① $\sin(\frac{3\pi}{2} - \alpha) = -\cos \alpha$；② $\cos(\frac{3\pi}{2} + \alpha) = \sin \alpha$．

6. 讲解：公式一至公式六都叫做诱导公式．

**设计意图：**

学生由三角函数的定义出发，经历两次对称变换(关于直线 $y = x$ 的对称和 $y$ 轴的对称)推导出诱导公式六，发展直观想象、逻辑推理数学素养.

**点评**：教师基于公式五的研究背景增加新的研究条件，提出探索性问题，有利于培养学生分析问题和解决问题的能力. 在教学过程中，教师把主要精力放在启发学生借助对称变化的顺序寻找角 $\theta$ 与 $\alpha$ 之间、点 $P_1$ 和点 $P_6$ 坐标之间的关系上，既让学生进一步熟悉了研究的一般方法，又抓住了新背景下的关键问题.

例1　化简：$\dfrac{\sin(2\pi-\alpha)\cos(\pi+\alpha)\cos(\frac{\pi}{2}+\alpha)\cos(\frac{11\pi}{2}-\alpha)}{\cos(\pi-\alpha)\sin(3\pi-\alpha)\sin(-\pi-\alpha)\sin(\frac{9\pi}{2}+\alpha)}$.

**师生活动**：

1. 提问：你还记得运用诱导公式一至公式四求解三角函数问题的一般步骤吗？

2. 学生先自主思考，再互助交流求解方法.

3. 教师巡视观察，寻找典型解法，展示交流选择诱导公式的方法，指导学生进行方法择优.

4. 学生完成课堂目标检测第(3)题，化简 $\dfrac{\cos(\alpha-\frac{\pi}{2})}{\sin(\frac{5\pi}{2}+\alpha)}\sin(\alpha-2\pi)\cos(2\pi-\alpha)$.

**设计意图**：

学生进一步体会公式一至公式六的作用，熟练运用诱导公式解题的基本步骤进行三角函数式的化简，发展学生数学运算核心素养.

例2　已知 $\sin(53°-\alpha)=\dfrac{1}{5}$，且 $-270°<\alpha<-90°$，求 $\sin(37°+\alpha)$ 的值.

**师生活动**：

1. 提问：观察问题中角之间运算关系的特点是发现解决问题思路的突破点，请你说说在本题中都涉及哪些角？你发现它们之间特殊的运算关系了吗？

预设：涉及的角有 $\alpha$，$-\alpha$，$53°$，$37°$，$53°-\alpha$，$37°+\alpha$；特殊的运算关系是 $(53°-\alpha)+(37°+\alpha)=90°$.

2. 追问：由两个角的和为 $90°$，你能想到什么公式？你能自己尝试解决这个问题吗？

3. 学生先自主思考，再组内讨论，互助合作.

4. 教师巡视观察，寻找学生的典型解法，展示交流，点评完善.

5. 追问：你能提炼出例2的一般特点和相关求解策略吗？

预设：一般特点是已知某个角的三角函数值，求与该角相关的角的三角函数值；求解策略是，树立整体意识，建立"已知角"和"目标角"之间的运算关系，根据运算关系选择三角公式求解.

6. 布置课堂目标检测第(4)题，已知 $\sin(\frac{\pi}{3}-x)=\dfrac{1}{3}$，且 $0<x<\dfrac{\pi}{2}$，求 $\sin(\frac{\pi}{6}+x)$ 和 $\cos(\frac{2\pi}{3}+x)$ 的值.

**设计意图：**

学生能有整体意识，从学会观察角之间特殊运算关系入手，熟练运用诱导公式、同角三角函数关系式等知识解决有限制条件的三角函数求值问题，形成解决代数问题的程序化思维.

**点评：**例 1 和例 2 两个问题，分别是化简和求值，它们虽然类型不同，难易程度也有差异，但都要注意数学运算素养的培养. 例 1 比较简单，学生都有思路，教师把教学重点放在如何恰当选择公式达到方法择优上；例 2 相对较难，一些学生面对问题，没有思路，教师把教学重点放在引导学生树立整体意识观察角之间特殊运算关系上，找到思路；在例 2 解决后，教师又追问学生："你能从运算的角度整体分析一下诱导公式中两个角的运算关系，并说一说在什么情况下适合运用诱导公式吗？"学生归纳出的"在两个角之和（或差）为 $\pi$，或者两个角之和（差）为 $\dfrac{\pi}{2}$，或者两个角之和为零时，可以考虑运用诱导公式求解"具有普适性的作用.

另外，教师引导学生分析角的运算特点就是理解运算对象的过程，根据角之间特殊运算关系选择诱导公式就是探究运算思路的过程，因此，教学过程的处理把数学运算素养的培养落到了实处.

**【问题 3】** 回忆本节课的学习内容，回答下面的问题：

1. 这节课你学会了哪些知识？能解决什么问题？运用这些知识解决问题的基本步骤是什么？

2. 你是怎么得到这些知识的？

3. 这节课的学习过程中我们运用了哪些思想方法？

4. 我们已经学习了六组诱导公式和同角三角函数关系式，我们如何选择应用公式进行证明、化简和求值？

**师生活动：**

1. 教师用 PPT 展示上述问题.

2. 针对学生回答的情况，教师寻找学生适当补充，组织学生完善问题答案.

**设计意图：**

引导学生回顾和小结学习内容，提升对诱导公式的整体认识，积累运用诱导公式和同角三角函数关系式解决问题的经验.

**点评：**教师对课堂小结的设计既继承了上节课的设计特点，又启发学生从诱导公式、同角三角函数关系式的整体视角看问题，有利于学生形成系统的知识结构和逻辑结构.

**【作业】**

1. 在单位圆中，已知角 $\alpha$ 的终边与单位圆的交点为 $P\left(-\dfrac{3}{5}, \dfrac{4}{5}\right)$，分别求 $\pi+\alpha$，$-\alpha$，$\dfrac{\pi}{2}+\alpha$ 的正弦、余弦函数值.

**设计意图：**这是水平二的问题，检测学生利用三角函数的定义和诱导公式二、三、六进行三角函数求值的达成情况.

2. 化简：

$$（1）\ \cos^2(-\alpha)-\frac{\tan(360°+\alpha)}{\cos\left(\dfrac{\pi}{2}+\alpha\right)};\qquad （2）\ \frac{\cos(\alpha-3\pi)\cos\left(\dfrac{3\pi}{2}-\alpha\right)}{\sin^2\left(\alpha-\dfrac{\pi}{2}\right)}.$$

**设计意图**：这是水平二的问题，检测学生恰当选择诱导公式一至公式六和同角三角函数关系式进行三角函数式化简的达成情况，提高学生分析问题和解决问题的能力.

3. 在 $\triangle ABC$ 中，判断下列关系是否成立，若成立，给出证明；若不成立，请举出反例.

(1) $\cos(A+B)=\cos C$；  (2) $\sin(A+B)=\sin C$；

(3) $\sin\dfrac{A+B}{2}=\sin\dfrac{C}{2}$；  (4) $\cos\dfrac{A+B}{2}=\sin\dfrac{C}{2}$.

**设计意图**：这是水平三的问题，检测学生在新背景下恰当选择诱导公式四和公式五正确推导三角恒等式的达成情况，为解三角形奠定基础.

**结束语**：北京市于2019年秋季开始使用新教材，我们参与了章建跃博士为了指导新教材的教学而开展的"基于核心素养的中学数学教学策略与方法的行动研究"项目. 本教学设计在项目活动中进行了教学实践，取得非常好的教学效果. 传统上，诱导公式按"公式—例题—练习"的方式逐个教，需要5~6课时，导致公式之间内在联系被极大削弱，并且不容易记忆. 按本设计展开教学，不仅大大地缩短了教学时间，而且极大地增强了公式的整体性，体现了基于数学整体性的单元—课时教学的优势，实现了在落实"四基""四能"的过程中发展学生数学学科核心素养的目标. 正如章博士在活动总结中指出的，这样的教学有如下特点：

(1) 体现了数学的整体性，为学生的学习构建了整体框架，从而使学生主动学习、自主探究有了机会；

(2) 有一般观念的引领，教学中特别注重"三角函数性质的研究内容是什么"的引导，强调从三角函数定义出发，利用单位圆的对称性研究三角函数的对称性，这就是数学基本思想的教学；

(3) 以数学内部知识发生发展过程为线索构建恰当的情境，使教学显得自然而然；

(4) 有含金量的数学问题，注意情境与问题的配合，紧扣三角函数定义，发挥单位圆的作用，数形结合地发现和提出问题；

(5) 系列化、有内在逻辑关联的数学活动；

(6) 在公式二的研究中，有较为全面的引导，使学生体会研究的内容、过程和方法，在其他公式的研究中给学生充分的时间，让学生在独立思考、自主探究的基础上进行合作学习，在过程中注意学习方法的指导，等等.

本单元的教学设计及教学实践对我们的促动极大，让我们对日常教学中落实数学学科核心素养的真谛有了较深的感悟，我们将在今后的教学中坚持这样的理念开展新教材的教学.

**参考文献：**

[1] 章建跃. 章建跃数学教育随想录：下卷. 杭州：浙江教育出版社，2017.

# "三次函数的图象与性质"教学设计①

## 康淑欣　北京市密云区第二中学

**一、教学背景分析**

1. 教学内容分析

本节课是讲完人教 A 版《数学》选修 2-2 第 1 章第 3 节"导数在研究函数中的应用"之后，结合教材 33 页：信息技术应用——图形技术与函数性质，以及教材 32 页 B 组题第 2 题(利用信息技术工具画出三次函数的图象，并利用导数研究其单调性)，整合设计的"三次函数的图象与性质"的教学.

三次函数是继二次函数之后的又一个多项式函数，与二次函数一样，有着系统、完整的图象与性质. 三次函数的学习，既是对函数模型的补充与拓展，也是对导数应用的巩固与深化，同时关注了数学的整体性，有助于提升学生的系统思维水平.

对三次函数 $y=ax^3+bx^2+cx+d(a\neq0)$ 的图象与性质的探究可以有不同的切入点，而三次函数 $y=x^3-x$ 既简单又不失一般性，能够给研究三次函数的一般形式提供有力的借鉴.

课堂上借助图形计算器的画图(制作动态图象)功能，利用导数研究三次函数的单调性，不仅建立数与形的联系，启发学生"由数想形""由形助数"，渗透数形结合的思想，还使得师生之间、生生之间、人机之间的交流更充分，培养学生的直观想象、数学抽象能力.

2. 学生学情分析

学生在初中阶段已经学习过一次函数、二次函数、反比例函数；在高中阶段必修 1 和必修 4 中，已经学习过函数的概念、指数函数、对数函数、幂函数、三角函数，以及函数的基本性质：单调性、奇偶性、周期性；在选修 2-2 中学习了利用导数求函数的单调区间、极(最)值. 在前面的学习中，学生积累了大量的研究函数及其性质的实际经验.

**二、教学目标设置**

(1) 理解三次函数的概念.

(2) 会借助图形计算器画出三次函数的图象；通过探索三次函数图象的变化规律，能抽象概括出三次函数的图象特征和性质；能利用导数研究三次函数的单调性. 经历从特殊到一般的研究过程，体会数形结合的思想.

教学重、难点：掌握三次函数的概念和性质.

**三、教学策略分析**

本节课的认知基础是：研究一般函数的概念、性质及其研究过程与方法，基本初等函数的图象及其性质，导数的相关知识. 根据学生已有的知识基础，为培养学生的数学核心素养，本节课的教学采取如下教学策略.

研究三次函数图象时，需要通过从大量的图象中抽象出函数性质. 由于通过描点画图的方法，在取点时具有局限性，不一定能很好地体现出三次函数的图象特征，在这里借助图形计算器辅助画图. 在研究各个系数对图象的影响时，通过拖动游标，设置动画，控制变量等

---

① 该文 2018 年 10 月发表于杂志《中小学数学》.

方法，帮助学生画出（动态）图象，使得学生能够把更多的精力放在观察函数图象上，在运动变化中找到不变性，进而猜想、证明、验证函数的性质，为突破本节课的难点提供了保障。图形计算器辅助画图还可以更好地培养学生的直观想象能力，建立数与形的联系，落实数形结合的思想。借助实物展台展示学生的研究方法和计算过程。

在前面的学习中，学生已经初步接触了利用导数求特殊的三次函数的单调区间、极（最）值的方法，但是对于一般的三次函数求单调区间并没有涉及。在这里需要从单调性的本质——导函数的符号与原函数的单调性之间的关系入手，对导函数的开口方向和判别式的符号进行分类讨论。

数形结合的思想是研究函数性质的重要思想，如何在本节课中渗透数学基本思想方法，做到"由数想形""由形助数"，还需要教师有意识地安排循序渐进的体会过程，注重在课堂上落实对核心概念的理解和挖掘。

**四、教学过程的设计与实施**

**引入**：函数是近代数学最基本的概念，是描述客观世界中变量关系和规律的最为基本的数学语言和工具，是贯穿高中数学课程的主线。

今天我们将要利用所学知识来研究一个新的函数——三次函数。

（一）提出问题，建立概念

**【问题1】**你认为三次函数的定义是怎样的？你是怎么得出的？

**教学预案**：一般地，形如 $f(x)=ax^3+bx^2+cx+d$（$a$，$b$，$c$，$d$ 为常数，$a\neq0$）的函数称为三次函数。通过类比二次函数的定义得出。

**【问题2】**我们曾学习过哪个三次函数的图象，研究了它的哪些性质呢？

**教学预案**：学习了三次函数 $y=x^3$ 的图象，研究了它的定义域、值域、奇偶性、单调性。

**设计意图**：让学生利用类比的思想，得出三次函数的定义，明确本节课的研究对象。通过回忆学习过的三次函数 $y=x^3$ 的性质，为后面的学习做铺垫。

（二）初探图象，归纳性质

**学生活动1**：你能画出三次函数 $f(x)=x^3-x$ 图象的大致形状吗？它的图象有什么特点？

**设计意图**：（1）引导学生先用描点的方法来画出三次函数 $f(x)=x^3-x$ 草图，再借助图形计算器的画图功能进行验证（如图1所示）。（2）通过观察图象发现、归纳三次函数 $f(x)=x^3-x$ 的性质。（3）由于三次函数 $f(x)=ax^3+bx^2+cx+d$（$a\neq0$）的对称中心是 $\left(-\dfrac{b}{3a},\ f\left(-\dfrac{b}{3a}\right)\right)$，所以对三次函数的研究可以考虑将解析式化简为中心在原点的形如 $f(x)=ax^3+cx$（$a\neq0$）三次函数，而 $f(x)=x^3-x$ 是既简单，又比较有代表性的三次函数，故选此函数为例进行探究。（4）

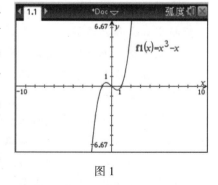

图1

函数图象是发现函数性质的直观载体，在研究三次函数时应遵循由特殊到一般的研究过程，培养学生的直观想象、数学抽象能力。

（三）再探图象，揭示本质

**学生活动2**：你能探究三次函数 $f(x)=ax^3+bx^2+cx+d$（$a\neq0$）图象的大致形状吗？它有哪些

性质呢?

**教学预案**:教师先引导学生观察三次函数的解析式,发现其系数个数较多,不妨先研究 $a>0$ 时图象形状. 再利用图形计算器的游标功能,让学生拖动四个游标 $a$、$b$、$c$、$d$ 观察函数图象的共同特征(如图 2 所示). 最后以小组为单位设计表格,整理出三次函数的图象与性质,并进行小组交流,汇报探究成果.

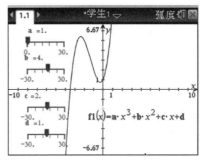

图 2

**设计意图**:(1)借助图形计算器的动态作图功能,通过数学实验研究三次函数的系数对图象形状的影响,通过观察图象,能够得出三次函数的部分性质. 例如,定义域,值域,不是周期函数,当且仅当 $b=d=0$ 时函数为奇函数,极值点的个数,单调性等. (2)让学生经历从特殊到一般,从具体到抽象地研究函数性质的方法,体会"由数想形""由形助数"的基本思想.

【问题3】请你运用导数研究三次函数 $f(x)=ax^3+bx^2+cx+d(a\neq0)$ 的单调性.

学生先独立思考,再小组交流讨论. 教师找一名小组成员利用展台展示小组成果,其他同学做补充发言.

**设计意图**:利用导数工具对函数进行定量的分析. 让学生在解决问题中巩固运用导数研究函数单调性的方法,加深对分类讨论思想的理解,培养学生良好的解题习惯.

(四) 深化理解,巩固应用

例题:若函数 $f(x)=x^3+4x^2+4x+c$($c$ 为常数)有三个不同零点,求 $c$ 的取值范围.

**设计意图**:应用三次函数的图象和性质解决问题,再次体会导数是研究函数性质的有力工具,体会"由数想形""由形助数"的思想方法.

(五) 课堂小结、承载思想

**总结提问**:

1. 通过本节课的学习,你认为研究函数的图象与性质的基本思路是什么?

2. 本节课体现的数学思想方法有哪些?

3. 在获得三次函数性质过程中使用到了哪些学习方法?

**设计意图**:让学生通过回顾本节课所学,反思研究一般函数的图象与性质的基本思路,提升学生的系统思维水平.

(六) 布置作业(略)

**五、教学反思**

本节课采用了"直观感知—操作确认—推理证明—简单应用"的研究方法,以教导学,以问题串引领学生全程参与认知过程,探索三次函数的图象特征和相关性质. 教学中力图体现:

1. 注重数学核心素养的渗透

在研究三次函数图象与性质的过程中,通过观察大量三次函数图象抽象出三次函数的性质,培养学生的直观想象、数学抽象能力. 在利用导数证明三次函数单调性的过程中,培养学生的逻辑推理、数学运算能力. 此外,在本节课中还渗透数形结合、从特殊到一般、从具体到抽象、分类讨论的数学思想方法.

## 2. 恰当使用图形计算器

恰当使用图形计算器绘制大量三次函数图象是本节课顺利推进不可或缺的因素之一. 使用图形计算器可以快速呈现出三次函数图象, 打破了传统描点画图的局限. 另外, 通过拖动游标、设置动画、控制变量等方法可以产生大量的动态三次函数图象, 更加方便学生观察图象特征, 为突破本节课的难点提供了保障.

# 数据分析素养导向的"随机事件的概率"教学设计①

周跃鑫　北京市密云区第二中学

**摘　要**：概率是研究随机现象规律的学科，本节课通过动手试验、对比所得，借助 Ti 图形计算器进行数学实验，培养学生数据分析这一核心素养．经历从具体到抽象，认识随机现象背后的统计规律性．同时渗透概率的基本思想和方法：试验、观察、归纳和总结、合情推理等思想方法．

**关键词**：数据分析　信息技术　频率的稳定性

概率论研究的对象是随机现象，即：在条件相同的情况下，做重复试验，试验结果不确定，在试验之前无法预测是哪一种结果．教师只有自己对概率这个知识内容及概率所聚焦的"数据分析"这一核心素养理解到位以后，教学设计关注的点才会精、准，课堂上让学生活动在点子上．只有这样，才能在充分的活动中使学生对概念理解到位．笔者以人教 A 版普通高中课程标准实验教科书（必修 3）中第 3 章第 1 节"随机事件的概率"的教学设计为例，阐述对知识本身与"数据分析"的理解．

## 一、内容和内容解析

### 1. 内容

本节课是人教 A 版数学必修 3 第 3 章第 1 节"随机事件的概率"第 1 课时的教学设计（基于 1-4-5-2-3 的教学顺序）．

### 2. 内容解析

随机现象在日常生活中随处可见，概率是研究随机现象规律的学科．它为人们认识客观世界提供了重要的思维模式和解决问题的方法，同时为统计学的发展提供了理论基础．学生在初中阶段，在具体试验中，通过实例感受了随机现象，对概率有了初步的认识，学习了利用条形图、折线统计图表示数据．

进入高中，作为概率的起始课，本节课的主要内容是让学生通过动手试验，记录试验结果，不断分析、对比所得，培养学生数据分析这一核心素养．经历从具体到抽象，认识随机现象背后的统计规律性，再通过必然性去认识、把握随机现象．使学生认识到概率是寻找不确定性现象中蕴含的稳定的、确定的规律，而且还应渗透概率的基本思想和方法：试验、观察、归纳和总结、合情推理等思想方法．

所以本课的教学重点是：通过动手试验，体会随机事件发生的不确定性和频率的稳定性．

## 二、目标和目标解析

### 1. 目标

（1）学生在摸球过程中收集、分析数据，体验数据的随机性；

（2）在数据分析过程中，体会随机事件发生的不确定性与频率的稳定性，理解概率的含义；

---

① 该文 2019 年 5 月发表于杂志《中小学数学》．

（3）能利用随机事件概率对日常生活中存在的错误认识进行解释.

2. 目标解析

（1）在学生动手试验过程中，每组所得数据是不相同的. 通过对比各组的数据，体会对于同样的事情，每次收集到的数据可能是不同的. 学生利用表格、折线图，体会到只要有足够多的数据就可能从中发现规律.

（2）在学习了随机事件的概率之后，学生能用概率解释生活中的一些随机现象.

**三、教学问题诊断分析**

由于学生在初中概率的学习中知道随机事件、必然事件和不可能事件，对概率有了初始的了解，从生活经验出发，指导从四个大小相同、颜色不同的球中摸出一个黄球的概率为 0.25，但是，不明白这个常数代表的意义是什么. 由特殊到一般，对于一般的随机事件，其发生概率的定义的理解是难点.

为顺利、自然地让学生突破难点，教学中要让学生亲自动手操作，在实践过程中形成对随机事件的随机性，以及随机性中表现出的规律性的直接感知，从而正确理解随机事件发生的概率.

另外，随机事件可以看成集合，所以在后续的学习可以类比集合之间的关系与运算，得到事件之间的关系与运算. 因此在教学时可以进行适当的渗透，为后续的学习做准备.

基于上述分析，确定本课的教学难点：由具体到抽象，对概率统计型定义的理解.

**四、教学支持条件分析**

本课中学生动手试验中有大量的数据产生，可借助 Ti 图形计算器，进行数据整理呈现，利用条形图或散点图直观地展示出，随着试验次数的增加，随机事件发生的频率的变化规律，帮助学生更好地理解事件发生的随机性与频率的稳定性. 借助实物展台展示学生的试验过程.

**五、教学过程设计与实施**

1. 回顾举例，总结定义

【问题1】生活中存在着大量的随机现象：

①从装有一些白球和红球的袋子中随机摸出一个球，是什么颜色的？

②北京地区一年里哪一天最热？哪一天最冷？哪一天降雨量最大？哪一天降雪量最大？

③掷一枚骰子，出现的点数在 1 点到 6 点之间.

你可以举一些生活中这样的例子吗？这些例子有何共性？有何不同？

**设计意图**：引导学生回忆初中学过的知识，对生活中的随机现象举例，通过归纳、抽象，得到必然事件、不可能事件、随机事件的定义. 从学生已有经验出发，寻找学习本课内容的最近生长点.

**活动预设**：师生共同总结，相同点：事件的发生，必须是在条件 $S$ 下的.

得到：

必然事件：在条件 $S$ 下，一定会发生的事件，叫做相对于条件 $S$ 的必然事件，简称必然事件.

不可能事件：在条件 $S$ 下，一定不会发生的事件，叫做相对于条件 $S$ 的不可能事件，简称不可能事件.

必然事件与不可能事件统称为相对于条件 $S$ 的确定事件，简称确定事件.

随机事件：在条件 $S$ 下，可能发生也可能不发生的事件，叫做相对于条件 $S$ 的随机事件，简称随机事件.

确定事件和随机事件统称为事件，一般用大写字母 $A$，$B$，$C$，…表示.

生活中有许多的事情事先无法预知结果，也就是随机事件. 如果能够度量随机事件发生可能性的大小，将会为我们做决策提供依据. 下面我们在试验中研究如何度量随机事件发生的可能性.

2. 动手操作，形成定义

【问题2】在班级篮球比赛中，最终要进行定点罚球(一个球)决胜负. 如果你是教练，你会安排谁进行最后的罚球呢？理由是什么？

**设计意图**：从学生的已有经验出发，明确研究随机事件发生概率的方法，即通过大量重复试验，利用事件发生的频率来估计事件发生的概率.

图1

**活动预设**：教师引导学生认识到"每名同学投球命中"都是随机事件，生活中实际上是利用投篮命中率来估计"投球命中"的概率，而投篮命中率则是通过利用投篮命中率 $= \dfrac{投球命中数量}{投球总数量}$ 来计算.

【问题3】投篮命中率实际上就是事件发生的频率，你能否对频率下定义呢？

**定义**：在相同的条件 $S$ 下重复 $n$ 次试验，观察某一事件 $A$ 是否出现，称 $n$ 次试验中事件 $A$ 出现的次数 $n_A$ 为事件 $A$ 出现的频数，称事件 $A$ 出现的比例 $f_n(A) = \dfrac{n_A}{n}$ 为事件 $A$ 出现的频率.

那么频率有什么特点呢？我们可以通过大量的试验来研究. 下面我们来做摸球试验.

**探究**：每一组的盒子里都有大小相同，颜色为红、黄、白、蓝颜色各不相同的四个球. 每次任意摸一个球，观察摸出的球是黄球的情况.

**活动1**：以小组为单位，做好分工(2人试验，1人记录，1人整理数据，1人制作散点图)，分别做 5 次、10 次、15 次摸球的试验，记录试验结果，填在表1中并绘制出对应的散点图.

**表1**

| 小组 | 试验次数 | 摸到黄球的次数 | 摸到黄球的比例 |
| --- | --- | --- | --- |
|  | 5次 |  |  |
|  | 10次 |  |  |
|  | 15次 |  |  |

**活动要求**：以组为单位，做好试验中的分工. 抽球要求由两名同学完成，其中一名同学抽两回，每回 5 次；另外一名同学抽一回，一回 5 次. 抽球过程要求将盒子平放在桌子上，将球充分搅拌后进行抽取. 散点图要求横向为试验的次数，纵向为出现黄球的频率.

**设计意图**：通过学生亲身体验，感受试验结果的随机性. 再将各组绘制的散点图进行比对，感受在相同条件下所得结果的不完全相同，从而说明结果的随机性，从散点图中观察不到频率的规律性.

**追问**：一名同学抽球两次，所得频率是否相同？同组两名抽球的同学抽球所得频率是否相同？你怎么看待这个结果？你对这个结果有什么想法？

**设计意图**：通过对结果的分析，感受单次试验结果即使是同一个人所得到的结果也是不同的，频率是不确定的.

**活动2**：我们可以将每个小组的统计数据逐个进行累加，得到试验15次、30次、45次、60次、75次、90次、105次、120次的数据填在表2中，并得到相应的散点图.

表2

| 小组 | 试验次数 | 摸到黄球的次数 | 摸到黄球的比例 |
|---|---|---|---|
| | 15 次 | | |
| | 30 次 | | |
| | 45 次 | | |
| | 60 次 | | |
| | 75 次 | | |
| | 90 次 | | |
| | 105 次 | | |
| | 120 次 | | |

**【问题4】**这个散点图与每个小组比有何不同？有什么特点？在大小相同、颜色各异的四个球中摸球时，"摸到黄球"这个事件发生是否具有规律性呢？

**设计意图**：让学生感受到少数几次试验中表现的规律是随机的，必然性存在于偶然性之中，它必须通过大量的偶然性表现出来. 体会到概率与频率的关系.

**活动预设**：每个小组的试验结果与全班数据归纳后的结果呈现出来的规律性是不相同的，在展示学生利用信息技术制作的条形图时，让学生明确图表中横向代表什么意义，纵向代表什么意义，从图表中分析四个不同颜色的球被抽到的频率是有规律性的，会稳定在0.25附近.

**追问**：在刚才的试验中，摸120次所出现的频率与摸15次所出现的频率哪一次更接近0.25？

**设计意图**：进一步体会随机事件的不确定性.

**活动3**：每名同学利用Ti图形计算器，模拟摸球试验(试验次数最多到500次)，观察摸出黄球的频率的规律性.

**设计意图**：利用手持技术，让学生亲身感受在大量的试验中，频率具有稳定性，在一个常数0.25附近摆动.

**活动预设**：在学生模拟完摸球试验后，将学生所得试验数据进行逐个累加，感受大数据下频率的稳定性. 由于利用信息技术，因此收集的数据的具有代表性. 在对数据进行分析的环节中，根据我们的生活经验，摸到黄球的频率是0.25. 通过大量的试验以后，我们发现摸到黄球的频率是随机的，但又是稳定的，它稳定在0.25这个常数的附近. 因此，用0.25来表示摸出黄球的可能性大小是科学的.

**【问题5】**对于给定的随机事件A，每次试验是否发生是未知的. 但随着试验次数的增加，

事件 $A$ 发生的频率会稳定在一个常数，这个常数有没有范围？越接近 1，那么它代表什么意义呢？越接近 0 呢？

**设计意图**：进一步体会概率的意义，为学生下定义做铺垫.

**活动预设**：这个常数定在 $[0, 1]$ 中某个常数，这个常数越接近 1，表明事件 $A$ 发生的频率越大，发生的可能性越大；越接近 0，表明事件 $A$ 发生的频率越小，发生的可能性越小.

**【问题 6】** 对于随机事件 $A$，随着试验次数的增加，频率稳定于一个常数，我们可以用这个常数度量事件发生的可能性的大小，而这个常数叫做事件 $A$ 发生的概率. 你能对事件 $A$ 发生的概率进行定义吗？

**设计意图**：这是本节内容的难点，需要把对数据、图表的直观印象转化为抽象的概率定义. 不仅让学生经历概念的形成过程，也让学生经历概念的抽象概括过程，培养学生组织数学知识的能力和语言表达能力.

**活动预设**：师生共同配合得到如下定义.

**定义**：对于给定的随机事件 $A$，由于事件 $A$ 发生的频率 $f_n(A)$ 随着试验次数的增加稳定于一个常数，这个常数叫做事件 $A$ 发生的概率，记作：概率 $P(A)$，其中 $0 \leq P(A) \leq 1$.

**【问题 7】** 频率和概率各自有什么特点？它们之间有着什么关系？你可以总结一下吗？

**设计意图**：进一步辨析频率与概率的关系.

**活动预设**：频率本身具有随机性，概率是稳定的. 频率是概率的近似值，试验次数的增加，会使频率越来越接近概率.

3. 运用概念，加深理解

例 1　有人说，既然抛掷一枚硬币出现正面朝上的概率为 0.5，那么连续两次抛掷一枚质地均匀的硬币，一定是一次正面朝上，一次反面朝上，你认为这种说法正确吗？

**设计意图**：通过实例，进一步巩固对概率的认识.

例 2　(1) 如果连续 10 次掷一枚骰子，结果都是出现 1 点，你认为这枚骰子的质地均匀吗？为什么？

(2) 某地气象局预报说，明天白天本地降水概率为 70%. 你认为下面两个解释中哪一个能代表气象局的观点？

①明天本地有 70% 的区域下雨，30% 的区域不下雨.

②明天本地下雨的机会是 70%.

**思考**：生活中，我们经常听到这样的议论，天气预报说昨天降水概率为 90%，结果连一点雨都没下，天气预报也太不准确了. 学习了概率，你能给出解释吗？

**设计意图**：利用概率的知识，解决生活中的遇到的问题.

**活动预设**：90% 是过去的经验，这次是否发生，是不确定的. 但是我们可以判断发生的可能性很大.

4. 及时总结，凝练升华

本节课你有哪些收获？可以从知识、方法、思想等方面谈一谈.

**活动预设**：数学知识——概率的定义.

数学方法——试验、观察、归纳和总结.

数学思想——化归与转化思想等.

5. 目标检测设计

（1）阅读第 108~118 页.

（2）第 113 页练习 1，2，3.（写在书上）.

**设计意图**：通过及时应用所学知识与方法达到理解本课内容的目的.

## 六、教学反思

1. 关于数据分析素养的表述进一步概括为三个方面：在数据收集中体会频率的随机性、有效地建模和推断数据、获得结论形成知识.

学生在试验中所收集的数据要有代表性，能够去代表总体的分布. 因此，学生在小组活动过程中体会了如何做到试验背景相同，所得数据真实可靠，同时在自己摸球和他人摸球的过程中，感受到数据的随机性、不稳定性. 学生在整理数据的过程中，利用 Ti 图形计算器展示数据，达到"看图说话"，为进一步分析数据提供对数据的感性认识，最终让学生体会随机性和频率的稳定性.

2. 合理使用信息技术

本节课借助的教学工具为 Ti 图形计算器. 在小组探究中，学生利用 Ti 图形计算器将其他小组的数据进行重新整合，避免了冗长而复杂的计算，将注意力集中在数据稳定性的感知. 利用 Ti 图形计算器学生自主设定试验次数，大大扩展了教学中试验次数的范围. 有助于体会数据的随机性和频率的稳定性.

**参考文献：**

[1] 章建跃. 章建跃数学教育随想录. 杭州：浙江教育出版社，2017.

[2] 史宁中，王尚志. 普通高中数学课程标准(2017 年版)解读. 北京：高等教育出版社，2018.

[3] 史宁中. 数形结合与数学模型. 北京：高等教育出版社，2018.

[4] 徐章韬. 作为中小学教育的概率[J]. 中小学数学(高中版)，2012(9).

# 数列与不等式①

王保东　北京市密云区教师研修学院
周跃鑫　北京市密云区第二中学

## 一、考情纵览

数列与不等式都是高中数学的重要知识模块，也是每年高考必考内容. 从高考命题情况来看，数列部分每年以选择题或填空题的形式考查 2 道小题，或以解答题的形式考查 1 道大题. 小题主要考查等差数列和等比数列的概念、通项公式、前 $n$ 项和公式、性质及其简单应用，属于容易题或中档题；也有个别题以等差数列和等比数列为背景，用所给项的关系推导其他项的关系，或考查函数的性质(单调性、周期性等)，属于中等难度或较高难度；解答题主要考查等差数列和等比数列或由它们"整合"成的新数列的特殊性质，综合性较强，经常在数列与函数、数列与不等式等知识交汇点处设计问题，属于中档题或难题. 不等式部分多以选择题或填空题的形式进行考查，难度中等. 直接考查时主要是简单的线性规划问题，一般会将不等式性质的应用、不等式的解法及基本不等式的应用融入其他知识中一起考查，主要体现在其工具作用上.

## 二、重点题型

### 题型一　等差数列与等比数列

1.(2019 全国 Ⅲ 卷理 5 文 6)已知各项均为正数的等比数列 $\{a_n\}$ 的前 4 项和为 15，且 $a_5 = 3a_3 + 4a_1$，则 $a_3 =$

A. 16　　　　　　B. 8　　　　　　C. 4　　　　　　D. 2

【解析】设正数的等比数列 $\{a_n\}$ 的公比为 $q$，则 $q>0$. 根据题意得

$$\begin{cases} a_1 + a_1q + a_1q^2 + a_1q^3 = 15 \\ a_1q^4 = 3a_1q^2 + 4a_1 \end{cases}, \text{解得} \begin{cases} a_1 = 1 \\ q = 2 \end{cases}, \text{所以 } a_3 = a_1q^2 = 4，\text{故选 C.}$$

2.(2018 上海卷 6)记等差数列 $\{a_n\}$ 的前 $n$ 项和为 $S_n$，若 $a_3 = 0$，$a_6 + a_7 = 14$，则 $S_7 = \underline{\quad\quad}$.

【解析】因为数列 $\{a_n\}$ 为等差数列，所以 $a_3 + a_{10} = a_6 + a_7 = 14$. 因为 $a_3 = 0$，所以 $a_{10} = 14$. 设数列 $\{a_n\}$ 的公差为 $d$，则 $a_3 + 7d = 14$，解得 $d = 2$，所以 $a_4 = 2$，所以 $S_7 = 7a_4 = 14$.

【方法小结】等差数列和等比数列的基本运算问题有两种解决方法. 第一是基本量法，等差(比)数列的通项公式和前 $n$ 项和公式中共包含 $a_1$，$d$(或 $q$)，$n$，$a_n$，$S_n$ 五个基本量，如果已知其中的三个，就可以求其余的两个，其中 $a_1$ 和 $d$(或 $q$)是基本量. 一般先设出两个基本量，然后依据通项公式，求和公式构建基本量的方程组，通过解方程组求其值，这也是方程思想在数列问题中的体现. 第二是运用性质转化. 运用等差(比)数列中，"在四项之中，若下标之和相等，则对应项的和(积)相等"，可减少运算过程，提高解题效率.

【易错提醒】(1)注意等差数列中公差为 0 和等比数列中公比为 1 的情况；(2)注意在等差(比)数列中选取三项且下标之和相等，则对应项的和(积)不一定相等.

---

① 该文 2019 年 8 月发表于报刊《少年智力开发报·数学专页》.

**题型二 数列求和问题**

1. (2019 年上海 8) 已知数列 $\{a_n\}$ 前 $n$ 项和为 $S_n$，且满足 $S_n + a_n = 2$，则 $S_5 =$ _____.

【解析】根据题意得 $\begin{cases} S_n + a_n = 2, & ① \\ S_{n-1} + a_{n-1} = 2(n \geqslant 2). & ② \end{cases}$ ①-②化简得：$a_n = \dfrac{1}{2}a_{n-1}(n \geqslant 2)$，因为

$S_1 + a_1 = 2$，所以 $a_1 = 1$. 因此数列 $\{a_n\}$ 是以 $1$ 为首项，$\dfrac{1}{2}$ 为公比的等比数列. 所以

$$S_5 = \frac{1 \cdot \left[1 - \left(\dfrac{1}{2}\right)^5\right]}{1 - \dfrac{1}{2}} = \frac{31}{16}.$$

【方法小结】对于同时含有 $a_n$，$S_n$ 的等式，我们可以通过 $a_n = S_n - S_{n-1}$ 这一关系，将等式中的 $a_n$ 用 $S_n$，$S_{n-1}$ 表示，或者将 $S_n$ 转化为 $a_n$，从而解决问题. 本题也可以分别对 $S_n + a_n = 2$ 中的 $n$ 赋值为 $1$，$2$，$3$，$4$，$5$，依次求出 $a_1$，$a_2$，$a_3$，$a_4$，$a_5$ 的值，再求出 $S_5$，但如果问题改成求 $S_{30}$，这种方法劣势明显.

【易错提醒】在利用 $a_n = S_n - S_{n-1}$ 解决问题时，经常容易忽略 $n$ 的取值范围，错误地认为 $n \in \mathbf{N}^*$，得出结果后，要对 $n = 1$ 情况单独考虑其是否符合所求.

2. (2019 天津文 18) 设 $\{a_n\}$ 是等差数列，$\{b_n\}$ 是等比数列，公比大于 $0$，已知 $a_1 = b_1 = 3$，$b_2 = a_3$，$b_3 = 4a_2 + 3$.

（Ⅰ）求 $\{a_n\}$ 和 $\{b_n\}$ 的通项公式；

（Ⅱ）设数列 $\{c_n\}$ 满足 $c_n = \begin{cases} 1, & n \text{ 为奇数}, \\ b_{\frac{n}{2}}, & n \text{ 为偶数}. \end{cases}$ 求 $a_1c_1 + a_2c_2 + \cdots + a_{2n}c_{2n}(n \in \mathbf{N}^*)$.

【解析】（Ⅰ）设等差数列 $\{a_n\}$ 的公差为 $d$，等比数列 $\{b_n\}$ 的公比为 $q(q > 0)$.

依题意，得 $\begin{cases} 3q = 3 + 2d, \\ 3q^2 = 4(3 + d) + 3. \end{cases}$ 解得 $\begin{cases} d = 3, \\ q = 3. \end{cases}$

所以 $a_n = 3 + 3(n - 1) = 3n$，$b_n = 3 \times 3^{n-1} = 3^n$.

（Ⅱ）$a_1c_1 + a_2c_2 + \cdots + a_{2n}c_{2n}$

$\qquad = (a_1 + a_3 + a_5 + \cdots + a_{2n-1}) + (a_2b_1 + a_4b_2 + a_6b_3 + \cdots + a_{2n}b_n)$

$\qquad = \left[n \times 3 + \dfrac{n(n-1)}{2} \times 6\right] + (6 \times 3^1 + 12 \times 3^2 + 18 \times 3^3 + \cdots + 6n \times 3^n)$

$\qquad = 3n^2 + 6(1 \times 3^1 + 2 \times 3^2 + \cdots + n \times 3^n)$.

记 $T_n = 1 \times 3^1 + 2 \times 3^2 + \cdots + n \times 3^n$，　①

则 $3T_n = 1 \times 3^2 + 2 \times 3^3 + \cdots + n \times 3^{n+1}$，　②

②-①得

$$2T_n = -3 - 3^2 - 3^3 - \cdots - 3^n + n \times 3^{n+1} = -\frac{3(1 - 3^n)}{1 - 3} + n \times 3^{n+1} = \frac{(2n-1)3^{n+1} + 3}{2}.$$

所以 $T_n = \dfrac{(2n-1)3^{n+1} + 3}{4}$.

因此 $a_1c_1 + a_2c_2 + \cdots + a_{2n}c_{2n} = 3n^2 + 6T_n = \dfrac{(2n-1)3^{n+2} + 6n^2 + 9}{2}(n \in \mathbf{N}^*)$.

**【方法小结】** 数列求和问题的关键是观察数列的结构，确定数列的通项公式．目标数列的通项公式一般由等差数列、等比数列的运算构成，常见的有三类．第一类：各项能看成等差数列与等比数列对应项的和或差的形式，采取分组求和．第二类：各项能看成等差数列与等比数列的对应项的积的形式，采取错位相减法求和．第三类：裂项求和．

**【易错提醒】** 在具体数列求和运算过程中，要数清项的个数．错位相减法的主要目标是通过错位相减来构造出一个新的等比数列求和，在作差时注意首、末项和符号问题；裂项求和的主要目标是通过将每一项拆成两项之差的形式，促成正负项相消，在裂项后要研究裂项相消的规律，确保化简的正确．

### 题型三　数列综合问题

1. (2019 全国 II 卷 19) 已知数列 $\{a_n\}$ 和 $\{b_n\}$ 满足 $a_1=1$，$b_1=0$，$4a_{n+1}=3a_n-b_n+4$，$4b_{n+1}=3b_n-a_n-4$．

（ I ）证明：$\{a_n+b_n\}$ 是等比数列，$\{a_n-b_n\}$ 是等差数列；

（ II ）求 $\{a_n\}$ 和 $\{b_n\}$ 的通项公式．

**【解析】**（ I ）由题设得 $4(a_{n+1}+b_{n+1})=2(a_n+b_n)$，所以 $a_{n+1}+b_{n+1}=\dfrac{1}{2}(a_n+b_n)$．

又因为 $a_1+b_1=1\neq0$，所以数列 $\{a_n+b_n\}$ 是首项为 1、公比为 $\dfrac{1}{2}$ 的等比数列．

由题设得 $4(a_{n+1}-b_{n+1})=4(a_n-b_n)+8$，所以 $(a_{n+1}-b_{n+1})-(a_n-b_n)=2$．

又因为 $a_1-b_1=1$，所以数列 $\{a_n-b_n\}$ 是首项为 1，公差为 2 的等差数列．

（ II ）由（ I ）知，$a_n+b_n=\dfrac{1}{2^{n-1}}$，$a_n-b_n=2n-1$．

所以

$$a_n=\frac{1}{2}\big[(a_n+b_n)+(a_n-b_n)\big]=\frac{1}{2^n}+n-\frac{1}{2},$$

$$b_n=\frac{1}{2}\big[(a_n+b_n)-(a_n-b_n)\big]=\frac{1}{2^n}-n+\frac{1}{2}.$$

**【方法小结】** 证明数列 $\{a_n\}$ 是等差（比）数列，要根据定义证明．即数列 $\{a_n\}$ 是等差数列要证明 $a_{n+1}-a_n=d$（$d$ 为常数，$n\in\mathbf{N}^*$）；数列 $\{a_n\}$ 是等比数列要证明 $\dfrac{a_{n+1}}{a_n}=q$（$q$ 为常数，且 $q\neq0$，$n\in\mathbf{N}^*$），或证明 $a_{n+1}=a_nq$（$q$ 为常数，且 $a_1\neq0$，$q\neq0$，$n\in\mathbf{N}^*$）．在本题中能够依据已知条件和预期的目标，设计恰当的数学运算是解题的关键．

2. (2018 江苏 14) 已知集合 $A=\{x\,|\,x=2n-1,\ n\in\mathbf{N}^*\}$，$B=\{x\,|\,x=2^n,\ n\in\mathbf{N}^*\}$，将 $A\cup B$ 的所有元素从小到大依次排列构成一个数列 $\{a_n\}$，记 $S_n$ 为数列的前 $n$ 项和，则使得 $S_n>12a_{n+1}$ 成立的 $n$ 的最小值为 _____．

**【解析】方法一** 因为集合 $A=\{1,\ 3,\ 5,\ 7,\ 9,\ \cdots\}$ 是由所有正奇数构成的集合，集合 $B=\{2,\ 4,\ 8,\ 16,\ 32,\ \cdots\}$ 是由所有 2 的正整数幂构成的集合，所以数列 $\{a_n\}$ 为 1，2，3，4，5，7，8，9，11，13，15，16，17，$\cdots$ 以集合 $B$ 中的元素为数列 $\{a_n\}$ 中的最后一项进行运算得到：$S_2=1+2=3$，$a_3=3$，$S_2<12a_3$，$S_4=1+3+2+4=10$，$a_5=5$，$S_4<12a_5$，$S_7=(1+3+5+7)+$

$(2+4+8)=30$，$a_8=9$，$S_7<12a_8$，$S_{12}=(1+3+\cdots+15)+(2+4+8+16)=\dfrac{8(1+15)}{2}+30=94$，$a_{13}=$

$17$，$S_{12}<12a_{13}$，$S_{21}=(1+3+\cdots+31)+(2+4+\cdots+32)=\dfrac{16(1+31)}{2}+62=318$，$a_{22}=33$，$S_{21}<12a_{22}$.

同理 $S_{38}=1\,150$，$a_{39}=65$，$S_{38}>12a_{39}$，说明所求 $n$ 在 22 至 38 之间. 用二分法计算 $S_{30}=(1+3+\cdots+49)+(2+4+\cdots+32)=25^2+62=687$，$a_{31}=51$，$S_{30}>12a_{31}$，说明所求 $n$ 在 22 至 30 之间. 因为 $S_{26}=(1+3+\cdots+41)+(2+4+\cdots+32)=21^2+62=503$，$a_{27}=43$，$12a_{27}=516$，$S_{26}<12a_{27}$，但 $S_{30}$ 与 $12a_{27}$ 已经很接近，计算 $S_{27}=(1+3+\cdots+41+43)+(2+4+\cdots+32)=22^2+62=546$，$a_{28}=45$，$S_{27}>12a_{28}$，因此 $n$ 的最小值为 27.

方法二　设 $a_n=2^k$，

则 $S_n=\left[(2\times1-1)+(2\times2-1)+\cdots+(2\cdot2^{k-1}-1)\right]+(2+2^2+\cdots+2^k)=2^{2k-2}+2^{k+1}-2$.

由 $S_n>12a_{n+1}$ 得 $2^{2k-2}+2^{k+1}-2>12(2^k+1)$，即 $(2^{k-1})^2-20\times2^{k-1}-14>0$，

所以 $2^{k-1}>10+\sqrt{114}$，即 $2^{k-1}\geqslant2^5$，所以 $k\geqslant6$.

所以只需研究 $2^5<a_n<2^6$ 时是否有满足条件的解.

此时 $S_n=\left[(2\times1-1)+(2\times2-1)+\cdots+(2m-1)\right]+(2+2^2+\cdots+2^5)=m^2+62$，$a_{n+1}=2m+1$，$m$ 为等差数列的项数，且 $m>16$. 由 $m^2+62>12(2m+1)$，解得 $m>12+\sqrt{94}$，即 $m\geqslant22$. 所以 $n=m+5\geqslant27$，满足条件的 $n$ 的最小值为 27.

【方法小结】这是一道由一个等差数列和一个等比数列"整合"成的新数列的性质问题，具有一般性，解决它的关键是将新数列的问题还原成原来两个数列的问题. 首先要弄清楚新数列的前 $n$ 项和是由等差数列中的哪些项与等比数列中的哪些项构成的，然后考虑应该先从哪个原数列入手，在此基础上，考虑这两个原数列的项数之间有什么关系，末项之间有什么关系，最后在具体求和之时只需采取分组求和即可. 为更好地理解各个数列的本质属性，建议尽可能多列举出一些数列中的项，化抽象为具体，探寻规律，解决问题.

**题型四　比较大小**

(2019 全国 Ⅱ 理 6) 若 $a>b$，则

A. $\ln(a-b)>0$　　　　B. $3^a<3^b$　　　　C. $a^3-b^3>0$　　　　D. $|a|>|b|$

【解析】由 $y=3^x$ 和 $y=x^3$ 均为 $\mathbf{R}$ 上的增函数，及 $a>b$，可得 $3^a>3^b$，$a^3>b^3$，即 $a^3-b^3>0$，所以选项 B 不正确，选项 C 正确；由对数函数的值域和绝对值的概念可知，选项 A 和 D 均不正确，故选 C.

【方法小结】比较大小的方法有四种. 第一是作差判符法，第二是寻找中间量估算，第三是运用不等式性质转化，第四是利用函数单调性比较大小.

**题型五　不等式与逻辑相结合**

(2019 天津卷理数 3) 设 $x\in\mathbf{R}$，则"$x^2-5x<0$"是"$|x-1|<1$"的

A. 充分而不必要条件　　　　B. 必要而不充分条件

C. 充要条件　　　　D. 既不充分也不必要条件

【解析】化简不等式 $|x-1|<1$ 得 $0<x<2$，$x^2-5x<0$ 得 $0<x<5$. 因此由 $x^2-5x<0$ 不能推出 $|x-1|<1$，由 $|x-1|<1$ 能推出 $x^2-5x<0$，所以"$x^2-5x<0$"是"$|x-1|<1$"的必要不充分条件，故

选 B.

**【方法小结】**不等式与充分(必要)条件相结合的问题,通常先将不等式化简为最简形式,再根据集合间的包含关系分别判断:当命题 $p$ 对应的集合 $P$ 包含于命题 $q$ 对应的集合 $Q$ 时,$p$ 是 $q$ 的充分条件,$q$ 是 $p$ 必要条件.

### 题型六　均值不等式

(2019 天津卷理 13)设 $x>0$,$y>0$,$x+2y=5$,则 $\dfrac{(x+1)(2y+1)}{\sqrt{xy}}$ 的最小值为_____.

**【解析】**因为 $x>0$,$y>0$,$x+2y=5$,所以 $xy>0$. 因此 $\dfrac{(x+1)(2y+1)}{\sqrt{xy}}=\dfrac{2xy+2y+x+1}{\sqrt{xy}}=\dfrac{2xy+6}{\sqrt{xy}}$

$=2\sqrt{xy}+\dfrac{6}{\sqrt{xy}}\geqslant 2\sqrt{12}=4\sqrt{3}$,当且仅当 $xy=3$,且 $x+2y=5$,即 $\begin{cases} x=3, \\ y=1. \end{cases}$ 或 $\begin{cases} x=2, \\ y=\dfrac{3}{2}. \end{cases}$ 时等号成立,

故 $\dfrac{(x+1)(2y+1)}{\sqrt{xy}}$ 的最小值为 $4\sqrt{3}$.

**【方法小结】**运用基本不等式求最大(小)值时,要注意三个条件:一正(各项或各因式均为正)、二定(和或积为定值)、三相等(存在符合条件的变量值使得"等号成立").

**【易错提醒】**使用基本不等式求最大(小)值时,既要列出等号成立的条件还要符合题目的大前提. 如果将本题的条件"$x>0$"改为"$x>4$",那么 $4\sqrt{3}$ 不再是所求最小值.

### 题型七　线性规划

(2019 北京卷理数 5)若 $x$,$y$ 满足 $|x|\leqslant 1-y$,且 $y\geqslant -1$,则 $3x+y$ 的最大值为

A. $-7$　　　　　　B. $1$　　　　　　C. $5$　　　　　　D. $7$

**【解析】**由题意得 $\begin{cases} y\geqslant -1, \\ y-1\leqslant x\leqslant 1-y. \end{cases}$ 作出可行域如图 1 阴影部分所示. 设 $z=3x+y$,则 $y=z-3x$. 当直线 $l_0$:$y=z-3x$ 经过点 $C(2,-1)$ 时,$z$ 取最大值 5. 故选 C.

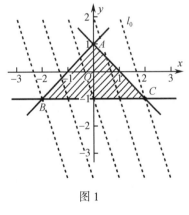

图 1

**【方法小结】**解决简单线性规划问题,首先要根据约束条件画出可行域,其次要将目标函数进行转化,确定研究对象的几何意义,再次通过目标直线的运动变化找到最优解的位置,最后利用解方程求出最优解,并解决问题.

### 三、微专题练习

**题型一　数列与函数**

1.(2018 浙江卷 10)已知 $a_1$,$a_2$,$a_3$,$a_4$ 成等比数列,且 $a_1+a_2+a_3+a_4=\ln(a_1+a_2+a_3)$. 若 $a_1>1$,则

A. $a_1<a_3$,$a_2<a_4$　　B. $a_1>a_3$,$a_2<a_4$　　C. $a_1<a_3$,$a_2>a_4$　　D. $a_1>a_3$,$a_2>a_4$

**【提示】**通过研究函数 $f(x)=\ln x-x+1$ 可得 $\ln x\leqslant x-1$,所以 $a_1+a_2+a_3+a_4=\ln(a_1+a_2+a_3)\leqslant a_1+a_2+a_3-1$,得 $a_4\leqslant -1$,即 $a_1q^3\leqslant -1$,故 $q<0$. 若 $q\leqslant -1$,则 $a_1+a_2+a_3+a_4=a_1(1+q)(1+q^2)\leqslant 0$,$a_1+a_2+a_3=a_1(1+q+q^2)\geqslant a_1>1$,所以 $\ln(a_1+a_2+a_3)>0$,矛盾. 所以 $-1<q<0$. 此时 $a_1-a_3=a_1(1-q^2)>0$,$a_2-a_4=a_1q(1-q^2)<0$. 所以 $a_1>a_3$,$a_2<a_4$. 故选 B.

2. 已知数列 $\{a_n\}$ 满足 $a_1=33$，$a_{n+1}-a_n=2n$，则 $\dfrac{a_n}{n}$ 的最小值为 _____ .

【提示】因为 $a_1=33$，$a_{n+1}-a_n=2n$，利用叠加法可得数列 $\{a_n\}$ 的通项公式为 $a_n=n^2-n+33$，

$n\in\mathbf{N}^*$，所以 $\dfrac{a_n}{n}=n+\dfrac{33}{n}-1$. 因为函数 $f(x)=x+\dfrac{33}{x}$ 在 $(0,\ \sqrt{33})$ 单调递减，$(\sqrt{33},\ +\infty)$ 单调递

增，且 $f(5)=\dfrac{58}{5}>f(6)=\dfrac{23}{2}$，所以当 $n=6$ 时，$\dfrac{a_n}{n}$ 有最小值 $\dfrac{21}{2}$.

3.（2018 全国Ⅱ理 17）记 $S_n$ 为等差数列 $\{a_n\}$ 的前 $n$ 项和，已知 $a_1=-7$，$S_3=-15$.

（Ⅰ）求 $\{a_n\}$ 的通项公式；

（Ⅱ）求 $S_n$，并求 $S_n$ 的最小值.

【解析】（Ⅰ）设数列 $\{a_n\}$ 的公差为 $d$，由题意得 $3a_1+3d=-15$. 因为 $a_1=-7$，所以 $d=2$.
所以 $\{a_n\}$ 的通项公式为 $a_n=2n-9$.

（Ⅱ）由（Ⅰ）得 $S_n=n^2-8n=(n-4)^2-16$. 所以当 $n=4$ 时，$S_n$ 取得最小值，最小值为 $-16$.

### 题型二　数列与不等式

1.（2018 西安质检）已知数列 $\{a_n\}$ 满足 $a_1=15$，且 $3a_{n+1}=3a_n-2$. 若 $a_ka_{k+1}<0$，则正整数

$k=$

A. 21　　　　　　　B. 22　　　　　　　C. 23　　　　　　　D. 24

【提示】由题意可知数列 $\{a_n\}$ 是首项为 15，公差为 $-\dfrac{2}{3}$ 的等差数列，其通项公式为 $a_n=-$

$\dfrac{2}{3}n+\dfrac{47}{3}$. 根据 $a_ka_{k+1}<0$，以及 $k$ 为正整数求得 $k=23$. 故选 C.

2. 已知数列 $\{a_n\}$ 中，$a_1=\dfrac{1}{2}$，其前 $n$ 项的和为 $S_n$，且满足 $a_n=\dfrac{2S_n^2}{2S_n-1}(n\geq 2)$.

（Ⅰ）求证：数列 $\left\{\dfrac{1}{S_n}\right\}$ 是等差数列；

（Ⅱ）证明：$S_1+\dfrac{1}{2}S_2+\dfrac{1}{3}S_3+\cdots+\dfrac{1}{n}S_n<1$.

【解析】（Ⅰ）由已知得 $S_n-S_{n-1}=\dfrac{2S_n^2}{2S_n-1}$，所以 $S_{n-1}-S_n-2S_nS_{n-1}=0$.

整理得 $\dfrac{1}{S_n}-\dfrac{1}{S_{n-1}}=2(n\geq 2)$，

又因为 $\dfrac{1}{S_1}=\dfrac{1}{a_1}=2$，所以数列 $\left\{\dfrac{1}{S_n}\right\}$ 是以 2 为首项，2 为公差的等差数列.

（Ⅱ）由（Ⅰ）得 $S_n=\dfrac{1}{2n}$.

（1）当 $n=1$ 时，$\dfrac{1}{n}S_n=\dfrac{1}{2}<1$.

（2）当 $n\geq 2$ 时，$\dfrac{1}{n}S_n=\dfrac{1}{2n^2}<\dfrac{1}{2}\cdot\dfrac{1}{n(n-1)}=\dfrac{1}{2}\left(\dfrac{1}{n-1}-\dfrac{1}{n}\right)$.

所以 $S_1 + \dfrac{1}{2}S_2 + \dfrac{1}{3}S_3 + \cdots \dfrac{1}{n}S_n < \dfrac{1}{2} + \dfrac{1}{2}(1 - \dfrac{1}{2} + \dfrac{1}{2} - \dfrac{1}{3} + \cdots + \dfrac{1}{n-1} - \dfrac{1}{n}) = 1 - \dfrac{1}{2n} < 1$.

综合上述所证，原不等式成立.

3. (2018 天津质检) 已知数列 $\{a_n\}$ 为等比数列，数列 $\{b_n\}$ 为等差数列，且 $b_1 = a_1 = 1$，$b_2 = a_1 + a_2$，$a_3 = 2b_3 - 6$.

（Ⅰ）求数列 $\{a_n\}$，$\{b_n\}$ 的通项公式；

（Ⅱ）设 $c_n = \dfrac{1}{b_n b_{n+2}}$，数列 $\{c_n\}$ 的前 $n$ 项和为 $T_n$，证明：$\dfrac{1}{5} \leqslant T_n < \dfrac{1}{3}$.

【解析】（Ⅰ）设数列 $\{a_n\}$ 的公比为 $q$，数列 $\{b_n\}$ 的公差为 $d$，

由题意得 $\begin{cases} 1 + d = 1 + q, \\ q^2 = 2(1 + 2d) - 6. \end{cases}$ 解得 $d = q = 2$，所以 $a_n = 2^{n-1}$，$b_n = 2n - 1$.

（Ⅱ）因为 $c_n = \dfrac{1}{b_n b_{n+2}} = \dfrac{1}{(2n-1)(2n+3)} = \dfrac{1}{4}(\dfrac{1}{2n-1} - \dfrac{1}{2n+3})$，

所以 $T_n = \dfrac{1}{4}\left[(1 - \dfrac{1}{5}) + (\dfrac{1}{3} - \dfrac{1}{7}) + (\dfrac{1}{5} - \dfrac{1}{9}) + \cdots + (\dfrac{1}{2n-3} - \dfrac{1}{2n+1}) + (\dfrac{1}{2n-1} - \dfrac{1}{2n+3})\right]$

$= \dfrac{1}{4}(1 + \dfrac{1}{3} - \dfrac{1}{2n+1} - \dfrac{1}{2n+3}) = \dfrac{1}{3} - \dfrac{1}{4}(\dfrac{1}{2n+1} + \dfrac{1}{2n+3})$，

因为 $\dfrac{1}{4}(\dfrac{1}{2n+1} + \dfrac{1}{2n+3}) > 0$，所以 $T_n < \dfrac{1}{3}$.

易知数列 $\{T_n\}$ 是递增数列，所以当 $n = 1$ 时，$T_n$ 取最小值 $T_1 = \dfrac{1}{5}$，所以 $\dfrac{1}{5} \leqslant T_n < \dfrac{1}{3}$.

# 求三角形中的取值范围问题的常见策略①

## 张　波　首都师范大学附属密云中学

**提要**　解三角形是高中数学重点内容之一，一直以来都是高考考查的热点内容，解三角形的题目往往涉及三角形内角和定理、正弦定理、余弦定理等知识的灵活应用，在 2016 年北京的高考题目中，也曾经考查过"三角形中的取值范围"问题：在 $\triangle ABC$ 中，角 $A$，$B$，$C$ 所对的边分别为 $a$，$b$，$c$，已知 $a^2+c^2=b^2+\sqrt{2}ac$. （1）求角 $B$ 的大小；（2）求 $\sqrt{2}\cos A+\cos C$ 的最大值. 针对这样一类问题，本文通过几个实例，来介绍一下三角形求解取值范围问题的几种常见解题策略.

### 一、利用函数 $y=A\sin(\omega x+\varphi)+B$ 进行求解

例 1　在 $\triangle ABC$ 中，角 $A$，$B$，$C$ 所对的边分别为 $a$，$b$，$c$，已知 $\cos A=\dfrac{1}{2}$，求 $\sin B+\sin C$ 的取值范围.

解：因为 $\cos A=\dfrac{1}{2}$，$0<A<\pi$，所以 $A=\dfrac{\pi}{3}$，

因为 $A+B+C=\pi$，所以 $B+C=\dfrac{2\pi}{3}$，即 $C=\dfrac{2\pi}{3}-B$.

令 $y=\sin B+\sin C$，

所以 $y=\sin B+\sin\left(\dfrac{2\pi}{3}-B\right)=\sin B+\sin\dfrac{2\pi}{3}\cos B-\cos\dfrac{2\pi}{3}\sin B$

$=\dfrac{3}{2}\sin B+\dfrac{\sqrt{3}}{2}\cos B=\sqrt{3}\sin\left(B+\dfrac{\pi}{6}\right)$.

因为 $0<B<\dfrac{2\pi}{3}$，所以 $\dfrac{\pi}{6}<B+\dfrac{\pi}{6}<\dfrac{5\pi}{6}$，

所以 $\dfrac{1}{2}<\sin\left(B+\dfrac{\pi}{6}\right)\leqslant 1$，即 $\dfrac{\sqrt{3}}{2}<\sin B+\sin C\leqslant\sqrt{3}$.

**评析**：也可以利用 $B=\dfrac{2\pi}{3}-C$，本题将条件"$\cos A=\dfrac{1}{2}$"化简之后，将 $B$、$C$ 两个变量统一到变量 $B$ 上来，再利用和差角公式的逆用变成 $y=A\sin(\omega x+\varphi)+B$，从而进行求解，需要注意角 $B$ 的取值范围.

### 二、利用二次函数进行求解

例 2　在 $\triangle ABC$ 中，角 $A$，$B$，$C$ 所对的边分别为 $a$，$b$，$c$，求 $\sin^2\dfrac{B+C}{2}+\cos 2A$ 的取值范围.

---

① 该文 2019 年 11 月发表于杂志《中学生数学》.

解：令 $y = \sin^2 \dfrac{B+C}{2} + \cos 2A$，

所以 $y = \sin^2 \dfrac{\pi - A}{2} + \cos 2A = 2\cos^2 A + \dfrac{1}{2}\cos A - \dfrac{1}{2}$.

令 $t = \cos A$，因为 $0 < A < \pi$，所以 $-1 < \cos A < 1$，即 $-1 < t < 1$，

所以 $y = 2t^2 + \dfrac{1}{2}t - \dfrac{1}{2}(-1 < t < 1)$，所以 $-\dfrac{17}{32} \leqslant y < 2$.

**评析**：利用二倍角公式以及 $A+B+C=\pi$ 将问题中的三个角都统一到角 $A$，通过换元，将问题转化为二次函数给定区间求取值范围的问题上来，需要注意换元之后要注意新元的取值范围.

### 三、利用基本不等式进行求解

例 3　在 $\triangle ABC$ 中，角 $A$，$B$，$C$ 所对的边分别为 $a$，$b$，$c$，且 $b\cos C = a - \dfrac{1}{2}c$，若 $b = 1$，求 $\triangle ABC$ 的周长 $l$ 的取值范围.

解：在 $\triangle ABC$ 中，由正弦定理 $\sin B\cos C = \sin A - \dfrac{1}{2}\sin C$，即 $\dfrac{1}{2}\sin C = \cos B\sin C$.

因为 $0 < C < \pi$，所以 $\sin C \neq 0$，所以 $\cos B = \dfrac{1}{2}$.

由余弦定理可得 $\cos B = \dfrac{a^2+c^2-b^2}{2ac} = \dfrac{1}{2}$. 即 $a^2+c^2-1 = ac$，所以 $(a+c)^2 - 1 = 3ac$.

因为 $a > 0$，$c > 0$，所以由基本不等式可得 $a+c \geqslant 2\sqrt{ac}$，即 $(a+c)^2 \geqslant 4ac$.

又因为 $ac = \dfrac{(a+c)^2-1}{3}$，所以 $(a+c)^2 \leqslant 4$，即 $0 < a+c \leqslant 2$.

又因为 $a+c > b$，$1 < a+c \leqslant 2$，所以 $2 < l \leqslant 3$.

**评析**：在化简 $b\cos C = a - \dfrac{1}{2}c$ 的时候，还可以应用余弦定理 $\cos C = \dfrac{a^2+b^2-c^2}{2ab}$ 统一到边长，即 $a^2+b^2-c^2 = ac$，亦可求得 $\cos B = \dfrac{1}{2}$，还可以进一步求出角 $B = \dfrac{\pi}{3}$，利用正弦定理将边长问题转化成角度问题，即 $l = a+b+c = a+c+1 = \dfrac{2\sqrt3}{3}\sin A + \dfrac{2\sqrt3}{3}\sin C + 1$，再利用和差角公式的逆用转化成 $l = 2\sin\left(A+\dfrac{\pi}{6}\right)+1$，然后由 $0 < A < \dfrac{2\pi}{3}$，解出 $2 < l \leqslant 3$.

### 四、小结

在三角形中，利用正弦定理、余弦定理、三角形内角和及三角变换的公式，去求解三角形中的取值范围问题，常见的解题策略主要有利用函数 $y = A\sin(\omega x + \varphi) + B$ 进行求解，或者利用二次函数及基本不等式进行求解，在解题过程中注意去体会换元思想、函数思想、化归思想的运用，以及三角形中角的取值范围.

# 二项式定理应用问题综析①

## 魏学军　北京市密云区教师研修学院

二项式定理的有关知识是每年高考必不可少的内容，往往以一道选择题或填空题的形式出现．"年年岁岁花相似"，考查的落脚点总是与二项展开式的通项公式和二项式系数的性质相关．二项式公式看似单一，但"岁岁年年题不同"，面对试题，须详究细察，分析揣摩，方可灵活应用，游刃有余．本文拟就高考中有关二项式定理应用的试题作"全扫描"，并进行分类分析与解答，旨在把握命题方向，探索解题规律，揭示解题方法．

### 一、求展开式中的某一指定项

例 1　$\left(2x^3-\dfrac{1}{\sqrt{x}}\right)^7$ 的展开式中常数项是(　　).

A. 14　　　　　B. −14　　　　　C. 42　　　　　D. −42

**分析与解**：$T_{r+1}=C_7^r\left(2x^3\right)^{7-r}\left(-\dfrac{1}{\sqrt{x}}\right)^r=(-1)^r C_7^r 2^{7-r} x^{21-\frac{7r}{2}}$，由题意知：$21-\dfrac{7r}{2}=0$，得 $r=6$，即展开式中常数项是第 7 项，$T_7=(-1)^6 C_7^6\cdot 2=14$，故选 A.

例 2　在 $(x+\dfrac{2}{x})(1-x)^4$ 的展开式中，常数项是_____．

**分析与解**：第一个括号取 $\dfrac{2}{x}$，第二个括号为 $C_4^1(-x)^1$，所以常数项是 $\dfrac{2}{x}\times C_4^1(-x)^1=-8$.

**解题方略**：直接利用通项公式进行求解.

例 3　$\left(x^2-3x+\dfrac{4}{x}\right)\left(1-\dfrac{1}{\sqrt{x}}\right)^5$ 的展开式中常数项是(　　).

A. −30　　　　　B. 30　　　　　C. −25　　　　　D. 25

**分析与解**：$\left(1-\dfrac{1}{\sqrt{x}}\right)^5$ 的通项为 $T_{r+1}=C_5^r(-1)^r\left(\dfrac{1}{\sqrt{x}}\right)^r$，$\left(x^2-3x+\dfrac{4}{x}\right)\left(1-\dfrac{1}{\sqrt{x}}\right)^5=x^2\left(1-\dfrac{1}{\sqrt{x}}\right)^5-3x$ $\left(1-\dfrac{1}{\sqrt{x}}\right)^5+\dfrac{4}{x}\left(1-\dfrac{1}{\sqrt{x}}\right)^5$，根据式子可知当 $r=4$ 或 $r=2$ 时有常数项，令 $r=4$，$T_5=C_5^4(-1)^4$ $\left(\dfrac{1}{\sqrt{x}}\right)^4$；令，$r=2$，$T_3=C_5^2(-1)^2\left(\dfrac{1}{\sqrt{x}}\right)^2$，因此所求常数项为 $C_5^4-3\times C_5^2=5-30=-25$，故选 C.

**解题方略**：求解与二项式相关的复杂式子的一般方法及步骤是：(1) 将复杂式子分解转化成与简单的二项式相关的式子；(2)根据条件找到符合条件的二项式的项；(3)利用二项式的通项求出符合条件的项；(4)整合后最终得出所求.

例 4　在二项式 $\left(\sqrt{x}+\dfrac{3}{x}\right)^n$ 的展开式中，各项系数之和为 $A$，各项二项式系数之和为 $B$，且 $A+B=72$，则展开式中常数项的值为(　　).

A. 6　　　　　B. 9　　　　　C. 12　　　　　D. 18

---

① 该文 2020 年 4 月发表于杂志《广东教育》.

**分析与解**：在二项式 $\left(\sqrt{x}+\dfrac{3}{x}\right)^n$ 的展开式中，令 $x=1$ 得各项系数之和为 $4^n$，所以 $A=4^n$，二项展开式的二项式系数和为 $2^n$，即 $B=2^n$，$4^n+2^n=72$，解得 $n=3$，$\left(\sqrt{x}+\dfrac{3}{x}\right)^n=\left(\sqrt{x}+\dfrac{3}{x}\right)^3$ 的展开式的通项为 $T_{r+1}=\mathrm{C}_3^r\left(\sqrt{x}\right)^{3-r}\left(\dfrac{3}{x}\right)^r=3^r\mathrm{C}_3^r x^{\frac{3-3r}{2}}$，令 $\dfrac{3-3r}{2}=0$ 得 $r=1$，故展开式的常数项为 $T_2=3\mathrm{C}_3^1=9$，故选 B.

**二、求展开式中某一指定项的系数**

**例5** 在 $\left(x-\dfrac{1}{\sqrt{x}}\right)^8$ 的展开式中 $x^5$ 的系数为_____.

**分析与解**：利用公式 $T_{r+1}=\mathrm{C}_n^r a^{n-r}\cdot b^r$ 求得 $T_{r+1}=(-1)^r\cdot\mathrm{C}_8^r\cdot x^{8-\frac{3}{2}r}$，令 $8-\dfrac{3}{2}r=5$，得 $r=2$，进而得 $x^5$ 的系数为 28.

**例6** $\left(2x+\sqrt{x}\right)^4$ 的展开式中 $x^3$ 的系数是( ).

A. 6        B. 12        C. 24        D. 48

**分析与解**：$T_{r+1}=\mathrm{C}_4^r\left(2x\right)^{4-r}\cdot\left(\sqrt{x}\right)^r=\mathrm{C}_4^r\cdot2^{4-r}\cdot x^{4-r}\cdot x^{\frac{r}{2}}=\mathrm{C}_4^r\cdot2^{4-r}\cdot x^{4-\frac{r}{2}}$，由题意设 $4-\dfrac{r}{2}=3$，所以 $r=2$ 即展开式中含 $x^3$ 的项是第 3 项，其系数为 $\mathrm{C}_4^2\cdot2^2=24$，故选 C.

**例7** 已知 $(x^{\frac{3}{2}}+x^{-\frac{1}{3}})^n$ 的展开式中各项系数的和是 128，则展开式中 $x^5$ 的系数为_____.（用数字作答）

**分析与解**：由展开式得通项 $T_{r+1}=\mathrm{C}_n^r\cdot x^{\frac{3}{2}n-\frac{11}{6}r}$，因为各项系数的和为 $\mathrm{C}_n^0+\mathrm{C}_n^1+\cdots+\mathrm{C}_n^n=2^n=128$，所以 $n=7$，由 $\dfrac{3}{2}n-\dfrac{11}{6}r=5$ 知 $r=3$，则 $\mathrm{C}_7^3=35$，故填 35.

**解题方略**：分清某一项的系数与它的二项式系数是否相同．常规解法是利用通项公式 $T_{r+1}=\mathrm{C}_n^r a^{n-r}b^r$，先确定 $r$，再求其系数.

**例8** $(1+x)^8(1+y)^4$ 的展开式中 $x^2y^2$ 的系数是( ).

A. 56        B. 84        C. 112        D. 168

**分析与解**：根据 $(1+x)^8$ 和 $(1+y)^4$ 的展开式的通项公式可得，$x^2y^2$ 的系数为 $\mathrm{C}_8^2\mathrm{C}_4^2=168$，故选 D.

**三、求两个二项式积的展开式中的某一指定项的系数**

**例9** 在 $(1-x^3)(1+x)^{10}$ 的展开式中，$x^5$ 的系数是( ).

A. -297        B. -252        C. 297        D. 207

**分析与解**：由题意可知，只需求出 $(1+x)^{10}$ 展开式中 $x^5$ 与 $x^2$ 的系数分别是 $\mathrm{C}_{10}^5$，$\mathrm{C}_{10}^2$．所以 $(1-x^3)(1+x)^{10}$ 的展开式中，$x^5$ 的系数为 $\mathrm{C}_{10}^5-\mathrm{C}_{10}^2=207$，故选 D.

**解题方略**：利用两因式展开式相应项系数配对的方法.

**四、求展开式中某些项系数的和**

**例10** 若 $(1-2x)^{2019}=a_0+a_1x+a_2x^2+\cdots+a_{2019}x^{2019}$ $(x\in\mathbf{R})$，则 $(a_0+a_1)+(a_0+a_2)+(a_0+a_3)+\cdots+(a_0+a_{2019})=$ _____.（用数字作答）

**分析与解：**（赋值法）令 $x=0$，得 $a_0=1$. $(a_0+a_1)+(a_0+a_2)+(a_0+a_3)+\cdots+(a_0+a_{2019})=2019a_0+(a_1+a_2+\cdots+a_{2019})=2018a_0+(a_0+a_1+a_2+\cdots+a_{2019})$，令 $x=1$，得 $a_0+a_1+a_2+\cdots+a_{2019}=-1$，可得 $(a_0+a_1)+(a_0+a_2)+(a_0+a_3)+\cdots+(a_0+a_{2019})=2017$.

**解题方略：**赋值法.

**例 11**　若 $(1-x)^5=a_0+a_1x+a_2x^2+a_3x^3+a_4x^4+a_5x^5$，则 $|a_0|-|a_1|+|a_2|-|a_3|+|a_4|-|a_5|=$（　　）.

A. 0　　　　　　　B. 1　　　　　　　C. 32　　　　　　　D. $-1$

**分析与解：**由二项展开式的通项公式 $T_{r+1}=C_5^r(-x)^r=C_5^r(-1)^rx^r$，可知 $a_1$，$a_3$，$a_5$ 都小于 0. 则 $|a_0|-|a_1|+|a_2|-|a_3|+|a_4|-|a_5|=a_0+a_1+a_2+a_3+a_4+a_5$，在原二项展开式中令 $x=1$，可得 $a_0+a_1+a_2+a_3+a_4+a_5=0$. 故本题答案选 A.

### 五、求展开式中系数满足某些特殊要求的项数

**例 12**　由 $(\sqrt{3}x+\sqrt[3]{2})^{100}$ 展开式所得的 $x$ 的多项式中，系数为有理数的共有（　　）.

A. 50 项　　　　　B. 17 项　　　　　C. 16 项　　　　　D. 15 项

**分析与解：**设展开式中第 $r+1$ 项的系数为有理数，则 $T_{r+1}=C_{100}^r3^{\frac{100-r}{2}}x^{100-r}2^{\frac{r}{3}}=C_{100}^r3^{\frac{100-r}{2}}2^{\frac{r}{3}}x^{100-r}$. 依题意 $r$ 既为偶数又为 3 的倍数，即 $r$ 为 6 的倍数，且 $0\leqslant r\leqslant100$，所以 $r$ 共有 17 个值，故选 B.

**解题方略：**先对展开式的通项进行整理，再令其幂指数为整数，进而求出所需项数.

### 六、求二项式中所含参数的值

**例 13**　若在 $(1+ax)^5$ 的展开式中 $x^3$ 的系数为 $-80$，则 $a=$_____.

**分析与解：**因为 $T_4=C_5^3(ax)^3=-80x^3$，所以 $10a^3x^3=-80x^3$，$10a^3=-80$，所以 $a^3=-8$，所以 $a=-2$.

**例 14**　$(x+1)^3+(x-2)^8=a_0+a_1(x-1)+a_2(x-1)^2+\cdots+a_8(x-1)^8$，则 $a_6=$_____.

**分析与解：**令 $x-1=t$，则 $(t+2)^3+(t-1)^8=a_0+a_1t+a_2t^2+\cdots+a_6t^6+\cdots+a_8t^8$，设 $(t-1)^8$ 的展开式含有 $t^6$ 项，$T_{r+1}=C_8^rt^{8-r}(-1)^r$，令 $8-r=6$，$r=2$，所以 $T_3=C_8^2t^6=28t^6$，所以 $a_6=28$.

**解题方略：**利用展开式的通项公式，根据题意建立方程，求出参数的值.

### 七、求二项式的幂指数

**例 15**　若 $\left(\sqrt{x}+\dfrac{2}{\sqrt[3]{x}}\right)^n$ 展开式中存在常数项，则 $n$ 的值可以是（　　）.

A. 8　　　　　　　B. 9　　　　　　　C. 10　　　　　　　D. 12

**分析与解：**$T_{r+1}=C_n^r(\sqrt{x})^{n-r}\left(\dfrac{2}{\sqrt[3]{x}}\right)^r=C_n^r\cdot2^r\cdot x^{\frac{3n-5r}{6}}$. 其中 $\dfrac{3n-5r}{6}=0$，即 $n=\dfrac{5}{3}r$. 当 $r=6$ 时，$n=10$. 故选 C.

**例 16**　若 $\left(x^3+\dfrac{1}{x\sqrt{x}}\right)^n$ 中展开式中的常数项为 84，则 $n=$_____.

**分析与解：**$T_{r+1}=C_n^rx^{3n-3r}\cdot x^{-\frac{3r}{2}}=C_n^r\cdot x^{3n-\frac{9r}{2}}$. 令 $3n-\dfrac{9}{2}r=0$，得 $r=\dfrac{2}{3}n$. 所以 $n$ 为 3 的倍数. 又由 $C_n^r=84$，验证：$n=3$ 时，$C_3^2=3\neq84$；当 $n=6$ 时，$C_6^4=15\neq84$；当 $n=9$ 时，$C_9^6=C_9^3=84$.

**解题方略**：依条件建立指数的方程.

## 八、与数列交汇

**例 17**　若 $(1-2^x)^9$ 展开式的第 3 项为 288，则 $\dfrac{1}{x}+\dfrac{1}{x^2}+\cdots+\dfrac{1}{x^n}$ 的值是_____.

**分析与解**：因为 $T_3=C_9^2(-2^x)^2=288$，所以 $x=\dfrac{3}{2}$，$\dfrac{1}{x}+\dfrac{1}{x^2}+\cdots+\dfrac{1}{x^n}=2\left[1-\left(\dfrac{2}{3}\right)^n\right]$.

## 九、与不等式交汇

**例 18**　在 $\left(x-\dfrac{1}{2x}\right)^8$ 的展开式中，含 $x^2$ 项的为 $p$，$\left(2x+\dfrac{2}{x}-\dfrac{1}{7}\right)^3$ 的展开式中含 $x^{-2}$ 项的为 $q$，则 $p+q$ 的最大值为_____.

**分析与解**：$\left(x-\dfrac{1}{2x}\right)^8$ 展开式的通项公式为：$T_{r+1}=C_8^r x^{8-r}\left(-\dfrac{1}{2}\right)^r x^{-r}=C_8^r\left(-\dfrac{1}{2}\right)^r x^{8-2r}$，令 $8-2r=2$，可得：$r=3$，则 $p=C_8^3\left(-\dfrac{1}{2}\right)^3 x^{8-2\times3}=-7x^2$，结合排列组合的性质可知 $q=C_3^2\left(\dfrac{2}{x}\right)^2\left(-\dfrac{1}{7}\right)=-\dfrac{12}{7x^2}$，由 $p+q=-7x^2-\dfrac{12}{7x^2}=-\left(7x^2+\dfrac{12}{7x^2}\right)\leqslant-2\sqrt{7x^2\times\dfrac{12}{7x^2}}=-4\sqrt{3}$，当且仅当 $x^2=\dfrac{2\sqrt{3}}{7}$ 时等号成立.

综上可得：$p+q$ 的最大值为 $-4\sqrt{3}$.

**解题方略**：(1)二项式定理的核心是通项公式，求解此类问题可以分两步完成：第一步根据所给出的条件特定项和通项公式，建立方程来确定指数(求解时要注意二项式系数中 $n$ 和 $r$ 的隐含条件，即 $n$，$r$ 均为非负整数，且 $n\geqslant r$，如常数项指数为零，有理项指数为整数等)；第二步是根据所求的指数，再求所求解的项. (2)求两个多项式的积的特定项，可先化简或利用分类加法计数原理讨论求解. 求最大最小值时，仍然需借助函数、不等式等知识获得.

## 十、与概率交汇

**例 19**　若在二项式 $(x+1)^{10}$ 的展开式中任取一项，则该项的系数为奇数的概率是_____. (结果用分数表示)

**分析与解**：展开式中所有系数依次为 $C_{10}^0$，$C_{10}^1$，$C_{10}^2$，$C_{10}^3$，$C_{10}^4$，$C_{10}^5$，$C_{10}^6$，$C_{10}^7$，$C_{10}^8$，$C_{10}^9$，$C_{10}^{10}$. 在这 11 个数中 $C_{10}^0$，$C_{10}^{10}$，$C_{10}^2$，$C_{10}^8$ 为奇数，其余均为偶数，故所求的概率为 $\dfrac{4}{11}$.

**解题方略**：解决此类问题关键要先找出符合要求的对象. 本题因数目不多，故既可用通项公式一一列举，也可用本文例 20 中的二项式系数表(杨辉三角)观察，从而使问题得到解决.

## 十一、渗透在研究性学习课题的探究之中

**例 20**　如图 1 所示，在由二项式系数所构成的杨辉三角形中第____行中从左至右第 14 与第 15 个数的比为 2：3.

**分析与解**：设第 $n$ 行中从左至右展开式中第 14 与第 15 个数的比为 2：3，则依题意可得：$C_n^{13}:C_n^{14}=2:3$，解得 $n=34$.

**解题方略**：分析所给题设特征，恰当使用二项式展开

| | | | | | | | | | | | |
|---|---|---|---|---|---|---|---|---|---|---|---|
| 第0行 | | | | | | 1 | | | | | |
| 第1行 | | | | | 1 | | 1 | | | | |
| 第2行 | | | | 1 | | 2 | | 1 | | | |
| 第3行 | | | 1 | | 3 | | 3 | | 1 | | |
| 第4行 | | 1 | | 4 | | 6 | | 4 | | 1 | |
| 第5行 | 1 | | 5 | | 10 | | 10 | | 5 | | 1 |
| …… | | | …… | | | | …… | | | | |

图 1

式的通项公式. 二项式定理的学习或复习应重视基础，对二项式定理的展开式、通项公式、二项式系数的性质、二项式展开式中项的系数特征要弄懂原理，注意分辨通解通法，牢固掌握，不必追求解难题、寻巧解.

**【归纳领悟】**

1. 二项式展开式的性质

（1）在二项式展开式中，与首末两端"等距离"的两项的二项式系数相等.

即：$C_n^0 = C_n^n$，$C_n^1 = C_n^{n-1}$，…，$C_n^k = C_n^{n-k}$.

（2）如果 $n$ 为偶数，则二项式的展开式的项数为奇数，且中间一项（第 $\frac{n}{2}+1$ 项）的二项式系数最大；如果 $n$ 为奇数，则二项式的展开式的项数为偶数，且中间两项（第 $\frac{n+1}{2}$ 项与第 $\frac{n+1}{2}+1$ 项）的二项式系数相等并且最大.

（3）所有二项式系数的和等于 $2^n$.

即：$C_n^0 + C_n^1 + \cdots + C_n^n = 2^n$.

（4）奇数项的二项式系数的和等于偶数项的二项式系数的和.

即：$C_n^0 + C_n^2 + \cdots = C_n^1 + C_n^3 + \cdots = 2^{n-1}$.

2. 二项式系数与项的系数的区别

如对 $(a+b)^n$ 的展开式，第 $r+1$ 项的二项式系数为 $C_n^r$，而第 $r+1$ 项为 $C_n^r a^{n-r} b^r$.

通项公式主要用于求二项式的指数，求满足条件的项或系数，求展开式的某一项或系数，在应用通项公式时要注意以下几点：

（1）分清 $C_n^k a^{n-k} b^k$ 是第 $k+1$ 项，而不是第 $k$ 项.

（2）在通项公式 $T_{k+1} = C_n^k a^{n-k} b^k$ 中，含有 $T_{k+1}$，$C_n^k$，$a$，$b$，$n$，$k$ 这六个参数，只有 $a$，$b$，$n$，$k$ 是独立的，在未知 $n$，$k$ 的情况下，用通项公式解题，一般都需首先将通项公式转化为方程(组)求出 $n$，$k$，然后代入通项公式求解.

（3）求二项式展开式中的一些特殊项，如系数最大的项、常数项等，通常都是先利用通项公式，由题意列方程，求出 $k$，再求所需的某项；有时则需先求 $n$，计算时要注意 $n$ 和 $k$ 的取值范围及它们之间的大小关系.

（4）二项式定理的一个重要用途是做近似运算：

当 $n$ 不很大，$|x|$ 比较小时，$(1+x)^n \approx 1+nx$.

（5）利用二项式定理还可以证明整除问题或求余数问题. 证明整除问题或者求余数问题时要进行合理的变形，使被除式(数)展开后的每一项都含有除式的因式，要注意变形的技巧.

总之，二项式定理的学习或复习应重视基础，对二项式定理的展开式、通项公式、二项式系数的性质、二项式展开式中项的系数特征要弄懂原理，注意分辨通解通法，牢固掌握，不必追求解难题，寻巧解.

# 例谈不等式应用中的典型错误[①]

魏学军 北京市密云区教师研修学院

不等式历来是高考数学的重点内容,主要考查有关不等式性质的基础知识、基本方法、不等式的解法.综合题多与其他章节(如函数、数列等)交汇.从题型上来看,多为比较大小、解简单不等式及线性规划等.解答题主要考查含参数的不等式的求解及它在函数、导数、数列中的应用.还考查逻辑推理能力、分析问题、解决问题的能力.

近几年高考不等式命题趋势:把不等式的性质与函数、三角结合起来综合考查不等式的性质、函数单调性等,多以选择题的形式出现;解答题以含参数的不等式的证明、求解为主.利用均值不等式解决像函数 $f(x)=x+\dfrac{a}{x}$,($a>0$)的单调性或解决有关最值问题是考查的重点和热点,应加强训练.结合指数、对数、三角函数考查函数的性质.解不等式的试题常以填空题、解答题形式出现.以当前经济、社会、生活为背景的不等式综合应用题仍是高考的热点,主要考查考生阅读及分析、解决问题的能力.在函数、不等式、数列、解析几何、导数等知识网络的交汇点命题,要特别注意与函数、导数综合命题这一变化趋势.对含参数的不等式,要加强分类整合的复习,学会分析引起分类讨论的原因,合理分类,不重不漏.

所以学习、复习"不等式",应特别注意以下六点:

1. 解不等式的基本途径——等价转化;

2. 高度关注字母的总体取值范围,确保变形过程中的等价性;

3. 高度关注参数的分类讨论,并用同一标准对参数进行划分,做到不重不漏;

4. 不可把含参不等式的解集简单地写成并集,要严格地分情况说明;

5. 只有深入审题,充分挖掘隐含条件,才能保证代数推理的逻辑性、严密性;

6. 注意均值不等式使用过程中的条件限制.

以下例析解(证)不等式中出现的典型错误:

**例 1** $x$,$y$,$z$ 为正实数,满足 $x-2y+3z=0$,则 $\dfrac{y^2}{xz}$ 的最小值是_____.

**简解**:由 $x-2y+3z=0$ 得 $y=\dfrac{x+3z}{2}$,则 $\dfrac{y^2}{xz}=\dfrac{x^2+9z^2+6xz}{4xz}\geqslant\dfrac{6xz+6xz}{4xz}=3$,当且仅当 $x=3z$ 时 "$=$"

成立,即 $\dfrac{y^2}{xz}$ 的最小值是 3.

注:在使用重要不等式解决相关问题时,根据所涉及的不等式的结构,常常需要配合一定的变形技巧与转化策略,才可使用重要不等式把问题解决.用均值不等式求函数的最值(或值域)是高中数学的一个重点,也是近几年高考的一个热点.使用均值不等式的三个条件"一正、二定、三相等"更是考题的焦点.

使用时易犯以下错误:

---

① 该文 2020 年 6 月发表于杂志《广东教育》.

1. 忽视均值不等式中应用时的三个条件"一正、二定、三相等".

**例 2**　求 $y = x + \dfrac{1}{x-1}(x \neq 1)$ 的值域.

**典型错误**：因为 $y = x + \dfrac{1}{x-1} = x - 1 + \dfrac{1}{x-1} + 1 \geq 3$，所以 $y \in [3, +\infty)$.

**错因分析**：上述解法因忽视了 $x-1$ 的正负而出错，本题需通过讨论 $x-1$ 的正负来解题.

**正确解答**：当 $x > 1$ 时，$y = x + \dfrac{1}{x-1} = x - 1 + \dfrac{1}{x-1} + 1 \geq 3$，当且仅当 $x - 1 = \dfrac{1}{x-1}$，即 $x = 2$ 时取

"="." 当 $x < 1$ 时，$y = x + \dfrac{1}{x-1} = -\left[(1-x) + \dfrac{1}{1-x}\right] + 1 \leq -1$，当且仅当 $1 - x = \dfrac{1}{1-x}$，即 $x = 0$ 时取"=".

故 $y \in (-\infty, -1] \cup [2, +\infty)$.

**例 3**　若正数 $x$，$y$ 满足 $x + 2y = 6$，求 $xy$ 的最大值.

**典型错误**：因为 $xy \leq \left(\dfrac{x+y}{2}\right)^2$，当且仅当 $x = y$ 时取"=". 又因为 $x + 2y = 6$，所以 $x = y = 2$，将 $x = y = 2$ 代入 $xy$，可得 $xy$ 的最大值为 4.

**错因分析**：初看起来，很有道理，其实在用均值不等式求最值时，在各项为正的前提下，应先考虑定值，再考虑等号是否成立. 但 $x + y$ 不是定值，所以 $xy$ 的最大值不是 4.

**正确解答**：因为 $xy = \dfrac{1}{2} x \cdot 2y \leq \dfrac{1}{2}\left(\dfrac{x+2y}{2}\right)^2 = \dfrac{9}{2}$，当且仅当 $x = 2y$ 即 $x = 3$，$y = \dfrac{3}{2}$ 时，取

"="号，所以最大值是 $\dfrac{9}{2}$.

**例 4**　已知函数 $f(x) = \dfrac{x^2 + 2x + \dfrac{1}{2}}{x}$，当 $x \in [1, +\infty)$，求函数 $f(x)$ 的最小值.

**典型错误**：因为 $f(x) = x + \dfrac{1}{2x} + 2 \geq \sqrt{2} + 2$，所以 $f(x)$ 的最小值为 $2 + \sqrt{2}$.

**错因分析**：本题忽略了验证"="是否成立. 由于 $f(x) = 2 + \sqrt{2}$ 时，当且仅当 $x = \dfrac{1}{2x}$，即 $x = \dfrac{\sqrt{2}}{2}$ 时取"=". 而 $\dfrac{\sqrt{2}}{2} \notin [1, +\infty)$，故该题无法用均值不等式求最值. 一般的类似于 $f(x) = ax + \dfrac{b}{x}$ 求最值时可利用函数的单调性来求解.

**正确解答**：（法 1）令 $1 \leq x_1 < x_2$，则

$$f(x_2) - f(x_1) = x_2 - x_1 + \dfrac{1}{2x_2} - \dfrac{1}{2x_1} = x_2 - x_1 + \dfrac{x_1 - x_2}{2x_1 x_2} = (x_2 - x_1)\left(1 - \dfrac{1}{2x_1 x_2}\right).$$

因为 $1 \leq x_1 < x_2$ 所以 $x_2 - x_1 > 0$，$1 - \dfrac{1}{2x_1 x_2} > 0$ 所以 $f(x_2) - f(x_1) > 0$.

所以 $f(x)$ 在 $x \in [1, +\infty)$ 上为增函数. 所以 $f(x)$ 的最小值为 $f(1) = \dfrac{7}{2}$.

（法 2）因为 $f'(x)=1-\dfrac{1}{2x^2}$，当 $x\in[1,+\infty)$ 时，$f'(x)=1-\dfrac{1}{2x^2}>0$，

所以 $f(x)$ 在 $x\in[1,+\infty)$ 上为增函数. 所以 $f(x)$ 的最小值为 $f(1)=\dfrac{7}{2}$.

2. 在同一问题中多次运用均值不等式，应注意取"="的条件一致.

例 5　已知 $x$，$y$ 为正实数，且 $2x+8y-xy=0$. 求 $x+y$ 的最小值.

**典型错误**：因为 $x$，$y$ 为正实数，所以 $xy=2x+8y\geqslant 8\sqrt{xy}$. 所以 $xy-8\sqrt{xy}\geqslant 0$，即 $\sqrt{xy}\geqslant 8$，所以 $x+y\geqslant 2\sqrt{xy}\geqslant 16$. 所以 $x+y$ 的最小值为 16.

**错因分析**：本题解答过程中两次运用均值不等式，在 $2x+8y\geqslant 8\sqrt{xy}$ 中当且仅当 $x=4y$ 时取"="，而在 $x+y\geqslant 2\sqrt{xy}$ 中当且仅当 $x=y$ 时取"="．显然两次运用均值不等式时取"="的条件不一致，故求得的 $x+y$ 的最小值为 16 是不成立的.

**正确解答**：因为 $2x+8y-xy=0$，所以 $y=\dfrac{2x}{x-8}(x>8)$.

所以 $x+y=x+\dfrac{2x}{x-8}=\dfrac{x^2-6x}{x-8}=\dfrac{(x-8)^2+10(x-8)+16}{x-8}=x-8+\dfrac{16}{x-8}+10\geqslant 18$，

当且仅当 $x-8=\dfrac{16}{x-8}$，即 $x=12$ 时取"="．所以 $x+y$ 的最小值为 18.

例 6　设 $a\in\mathbf{R}$，若函数 $y=e^{ax}+3x$，$x\in\mathbf{R}$ 有大于零的极值点，则（　　）.

A. $a>-3$　　　　　B. $a<-3$　　　　　C. $a>-\dfrac{1}{3}$　　　　　D. $a<-\dfrac{1}{3}$

**典型错误**：选 A.

**错因分析**：忽略了隐含条件 $a<0$ 而导致结果错误.

**正确解答**：$f'(x)=3+ae^{ax}$，若函数在 $x\in\mathbf{R}$ 上有大于零的极值点，即 $f'(x)=3+ae^{ax}=0$ 有正根. 当有 $f'(x)=3+ae^{ax}=0$ 成立时，显然有 $a<0$，此时 $x=\dfrac{1}{a}\ln\left(-\dfrac{3}{a}\right)$，由 $x>0$ 我们马上就能得到参数 $a$ 的范围为 $a<-3$，选 B.

例 7　" $|x-1|<2$ 成立"是" $x(x-3)<0$ 成立"的（　　）.

A. 充分不必要条件　　　　　　　　B. 必要不充分条件

C. 充分必要条件　　　　　　　　　D. 既不充分也不必要条件

**典型错误**：选 A 或 C.

**错因分析**：对两个不等式解集的包含关系未分清.

**正确解答**：由 $|x-1|<2\Rightarrow-2<x-1<2\Rightarrow-1<x<3$；由 $x(x-3)<0\Rightarrow 0<x<3$，显然前者不能推出后者，但后者能推出前者，选 B.

充要条件的高考常见题型为：由一个成立的命题，去求出其充要条件，或者证明某个命题成立的充要条件是什么等，题目一般为选择或填空题，但也会出现于部分解答题之中，难度不会太大.

**充要条件**：若 $p\Rightarrow q$，则称 $p$ 是 $q$ 的充分条件；

若 $q\Rightarrow p$，则称 $p$ 是 $q$ 的必要条件；

若 $p \Leftrightarrow q$，则称 $p$ 是 $q$ 的充要条件.

从集合观点看，若非空集合 $A$ 与 $B$ 满足 $A \subseteq B$，则 $A$ 是 $B$ 的充分条件，$B$ 是 $A$ 的必要条件，即"小充分，大必要"；若 $A=B$，则 $A$、$B$ 互为充要条件.

**例8** 若 $f(x)=-\frac{1}{2}x^2+b\ln(x+2)$ 在 $(-1,+\infty)$ 上是减函数，则 $b$ 的取值范围是（　　）.

A. $[-1,+\infty)$　　　B. $(-1,+\infty)$　　　C. $(-\infty,-1]$　　　D. $(-\infty,-1)$

**典型错误**：D.

**错因分析**：本题考查导数与不等式知识，只需根据原函数的单调性判断出它的导函数的正负即可构造不等式求解，但有些考生分不清在什么时候该取等号，从而判断失误.

**正确解答**：因为 $f(x)=-\frac{1}{2}x^2+b\ln(x+2)$ 在 $(-1,+\infty)$ 上是减函数，所以在 $x\in(-1,+\infty)$ 时，$f'(x)<0$；而 $f'(x)=-x+\frac{b}{x+2}$，显然当 $x=0$ 时，$f'(x)<0$，即 $b<0$；又当 $x=-1$ 时，$f'(x)=0$，即 $b=-1$，所以 $b\leqslant-1$，故选 C.

**例9** 设函数 $f(x)=ax^3-3x+1(x\in\mathbf{R})$，若对于任意 $x\in[-1,1]$，都有 $f(x)\geqslant0$ 成立，则实数 $a$ 的值为_____.

**典型错误**：不等式恒成立问题，一般的方法就是分离变量，转化为求函数的最值问题. 所以一些考生就直接求得最值，从而得出 $a\geqslant4$ 或 $a\leqslant4$.

**错因分析**：

**分析一**：本题虽然容易找到解题思路，但不易上手，难在不知道要对 $x$ 进行分类讨论，如何通过单调性的讨论来求最值.

**正确解答**：(1)若 $x=0$，则不论 $a$ 取何值，$f(x)\geqslant0$ 显然成立；(2)当 $x>0$ 即 $x\in(0,1]$ 时，$f(x)=ax^3-3x+1\geqslant0$ 可化为，$a\geqslant\frac{3}{x^2}-\frac{1}{x^3}$，设 $g(x)=\frac{3}{x^2}-\frac{1}{x^3}$，则 $g'(x)=\frac{3(1-2x)}{x^4}$，所以 $g(x)$ 在区间 $x\in(0,\frac{1}{2}]$ 上单调递增，在区间 $x\in[\frac{1}{2},1]$ 上单调递减，因此 $g(x)_{\max}=g(\frac{1}{2})=4$，从而 $a\geqslant4$；(3)当 $x<0$ 即 $[-1,0)$ 时，$f(x)=ax^3-3x+1\geqslant0$ 可化为，$a\leqslant\frac{3}{x^2}-\frac{1}{x^3}$，$g'(x)=\frac{3(1-2x)}{x^4}$，$g(x)$ 在区间 $[-1,0)$ 上单调递增，因此 $g(x)_{\min}=g(-1)=4$，从而 $a\leqslant4$，所以 $a=4$.

**分析二**：该题也可通过研究函数 $f(x)=ax^3-3x+1$ 本身的性质，如单调性、极值等，再讨论区间 $[-1,1]$ 和单调区间的关系，从而找到所满足的条件.

**正确解答**：显然 $a=0$ 不符合题意. 因为 $f(1)=a-2$，所以 $a<0$ 时不符合题意. 当 $a>0$ 时，令 $f'(x)=3ax^2-3=0$，得 $x^2=\frac{1}{a}$，所以 $x=\pm\frac{1}{\sqrt{a}}$. 故 $a>0$. $f(x)=ax^3-3x+1$ 在 $[-\frac{1}{\sqrt{a}},\frac{1}{\sqrt{a}}]$ 递减，在 $(-\infty,-\frac{1}{\sqrt{a}}]$ 及 $[\frac{1}{\sqrt{a}},+\infty)$ 上增，$f(-\frac{1}{\sqrt{a}})$ 为极大值，$f(\frac{1}{\sqrt{a}})$ 为极小值，易得 $f(0)=1$，$f(-\frac{1}{\sqrt{a}})=\frac{2}{\sqrt{a}}+1>1$.

（1）若 $1 \leqslant \dfrac{1}{\sqrt{a}}$，即 $a \leqslant 1$，只需 $f(1) \geqslant 0$，解得 $a \geqslant 2$，舍去；

（2）若 $1 \geqslant \dfrac{1}{\sqrt{a}}$，即 $a>1$，则只需 $\begin{cases} f(-1) \geqslant 0 \\ f(\dfrac{1}{\sqrt{a}}) \geqslant 0 \end{cases}$，解得 $a=4$. 综上知 $a=4$.

**分析三**：此题用导数知识求解，需讨论且不容易做，将 $f(x) \geqslant 0$ 变形为 $ax^3 \geqslant 3x-1$.

**正确解答**：画 $y=ax^3$ 及 $y=3x-1$ 的图象很快可以得到解答，比求导数要快捷得多.

**例 10**　已知函数 $f(x)=\dfrac{1}{4}x^4+x^3-\dfrac{9}{2}x^2+cx$ 有三个极值点.

（Ⅰ）证明：$-27<c<5$；

（Ⅱ）若存在 $c$，使函数 $f(x)$ 在区间 $[a, a+2]$ 上单调递减，求 $a$ 的取值范围.

**典型错误**：通过求导联系第（Ⅰ）问直接解出 $a$ 的取值范围为 $(-\infty, -5)$，也有解出 $a$ 的取值范围为 $(-3, 1)$.

**错因分析**：此类题主要考查求函数的极值及极值的应用，经常与单调性、最值知识结合应用于与函数有关的数学问题中，用到的知识点为：$f(x)$ 在某个区间内可导，若 $f'(x)>0$，则 $f(x)$ 是增函数；若 $f'(x)<0$，则 $f(x)$ 是减函数. 一般地，设函数 $f(x)$ 在点 $x_0$ 附近有定义，如果对 $x_0$ 附近的所有的点，都有 $f(x)<f(x_0)$，就说 $f(x_0)$ 是函数 $f(x)$ 的一个极大值，记作 $y_{极大值}=f(x_0)$，$x_0$ 是极大值点. 一般地，设函数 $f(x)$ 在点 $x_0$ 附近有定义，如果对 $x_0$ 附近的所有的点，都有 $f(x)>f(x_0)$，就说 $f(x_0)$ 是函数 $f(x)$ 的一个极小值，记作 $y_{极小值}=f(x_0)$，$x_0$ 是极小值点. 极大值与极小值统称为极值. 对于本题第（Ⅱ）问则要用分类整合的思想来求得 $a$ 的取值范围. 因存在参数而又缺乏分类整合思想，所以无法准确确定函数的单调区间，从而致使解答出错.

**正确解答**：（Ⅰ）因为函数 $f(x)=\dfrac{1}{4}x^4+x^3-\dfrac{9}{2}x^2+cx$ 有三个极值点，所以 $f'(x)=x^3+3x^2-9x+c=0$ 有三个互异的实根，设 $g(x)=x^3+3x^2-9x+c$，则 $g'(x)=3x^2+6x-9=3(x+3)(x-1)$.

当 $x<-3$ 时，$g'(x)>0$，$g(x)$ 在 $(-\infty, -3)$ 上为增函数，

当 $-3<x<1$ 时，$g'(x)<0$，$g(x)$ 在 $(-3, 1)$ 上为减函数，

当 $x>1$ 时，$g'(x)>0$，$g(x)$ 在 $(1, +\infty)$ 上为增函数.

所以函数 $g(x)$ 在 $x=-3$ 时取得极大值，在 $x=1$ 时取得极小值.

当 $g(-3) \leqslant 0$ 或 $g(1) \geqslant 0$ 时，$g(x)=0$ 最多只有两个不同实根，因为 $g(x)=0$ 有三个不同实根，所以 $g(-3)>0$，且 $g(1)<0$. 即 $-27+27+27+c>0$，且 $1+3-9+c<0$，解得 $c>-27$，且 $c<5$. 故 $-27<c<5$.

（Ⅱ）由（Ⅰ）的证明可知，当 $-27<c<5$ 时，$f(x)$ 有三个极值点，不妨设为 $x_1$，$x_2$，$x_3(x_1<x_2<x_3)$，则 $f'(x)=(x-x_1)(x-x_2)(x-x_3)$. 所以 $f(x)$ 的单调递减区间是 $(-\infty, x_1]$，$[x_2, x_3]$.

若 $f(x)$ 在区间 $[a, a+2]$ 上单调递减，则 $[a, a+2] \subset (-\infty, x_1]$，或 $[a, a+2] \subseteq [x_2, x_3]$.

若 $[a, a+2] \subset (-\infty, x_1]$，则 $a+2 \leqslant x_1$，由（Ⅰ）知，$x_1<-3$，于是 $a<-5$.

若 $[a, a+2] \subseteq [x_2, x_3]$，则 $a \geqslant x_2$，且 $a+2 \leqslant x_3$. 由（Ⅰ）知，$-3<x_2<1$.

又 $f'(x)=x^3+3x^2-9x+c$，当 $c=-27$ 时，$f'(x)=(x-3)(x+3)^2$；当 $c=5$ 时，$f'(x)=(x+$

5)$(x-1)^2$.

因此，当$-27<c<5$时，$1<x_3<3$. 所以$a>-3$，且$a+2<3$. 即$-3<a<1$.

故$a<-5$，或$-3<a<1$. 反之，当$a<-5$，或$-3<a<1$时，总可找到$c\in(-27,5)$，使$f(x)$在区间$[a,a+2]$上递减.

综上所述，$a$的取值范围是$(-\infty,-5)\cup(-3,1)$.

**规律与方法总结：**

1. 不等式证明常用的方法有：比较法、综合法和分析法，它们是证明不等式的最基本的方法.

（1）比较法证不等式有作差（商）、变形、判断三个步骤. 变形的主要方向是因式分解、配方，判断过程必须详细叙述. 如果作差以后的式子可以整理为关于某一个变量的二次式，则考虑用判别式法证.

（2）综合法是由因导果，而分析法是执果索因，两法相互转换，互相渗透，互为前提，充分运用这一辩证关系，可以增加解题思路，开阔视野.

2. 不等式证明还有一些常用的方法：换元法、放缩法、反证法、函数单调性法、判别式法、数形结合法等. 换元法主要有三角代换、均值代换两种. 在应用换元法时，要注意代换的等价性. 放缩法是不等式证明中最重要的变形方法之一，放缩要有的放矢，目标可以从要证的结论中考查. 有些不等式，从正面证如果不易说清楚，可以考虑反证法，凡是含有"至少""唯一"或含有其他否定词的命题，适宜用反证法.

证明不等式时，要依据题设、题目的特点和内在联系，选择适当的证明方法，要熟悉各种证法中的推理思维，并掌握相应的步骤、技巧和语言特点.

3. 几个重要不等式

（1）若$a\in\mathbf{R}$，则$|a|\geq0$，$a^2\geq0$.

（2）若$a,b\in\mathbf{R}$，则$a^2+b^2\geq2ab$（或$a^2+b^2\geq2|ab|\geq2ab$）（当且仅当$a=b$时取等号）.

（3）如果$a,b$都是正数，那么$\sqrt{ab}\leq\dfrac{a+b}{2}$（当且仅当$a=b$时取等号.）

最值定理：若$x,y\in\mathbf{R}^+$，$x+y=S$，$xy=P$，则①如果$P$是定值，那么当$x=y$时，$S$的值最小；②如果$S$是定值，那么当$x=y$时，$P$的值最大. 注意：①前提："一正、二定、三相等"，如果没有满足前提，则应根据题目创设情境，还要注意选择恰当的公式. ②"和定积最大，积定和最小"，可用来求最大（或小）值. ③均值不等式具有放缩功能，如果多处用到，请注意每处取等的条件是否一致.

（4）若$a,b,c\in\mathbf{R}^+$，则$\dfrac{a+b+c}{3}\geq\sqrt[3]{abc}$（当且仅当$a=b=c$时取等号）.

（5）若$ab>0$，则$\dfrac{b}{a}+\dfrac{a}{b}\geq2$（当且仅当$a=b$时取等号）.

4. 在学习、复习不等式的解法时，加强等价转化思想的训练与复习

解不等式的过程是一个等价转化的过程，通过等价转化可简化不等式（组），以快速、准确求解.

加强分类讨论思想的复习. 在解不等式或证不等式的过程中，如含参数等问题，一般要

对参数进行分类讨论. 复习时，学生要学会分析引起分类讨论的原因，合理地分类，做到不重不漏.

加强函数与方程思想在不等式中的应用训练. 不等式、函数、方程三者密不可分，相互联系、互相转化. 如求参数的取值范围问题，函数与方程思想是解决这类问题的重要方法. 在不等式的证明中，加强化归思想的复习，证不等式的过程是一个把已知条件向要证结论的一个转化过程，既可考查学生的基础知识，又可考查学生分析问题、解决问题的能力. 正因为证不等式是高考考查学生代数推理能力的重要素材，复习时应引起我们的足够重视.

5. 强化不等式的应用

突出不等式的知识在解决实际问题中的应用价值，借助不等式来考查学生的应用意识.

高考中除单独考查不等式的试题外，常在一些函数、数列、立体几何、解析几何和实际应用问题的试题中涉及不等式的知识. 加强不等式应用能力，是提高解综合题能力的关键. 因此，在复习时应加强这方面训练，提高应用意识，总结不等式的应用规律，才能提高解决问题的能力.

如在实际问题应用中，主要有构造不等式求解或构造函数求函数的最值等方法. 求最值时要注意等号成立的条件，避免不必要的错误.

6. 突出重点

综合考查在知识与方法的交汇点处设计命题，在不等式问题中蕴含着丰富的函数思想，不等式又为研究函数提供了重要的工具，不等式与函数既是知识的结合点，又是数学知识与数学方法的交汇点，因而在历年高考题中始终是重中之重. 在全面考查函数与不等式基础知识的同时，将不等式的重点知识及其他知识有机结合，进行综合考查，强调知识的综合和知识的内在联系，加大数学思想方法的考查力度，是高考对不等式考查的又一新特点.

# 一类两个"正数"和的最小值问题①

周跃鑫　北京市密云区第二中学
王保东　北京市密云区教师研修学院

在数学学习中，只有把握数学学习内容的本质，才能对内容所蕴含的数学思想和方法有深入的理解，才能实现从"知其然"到"知其所以然"，再到"何由以知其所以然"的跨越．教材中的例题、习题都是经过专家反复推敲、精心设置的，要细心体会例题之间、例题与习题之间、习题之间蕴含的研究问题的逻辑关系和教育价值．通过对教材中例题和习题的探究和变形，不仅能够巩固基础知识，还能在学习过程中深化对相关数学知识的理解，提高发现和提出问题、分析和解决问题的能力．在学习过程中，积累研究数学问题的活动经验，学会思考与发现，培养数学学科核心素养．

**原题呈现**：例1 已知 $x>0$，求 $x+\dfrac{1}{x}$ 的最小值（人教A版新教材第45页例1）．

**考查分析**：本题考查了基本不等式及其应用．将" $x+\dfrac{1}{x}$ "与基本不等式" $\dfrac{a+b}{2}\geq\sqrt{ab}$（$a>0$，$b>0$）"建立联系是关键，掌握基本不等式的结构特点是基础．基本不等式中含有两个字母 $a$ 和 $b$，而所求问题中只含有一个字母 $x$，要用基本不等式解决问题，就要把所求的一些项看成是" $a$ "和" $b$ "，因此就要追查 $a$ 和 $b$ 在基本不等式中涉及的基本运算关系．不难发现，不等式的左端涉及的基本运算是"和"的运算，右端涉及的基本运算是"积"的运算．从基本运算的角度看，基本不等式就是"和"≥"积"的形式，所以确定" $a$ "和" $b$ "的依据是能把所给问题看成是两个"正数"的和与积的不等关系问题．特别的，当其中的和或积中有一个为定值时，便可以与最大（或最小）值建立联系．在本例中，可以把 $x$ 与 $\dfrac{1}{x}$ 分别看成是基本不等式中的两个变量 $a$ 和 $b$．因此 $x+\dfrac{1}{x}$ 便是 $a$ 与 $b$ 的算术平均数的2倍，而 $a$ 与 $b$ 的几何平均数 $\sqrt{x\cdot\dfrac{1}{x}}$ 是定值1，所以可以用基本不等式求最小值，但是要注意代数式的最小值，必须是代数式能取到的值．

该题可归结为两个"正数"和的最小值问题，即从基本运算角度体会基本不等式的结构，解决求代数式的最小值．

**延伸思考**：本题通过将问题中的一个变量 $x$ 的代数式看成是关于两个正数 $a$，$b$ 的和与积之间不等关系的问题，解决了求特殊代数式的最小值问题．通过这种转化与化归的方法，我们还可以解决哪些代数式的最大（小）值问题呢？

**变式1**　当 $x$ 取何值时，$x^2+\dfrac{1}{x^2}$ 取得最小值？最小值是多少？

**解**：根据题意 $x^2>0$，由基本不等式得：$x^2+\dfrac{1}{x^2}\geq 2\sqrt{x^2\cdot\dfrac{1}{x^2}}=2$，当且仅当 $\begin{cases}x^2=\dfrac{1}{x^2},\\x^2>0.\end{cases}$ 即 $x=$

---

①　该文2020年5月发表于报刊《少年智力开发报·数学专页》．

$\pm 1$ 时等号成立，因此，当 $x=\pm 1$ 时，$x^2+\dfrac{1}{x^2}$ 有最小值，且最小值为 2.

**评注**：本题只需将 $x^2$ 和 $\dfrac{1}{x^2}$ 分别看成基本不等式中的 $a$ 和 $b$ 即可，它与例 1 的区别在于题目隐含了对于 $x^2$ 和 $\dfrac{1}{x^2}$ 为正数的限制条件，需要大家在书写过程时指出来，然后才能运用基本不等式解决问题.

**变式 2**　已知 $x>1$，求 $x+\dfrac{1}{x-1}$ 的最小值.

**解**：因为 $x>1$，所以 $x-1>0$. 由基本不等式得：$x+\dfrac{1}{x-1}=(x-1)+\dfrac{1}{x-1}+1\geq 2\sqrt{(x-1)\cdot\dfrac{1}{x-1}}$ $+1=3$，当且仅当 $x-1=\dfrac{1}{x-1}>0$ 即 $x=2$ 时，等号成立，因此，所求的最小值为 3.

**评注**：本题只需将 $x-1$ 和 $\dfrac{1}{x-1}$ 分别看成基本不等式中的 $a$ 和 $b$ 即可，它与例 1 的区别在于题目中的 $x$ 与 $\dfrac{1}{x-1}$ 的积不是定值，因此，需要先将 $x$ 变形为 $(x-1)+1$，再求 $(x-1)+\dfrac{1}{x-1}$ 的最小值，从而解决问题. 这里还需要注意检验，求得等号成立的 $x=2$ 是否满足题目条件 $x>1$.

**变式 3**　已知 $x<0$，求 $x+\dfrac{1}{x}$ 的最大值.

**解**：因为 $x<0$，所以 $-x>0$. 由基本不等式得：$-x+\dfrac{1}{-x}\geq 2\sqrt{(-x)\cdot\dfrac{1}{-x}}=2$，所以 $x+\dfrac{1}{x}\leq$ $-2$，当且仅当 $\begin{cases}-x=\dfrac{1}{-x},\\ x<0.\end{cases}$ 即 $x=-1$ 时，等号成立，因此，所求最大值为 2.

**评注**：本题只需将 $-x$ 和 $\dfrac{1}{-x}$ 分别看成基本不等式中的 $a$ 和 $b$ 即可，它与例 1 的区别在于题目中的 $x$ 是负的，所以需要选定与 $x$ 相关的正数作为"$a$"和"$b$"，因此，需要先用基本不等式考虑 $-x+\dfrac{1}{-x}$ 的范围，再用不等式的性质求出 $x+\dfrac{1}{x}$ 的范围，从而解决问题. 这里也需要注意检验求得等号成立的 $x=-1$ 是否满足题目条件 $x<0$.

**变式 4**　当 $x$，$y$ 同号时，求 $\dfrac{x}{y}+\dfrac{y}{x}$ 的最小值.

**解**：当 $x$，$y$ 同号时，$\dfrac{x}{y}>0$，$\dfrac{y}{x}>0$. 由基本不等式得：$\dfrac{x}{y}+\dfrac{y}{x}\geq 2\sqrt{\dfrac{x}{y}\times\dfrac{y}{x}}=2$，当且仅当 $\dfrac{x}{y}=\dfrac{y}{x}>0$ 即 $x=y$ 时，等号成立. 因此，所求最小值为 2.

**评注**：本题只需将 $\dfrac{x}{y}$ 和 $\dfrac{y}{x}$ 分别看成基本不等式中的 $a$ 和 $b$ 即可，它与例 1 的区别在于题目中虽然有两个变量 $x$ 和 $y$，但是它们并不是与"$a$"和"$b$"相对应的. 而且 $\dfrac{x}{y}$ 和 $\dfrac{y}{x}$ 为正的条件也是隐含的，需要在解答过程中给予说明. 大家还可以思考，如果 $x$，$y$ 异号时，$\dfrac{x}{y}+\dfrac{y}{x}$ 还有最小值吗？有没有最大值？如果有，你会求解吗？

　　**归纳总结**：通过解答上述问题可以提炼出两个规律：

　　1. 基本不等式揭示了两个正数的基本运算"和"与"积"之间的不等关系，能在新背景下识别公式中的"$a$"和"$b$"是关键，运用过程中要注意"一正"（$a$ 与 $b$ 均为正）、"二定"（和或积为定值）、"三相等"（存在使得等号成立的 $a$ 与 $b$）.

　　2. 教材中的例 1 是用基本不等式求代数式最小值问题中的最简形式，体现了一个正数和它的倒数的和有最小值 2 的事实. 上述例题也可以看成是分别将 $x$ 替换为 $x^2$，$x-1$、$-x$ 和 $\dfrac{x}{y}$，从这个角度讲，上述 5 个问题本身就是一个问题，知道这个结论会给解决许多数学问题带来方便.

# 基于核心素养的函数单调性学习①

王保东　北京市密云区教师研修学院
康淑欣　北京市密云区第二中学

　　函数的单调性是函数的基本性质之一，是对函数的局部性质的刻画. 人教 A 版新教材中单调性的内容是在初中阶段直观认识函数增减性的基础上，对其进行定量刻画，用符号语言揭示单调性的本质：当自变量取值顺序一定时，相应的函数值之间变化的规律性. 这种用"数及数量关系的稳定性刻画函数图象变化中的不变性"定义函数性质的方法，有利于发展直观想象、数学抽象的数学素养，也为后续研究其他函数性质积累了学习经验. 因此，函数单调性也是函数最重要的性质.

　　从函数单调性的定义结构分析，可以分为三部分. 以函数 $y=f(x)$ 单调递增为例，第一是任意 $x_1 < x_2$，第二是 $f(x_1) < f(x_2)$，第三是函数 $y=f(x)$ 在相应区间单调递增. 在这三部分当中，知道其中的任意两部分内容，可以推出剩余部分内容成立，这说明涉及函数单调性的基础问题只有三类.

## 一、运用单调性证明

　　**例 1**　判断并证明二次函数 $f(x)=ax^2+bx+c(a>0)$ 的单调性.

　　**分析**：首先，要给出二次函数的单调性结论；再在相应的单调区间内任取 $x_1$，$x_2$，并且 $x_1 < x_2$，推证 $f(x_1) < f(x_2)$，或 $f(x_1) > f(x_2)$.

　　**结论**：函数 $f(x)=ax^2+bx+c(a>0)$ 的单调递减区间为 $\left(-\infty, -\dfrac{b}{2a}\right]$，单调递增区间为 $\left[-\dfrac{b}{2a}, +\infty\right)$.

　　**证明**：在 $\left(-\infty, -\dfrac{b}{2a}\right]$ 内任取 $x_1$，$x_2$，使得 $x_1 < x_2$，

　　则 $f(x_1)-f(x_2)=(ax_1^2+bx_1+c)-(ax_2^2+bx_2+c)=a(x_1^2-x_2^2)+b(x_1-x_2)$
　　　　　　　　$=(x_1-x_2)[a(x_1+x_2)+b]$

　　因为 $x_1 < x_2 \leqslant -\dfrac{b}{2a}$，所以 $x_1-x_2 < 0$，并且 $x_1+x_2 < -\dfrac{b}{2a}+\left(-\dfrac{b}{2a}\right)$.

　　又因为 $a>0$，

　　所以 $a(x_1+x_2) < -b$，因此 $a(x_1+x_2)+b < 0$.

　　所以 $f(x_1)-f(x_2) > 0$，即 $f(x_1) > f(x_2)$.

　　所以函数 $f(x)=ax^2+bx+c(a>0)$ 在区间 $\left(-\infty, -\dfrac{b}{2a}\right]$ 上单调递减.

　　函数 $f(x)=ax^2+bx+c(a>0)$ 在区间 $\left[-\dfrac{b}{2a}, +\infty\right)$ 上单调递增建议同学们自己完成.

　　**【规律与总结】** 在初中学过了正比例函数、反比例函数、一次函数和二次函数，对它们的

---

①　该文 2020 年 5 月发表于报刊《少年智力开发报·数学专页》.

增减性已经有了直观认识, 用单调性的定义重新证明这些性质, 既可以深化对性质本质的理解, 又可以发展同学们的逻辑推理和数学运算能力. 证明函数单调性的一般步骤为: 第一步, 在区间 $D$ 上任取两个自变量的值 $x_1$, $x_2$, 规定 $x_1 < x_2$; 第二步, 计算 $f(x_1) - f(x_2)$, 将 $f(x_1) - f(x_2)$ 分解成若干可以直接确定符号的式子; 第三步, 确定 $f(x_1) - f(x_2)$ 的符号, 并得到 $f(x_1)$ 与 $f(x_2)$ 的大小关系; 第四步, 根据单调性的定义判断单调性. 运用单调性的定义证明函数单调性实质上是借助定义结构中的前两部分内容, 推证第三部分内容.

## 二、运用单调性比较大小

**例 2**　已知函数 $y = f(x)$ 是定义在 $(0, +\infty)$ 上的减函数, 试比较 $f\left(x^2 - \dfrac{2}{3}x + \dfrac{4}{9}\right)$ 与 $f\left(\dfrac{1}{3}\right)$ 的大小.

**分析**: 实际上 $f\left(x^2 - \dfrac{2}{3}x + \dfrac{4}{9}\right)$ 与 $f\left(\dfrac{1}{3}\right)$ 是函数 $y = f(x)$ 的两个函数值, 要比较两个函数值 $f(x_1)$, $f(x_2)$ 的大小, 联想函数的单调性概念, 需要先比较自变量取值 $x_1$ 与 $x_2$ 的大小.

**解**: 因为 $\left(x^2 - \dfrac{2}{3}x + \dfrac{4}{9}\right) - \dfrac{1}{3} = x^2 - \dfrac{2}{3}x + \dfrac{1}{9} = \left(x - \dfrac{1}{3}\right)^2 \geq 0$,

所以 $x^2 - \dfrac{2}{3}x + \dfrac{4}{9} \geq \dfrac{1}{3} > 0$.

又因为函数 $y = f(x)$ 是定义在 $(0, +\infty)$ 上的减函数,

所以 $f\left(x^2 - \dfrac{2}{3}x + \dfrac{4}{9}\right) \leq f\left(\dfrac{1}{3}\right)$.

**变式**: 已知定义在 $(0, +\infty)$ 上函数 $y = f(x)$ 满足, 任意两个正数 $x_1$, $x_2$, 都有 $\dfrac{f(x_1) - f(x_2)}{x_1 - x_2} > 0$, 试试比较 $f\left(x^2 - \dfrac{2}{3}x + \dfrac{4}{9}\right)$ 与 $f\left(\dfrac{1}{3}\right)$ 的大小.

**分析**: 变式中的核心要素是 $x_1$, $x_2$, 要素之间的主要关系是 $\dfrac{f(x_1) - f(x_2)}{x_1 - x_2} > 0$ ( * ), 正确理解不等式 ( * ) 是关键. 事实上, 不等式 ( * ) 表明 $x_1 - x_2$ 与 $f(x_1) - f(x_2)$ 同号, 因此, 当 $x_1 < x_2$ 时, 必有 $f(x_1) < f(x_2)$, 故函数 $y = f(x)$ 在 $(0, +\infty)$ 上单调递增, 建议同学们类比例 2 的解答过程独立完成变式.

**【规律与总结】** 利用函数的单调性比较函数值大小是比较大小的基本方法之一, 判断两个对应的自变量取值的大小关系, 并且保证它们均在同一个单调区间上是关键. 比较大小实质上是借助定义结构中的前、后两部分内容, 推证第二部分内容.

## 三、运用单调性解不等式

**例 3**　已知 $y = f(x)$ 是定义在 $[-1, 1]$ 上的增函数, 且 $f(x-2) < f(1-x)$, 求 $x$ 的取值范围.

**分析**: 本题的特点是没有给出函数 $y = f(x)$ 的具体对应关系, 如果想确定 $x$ 的取值范围, 必须先去掉不等式 $f(x-2) < f(1-x)$ 中的 "$f$", 即由 "函数值的不等关系" 转化为 "自变量取值的不等关系", 这正是函数单调性所揭示的概念本质.

**解**: 因为 $y = f(x)$ 在 $[-1, 1]$ 上为增函数, 且 $f(x-2) < f(1-x)$,

所以 $\begin{cases} -1 \leq x-2 \leq 1, \\ -1 \leq 1-x \leq 1, \\ x-2 < 1-x. \end{cases}$ 解得 $1 \leq x < \dfrac{3}{2}$.

所以 $x$ 的取值范围是 $1 \leqslant x < \dfrac{3}{2}$.

**例4**　若函数 $y = f(x)$ 是定义在 $(0, +\infty)$ 上的增函数, 且对 $\forall x, y > 0$, 满足 $f(\dfrac{x}{y}) = f(x) - f(y)$, $f(6) = 1$, 解不等式 $f(x+3) - f(\dfrac{1}{3}) < 2$.

**分析:** 基于例3的解题经验, 本题关键是将不等式 $f(x+3) - f(\dfrac{1}{3}) < 2$ 转化成 "$f(x_1) < f(x_2)$" 的形式, 即将不等式的左端的两项变为能看成函数值的一项, 右端的 "2" 需要添加一个 "$f$", 使它体现出函数值的特征. 已知给出的 "$\forall x, y > 0$, 满足 $f(\dfrac{x}{y}) = f(x) - f(y)$" 揭示的是函数 $y = f(x)$ 的一般性质, 用文字语言描述为 "自变量取两个正数做商后对应的函数值等于相应自变量取值对应的函数值做差, 反之亦然". 所以对其中的 $x, y$ 特殊化, 可以完成所求不等式左端的转化; "2" 可以看成是 $2f(6)$, 将其中的一个 $f(6)$ 移到不等式左端后, 不等式的右端已经达成目标, 左端重复将函数值的差转变为自变量取值商的函数值就可完成左端目标.

**解:** 因为 $f(6) = 1$, 所以 $f(x+3) - f(\dfrac{1}{3}) < 2 = f(6) + f(6)$.

因为对 $\forall x, y > 0$, 满足 $f(\dfrac{x}{y}) = f(x) - f(y)$,

所以 $f(3x+9) < 2f(6)$, 即 $f(3x+9) - f(6) < f(6)$.

所以 $f(\dfrac{x+3}{2}) < f(6)$,

因为 $y = f(x)$ 是 $(0, +\infty)$ 上的增函数,

所以 $0 < \dfrac{x+3}{2} < 6$, 解得 $-3 < x < 9$.

所以不等式的解集为 $\{x \mid -3 < x < 9\}$.

**【规律与总结】** 单独命制的运用函数的单调性解不等式问题, 一般给出的都是抽象函数 (即没有给出具体函数解析式). 将所求不等式转化成给定函数的两个函数值的大小关系是重点, 也是解决问题的难点; 在求解过程中, 忽略自变量取值受单调区间的限制条件是易错点; 将其中涉及的抽象的符号语言转化为文字语言或图形语言, 正确理解内涵本质是关键. 应用单调性解不等式实质上是借助定义结构中的后两个部分内容, 推证第一部分内容.

总之, 认识函数单调性要抓住概念的本质属性, 从单调性的定义结构去把握问题的呈现方式和解决策略, 这种依据数学内容的本质属性推测后续研究内容的思维逻辑, 有利于同学们跳出题海, 提高能力, 发展素养.

# 帮你认识幂函数①

王保东　北京市密云区教师研修学院

康淑欣　北京市密云区第二中学

幂函数是高中学习函数基本性质后研究的第一类函数. 人教 A 版新教材是借助 5 个具体实例, 通过观察归纳共性, 概括 5 个函数解析式的共同特征, 抽象出幂函数的概念, 蕴含着从特殊到一般的思维过程; 通过对 5 个具体幂函数 ($y=x$, $y=x^2$, $y=x^3$, $y=x^{\frac{1}{2}}$ 和 $y=x^{-1}$) 的图象与性质的学习, 体会研究一类具体函数的基本思路和方法.

涉及本节内容的问题主要考查幂函数的定义、图象和性质, 重在提升推理论证和直观想象能力, 发展数学抽象和数学运算的核心素养.

## 一、分析结构特征, 准确识别函数

一般地, 函数 $y=x^\alpha$ 叫做幂函数, 其中 $x$ 是自变量, $\alpha$ 是常数. 由幂函数的定义得到幂函数解析式的结构特征如下: (1) 解析式是单项式; (2) 底数是自变量 $x$; (3) 幂指数是常数; (4) 自变量 $x$ 前面的系数是 1.

**例 1**　已知幂函数 $f(x)=(k-1)x^\alpha$ 的图象过点 $\left(\dfrac{1}{2}, \dfrac{\sqrt{2}}{2}\right)$, 求 $k+\alpha=$ _____.

**分析**: 由幂函数解析式的结构特征可知 $k-1=1$, $k$ 可求. 利用 $f(x)$ 的图象过一点, 则该点坐标满足函数解析式, 可以构造关于 $\alpha$ 的方程, 解方程可求出 $\alpha$ 的值.

**解**: 因为函数 $f(x)=(k-1)x^\alpha$ 是幂函数, 所以 $k-1=1$, 即 $k=2$, 所以 $f(x)=x^\alpha$. 又因为 $f(x)$ 的图象过点 $\left(\dfrac{1}{2}, \dfrac{\sqrt{2}}{2}\right)$, 所以 $\left(\dfrac{1}{2}\right)^\alpha=\dfrac{\sqrt{2}}{2}=\left(\dfrac{1}{2}\right)^{\frac{1}{2}}$, 即 $\alpha=\dfrac{1}{2}$, 因此 $k+\alpha=\dfrac{5}{2}$.

**点拨**: 确定幂函数的依据是幂函数解析式的结构特征. 确定参数取值的一般方法是构造关于参数的方程. 求几个参数, 就要构造几个关于参数的独立方程. 这就是方程思想的体现.

## 二、借助代数运算, 深刻理解性质

例 2　(1) 计算 $(x-y)(x^2+xy+y^2)$;

(2) 证明: 函数 $f(x)=x^3$ 在 **R** 上为增函数.

(1) **解**: $(x-y)(x^2+xy+y^2)=x^3+x^2y+xy^2-x^2y-xy^2-y^3=x^3-y^3$.

(2) **证明**: $\forall x_1, x_2 \in \mathbf{R}$, 且 $x_1 < x_2$, 有

$$f(x_1)-f(x_2)=x_1^3-x_2^3=(x_1-x_2)(x_1^2+x_1x_2+x_2^2)=(x_1-x_2)\left[\left(x_1+\dfrac{x_2}{2}\right)^2+\dfrac{3}{4}x_2^2\right].$$

因为 $x_1 < x_2$, 所以 $x_1-x_2 < 0$.

又因为 $\left(x_1+\dfrac{x_2}{2}\right)^2+\dfrac{3}{4}x_2^2 \geq 0$, 当且仅当 $x_1+\dfrac{x_2}{2}=0$, 且 $x_2=0$, 即 $x_1=x_2=0$ 时取等号, 并且 $x_1 < x_2$, 所以 $\left(x_1+\dfrac{x_2}{2}\right)^2+\dfrac{3}{4}x_2^2 > 0$.

---

① 该文 2020 年 6 月发表于报刊《少年智力开发报·数学专页》.

所以 $f(x_1)-f(x_2)<0$，即 $f(x_1)<f(x_2)$．因此，函数 $f(x)=x^3$ 在 **R** 上为增函数．

**点拨**：借助具体函数图象，观察推测它们具有的基本性质是发现性质的重要途径，但只有经过代数运算给予证明，才能确认"猜测"的正确性，建议大家对教材中给出的 5 个具体幂函数的各条性质都能从代数运算的角度给予证明，提高数学运算能力．借助代数运算研究函数性质是高中阶段与初中阶段在认识函数性质时最大的不同．另外，$x^3-y^3=(x-y)(x^2+xy+y^2)$ 和 $x^3+y^3=(x+y)(x^2-xy+y^2)$ 在因式分解过程中经常用到，有兴趣的同学可以记下来．

### 三、变换研究路径，自主探究函数

例 3　求出幂函数 $f(x)=x^{-2}$（约定：$x^{-2}=\dfrac{1}{x^2}$）的定义域，试用描点法画出函数图象，讨论函数的值域、单调性和奇偶性，并证明．

**解析**：因为 $f(x)=x^{-2}=\dfrac{1}{x^2}$，所以 $f(x)$ 的定义域为 $\{x\in$ **R** $\mid x\neq 0\}$．

幂函数 $f(x)=x^{-2}$ 的图象如图 1 所示．

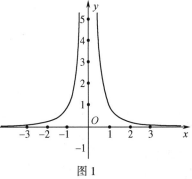

图 1

依据函数图象推测：函数 $f(x)=x^{-2}$ 的值域是 $(0,+\infty)$；单调增区间是 $(-\infty,0)$，单调减区间是 $(0,+\infty)$；是偶函数．证明如下：

(1) 因为 $x\neq 0$，所以 $x^2>0$．

因此 $f(x)=x^{-2}=\dfrac{1}{x^2}>0$，所以原函数的值域为 $(0,+\infty)$．

(2) $\forall x_1,x_2\in(-\infty,0)$，且 $x_1<x_2$，有

$$f(x_1)-f(x_2)=x_1^{-2}-x_2^{-2}=\dfrac{1}{x_1^2}-\dfrac{1}{x_2^2}=\dfrac{x_2^2-x_1^2}{x_1^2x_2^2}=\dfrac{(x_2-x_1)(x_2+x_1)}{x_1^2x_2^2}.$$

因为 $x_1,x_2\in(-\infty,0)$，且 $x_1<x_2$，所以 $x_2-x_1>0$，$x_2+x_1<0$．

所以 $f(x_1)-f(x_2)<0$，即 $f(x_1)<f(x_2)$．

因此，函数 $f(x)=x^{-2}$ 在 $(-\infty,0)$ 上单调递增．

同理可证，函数 $f(x)=x^{-2}$ 在 $(0,+\infty)$ 上单调递减．

(3) 因为 $\forall x\in\{x\in$ **R** $\mid x\neq 0\}$，都有 $-x\in\{x\in$ **R** $\mid x\neq 0\}$，且

$f(-x)=(-x)^{-2}=\dfrac{1}{(-x)^2}=\dfrac{1}{x^2}=x^{-2}=f(x)$，所以原函数为偶函数．

例 4　试讨论函数 $f(x)=x-\dfrac{1}{x}$ 的定义域、值域、单调性、奇偶性，并画出函数图象．

**解**：(1) 易得原函数的定义域为 $\{x\in$ **R** $\mid x\neq 0\}$．

(2) 设 $y=x-\dfrac{1}{x}$，则 $x^2-yx-1=0$　①．

根据函数的定义，关于 $x$ 的一元二次方程①有非零解．

又因为 0 不是方程①的根，所以有 $\Delta\geqslant 0$ 恒成立．

所以 $y^2+4\geqslant 0$ 恒成立，因此，$y\in$ **R**，即原函数的值域是 **R**．

(3) $\forall x_1$，$x_2 \in (-\infty，0)$，且 $x_1 < x_2$，有

$$f(x_1) - f(x_2) = (x_1 - \frac{1}{x_1}) - (x_2 - \frac{1}{x_2}) = (x_1 - x_2) - (\frac{1}{x_1} - \frac{1}{x_2}) = \frac{(x_1 - x_2)(x_1 x_2 + 1)}{x_1 x_2}.$$

因为 $x_1$，$x_2 \in (-\infty，0)$，且 $x_1 < x_2$，所以 $x_1 - x_2 < 0$，$x_1 x_2 > 0$.

所以 $f(x_1) - f(x_2) < 0$，即 $f(x_1) < f(x_2)$.

因此，原函数在 $(-\infty，0)$ 上单调递增.

同理可证，原函数在 $(0，+\infty)$ 上也单调递增.

因此，函数 $f(x) = x - \dfrac{1}{x}$ 的单调增区间是 $(-\infty，0)$，$(0，+\infty)$.

(4) 因为 $\forall x \in \{x \in \mathbf{R} \mid x \neq 0\}$，都有 $-x \in \{x \in \mathbf{R} \mid x \neq 0\}$，且

$f(-x) = (-x) - \dfrac{1}{-x} = -(x - \dfrac{1}{x}) = -f(x)$，所以原函数为奇函数.

(5) 方法一　运用描点法画出原函数图象；

方法二　先用描点法作出 $y$ 轴右侧图象，再利用奇函数图象关于原点对称，作出 $y$ 轴左侧图象. 具体图象略.

**点拨**：①研究函数的常见路径有两个. 其一是先依据函数的解析式确定定义域，画出函数图象，再根据图象推测函数性质，最后借助代数运算推证，其目的是研究函数性质，运用函数性质解决问题（如例3）；其二是先依据函数的解析式确定函数的定义域，再借助代数运算研究函数性质，最后结合函数性质和描点法画出函数图象，其目的是借助函数性质把握函数图象变化规律（如例4）.

②在例4中，虽然原函数在 $(-\infty，0)$ 上单调递增，在 $(0，+\infty)$ 上也单调递增，但是不能认为原函数在 $(-\infty，0) \cup (0，+\infty)$ 上单调递增. 因为如果设 $x_1 = -1$，$x_2 = 1$，显然有 $x_1 < x_2$，但是容易算得 $f(x_1) = f(x_2) = 0$，不满足 $f(x_1) < f(x_2)$，所以原函数在 $(-\infty，0) \cup (0，+\infty)$ 上不是单调递增的. 故原函数的单调递增区间也不能写成 $(-\infty，0) \cup (0，+\infty)$.

练习：

1. 已知函数 $y = (m^2 - 3m + 3)x^{-m} + 2n - 1$ 是幂函数，则 $m =$ ____，$n =$ ____.

2. 试讨论函数 $f(x) = |x|^{-1}$ 的定义域、值域、单调性、奇偶性，并画出函数图象.

参考答案：

1. $m = 1$ 或 $2$，$n = \dfrac{1}{2}$.

2. 函数 $f(x)$ 的定义域为 $\{x \in \mathbf{R} \mid x \neq 0\}$；值域为 $(0，+\infty)$；单调增区间是 $(-\infty，0)$，单调减区间是 $(0，+\infty)$；函数 $f(x)$ 是偶函数；证明和图象略.

# 函数模型的应用举例①

王 玥 北京市密云区第二中学
周跃鑫 北京市密云区第二中学

函数是刻画客观世界中变量关系和变化规律的数学语言和工具，为人们解决日常生活中的各种问题提供各种常规的数学工具．我们学习过的一次函数、二次函数、幂函数等都与现实世界有紧密联系．利用函数模型解决实际问题时，不但要有函数基础知识的储备，还要明确解决问题的一般流程，掌握解决问题的一般方法．

利用函数模型解决实际问题的一般流程是：

第一步，从实际问题出发，弄清题意，分析问题中存在几个变量，理顺这些变量之间的关系；

第二步，根据题目信息，引进数学符号，选择适合的函数模型，将实际问题转化为数学问题；

第三步，利用数学方法，通过运算、推理，求解函数模型；

第四步，根据代数运算结果，解释实际问题．

图 1 可以更清晰地体现利用函数模型解决实际问题的一般过程：

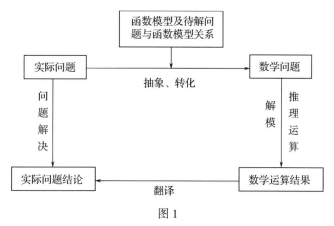

图 1

## 一、研究给定函数模型，解决实际问题

例 1 (2014 北京 8 题)加工爆米花时，爆开且不煳的粒数占加工总粒数的百分比称为"可食用率"．在特定条件下，可食用率 $p$ 与加工时间 $t$(单位：分钟)满足函数关系 $p = at^2 + bt + c$($a$, $b$, $c$ 是常数)，图 2 记录了三次实验的数据．根据上述函数模型和实验数据，可以得到最佳加工时间为(　　)．

A. 3.50 分钟　　B. 3.75 分钟

C. 4.00 分钟　　D. 4.25 分钟

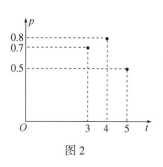

图 2

---

① 该文 2020 年 6 月发表于报刊《少年智力开发报·数学专页》．

**分析**：本题中所含"要素"及"要素之间的关系"已经给出：$p=at^2+bt+c$（$a$，$b$，$c$是常数），据此确定函数模型为二次函数. 在将实际问题转化为数学问题时，需要将"最佳工作时间"与二次函数的模型建立联系，这需要用到"生活常识"：最佳工作时间就是使"可食用率"最大的时刻. 从数学视角看，就是要找到当二次函数的函数值取得最大值时，自变量 $t$ 的取值 $t_0$. 故有两个思路，思路1，利用图2中给出的数据，运用待定系数法求出函数解析式，再求出 $t_0$；思路2，运用选择题的特点，借助选择支中选项，运用二次函数的对称性排除干扰支，找出正确答案.

**解**：方法1　先求函数解析式，再求 $t_0$.

由图2可知，点$(3,0.7)$，$(4,0.8)$，$(5,0.5)$在函数图象上，

因此 $\begin{cases}0.7=a\times3^2+b\times3+c, \\ 0.8=a\times4^2+b\times4+c, \\ 0.5=a\times5^2+b\times5+c.\end{cases}$　解得 $\begin{cases}a=-0.2, \\ b=1.5, \\ c=-2.\end{cases}$

故 $p=-0.2t^2+1.5t-2$，其对称轴方程为 $t=-\dfrac{1.5}{2\times(-0.2)}=\dfrac{15}{4}=3.75$.

所以当 $t=3.75$ 时，$p$ 取得最大值；

即当加工时间为3.75分钟时，可食用率 $p$ 取得最大.

故最佳加工时间为3.75分钟.

方法2　借助选项和二次函数对称性，找出 $t_0$.

设 $A(3,0.7)$，$B(4,0.8)$，$C(5,0.5)$.

(1) 当 $t_0=4$ 时，二次函数的对称轴方程为 $x=4$，点 $A(3,0.7)$关于直线 $x=4$ 的对称点 $A'(5,0.7)$在二次函数图象上，这与二次函数图象过点 $C(5,0.5)$矛盾，所以 $t_0\neq4$，排除 C 选项.

(2) 当 $t_0=3.5$ 时，同理可得，点 $A(3,0.7)$关于直线 $x=3.5$ 的对称点 $A'(4,0.7)$在二次函数图象上，这与二次函数图象过点 $B(4,0.8)$矛盾，所以 $t_0\neq3.5$，排除 A 选项.

(3) 当 $t_0=4.25$ 时，同理可得，点 $A(3,0.7)$关于直线 $x=4.25$ 的对称点 $A'(5.5,0.7)$在二次函数图象上，因为点 $A$，$B$ 均在对称轴左侧，由它们的高低，判断二次函数在区间$(-\infty,3.5)$上单调递增；同理，根据 $C$ 与 $A'$ 的高低，判断二次函数在$(3.5,+\infty)$上单调递增，这与二次函数的单调性矛盾，所以 $t_0\neq4.25$，排除 D 选项.

因此，断定 B 选项正确.

**小结**：对于给定函数模型的问题，我们通常采用待定系数法求出相关函数的解析式，通过对函数性质的研究从而解决实际问题；如果问题以选择题为背景，也可以考虑运用选择题的特点求解.

**二、通过构建函数模型，解决实际问题**

例2　某商场经营一批进价为30元/件的商品，在市场试销中发现，此商品的销售单价 $x$（单位：元）与日销售量 $y$（单位：件）之间有如表1所示的关系.

表1

| $x$ | … | 30 | 40 | 45 | 50 | … |
|---|---|---|---|---|---|---|
| $y$ | … | 60 | 30 | 15 | 0 | … |

（1）根据表中提供的数据描出实数对$(x,y)$的对应点，根据画出的点猜想 $y$ 与 $x$ 之间的函数关系，并写出一个函数解析式；

（2）设经营此商品的日销售利润为 $P$（单位：元），根据上述关系，写出 $P$ 关于 $x$ 的函数解析式，并求销售单价为多少元时，才能获得最大日销售利润.

**分析**：根据题目信息，有两个变量，分别是销售单价 $x$ 和日销售量 $y$，它们的关系是通过表格的形式呈现的，利用表中提供的数据描出实数对 $(x,y)$ 的对应点，如图3所示．观察图象发现，这些点近似地在一条直线上，推测 $y$ 与 $x$ 之间的函数关系是"一次型函数"，用待定系数法可以求得该函数的解析式，第一问可解．在第二问中，需要根据"日销售额＝日销售量×（每件商品的售价－进价）"，构建 $P$ 关于 $x$ 的函数解析式，再求解．

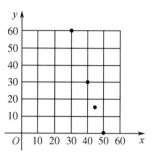

图3

**解**：（1）利用表中提供的数据描出实数对 $(x,y)$ 的对应点，如图3所示．推测 $y$ 与 $x$ 之间的函数关系是"一次型函数"．

设函数解析式为 $y=kx+b$（$k\neq0$）（$x\in\mathbf{N}$），

代入两组数据$(30,60)$、$(50,0)$，得方程组 $\begin{cases}60=30k+b,\\0=50k+b.\end{cases}$ 解得：$\begin{cases}k=-3,\\b=150.\end{cases}$

所以，$y=-3x+150$（$x\in\mathbf{N}$）.

经检验，$(40,30)$、$(45,15)$ 也在此直线上．

所以所求函数解析式为 $y=-3x+150$（$x\in\mathbf{N}$）.

（2）根据题意，$P=y(x-30)=-3(x-40)^2+300$，

当 $x=40$ 时，函数有最大值300．

因此，当销售价为40元时，才能获得最大利润300元．

**小结**：当问题以表格的形式出现时，可以通过分析表格中数据的变化规律来确定数学模型；也可以利用表格的数据画出变量的图象，从图象上直观推测函数模型的类型．

总之，在应用函数模型解决实际问题的过程中，正比例函数、反比例函数、一次函数、二次函数、幂函数，以及由它们构成的分段函数的图象和性质是研究的基础，恰当转化是关键．转化来源于对题目条件中变量之间对应关系的梳理，来源于对函数解析式、列表、图象三种表示形式的恰当转化，还来源于将所求实际问题正确转化为函数模型中的数学问题．

## 与指数函数相关问题常见求解错误剖析①

王晓娟　北京市密云区新农村中学
康淑欣　北京市密云区第二中学

指数函数 $y=a^x(a>0$，且 $a\neq1)$ 作为基本初等函数之一，是函数内容的重要组成部分. 如果同学们对指数函数的图象和性质掌握不够准确，解题中就会出现一些错误. 现就此处常见错误进行剖析、总结，希望能对大家的学习有所帮助.

**一、忽视定义域对函数值域的影响**

**例 1**　求函数 $y=2^{\frac{1}{x}}$ 的值域.

**错解**：因为指数函数 $y=a^x(a>0$，$a\neq1)$ 的值域是 $(0$，$+\infty)$，所以函数 $y=2^{\frac{1}{x}}$ 的值域也是 $(0$，$+\infty)$.

**剖析**：上述解法中忽略了函数 $y=2^{\frac{1}{x}}$ 的定义域对其值域的影响.

**正解**：因为函数 $y=2^{\frac{1}{x}}$ 的定义域为 $\{x\,|\,x\neq0\}$，所以 $\frac{1}{x}\neq0$，因此 $y=2^{\frac{1}{x}}\neq1$. 所以原函数的值域是 $(0$，$1)\cup(1$，$+\infty)$.

**点评**：函数 $y=a^{g(x)}(a>0$，$a\neq1)$ 的值域与指数函数 $y=a^x$ 的值域是否相同，关键看 $g(x)$ 的取值是否能"取遍"$(-\infty$，$+\infty)$ 内的每一个实数，如果能，则它们的值域相同；如果不能，需要将 $g(x)$ 不能取到的所有数 $m$ 对应的值 $a^m$ 剔除，才能得到 $y=a^{g(x)}(a>0$，$a\neq1)$ 的值域.

**二、忽视底数对函数单调性的影响**

**例 2**　已知 $a>0$ 且 $a\neq1$，比较 $a^{-2}$ 与 $a^{-3}$ 的大小.

**错解**：因为 $-2>-3$，所以 $a^{-2}>a^{-3}$.

**剖析**：上述解法中忽略了底数对指数函数单调性的影响. 当底数 $a$ 范围不确定时，应该对底数分 $0<a<1$，$a>1$ 两种情况进行分类讨论.

**正解**：当 $0<a<1$ 时，指数函数 $y=a^x$ 在 $(-\infty$，$+\infty)$ 上是减函数，又因为 $-2>-3$，所以 $a^{-2}<a^{-3}$；当 $a>1$ 时，指数函数 $y=a^x$ 在 $(-\infty$，$+\infty)$ 上是增函数，又因为 $-2>-3$，所以 $a^{-2}>a^{-3}$.

**点评**：在例 2 中解题出现错误的主要原因是只考虑幂指数的大小就断定两个幂的大小，这是缺乏理论支撑的. 实际上，可以将 $a^{-2}$，$a^{-3}$ 看作指数函数 $y=a^x(a>0$，且 $a\neq1)$ 的两个函数值，然后利用指数函数的单调性进行比较，而在确定指数函数的单调性时，应先按确定单调性的底数范围分情况讨论.

**变式**：比较 $1.7^{0.3}$ 与 $0.9^{3.1}$ 的大小.

**分析**：在例 2 中两个幂的底数相同，指数不同，可以看成是同一个指数函数的函数值；而本题与例 2 的主要区别在于两个幂的底数和指数都不同，因此，需要构建一个"中间量"，使得这个"中间量"的底数与已知两数之一的底数相同，指数与余下的幂指数相同，显然

① 该文 2020 年 6 月发表于报刊《少年智力开发报·数学专页》.

$0.9^{0.3}$ 符合条件；我们还可以把需要比较大小的两个数分别看成函数 $y=1.7^x$ 与 $y=0.9^x$ 的函数值，借助图象观察，找出一个居于两数之间的中间量，显然 1 符合条件.

**解**：方法 1　因为 $y=0.9^x$ 在 $(-\infty, +\infty)$ 上单调递减，并且 $0.3<3.1$，所以 $0.9^{0.3}>0.9^{3.1}$. 又因为 $y=x^{0.3}$ 在 $(0, +\infty)$ 单调递增，并且 $1.7>0.9$，所以 $1.7^{0.3}>0.9^{0.3}$. 故 $1.7^{0.3}>0.9^{0.3}>0.9^{3.1}$，即 $1.7^{0.3}>0.9^{3.1}$.

方法 2　因为函数 $y=1.7^x$ 在 $(-\infty, +\infty)$ 上单调递增，并且 $0.3>0$，所以 $1.7^{0.3}>1.7^0=1$. 又因为函数 $y=0.9^x$ 在 $(-\infty, +\infty)$ 上单调递减，并且 $3.1>0$，所以 $0.9^{3.1}<0.9^0=1$. 所以 $1.7^{0.3}>1>0.9^{3.1}$，即 $1.7^{0.3}>0.9^{3.1}$.

**点评**：$1.7^{0.3}$ 和 $0.9^{3.1}$ 由于底数不同，不能看作同一个指数函数的两个函数值，需要找一个位于二者之间的数作为"中间量"进行比较，寻找"中间量"的方法既可以从代数的角度思考，也可以依据图象确定方向. 在比较大小时，把 1 和 0 作为"中间量"是常用方法.

### 三、忽视图象变换对函数图象过定点的影响

例 3　函数 $y=a^{x+2}+3(a>0$ 且 $a\neq1)$ 的图象恒过定点_____.

**错解**：因为指数函数 $y=a^x(a>0$ 且 $a\neq1)$ 的图象过定点 $(0, 1)$，所以函数 $y=a^{x+2}+3(a>0$ 且 $a\neq1)$ 图象恒过定点 $(0, 1)$.

**剖析**：上述解法中忽略了函数 $y=a^{x+2}+3(a>0$ 且 $a\neq1)$ 图象相对于指数函数 $y=a^x(a>0$ 且 $a\neq1)$ 而言发生了变换，从而所过定点的坐标也随之改变了.

**正解**：方法 1　因为函数 $y=a^x(a>0$ 且 $a\neq1)$ 的图象过定点 $(0, 1)$，并且将函数 $y=a^x$ 的图象向左平移 2 个单位得到函数 $y=a^{x+2}$ 的图象，此时图象过定点 $(-2, 1)$；再将 $y=a^{x+2}$ 的图象向上平移 3 个单位就得到的 $y=a^{x+2}+3$ 的图象，因此，$y=a^{x+2}+3$ 的图象恒过定点 $(-2, 4)$.

方法 2　当指数 $x+2=0$，即 $x=-2$ 时，$a^{x+2}=1$，所以函数 $y=a^{x+2}+3$ 图象恒过定点 $(-2, 4)$.

**点评**：研究函数 $f(x)$ 图象过定点问题，就是要找到一个自变量取值 $x_0$，使得它对应的函数值 $f(x_0)$ 与参数无关. 一般有两种方法，其一是利用基础函数(如本例中的指数函数 $y=a^x$)图象过定点的性质，利用平移变换找到所求函数图象经过的定点；其二是利用指数函数当"$x=0$ 时，$y=1$"这条性质，令指数等于 0 来完成，其本质属性是借助 $\forall a>0$，$a\neq1$，都有 $a^0=1$. 方法 1 是从"图"上思考，方法 2 是从"数"上推导. 两种方法的共同点是要先分析函数解析式的结构特点，找到与之密切联系的"已知函数"，再利用"已知函数"的性质求解.

### 四、忽视函数的值域对研究新函数性质的影响

例 4　求函数 $y=\left(\dfrac{1}{9}\right)^x+\left(\dfrac{1}{3}\right)^x+1$ 的值域.

**错解**：令 $t=\left(\dfrac{1}{3}\right)^x$，则 $y=t^2+t+1=\left(t+\dfrac{1}{2}\right)^2+\dfrac{3}{4}\geq\dfrac{3}{4}$，所以函数的值域为 $\left[\dfrac{3}{4}, +\infty\right)$.

**剖析**：本题可以利用换元，将原函数求值域的问题转化成一个新的二次函数求值域问题. 在换元 $t=\left(\dfrac{1}{3}\right)^x$ 时，要利用指数函数的图象与性质确定参数 $t$ 的范围，若忽略了这一点即 $t=\left(\dfrac{1}{3}\right)^x>0$，必然导致错误.

**正解**：令 $t=\left(\dfrac{1}{3}\right)^x$，则 $t>0$，并且 $y=t^2+t+1=\left(t+\dfrac{1}{2}\right)^2+\dfrac{3}{4}$，又因为 $t>0$，且二次函数 $y=t^2+t+1=\left(t+\dfrac{1}{2}\right)^2+\dfrac{3}{4}$ 在 $(0,+\infty)$ 上单调递增，所以 $y>0^2+0+1=1$，可得原函数的值域是 $(1,+\infty)$.

**点评**：通过观察解析式结构特征，利用换元法，将待研究的函数问题转化成已经学过的常见函数的性质问题，体现了转化与化归的思想. 其中换元时，能将"旧元"的限制条件正确传递给"新元"是研究问题的基础，也是关键.

综上分析，我们发现，许多同学出现错误的原因是对数学概念、性质把握不准. 有的同学误把待研究函数当成指数函数，出现了各种各样的错误. 事实上，待研究的函数是指数函数 $y=a^x(a>0，a\neq1)$ 和其他已经学过的函数进行运算或复合而成，指数函数的图象和性质是研究这些函数的一个基础，这种经验的积累对我们后续学习其他类型函数也将起到至关重要的作用.

# ☆对高中数学试卷讲评课的思考①

王保东　北京市密云区教师研修学院

谷　楠　北京师范大学密云实验中学

**摘要**　复习课在高中数学教学中占据着独特地位，它是知识学习的高级阶段，在数学知识的整合与理解、解题策略的构建与内化、思维能力的形成与提升等方面都起着重要作用。高中试卷讲评课更是复习课中的一种重要课型，对如何上好试卷讲评课，许多教师还是比较困惑，直接造成试卷讲评课的效率低下。笔者认为试卷讲评课要有依据，学习科学为试卷讲评课的课堂教学设计提供了理论依据，我们在充分利用数据分析后，找到学生的症结，更重要的是分析现象背后的原因，引导学生思考知识间的联系，构建知识结构图，形成知识体系。

## 一、问题提出

复习课在高中数学教学中占据着独特地位，它是知识学习的高级阶段，在数学知识的整合与理解、解题策略的构建与内化、思维能力的形成与提升等方面都起着重要作用。试卷讲评课是高三数学教学必不可少的教学形式，但是无论教师在大学的学习，还是在工作后的教学培训中都没有合适的教学范式可供借鉴，许多教师不会上试卷讲评课，有的教师就是从第1题开始一直讲到试卷最后一题，既浪费了学生的时间，又没什么效果，失去了考试的诊断和改进功能。

学习科学认为学习是学生自主建构的过程，教师在学生的学习过程中是参与者、是唤醒者。教师是提出问题的人，而不是操控者。他不应只顾把学生引向自己的教学计划、阐释教学进程，而是必须尊重学生的自由，让他们找到自己的道路和自主权。如果学生能够了解他用这些新知识能做什么事(最好是短期内能做到的事)，他就会去学习。如果学生能够改变最初的心智结构，甚至彻底重塑心智结构，他就能学习。如果新知识或对知识的新表达能给学习者带来"好处"，并让他在解释、预测或行动时感受到(元认知的)这种好处，他就能学习。

## 二、案例再现

试卷讲评课应该怎样讲？讲什么？带着对这个问题的思考，笔者和谷楠老师在康杰主任的指导下，对试卷讲评课的教学范式进行了研究，并于2017年11月17日由谷楠老师上了一节区级公开课"2017海淀期中试卷讲评课——三角函数"。结合这节课的准备和实施过程，以学习科学理论为指导，从构建知识网络角度出发，对试卷中三角函数的难点进行剖析，尝试突破这一难点的对策，最终形成知识网络结构，完善了学生的思维导图。

**第一环节：诊断。**

准备这节课时，我们充分研究考试的数据，研究每道题的难度系数，诊断出一些题目的难度系数较低，分析出学生对数列、解三角形、函数，特别是三角函数这几部分掌握得不好，在试卷讲评课中预设用几节课逐一分析。进行数据分析时，还发现关于三角函数的题目——第6题、第19题的第一问，这两道题是应得分的题目，可是学生的答题情况确出乎意料，难

---

①　该文在北京市中学数学教育教学优秀论文评选活动中，被北京市教育学会数学教学研究会评为市级一等奖。

度系数分别为 0.3 和 0.32. 第 6 题问题到底出在哪了呢?

**第二环节:问诊.**

为了了解学生解决这道题的真实状况,设计了调查问卷,列出了 3 个问题:

问题 1　请同学们写出考试时的想法.

问题 2　请同学们分析错误原因.

问题 3　请你谈一谈这道题到底难在哪里?

调查结果显示,33 人中有 25 人是用特殊值法做的,但特殊值法逆向思考找不到反例,又不敢选充要条件,就误选为充分不必要条件.有几位同学说没有思路,不知道怎么想.有一位同学想到化为正弦型函数,解三角不等式推出了角的范围.还有的同学把正弦函数和余弦函数画在一个坐标系里,没有找出角的范围.只有一人想到用三角函数的定义解决问题.同学们对三角函数的定义太陌生了,才会出现想不到用三角函数定义解题.我们不禁要问:三角函数定义到底难在哪里?

**第三环节:现象解释.**

这节试卷讲评课该怎样讲?教师把定义讲给学生,帮助学生复习一下,再找相关的题训练吗?如果这样有效果,在一轮复习中也是这么讲的,学生怎么到考试的时候还是想不起来.这时,我们不禁会有一个疑问,是不是学生三角函数部分的知识点还没有掌握?于是我们建议同学们总结一下三角函数部分的知识结构图.从反馈的结果看,没有一个同学想到三角函数定义,知识点之间的联系没有写出来,几乎都是公式的罗列.这是由于学生在复习过程中,没有经历学习三角函数完整思维过程的经验积累,也就不能很好地联想与迁移.因此,教师在复习时不能再是知识点的罗列,而是应该引导学生探究、思考、构建知识之间的联系,形成完整的知识体系,让学生学会追根溯源.

**第四环节:调整干预.**

基于上述一些问题的思考,进行了如下设计,这也是对试卷讲评课的尝试.

(一) 教学内容分析

三角函数在高考中占有重要位置,在日常的社会生活中应用非常广泛,同时,它也是高考命题的热点之一.从学生的学习过程看,正弦函数经历几次变身,初中的正弦函数是在直角三角形中定义的,高中的正弦函数是在坐标系中定义的.为了在坐标系中研究角,引入了弧度制.因为函数是数集之间的对应关系,引入了单位圆.用单位圆中的对称性和三角函数定义可以推导诱导公式、同角三角函数关系式、两角差的余弦公式,引入三角函数线是为了画正弦函数图象.

(二) 教学目标分析

1. 师生对考试中三角函数问题进行诊断分析、改进三角函数的解题策略,发现已有知识网络的漏洞,重构知识网络结构.

2. 学生会用定义解决三角函数问题,或是转化为正弦函数解决问题,体会数形结合的思想方法.

(三) 教学重点、难点分析

**教学重点**:通过问题串的设计,学生探究、思考、构建,形成三角函数部分知识网络结构图(思维导图).

**教学难点：**构建三角函数知识网络结构图.

（四）教学过程设计

为了达到以上教学目标，更好地突出重点，突破难点，将本节课分为四个阶段：数据表现反馈、试题诊断分析、知识整体把握、建立知识结构. 下面将对每一阶段的具体教学进行逐一说明.

**第一阶段：数据表现反馈.**

如图 1 所示，从整张试卷看，三角函数问题题目不难，但学生丢分现象严重，到底问题出在哪？正是本节课探寻的答案.

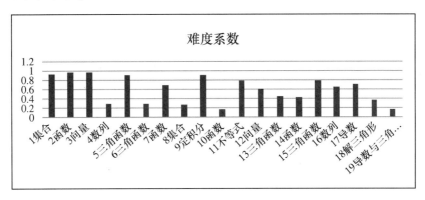

图 1

**第二阶段：试题诊断分析.**

回顾第 (6) 题：设 $\alpha \in \mathbf{R}$，则"$\alpha$ 是第一象限角"是"$\sin \alpha + \cos \alpha > 1$"的（　　　）.

(A) 充分而不必要条件　　　　(B) 必要而不充分条件

(C) 充分必要条件　　　　　　(D) 既不充分也不必要条件

1. 典型问卷调查结果反馈

项欣懿同学：用特殊值代入，觉得从前往后推容易，但从后往前推难.

王思桐同学：画单位圆用两边之和大于第三边.

赵越同学：化成 $\sqrt{2}\sin(\alpha+\frac{\pi}{4})>1$，$\sin(\alpha+\frac{\pi}{4})>\frac{\sqrt{2}}{2}$，所以 $\frac{\pi}{4}<\alpha+\frac{\pi}{4}<\frac{3\pi}{4}$，然后就不会了.

王佳悦同学：把 $y=\sin x$ 和 $y=\cos x$ 在第一象限的图象画在同一坐标系中，自己乱了.

孙雨飞同学：不会想，没思路.

2. 诊断分析

通过调研，发现学生做第 (6) 题时，不能从已有知识体系中提取三角函数定义，也不会用正弦函数图象解决问题.

3. 改进提升

**【问题1】**请王思桐说说为什么会想到单位圆. $\cos \alpha$ 和 $\sin \alpha$ 与单位圆有什么关系.

**【问题2】**思考：$\sin(\alpha+\frac{\pi}{4})>\frac{\sqrt{2}}{2} \Rightarrow \frac{\pi}{4}<\alpha+\frac{\pi}{4}<\frac{3\pi}{4}$，得到的这个范围对吗？写出你的做法.

**学生活动：**先独立思考，再展示交流.

**设计意图：**将问题转化为三角函数定义，或是"正弦型函数"解题.

第三阶段：知识整体把握.

1. 展示学生作品

这道题反映出同学们在三角函数的知识网络中几乎没有三角函数的定义，在写三角函数知识结构图时多是公式的罗列，图 2 是一幅相对全面结构图.

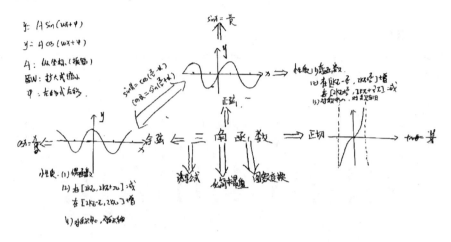

图 2

2. 改进提升

教师设计一系列问题串，帮助学生建立知识网络.

在已有的知识框图中，我们发现三角函数定义掌握得有问题，知识系统还没有建立，现在请同学们思考几个问题.

【问题1】初中三角函数是怎样定义的？可以举出具体例子加以说明，有无难以理解之处？

设计意图：从学生学习经历可以看出，三角函数发生了几次变身，让学生回顾三角函数的最初状态.

【问题2】(1) 高中三角函数定义发生了什么变化，有无难以理解之处？(2) 为什么会发生变化？

设计意图：让学生体会为什么高中三角函数不在直角三角形中定义.

【问题3】为什么要引入弧度制？

设计意图：画三角函数图象时，角作为自变量的取值应为实数，这样才能把角放到 $x$ 轴上.

【问题4】在坐标系中讨论角有什么好处？不用坐标系是否可以？

设计意图：让学生了解角可以不放在坐标系中，放在圆里.

【问题5】为什么用角终边上点的坐标定义三角函数？不用坐标是否可以？

【问题6】为什么在单位圆中定义三角函数？

【问题7】三角函数定义能推导出哪些公式？公式分别揭示了什么规律？可以用角与角的终边之间的位置关系解释吗？

设计意图：学生能够找到同角三角函数关系，诱导公式，两角和与差的正弦和余弦公式.

【问题8】为什么引出三角函数线？

设计意图：为了画三角函数图象.

【问题9】三角函数这一单元，共有多少个知识要点？相互之间的关系如何？

设计意图：寻找三角函数这一章各个知识点之间的联系，形成知识网络结构图.

学生活动过程设计：

(1) 独立思考为先；

(2) 随后展开小组交流讨论；

(3) 各组派出代表汇报，其他组员补充，外组同学提问.

**第四阶段：建立三角函数的知识结构图.**

学生在思考、讨论、再认识的基础上，构建三角函数这一章的知识网络结构图，形成较为完整的知识体系.（图3是学生在完成上述问题思考和讨论交流后，形成的最好的知识网络结构图之一.）

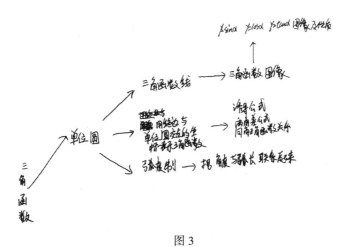

图 3

### 三、案例点评和建议

（一）案例点评

本节试卷讲评课充分利用数据分析、诊断，发现学生在高三一轮复习中存在的问题，从而分析得出这节试卷讲评课的重点内容，再通过问卷调查诊断出错误原因，追根溯源发现学生知识体系不完整，知识是零碎的、无联系的. 于是，谷老师设计了一系列问题引导学生思考知识之间的联系，是一堂时效性非常强的试卷讲评课，教学设计有以下特点.

1. 新颖

"新"在形式上. 基于教师对学生认知的了解，明确了高三的试卷讲评课必须有的放矢. 怎样才能做到有针对性的复习，谷楠老师的这节课给了我们很好的启发. 为了了解学生的情况，谷楠老师充分利用数据分析诊断学生的问题，并通过问卷调查追寻错误原因. 这种新的教学形式正是基于教师对学生的学情分析，有调查问卷提炼出的学生学习难点，教师正是据此确定了本节课的定位，并设计了课堂上相关的学生活动.

2. 准确

"准"在定位上. 正是基于教师对学生的学情分析，有调查问卷提炼出的学生学习难点的聚焦，有数据分析和解题过程反馈，教师据此确定了本节课的定位，并制定了相关的教学目标和重、难点. 使本节课有了很强的指向性.

### 3. 实效

"实"在效果上. 谷楠老师这节课真正做到了把课堂还给学生, 在学生的自主评价和相互评价中, 对知识建构和多角度解读条件的必要性有了感性认识, 并且可以比较灵活地应用. 当然本节课也有值得探究的地方, 如果能够给予学生更多的激励性评价, 调动学生更大的学习热情就更好了.

### (二) 对试卷讲评课的教学建议

高三数学试卷讲评课的教学目的是通过系统梳理知识, 加强相关知识联系的丰富性和顺畅性, 进而加强知识理解的准确性和深刻性, 提高知识的组织质量, 形成良好的数学认知结构, 并通过问题解决等方式, 提高综合运用知识解决问题的能力.

1. 建议高中数学试卷讲评课在教学设计上, 遵循以下原则:

(1)基础性, 注重核心知识、通性通法的理解和掌握;

(2)综合性, 着眼于相关知识的联系性, 突出数学思想方法的作用;

(3)发展性, 以提升学生的数学思维水平和解决问题的能力为核心任务;

(4)针对性, 注意发现学生存在的问题, 查漏补缺, 完善认知结构;

(5)有序性, 关注知识内在的逻辑关系, 做到有序推进、螺旋上升.

2. 建议教师关注到以下两个问题:

(1) 没有问题驱动的知识梳理不会让学生体会到其重要性, 不能让学生关注到认知任务的分析.

(2) 不是基于学情分析下的题型多样化训练, 跟学生的学习需求不符, 其收效与教师的付出自然不成正比, 学生倘能通过强化记忆达到正确模仿已经不易, 很难做到由"模仿解题"到"创造解决"的提升.

总之, 试卷讲评课要基于学情寻找教学素材, 要在教学过程中, 充分暴露学生的典型问题, 针对典型问题要组织学生讨论弄明白: 错在哪, 为什么错, 正确解法是什么, 如何避免错误的发生, 如何使知识方法形成网络, 启发学生, 梳理知识, 使知识系统化.

**参考文献:**

[1]　章建跃. 为什么用单位圆上点的坐标定义任意三角函数. 数学通报, 2007(1): 15.

[2]　李荐, 方中雄. 学习科学 友善用脑. 北京: 商务印书馆, 2016.

[3]　周建洋. 让学生参与: 谈如何上好数学试卷讲评课[J]. 教育艺术, 2010(2).

# ☆精准设计课堂活动，把学习还给学生①

## ——"友善用脑"在数学教学中的运用和体会

### 魏学军　北京市密云区教师研修学院

**提要**　数学思维是对人类思维实践的理性总结，也是对思维过程的形式概括，包括概念与判断、辨别与比较、分析与综合、归纳与演绎等，它们既是数学思维活动的一般规律，又是获得数学知识的有效手段．友善用脑为教师的高效教学、学生的科学学习提供了神经生物学（脑科学）、心理学的理论依据，友善用脑的课堂强调"学习"是"学生在学习"，班级探究，突出重点、突破难点，学生在自我建构中完成"学习"，逐步形成独立、创新的思维方式．

众所周知，数学是研究数量、结构、变化、空间及信息等概念的一门学科．由数学研究对象的抽象性本质我们可以看到，能动的抽象思维在数学的学习、研究中占有突出的地位．由于思维强烈的主体性（思维依赖于人脑的机能而存在，是人脑对客观现实的概括、间接的反映），就使得数学的研究对象和数学的研究都带有强烈的主体性．这种主体性恰恰是学习科学、友善用脑所提倡的，友善用脑认为："所有的学生都是天生的学习者"，在学习上要"发展学生所有制"，学校的任务是使学生"学会学习"，在学习上"如果学生无法适应我（教师）的教学方法，那就让我（教师）教会他们以他们自己的方式学习"．这些思想体现了以学生为本，可见友善用脑与数学学习本质上是多么完美地契合在一起．

数学思维是对人类思维实践的理性总结，也是对思维过程的形式概括，包括概念与判断、辨别与比较、分析与综合、归纳与演绎等，它们既是数学思维活动的一般规律，又是获得数学知识的有效手段，因此数学教学中学生的任何发展最终都要落实在思维训练上．那么，数学思维训练的实质是什么呢？数学思维训练的实质是数学思维过程的训练：以数学思想方法为载体，以数学思维技能、技巧和数学思维策略为手段，达到训练数学思维过程这一目的．由于数学教科书所表述的是数学知识的逻辑体系，是一些经过加工整理的数学抽象（思维）的结果，数学对象的抽象过程、数学思维的活动过程都被掩盖了，这就使教师在进行数学教学时，容易出现重视数学思维活动的结果而忽视数学思维活动过程的现象，所以在数学学习中学生活动的设计尤为重要．学生活动设计一直是困扰数学教学的问题，而友善用脑的理念无疑给我打开了一扇窗．友善用脑为教师的高效教学、学生的科学学习提供了神经生物学（脑科学）、心理学的理论依据，友善用脑的课堂强调"学习"是"学生在学习"，班级探究，突出重点、突破难点，学生在自我建构中完成"学习"，逐步形成独立、创新的思维方式．并且运用这些依据为教师有效教学、学生高效学习和家长科学帮教提出了具体措施，如：多感官教学、团队学习、音乐释压、健脑操补氧、思维导图帮助记忆、冥想整理思路，以及根据学生集中精力时间安排教学等一系列适应孩子身心健康的教学方法．数学课堂中的学生活动包括："观察、操作、归纳、猜想、验证、推理、建立模型、提出方法等个体活动，也包括讨论、合作、

---

① 该文在北京市中学数学教育教学优秀论文评选活动中，被北京市教育学会数学教学研究会评为市级一等奖．

交流、互动等小组活动."在课前的教学设计或者备课中，教师通过对"学生活动"的设计，可以优化学生活动、提高活动效益，促进学生的数学学习. 笔者结合友善用脑理念和数学课堂特征，尝试精准设计课堂活动，把学习还给学生，重点从以下几个环节的设计入手，谈谈自己的体会.

### 一、课堂引入——重视前拥知识

好的开始是成功的一半，古人写文章讲究开门见山，开头要简短而美观，直入主题. 其实，数学课堂教学也是这样，要一开始就让学生明白本节课所要研究的核心问题，因此对于一些引入性的活动要尽可能简短、直接，直达本意，而不是藏头露尾，费时费力，最终使学生云里雾里，不知所云. 让学生的前拥知识产生正迁移，需要"有用的情景"，只有这些情景出现，学生才会把前拥知识调动起来，迁移到新的环境中，完成正向迁移形成新的知识. 教师要根据所学数学知识的逻辑顺序，为学生提供适量的、具有典型意义的具体材料，让学生在数学理论知识的引导下，新知识与原有的数学知识经验建立起内部联系，成为一个有机的知识整体，达到对数学理论的理性认识.

例如，在等比数列的学习活动中，我们教师要有意识地指导学生回顾等差数列的学习经历，让学生结合已有的知识和经验进行学习. 等差数列和等比数列之间联系紧密、规律和谐、辩证统一，这些为等差向等比类比提供了保证. 从等差数列的性质、形式、条件、等式、解法可以类比出等比数列相应的性质、形式、条件、等式、解法等.

### 二、课堂讨论——关注团队学习

要使数学教学活动在某种程度上反映数学的创造过程，做到既让学生理解"证明"，又让学生学会"猜测"，使学生能够"知其然又知其所以然"，教师在教学中要尽可能多地创设探究情境、构建探究平台、提供探究的素材. 有效地讨论不仅要求教师设计适合学生"讨论"、有讨论价值的问题，而且要尽可能让每个学生都能够"插上嘴"，使每位同学都有发表自己观点的机会. 要让学生经历知识的形成过程，培养自主探究的能力，能更有效地发挥学生的主体作用，并使学生的主体性得到更好的发展. 学生讨论问题设计得有层次、有价值，不仅便于开展课堂小组讨论，使全体学生都能够参与活动，而且还要让学生在讨论中形成类比、化归、降维的思想，掌握了解决问题的方法. 特别要强调的是，在学生的讨论过程中，学生得到什么结论并不是最重要的，重要的是学生"想了什么""怎么想出"的.

例如，在基本不等式的学习过程中，教师可以将基本不等式成立的 3 个条件放开，让学生任意去掉 1 个或 2 个进行讨论. 每名同学都可以就自己的发现提出反例，在讨论的过程中深化理解.

### 三、课堂问题——强调思维活动

课堂问题要入口宽、有坡度、有开放性，课堂气氛要宽松. 在设计课堂教学活动时，关键是要考虑如何向学生提出问题. 问题是数学的心脏，是数学思维的源泉，教师可以通过创设问题情境，诱发学生发现问题，激发学生探索分析问题，培养解决问题的能力. 在解决数学问题的过程中培养学生正确的数学观及数学情感，提高他们对数学的认识水平，掌握数学思想方法，培养数学能力，提高智力水平. 给学生留有足够的时间思考和讨论，便于学生在交流中感受数学. 因此，在课堂教学中，教师应摒弃一些思维含量低、问题设计简单化的提问，而把教学内容中的核心知识，转化为与学生心理需要直接相关联的"问题"或"疑问"，为学生创设主体性活动的空间，让学生在活动中进行主动建构.

例如，在我下校听课过程中，有一节复习课教师提出了 6 个问题：等差数列的定义、等差数列的通项公式、等差数列的前 $n$ 项和公式、等比数列的定义、等比数列的通项公式、等比数列的前 $n$ 项和公式. 这种问题作为引入问题，基本没有思维价值，大大降低了课堂效果.

### 四、课堂练习——贵在精准实效

不可否认，学习数学离不开练习，但是过多过滥的练习不仅加重了学生的负担，对学生的创造力也起着阻碍作用，我们必须承认"熟能生巧"的同时，也可能会"熟能生笨". 因此，巩固性的课内练习和课外作业的设计要精致有实效，要把握数学的实质，起到"以一当十"的作用. 事实上教师也要认识到，数学题目甚至题目的类型都是做不完的，关键是让学生在有限的训练中掌握解决问题的方法，因此在设计练习时，应该多考虑问题的典型性和层次性，起到精讲精练的作用，从而切实减轻学生负担.

例如，不等式基本性质的课堂练习设计如下.

1. 已知 $2<a<3$，$-2<b<1$，求 $2a+b$ 的取值范围.

2. 证明不等式性质 6.

3. 下列不等式中成立的是(　　).

(A) 若 $a>b>0$，则 $ac^2>bc^2$　　　　(B) 若 $a>b>0$，则 $a^2>b^2$

(C) 若 $a<b<0$，则 $a^2<ab<b^2$　　　　(D) 若 $a<b<0$，则 $\frac{1}{a}<\frac{1}{b}$

上述的课堂练习基本上覆盖了利用不等式证明和求范围的主要类型题，注重了对不等式性质本质的理解，避免了人为编制的怪题和偏题，少了烦琐的技巧训练.

### 五、课堂评价——发挥多维评价

以学生和以提高学生学习能力为中心的友善用脑课堂教学评价，更加看重学生在掌握知识和增长能力过程中的付出、成长与进步，因而友善用脑"以能力的组成部分和要求为特征的评价使一般目标具体化"，同时把这些具体化评价反馈给学生，让学生根据评价调整提高. 多维的评价方式给被评价者更多的提高和进步的机会.

例如，以往教师对一节课学生的评价往往最后关注课后测验的成绩，或者是作业的完成情况，经过对友善用脑课堂的观察我们发现，学生的讨论、质疑、问题、发言等课堂表现也成为评价学生的一个维度，这样多维度的评价既关注了学生的学习结果，也关注了学生的学习过程.

数学课堂教学活动设计是课堂教学的关键点，强调按数学知识的发生发展过程及学生的认知规律来设计教学活动，使学生能够在这样的活动中，经过独立自主的思维活动，经历发现数学知识的全过程而获取知识，掌握相应的数学思想方法，从而"学会学习"，是落实"以学生为主体"的保证. 结合友善用脑，学生主动获取知识的能力得到了培养，学生的创新精神和创造力培养在数学课堂中得到体现，所获得的知识具有自我生成新知识的活力，学生对数学学习的兴趣也在无形中得到了培养，经过一学期的实验，我有以下体会.

1. "教学活动"设计以"学"为核心. 在"教学活动"的设计中，只有定位于"教会学生学习"的教学活动才是有效的活动. 因此，必须在教学环节、教学设计中体现学生学习能力的提高，而不仅是知识的贯彻.

2.“教学活动”设计置顶价值观. “教学活动”设计不仅重视价值观的达成，而且还置顶价值观，即在课堂教学中要充分还原数学的好奇心、求知欲，经常需要“裸看”知识发生的起点，重新经历知识形成的过程；还重视在数学活动中磨炼意志、建立信心，正向表达和良性激励远大于简单指责. 让学生感受数学推理的严谨性和结论的确定性. 严谨、逻辑、简洁等数学美是依赖于数学课堂系统培养的.

3.“教学活动”设计要针对人的发展. “我教你学”的学习方式，其学习目标更多只是为了跟随教师的进度. 这样的学习也可以称作复制型的学习. 而“教学活动”追求的是智慧型的学习，其重要标志就是它直指学科本质，直指教育中人际关系的本质. 学生有自主规划、自由想象、自我探寻的权利，需要更多的合作探究、自主生成，它的核心是针对人的发展.

4.“教学活动”设计是为了“再创造”的教学. “教学活动”设计就是要适当打破传统教学中的线性科学逻辑，在具体的生成性问题中体现知识的“再创造”，只有学生通过自己“再创造”知识，学习才真正发生了. “再创造”之后的智慧，正是形成新智慧的创造之源.

总之，友善用脑，以人为本. 教学活动设计，在于精，不在于多；在于有效，不在于形式，教师在“教学活动”设计时有大格局，才能使学生在学习中生成大智慧！

**参考文献：**

[1]　布兰斯福特. 人是如何学习的. 上海：华东师范大学出版社，2013.

[2]　林青松，林婷. 经历数学活动过程，积累基本活动经验. 中学数学教育，2018(1/2)：13-15.

# ☆浅谈如何在数学课堂上提升学生的实际获得①

## ——以"数系的扩充和复数的概念"为例

### 康淑欣　北京市密云区第二中学

**提要**　在新一轮深化基础教育综合改革中，不断提升学生的实际获得就是我们改革的基本思路，也是改革的最终质量所在. 我们要在符合学生认知规律的基础上，采取多种教学方式并存的现代课堂教学模式，重视课堂中问题情景设置，重视自主学习环境建设，重视数学能力的培养，重视数学文化的引领，同时也要重视良好师生关系的建立. 让不同类型的学生，无论是尖子生、普通生还是特殊群体，都得到公平的成长和同等发展的机会，切实提升学生在课堂上的实际获得，为学生的终身发展奠定基础.

从北京新一轮改革来看，首都教育改革发展的主导价值取向，最终是要提升学生的实际获得，为学生的终身发展奠定基础. 为了贯彻落实这一重要内容，作为一线的高中数学教师，应该在我们的课堂上，让不同类型的学生，无论是尖子生、普通生还是特殊群体，都得到公平的成长和同等发展的机会，切实提升学生在课堂上的实际获得.

下面以人教A版选修1-2第3章第1节第1课时"数系的扩充和复数的概念"为例，谈一谈如何在数学课堂上提升学生的实际获得.

## 一、重问题设置，让学生亲近数学

波普尔曾指出："知识的增长永远始于问题，终于问题."在数学教学过程中，教师为了实现一定的教学目标，往往按照一定的逻辑结构精心设计一组问题，我们通常把它称为"问题串". 采用"问题串"的形式可以有效帮助学生形成新的数学概念，复习与强化旧知识，巩固与应用新知识，同时提高学生的数学思维能力，增强学生的实际运用能力和创新能力.

**案例(一)**

**【教学环节一：概念引入】**

在复数概念引入时教材中给出这样一道思考题：

方程 $x^2+1=0$ 在实数集中无解，联系从自然数集到实数集的扩充过程，你能设想一种方法，使这个方程有解吗？

鉴于我所教班级是高二文科班，学生总人数为36人，其中含有5名体育生和3名和田学生，总体来说学生数学水平一般. 如果按照这种方式引入，对本班学生来说题目跨度较大，难度也较大，学生研究起来不知如何下手，不利于课堂教学高效进行，最终可能导致只有少数几名尖子生能够解决该问题，其他学生没有任何收获. 所以，针对本节课的教学目标，结合本班学情，将引入部分设置如下.

**【问题1】**（1）如何解决方程 $x+1=0$ 在自然数集中无解的问题？

（2）如何解决方程 $2x-1=0$ 在整数集中无解的问题？

---

① 该文在北京市中学数学教育教学优秀论文评选活动中，被北京市教育学会数学教学研究会评为市级一等奖.

（3）如何解决求边长为 1 的正方形对角线的长度在有理数集中无解的问题？

（4）如何解决方程 $x^2+1=0$ 在实数集内无解的问题？

通过这几个问题，你能说一说数系是如何扩充的吗？

**设计意图**：这里设置的问题串有梯度，循序渐进，是基于学生已有的知识经验和基础上提出的．课上通过小组合作交流，回忆、思考每次数集扩充的必要性，引发认知冲突，让学生在问题情境中了解数系的扩充过程，体会数系的扩充不仅是数学内部发展的需要（数的运算规则、方程求根），也是社会发展的需要，如计数、求平均数、测量等．既引领学生追溯数系发展的历史，又提炼出解决数系扩充的基本原则，还培养了学生的归纳概括能力及表达能力．

## 二、重学习环境，让学生参与数学

针对传统教学中存在的学生接受式学习，教师一言堂、满堂灌的现象，新课程理念倡导独立思考、自主学习、合作交流等多种学习方式．教师应该给学生提供自主学习环境和一个自由开放的课堂平台，在一个平等、民主、和谐的课堂氛围中学习有利于提高学生的想象力、创造力，使每一名学生由"要我学"向"我要学"转变．

本节课设计了 3 次学生探究活动，2 次自主完成例题活动，1 次自主研读教材活动．下面以学生探究活动——复数概念建构和自主研读教材活动为例：

**案例（二）**

**【教学环节二：概念建构】**

**【问题 2】**你能试着按照下面的方法写出几个新数吗？

（1）i 与实数 $a$ 相加；

（2）i 与实数 $b$ 相乘；

（3）实数 $a$ 与实数 $b$ 和 i 相乘的结果相加．

**【问题 3】**以上这些数可以统一用哪种代数形式表示呢？

**【问题 4】**你能把 $a+$i，$b$i，实数 $a$ 与虚数 i 用这种代数形式表示吗？

**设计意图**：在数学教学活动中，注重抽象能力的培养，有利于学生养成一般性思考问题的习惯，有利于学生更好地理解数学的概念，有利于学生理解该学科的知识结构和本质特征．因为复数的有关概念都是围绕复数的代数形式展开的，所以探究复数的代数形式是本节课的教学重点．在引入新数 i 后，数 i 和实数之间仍然能像实数系那样进行加法和乘法运算，并且加法和乘法都满足交换律和结合律，以及乘法对加法满足分配律．在此基础上让每一名学生试着写出至少 5 个新数，这样每个小组大概会得到 20 个左右的新数，通过对这些新数代数形式的判断，让学生归纳总结出复数的代数形式，以及做一些简单的应用，达到学以致用的目的．

教材是实现教育目标的重要材料和手段，是教师教和学生学的主要依据，通过学习教材，学生获得知识将更加系统化、规范化．教师不仅可以根据实际需要有效地使用、补充教材，还要有意识地培养学生阅读教材的习惯，把教材的作用发挥到最大．阅读教材时要给学生充足的时间去思考、提问、研究、解惑，既培养学生阅读能力、自主学习能力，又减少学生对数学的畏惧感，可以让每一名学生主动亲近数学，养成良好的数学学习习惯．

案例(三)

**【教学环节三：概念生成】**

**【问题 5】**请同学们阅读教材第 103 页第 1，2 自然段，完成下面问题.

1. 复数的定义：我们把集合＿＿＿＿＿＿中的数，即形如＿＿＿＿＿＿的数叫复数，其中＿＿＿＿叫做虚数单位. 全体复数所成的集合叫做＿＿＿＿＿，用字母 **C** 表示.

2. 复数的代数形式：复数通常用字母 $z$ 表示，即＿＿＿＿＿＿，其中＿＿＿＿叫复数的实部，＿＿＿＿叫复数的虚部.

**例 1**　请分别写出下面复数的实部和虚部：

$$-2+\frac{1}{3}i; \quad i+\sqrt{2}; \quad \frac{\sqrt{2}}{2}; \quad -\sqrt{3}i; \quad i; \quad 0.$$

**设计意图**：教材是最好的老师. 教学时给学生独立思考的时间，让学生认真阅读教材，自主学习复数的相关概念，并对所学知识进行初步应用，进而对自主学习内容进行检测，解决自己能独立解决的问题，把课堂主动权交给学生. 让学生在阅读中独立感知教材，理解教材，不断提高自我获取知识的能力.

**三、重能力培养，让学生应用数学**

高中阶段是学生从少年走向青年的过渡时期，是培养学生数学思维能力的重要时期. 本节课是一节典型的概念课，为了让学生能够更好地感受数学概念建构的合理性，领悟数学概念的本质和内涵，体会蕴含在数学概念内的思想方法，达到灵活应用的目的，本节课主要设计了 7 个教学环节：(1)概念引入；(2)概念建构；(3)概念生成；(4)概念深化；(5)概念应用；(6)概念历史；(7)概念拓展，此外还设计了当堂检测和自主知识梳理环节，重在让学生在学习和应用数学的过程中，发展学生数学抽象、逻辑推理、数学运算等数学核心素养.

案例(四)

**【教学环节四：概念深化】**

**【问题 6】**你知道复数相等的充要条件是什么吗？

**【问题 7】**你知道复数 $z=a+bi(a，b\in\mathbf{R})$ 分别满足什么条件时表示实数、虚数、纯虚数和实数 0 吗？

**【问题 8】**你能说出复数集 **C** 与实数集 **R** 之间有什么关系吗？你能用文氏图表示出复数集、实数集、虚数集、纯虚数集之间的关系吗？

**设计意图**：通过问题串的形式提出 3 个问题，使学生对复数概念进一步深入剖析，解决复数相等及复数分类问题，明确新知与旧知之间的关系，以此来加强学生对概念的理解，帮助学生对概念进行有效辨析，更加透彻感悟概念本质.

**四、重数学文化，让学生传承数学**

《数学课程标准》中指出：数学发展史作为一种人类的文化传承，它的内容、思想、文化和语言是现代文明的重要组成部分. 在教学中，不仅要关注知识的传授，同时注重学生数学文化熏染和文化传承. 教师应通过对相关数学史、数学家和数学应用的介绍，让学生感受数学的魅力.

案例(五)

**【教学环节五：概念历史】**

数学史上在复数领域有过重要贡献的科学家有很多，比如意大利数学家卡尔达若在讨论是否可能把 10 分成两部分，使它们的乘积等于 40 时，经过计算得出两个数是 $5\pm\sqrt{-15}$，虽然当时他是不承认这个数的存在，但是他确是第一个写下负数开平方根的人。后来法国数学家笛卡尔给出"虚数"这一名称，使"虚的数"与"实的数"相对应。欧拉给出了虚数单位用 i 表示，还有吉拉尔、莱布尼茨、惠更斯、柯西、高斯、德摩根、皮科克、沃里斯、韦赛尔、阿尔冈、勒让德、达郎贝尔、兰伯特、哈密尔顿……这些伟大数学家的研究都对复数的发展起到了至关重要的作用。

此外，复数在数学、力学、电学及其他学科中都有广泛的应用，比如复数在空气动力学、弹性理论、位试理论、热流、静电通量、周期现象等方面都有着重要的应用，复数与向量、平面解析几何、三角函数等都有密切的联系，是进一步学习数学的基础。

**设计意图：**通过复数数学史的介绍，培养学生树立正确的数学观，让学生学习数学家们面对问题敢于质疑、敢于挑战，以及解决问题锲而不舍的精神。让每一名学生体会数学的社会价值、人文价值及应用价值，同时增强学生能够学好数学的信心。

**案例（六）**

**【教学环节六：概念拓展】**

同学们，复数的几何意义是什么？复数和向量有着怎样密切的关系？复数能比较大小吗？复数的四则运算是怎样定义的？复数的世界很精彩，这些内容将是我们今后要学习的，希望你们能在课下通过阅读课本或者查阅相关资料解决以上这些问题，也可以把你在学习中的困惑告诉大家，让我们一起来想办法解决。

**设计意图：**通过一连串的设问，引发学生对复数的再思考，拓展学生的思维，激发学习兴趣和热情，为后面的复数学习指明方向，培养学生提出问题和解决问题的能力。

数学源于生活又服务于生活，生活中处处有数学，让学生学会用数学的眼光去看周围的事物，用数学的思维去分析世界，拓展数学学习的领域，不断丰厚学生的数学素养，使数学教育的过程真正成为每一名学生数学文化素养的提升过程，代代相传，才能不断继承与发扬。

**五、重师生关系，让学生热爱数学**

建立良好的师生关系有利于形成轻松、愉快的教学氛围，有利于激发学生的学习动机、提高学生的学习兴趣，帮助学生认识自我，增强自信。我们大多有过这样的经验，学生因为喜欢某位老师而更愿意上他的课，并且在课上课下更愿意积极主动地完成各项任务，我国教育名著《学记》中指出"亲其师而信其道"就是这个道理。

在教育教学过程中，师生关系应处于一种平等、信任、理解的状态，教师与学生同时探讨、反思、进步，和谐共进、教学相长。在面对出现错误的学生时，教师千万不能随便批评，要真心鼓励学生，适时引导、帮助学生解决问题，使学生树立克服思维障碍的信心。

例如，当我在学生中间巡视时，看到一名体育生对复数 $z=m+1+(m-1)i$ 是纯虚数这道题没有头绪，我没有直接告诉她答案，而是引导她再去分析复数的代数形式和纯虚数的定义，让她自己通过再次学习发现解题思路，最终正确完成这道题目。然后我又出了一道类似的题目，她也能通过自己的努力较好地完成了对概念的辨析及基本的运算。在本节课的当堂检测活动中，两个问题她也能够全部正确解答。课下她很高兴地对我说，这节课学得虽然很累，但是特别充实。我想这些都依赖于我们教师对每一名学生的关注，善于发现学生的问题，全心全意地帮助学生解决问题，才换来学生对你的尊敬和喜爱。

一个会心的微笑，一次耐心的讲解，一个赞许的眼神，一句鼓励的话语……都是你和学生之间互相沟通中最简单的事情，但就是这些平凡的举动，慢慢地滋润着孩子的心灵，让学生对老师的尊敬和热爱的情感，迁移到你的学科上，点燃对这门学科的热爱的火花.

在新一轮深化基础教育综合改革中，不断提升学生的实际获得就是我们改革的基本思路，也是改革的最终质量所在. 我们需要着眼于培养学生的核心素养，让每一名学生都成为我们课堂的主角，要在符合学生认知规律的基础上，采取多种教学方式并存的现代课堂教学模式. 不限制、禁锢学生的思维，精准地进行推送和服务，培养学生社会责任感、创新精神和实践能力，为学生的终身发展奠定基础.

**参考文献：**

[1]　李奕. 追求公平与质量不断提升学生的实际获得感. 光明日报，2016-03-22(15).

[2]　崔绪春. 新课程理念下课堂上如何启迪学生的数学思维. 中学数学，2014，(9月上).

[3]　李宽珍. 高中数学课堂中"问题串"设计策略的思考. 中学数学，2016，(9月上).

# ☆精心设计数学问题串，让学生担当课堂主角①
## ——"抛物线及其标准方程"的教学与感悟
### 康淑欣　北京市密云区第二中学

**提要**　在数学教学过程中，教师为了实现一定的教学目标，往往按照一定的逻辑结构精心设计一组问题，我们通常把它称为"问题串"。引入型问题串可以激发学生学习兴趣，探究型问题串可以提升学生探究能力，诊断型问题串可以提高学生综合能力，总结型问题串可以启发学生思考归纳。只要教师在教学实践中不断地践行和反思，它必将使学生在解决问题中学会思考、学会学习、学会创造，感受到知识能力的价值和数学的魅力。

波普尔曾指出："知识的增长永远始于问题，终于问题。"在数学教学过程中，教师为了实现一定的教学目标，往往按照一定的逻辑结构精心设计一组问题，我们通常把它称为"问题串"。采用"问题串"的形式可以有效帮助学生形成新的数学概念，巩固与应用新知识，复习与强化旧知识，同时训练与提高学生的思维能力，增强学生的实际运用能力和创新能力。在多年的高中数学教学实践中，笔者根据自己的教学经验和相关理论研究，进行了一些有关有效设计问题串，让学生真正地担当课堂主角的实践。下面以"抛物线及其标准方程"的教学为例进行说明。

## 一、引入型问题串——激发学生学习兴趣
**【教学片段1】**

**【问题1】** 我们学习过线段中垂线、椭圆、双曲线，请同学们回答它们的定义。

学生1：回答略。

**【问题2】** 这3个定义的共同点是什么？不同点是什么？

学生2：共同点是定义中都含有两个定点，不同点是对定点到两个动点的距离的观察角度不同。

**【问题3】** 以上3个定义都描绘了动点到两个定点距离有着某种关系的点的轨迹，如果我们把两个定点中的一个变成一条定直线，那么平面内到定点和定直线的距离有着某种关系的点的轨迹会怎样呢？

**评析：** 从一定意义上说，兴趣是由问题引起的。教师没有使用教材中的引例，而是让学生复习线段中垂线、椭圆、双曲线的定义，唤起对相关知识的回忆，并进一步发现3个定义中的共同点是都有"两个定点"，不同点是对"距离"观察角度不同。通过这3个问题引入课堂教学，语言简练、明确，直指3个定义的本质，为抛物线定义的学习做好铺垫。在引入环节教师使用问题串的设计，切中问题要害，激发了学生的求知欲望和探求奥秘的兴趣。

---

①　该文在北京市中学数学教育教学优秀论文评选活动中，被北京市教育学会数学教学研究会评为市级一等奖。

**二、探究型问题串——提升学生探究能力**

**【教学片段2】**

**【问题4】** 在平面内取一定直线 $l$，在直线 $l$ 外取一定点 $F$，请同学们仔细观察、分析下面的几何画板演示，回答动点 $M$ 满足的等量关系是什么？（教师利用几何画板演示.）

学生3：动点 $M$ 到定点 $F$ 的距离和到定直线 $l$ 的距离相等.

**【问题5】** 我们把动点 $M$ 的轨迹称为抛物线.通过刚才的几何画板演示，你能类比椭圆和双曲线的定义，尝试给出抛物线的定义吗？

学生4：到定点和定直线的距离相等的点的轨迹叫抛物线.

学生5：不对，需要增加条件：在平面内，到定点和定直线的距离相等的点的轨迹叫抛物线.

学生6：还不完美，还需增加条件：定点不在定直线上.

师生共同整理完成抛物线的定义.

**评析**：教师提出问题时目标要明确，不能随意提问.问题4的提出直接指明了学生观察几何画板演示时的方向，有助于让学生分析实验的条件与结论，突出数学概念生成的过程.在类比椭圆和双曲线的定义、总结归纳抛物线定义时，尽管学生归纳得不完美，教师始终将机会让给学生，随着同学们的交流、思考、探究的不断深入，让学生互相质疑、补充，最终逐渐完善地给出了抛物线的定义.

**【教学片段3】**

**【问题6】** 在学习椭圆和双曲线的定义后，我们继而研究了它们的哪些相关知识呢？

学生7：标准方程、几何性质、直线与曲线的位置关系……

子问题1　这些研究内容我们首先研究谁呢？

生齐答：标准方程.

子问题2　求曲线方程的步骤是什么？

学生8：建系、设点、列式、化简、检验.

子问题3　在推导焦点在 $x$ 轴上的椭圆和双曲线的标准方程时是如何建系的？

学生9：以焦点 $F_1$、$F_2$ 所在直线为 $x$ 轴，以线段 $F_1F_2$ 的中垂线为 $y$ 轴建系.

子问题4　类比前面的建系方式，如何建系，会使抛物线的方程更简单呢？

学生10：以准线 $l$ 所在直线为 $y$ 轴，以过焦点 $F$ 且与 $l$ 垂直的直线为 $x$ 轴建立直角坐标系.

学生11：我觉得可以以焦点 $F$ 为坐标原点，与准线 $l$ 平行的直线为 $y$ 轴建立直角坐标系.

学生12：我认为取过焦点 $F$ 且垂直于准线 $l$ 的直线为 $x$ 轴，设 $x$ 轴与 $l$ 交于 $K$，以线段 $KF$ 的垂直平分线为 $y$ 轴，建立直角坐标系.

教师：看来同学们的建系方式有很多种，接下来我们就按照自己所设计的建系方式推导抛物线的方程.

学生先独立完成推导，再小组进行探讨哪种方程形式较为简单，最后在教师的指引下，对于学生推导出的所有抛物线的方程进行比较，研究确定出抛物线的标准方程.

**评析**：在实施探究活动中应尽量创造问题情景，将这些问题以不同的形式表达出来，让学生在存疑、质疑、解疑的过程中得到思维的锻炼.当要解决一个比较复杂的大问题时，不容易直接得出结论，我们可以采取将它拆解成若干个子问题，再逐一进行解决，达到教学目标. 抛物线标准方程的推导既是本节课的重点，又是本节课的难点，要想推导抛物线的方程，就离不开建系. 而对于如何建系才能得到标准方程，更不能靠老师直接告知. 在学习了椭圆和双曲线之后，学生已经具备了研究曲线方程的基本能力. 教师没有在给出抛物线定义之后就直接"请同学们推导抛物线的标准方程"，而是把大问题分解成若干个小问题，逐一进行破解. 把课堂的主动权交给学生，让学生多想、多说、多做，自己寻找探究的方法，达到以自己的经历、小组的合力共同来梳理、建构知识的目的，体验成功的喜悦. 此时教师的问题串好似一条隐形的线，在暗中指引着学生的思考方向.

### 三、诊断型问题串——提高学生综合能力

**【教学片段4】**

**【问题7】**当焦点位于 $x$ 轴正半轴时，抛物线的标准方程为 $y^2=2px(p>0)$，如果焦点位于 $x$ 轴负半轴或者 $y$ 轴的正、负半轴上时，抛物线的标准方程形式又是怎样的呢？在不同的建系情况下，焦点坐标和准线方程又是什么呢？请同学们完成下表(见表1).

表1

| 图象 | | | | |
|---|---|---|---|---|
| 标准方程 | | | | |
| 焦点坐标 | | | | |
| 准线方程 | | | | |

　　学生先独立思考，自主探究，再通过小组合作的方式不断表达、补充、完善、反思自己的想法，最后再进一步操作、验证形成结论.

**【问题8】**你能说明二次函数 $y=ax^2(a\neq0)$ 的图象为什么是抛物线吗？指出它的焦点坐标和准线方程.

　　两名学生板演，其余学生独立完成，师生共同点评.

**【问题9】**请同学们求出分别满足下列条件的抛物线标准方程：

(1) 焦点 $F(0,-2)$；　　　　　　　(2) 准线方程为 $y=4$；

(3) 过点 $m(-1,-3)$；　　　　　　　(4) 焦点到准线的距离为2.

　　学生独立完成，教师利用展台展示学生解题过程，师生共评.

**【问题10】**根据例题，你能编写一至两道有关抛物线的问题吗？亲自解一下，也可以考一考其他同学，比一比谁编的题更有创意.

　　**评析**：在对相近或相似知识点之间进行横向或纵向比较时，可以利用图表型问题串提出一连串的问题，诱发学生思维，让学生通过观察、计算、分析、比较等方式对易混淆的知识点进行区分，明确知识点之间的区别和联系. 让学生独立解决问题8和问题9，找到标准方程、焦点、准线方程和图象四者之间的对应关系，检验了学生对所学知识的理解和掌握程度. 在学生独立、客观地解决问题和心中疑惑的过程中，有机地将新旧知识更好地融合在一起，

使学生在学习中不断积累数学经验, 无形中培养了学生的数学素养. 问题 10 的提出, 给学生积极思考、大胆设疑、勇于表达的机会, 不仅使不同层次的学生都能在原有的基础上有提高的可能, 同时也培养了学生勤于思考、发现创造和解决问题的能力, 培养了学生思维的流畅性和灵活性. 学生的主动性、积极性和创造性一旦得到重视和发挥, 自然提高了学生综合能力和课堂教学效率.

### 四、总结型问题串——启发学生思考归纳

【教学片段 5】

【问题 11】通过今天的所学内容, 你能从以下几个方面总结一下吗?

(1) 比较椭圆、双曲线、抛物线的定义和标准方程异同点.

(2) 你还能研究出抛物线的哪些性质?

(3) 你学到了哪些数学思想? 哪些数学方法?

(4) 你最大的收获是什么? 还有哪些问题需要解决?

评析: 有效的课堂小结不应该仅仅是教师对本节课内容的回顾, 更应该是学生对所学内容的深化. 教师通过问题串的形式进行小结, 不但让学生对本节课的主要内容进行总结, 加深对知识的掌握与理解, 还帮助学生对新旧知识之间的关系加以梳理, 辨清知识之间的联系与区别, 在学生头脑中形成新的知识网络, 以促进其新的认知结构的建立和完善, 从而提高学生运用知识, 解决问题的能力. 设计相对开放的问题, 让学生谈一谈本节课的收获, 或者提出一些自己没有解决的问题, 给学生自主发挥的空间, 更能调动学生的主动性和积极性. 对学生提出的疑问, 或让学生议论, 或给予适当的启发、引导, 教师不要过多地包办代替, 只有把课堂真正地还给学生, 学生才能担当好课堂的主角.

高中数学课堂容量大、时间有限, 教学内容自然要直观化、本质化, 这就要求教学形式切忌花哨、冗繁, 尽量简单明了. "问题串"教学既可以在课堂引入时让学生产生强烈的求知欲, 在揭示数学本质时培养学生的探究能力和实践能力, 又可以在总结时帮助学生形成一个系统化的知识网络. 只有教师作为一名成熟的探索者、思想者、实践者, 在教学实践中不断地践行和反思, 就必将使学生在解决问题中学会思考、学会学习、学会创造, 感受到知识能力的价值和数学的魅力.

参考文献:

[1] 韩红军, 刘国庆, 赵伟华. 高中数学课堂教学中"问题链"的类型及结构模式. 高中数学教与学, 2015(7): 12-16.

[2] 倪科技. 问题串的教学设计方式比较. 高中数学教与学, 2015(7): 17-18.

[3] 孙传正. 问题串层层递进式教学策略. 高中数学教与学, 2015(7): 19-23.

[4] 段赛花. 概念课之差异教学研究. 中学数学教育, 2013(12): 32-34.

[5] 叶秋平. 利用活动经验 提高教学实效. 中学数学教学参考, 2013(10): 29-31.

# ☆图形计算器辅助高中数学课堂教学的实践与探索①

## 魏学军　北京市密云区教师研修学院

**提要**　随着科学技术的迅猛发展，信息化程度已经成为衡量国家经济、社会发展水平的一个重要指标，教育模式也随着人们的需求变化在转型. 数学知识具有逻辑性强，易量化，易数字化的特征，可见数学课堂教学与信息技术相结合是一种必然的趋势. 图形计算器的出现给高中数学课堂教学带来了深刻的影响，也在一定程度上变革了传统数学课堂教学. 针对图形计算器在高中数学教学应用现状进行研究，为以后图形计算器及其他教育技术在高中数学教学的应用和推广积累经验，具有重要的现实意义.

## 一、问题的提出

《国家中长期教育改革和发展规划纲要(2010—2020)》中指出："信息技术对教育发展具有革命性影响，必须予以高度重视"，并将教育信息化建设纳入国家信息化发展整体规划中. 因此，在新形势下，如何使信息技术发挥更大作用，从而对教育产生根本性的影响，是当前教育者面临的重要课题.《教育信息化十年发展规划(2011—2020)》中也提出了要加强队伍建设，增强信息化应用与服务能力：提高教师应用信息技术水平；建设专业化技术支撑队伍；提升教育信息化领导力；优化信息化人才培养体系.

《普通高中数学课程标准(2017 年版)》的基本理念之一是注重信息技术与数学课程的整合，并指出：现代信息技术的广泛应用正在对数学课程内容、数学教学、数学学习等方面产生深刻的影响. 高中数学课程应提倡实现信息技术与课程内容的有机整合，整合的基本原则是有利于学生认识数学的本质. 高中数学课程应提倡利用信息技术来呈现以往教学中难以呈现的课程内容，尽可能使用科学型计算器、各种数学教育技术平台，加强数学教学与信息技术的结合，鼓励学生运用计算机、计算器等进行探索和发现. 以图形计算器为代表的手持计算技术引入课堂，可以促进以学生为主体教学理念的落实，使在课堂教学中关注学生个体认知差异成为现实.

身为教育工作者，我们应当正确认识现代信息技术在课堂教学中应用的功能特点，科学而有效地使现代信息技术与基础课程的教学相结合、相融合. 为了更好地开展以图形计算器为主的信息技术在本区高中数学课堂教学中应用的研究，推动广大高中数学教师提高业务素质和教学能力，为教师专业化成长搭建平台，更好地适应我国高中数学课程和教学改革的需要，我进行了"图形计算器辅助高中数学课堂教学的实践与探索"的研究. 本研究的目的是通过对高中数学教师所做的相关课例进行分析，总结积极的值得借鉴的经验和方法，同时揭示存在的问题，并在此基础上结合新课标的要求提出策略和建议，以提高数学课堂教学的效率，优化高中数学课堂教学.

## 二、什么是图形计算器

图形计算器通常指一种能够画图象、解联立方程组及执行其他各种操作的手持计算器，

---

① 该文在北京市中学数学教育教学优秀论文评选活动中，被北京市教育学会数学教学研究会评为市级一等奖.

大多数图形计算器还能编写程序. 由于它们的屏幕较大, 因此也能够同时显示多行文本. 一些图形计算器甚至有彩色显示或三维作图功能. 由于图形计算器可以编程, 它也被广泛用于电子游戏. 一些电脑软件也可以完成图形计算器的功能. 图形计算器之间、图形计算器与计算机之间可以进行数据、图象和程序的传输, 便于交流、修改、保存和输出等. 这些特点使图形计算器能够成为学生进行课外自主探究的有力助手.

事实上, 图形计算器在国外已经广泛地应用于数学教学之中, 并推动着数学教学改革的进行. 在国外许多高中数学老师允许甚至鼓励他们的学生在课堂上使用图形计算器. 欧美学生中图形计算器几乎是人手一台, 是很普及的理科学习工具, 在某些课程(例如微积分中)甚至是必需的. 国外中学到大学的大部分考试都是允许带图形计算器的, 在中国北京的高中数学知识应用竞赛的复赛(笔试)中, 图形计算器和科学计算器是被允许带进考场的.

### 三、本区高中数学课堂教学现状

学习是一个边学习边思考的过程, 但是大部分学生往往不能养成独立思考的习惯. 绝大多数教师历来重视基本概念和基本理论, 强调背诵、记忆、苦学、考试, 基本不允许中学生使用图形计算器. 而且在以往教学中, 老师往往会回避信息量大、数据烦琐的数学问题, 而是刻意地设计学生比较容易得到结果的数学模型. 其实主要原因就是计算工具落后, 如果数据比较复杂, 会耽误太多的时间, 使得教学任务无法按时完成.

就本区高中数学课堂教学而言, 在课堂中运用信息技术也成为教学中常见的现象, 例如多媒体设备和电子白板设备等, 这些设备的使用能更好地表现教学内容, 激发兴趣, 增强了同学们的求知欲. 将多媒体技术运用到高中数学教学中, 结合图画、声音、动画等各种形式, 将高中数学抽象的知识点转化为活泼形象的表现形式, 调动了同学们相互讨论、交流的积极性. 但是在课堂上给学生独立操作展示时间少, 缺少了学生的主动参与. 通过图形计算器与高中课程的有效整合, 能有效拓展学生学习的空间, 为学生自主研究数学问题提供了先进的技术手段.

### 四、高中数学课堂教学案例及其思考

数学在很多学生眼里是枯燥的、抽象的、远离生活的. 本堂课教师从知识体系出发设计问题, 在学生的最近发展区设置题目, 学生操作手持计算器由第一个题每个人都操作, 过渡到第二题小组内一名同学操作, 到最后两个人高效地配合来完成组间竞争, 充分体现了学生活动的多样性. 整堂课倡导主动参与、动手实践、合作竞争等学习数学的方式. 学生利用手持计算器进行操作训练贯穿本节课的始终, 提高了课堂效率, 增强了学生们对数学知识的理解.

(一) 案例: 二分法求方程的近似解

1. 知识回顾, 要点分析

**【问题1】** 上节课我们一起学习了方程的根与函数的零点, 我们来回顾一下? 给出 PPT, 零点存在定理, 谁能说一下主要内容?

教师在学生回答的基础上强调: 方程有实数根等价于函数有零点.

**设计意图:** 从知识体系出发, 引导学生从已有知识经验出发, 使学生感觉学习的连续性, 同时零点存在定理是今天所要学习的二分法求方程近似解的重要依据, 零点存在定理贯穿今天所学习的所有内容.

2. 创设情境，引入课题

情境引入：我们先来做一个猜价格游戏，4 种商品价格都在 1 000~5 000 元之间，游戏规则如下.

（1）临近 4 人一组，每小组最多猜 3 次，最后一次猜的价钱与实际价钱的差值不超过 500 元则中奖，否则不中奖.

（2）每猜一次老师会告诉你所猜价格与实际价格相比是高还是低.

第一组：TCL 移动空调.

第二组：华为手机.

第三组：华硕笔记本.

第四组：冰箱.

每个小组成员记好规则，开始小组讨论，然后每个小组派一个代表进行竞猜.

**设计意图**：猜价钱游戏，首先能勾起学生们学习的兴趣，其次想通过猜价钱的不同方式方法来引出今天我们要讲解的二分法内容的核心思想"取中点，将区间一分为二，留下满足的区间，继续进行上面的操作"，同时也想通过这样的设计来提升同学之间的合作意识，培养团队精神.

3. 师生合作，形成概念

我们已经知道，函数 $f(x)=\ln x+2x-6$ 在区间（2，3）内有零点，进一步的问题是，如何找出这个零点.

在前面我们讲函数性质的时候，已经接触过图形计算器，对其并不陌生，下面同学们和我一起来操作，单击 On/Off 键开机，单击 APPs 按钮开启作函数图象功能，单击 Symb☒ 按钮出现图 1 的界面.

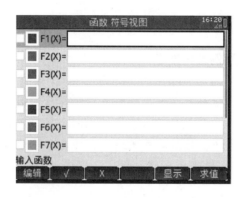

图 1

单击 $e^x$ LN 按钮在左下角会出现一个函数 输入函数 LN(I)，单击计算器屏幕上的 ☒ 按钮，此时屏幕上出现 LN(X|)，此时将光标移至括号外边，此过程可以用手直接触屏完成，或通过单击▒，向右方向来完成操作.

之后输入 + 2 × X − 6，单击 确定 或 Enter≈ 按钮，然后单击 Plot 按钮会出现图 2 所示图象.

通过图象我们能再次检验零点所在区间，我们还可以得到什么？

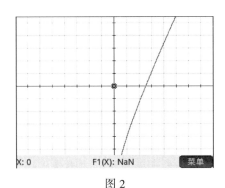

图 2

**【问题 2】** 下面我们需要得到什么呢?

下面同学们跟我一起来操作求 $f(2.5)$ 的值.

**设计意图:** 同学们通过自己利用图形计算器做出的图象得到两点:

(1) $f(2)<0$, $f(3)>0$;

(2) 区间 (2, 3) 之间存在零点.

由此来再次加深零点存在定理在同学们心中的印象.

希望同学们能说出如何求 $f(2.5)$ 的值,然后根据正负来判断下一个零点所在的区间.

**形成概念:**

对于在区间上连续不断且 $f(a) \cdot f(b)<0$ 的函数 $y=f(x)$,通过不断地把函数 $f(x)$ 的零点所在的区间一分为二,使区间的两个端点逐渐逼近零点,进而得到零点近似值的方法叫二分法.

**设计意图:** 由此引出定义,教师先由对例题的操作、理解再给出二分法的定义,这样显得不是很唐突,并且这样给出来的定义学生们接受起来很自然,理解起来容易了许多.

4. 小组交流,动手实践

我们已经用图形计算器解决了一个问题,下面我们小组合作完成下面一道题:

借助计算器用二分法求方程 $x^3+3x-5=0$ 的近似解(精确度为 0.01).

规则:要求两个人一组,小组内的 1 号同学来手持计算器操作,小组内的 2 号同学进行记录,教师板书二分法定义后巡视,找出一个小组的答案进行投影展示.

**设计意图:** 给学生们足够的时间进行小组合作,教师在不断巡视的过程中去发现学生们的问题并及时地进行指导,如果是重要或是共性的问题要在展示的时候给予提醒和指导,如:可能会在计算的过程中忘记了或不知道应该计算到哪里终止计算.

5. 检测反馈,回归概念

(1) 用二分法求方程 $x^3-2x-5=0$ 在区间 $[2, 4]$ 内的实根,由计算器可算得 $f(2)=-1$, $f(3)=16$, $f(2.5)=5.625$,那么下一个有根区间为_____.

(2) 为了求函数 $f(x)=2^x-x^2$ 的一个零点,某同学利用计算器,得到自变量 $x$ 和函数值 $f(x)$ 的部分对应值(精确到 0.01)如表 1 所示:

**表 1**

| $x$ | 0.6 | 1.0 | 1.4 | 1.8 | 2.2 | 2.6 | 3.0 |
|---|---|---|---|---|---|---|---|
| $f(x)$ | 1.16 | 1.00 | 0.68 | 0.24 | −0.25 | −0.70 | −1.00 |

则函数 $f(x)$ 的一个零点所在的区间是(　　).

　　A. $(0.6,1.0)$　　　B. $(1.4,1.8)$　　　C. $(1.8,2.2)$　　　D. $(2.6,3.0)$

　　**设计意图**：进行定义回归，也用此来告诫学生们学习数学知识总会归于理性！

　　(二) 关于手持计算器教学案例的思考

　　1. 学生自己实践操作，经历数学概念形成过程

　　二分法求方程近似解的教学过程中，充分利用图形计算器，帮助他们解决探究中的问题，同时给予充分的动手实践、合作交流，让学生的思维在碰撞中产生火花. 学生通过计算、观察、归纳，发现二分法求方程近似解的运算原理，不像过去那么生硬，让学生体验数学发现、创造的历程.

　　2. 用计算器自主探究，改进学生的学习方式

　　新课程的基本理念，以学生为本，倡导自主探究、动手实践、合作交流等学习数学的方式，力求发挥学生学习的主动性. 本节课的教学试图努力改进学生的学习方式，以小组合作的方式展开，在合作中相互配合、利用计算器动手实践完成数据的计算、填写表格，在合作中自主探索、发现数学结论. 学生的学习过程成为在教师引导下的"再创造"过程，注重信息技术与数学课程的有机整合，增强数学的直观性，提高数学课堂教学效率.

　　3. 图形计算器的些许不足

　　(1) 图形计算器数量少，使用率低

　　现在我区大部分学校只是配备 20 台左右的图形计算器，连一个班都不到. 即使数学老师鼓励他们的学生在课堂上使用图形计算器，但也很难做到人手一台. 而且由于价格比较高，学校也不放心学生带回家里使用，其对图形计算器的广泛使用是非常不利的.

　　(2) 老师担心学生计算能力的弱化，不愿推广使用计算器

　　通过和教师座谈发现，老师们普遍认为图形计算器会在一定程度上造成学生计算能力的弱化. 如果普及图形计算器，在学习数学的时候学生们会懒于自己动手而过分依赖工具，从而造成自身计算能力的弱化.

　　(3) 功能方面的不足

　　如今电子信息技术发展迅速，图形计算器的功能更新较慢. 图形计算器的内存不如计算机内存大，外形也不如平板电脑美观，得不到一些学生的青睐与认可. 还有一部分学生觉得图形计算器的耗电量比较大，屏幕有点小，并且它本身不能对图象和文字进行颜色的设置；图形计算器内部也不能对一些数学公式进行保存；键盘和屏幕没有夜光功能；图形计算器的价格也比较高等. 这些问题也必将在一定程度上限制教师和学生对图形计算器的使用.

　　**五、图形计算器应用于高中数学课堂教学的改进策略**

　　图形计算器在学生进行数学知识的探索过程中，为学生提供了一个相对开放的宽松的环境，使学生自主探索、发现新规律、得到新知识. 经过教师在一段时间内，有目的、有针对性地训练，学生基本掌握了研究问题的方法并且使这种方法渐渐地演变成能力，学生逐步从模仿具体的探究，提升到能够相对独立地去研究问题.

　　(一) 教育主管部门从政策层面给予资源支持

　　早在 2000 年，函数计算器在上海市考场已经开始使用，对以后的教育教学改革有一定的促进作用，也为以后的教学改革提供范例. 为了推动信息技术在教育教学中的应用和推广，

促进教育教学改革，建议图形计算器应当进入中考和高考的考场.

图形计算器与数学课程的整合是需要丰富的教育资源支持的，比如由专业机构提出标准体系，提供教学案例，组织教育培训，然后教师可以根据自己的实际教学情况对自己的教学进行整合和创新.

**(二) 学校要改善信息技术环境，教师要提高信息技术素养**

学校的信息技术环境会直接影响教师使用教育技术的效率和效果. 而教师信息素养能力的高低则直接影响教师在课堂教学中使用教育技术的手段和方法. 学校要尽力改善信息技术环境，教师要努力提高信息技术素养.

图形计算器作为现代教育技术的一种，在课堂教学中，不应该将其只用于教师在课堂中简单的观摩与演示，更应当借助它让学生在课堂中更好地学习. 教师不仅要懂得使用图形计算器的方法，更要懂得哪些教学内容适合使用及在教学中哪些时候使用比较恰当. 在课堂教学中教师不应该让学生自己盲目操作，学生要在教师的指导下使用图形计算器. 所以，从区域教研层面，教师应积极参加相关的培训，逐渐增强自己的使用技能和使用方法，从学生知识的传授者转变为学生认知的指导者.

**(三) 要正确处理图形计算器教学与传统教学的关系**

教师们对图形计算器不能完全依赖，不能完全代替传统教学，要注意与教学相整合才有意义. 在教学模式方面，必须使接受式与活动式正确结合，让学生的心理与行为活动协调发展，力求使他们在学数学、做数学、用数学的完整过程中得到和谐的发展.

新课程改革中强调实现知识与技能、过程与方法、情感态度与价值观的"三维"目标，其中，知识是培养学生能力与教授学生方法的载体，如果没有了知识，所谓的能力和方法也就成了空中楼阁. 所以，教师们在利用图形计算器进行教学时，要知识能力并重，切忌过分淡化知识.

图形计算器能够和计算机相连接从而进行数据的传输与分享，同时它也能够支持一些演示工具，比如电视和投影仪等，通过这些功能可以实现图形计算器在教学中的多方面运用. 但是受到各种现实生活中的条件限制，图形计算器在某些方面并不如其他信息技术方便，那么就要求我们处理好图形计算器与其他教育技术之间的关系. 在使用教育技术的过程中，要贯彻因材施教的原则，不能机械地为了使用而使用，从内容上与课程有效地整合，才能更好地促进教学改革的发展.

**参考文献：**

[1]　高雪松，金宝铮. 假于物授之渔将远行：图形计算器与高中数学教学的整合实验报告. 数学通报，2016，55(4).

[2]　国家高中数学课程标准制定组.《高中数学课程标准》的框架设想. 数学教育学报，2002(11).

# ☆浅谈图形计算器在高中数学教学中的应用①
## ——"双曲线的简单几何性质"教学设计及反思
### 康淑欣　北京市密云区第二中学

**摘要**　随着信息技术的飞速发展与数学课程整合的不断深入，对学生的数学学习内容和学习方式及教师的教都产生了深刻的影响.本文以"双曲线的简单几何性质"为例，将 Ti 图形计算器作为新技术的一个载体引入数学课堂教学，给课堂创设了一个富有创造性、个性化的数学实验学习环境，对培养学生创新精神、实验能力、合作意识和科研意识有着重要的作用.

随着信息技术的飞速发展与数学课程整合的不断深入，对学生的数学学习内容和学习方式及教师的教都产生了深刻的影响.教师要通过创设合理的教学情境，给学生探究、思考、操作、实践的机会，激发学生的好奇心和兴趣，使学生乐于思考、乐于实验、乐于发现，以帮助学生认识数学本质，促进学生数学思维的发展.

本文以"双曲线的简单几何性质"为例，将 Ti 图形计算器作为新技术的一个载体引入数学课堂教学，给课堂创设了一个富有创造性、个性化的数学实验学习环境，对培养学生创新精神、实验能力、合作意识和科研意识有着重要的作用.

## 一、指导思想

有效的数学活动是落实"四个基础"及培养创新精神、实践能力的根本保证.信息技术的发展将影响学生的数学学习内容和学习方式，同时，也对教师的教产生了深刻的影响.

本节课从学生的实际出发，精心创设问题情景、设计数学教学活动，有效地利用现代信息技术，给学生创造一个研究数学的实验环境，让数学实验真正进入课堂，以满足学生多样化的学习需求.让学生主动地进行观察、实验、猜测、验证、推理与交流等数学活动，在探究性的学习中让学生体验数学发现和创造的历程，激活学生的知识储备，尝试相关知识的综合运用，深化学生对数学本质的认识.发展学生的创新意识与创新能力，培养学生的合作精神，在活动中共同分享学习的收获和乐趣，形成积极的情感态度，为未来发展和进一步学习打好基础.

## 二、理论依据

建构主义认为，知识不是通过教师传授得到的，而是学习者在一定的情境即社会文化背景下，借助他人(包括教师和学习伙伴)的帮助，利用必要的学习资料，通过意义建构的方式而获得.在教学过程中，教师的责任是对学生的学习进行引导和帮助，帮助学生在主体自身的经验范围内重新组织内部的认知结构，以"适应"现实，建构起自己对内容和意义的理解.

布鲁纳认为，在教学过程中，学生是一个积极的探究者，教师的作用是要创建一种学生能够独立探究的情境，而不是传递现成的知识.我们教一门学科，不是要建造一个活着的小型藏书库，而是要让学生自己去思考，参与知识获得的过程.

《普通高中数学课程标准(2017 年版)》倡导积极主动、勇于探索的学习方式.学生的数学

---

①　该文在北京市中学数学教育教学优秀论文评选活动中，被北京市教育学会数学教学研究会评为市级一等奖.

学习活动不应只限于接受、记忆、模仿和练习，高中数学课程还应倡导自主探索、动手实践、合作交流、阅读自学等学习数学的方式. 这些方式有助于发挥学生学习的主动性，使学生的学习过程成为在教师引导下的"再创造"过程.

教师要通过创设合理的教学情境，给学生参与、探究、思考、操作、实践的机会，激发学生的好奇心和兴趣，使学生乐于参与、乐于提问、乐于动手、乐于思考，以培养学生获取新知识、分析解决问题的能力. Ti 图形计算器给课堂创设了一个富有创造性、个性化的数学实验学习环境，对培养学生创新精神、实验能力、科研意识有着重要的作用.

### 三、教学内容分析

本节课是新课程实验教材人教 A 版数学选修 2-1 第 2 章第 3 节第 2 课时的内容，它是学好双曲线的性质及利用其性质解决应用问题的关键一课. 本节课先是类比椭圆的几何性质，让学生猜想双曲线有哪些几何性质，再借助 Ti 图形计算器和双曲线的方程分别进行验证和总结，最后进行简单的应用.

此外，在本节课的最后教师还设计了几个开放性的研究问题. 在教师的指导下，学生利用 Ti 图形计算器对"到两个定点距离之积（比）为常数的点的轨迹"进行探究，教师也演示卡西尼卵形线和抛物线的形成过程. 最终教师给学生提供参考资料和研究方向，让学生课下继续研究，形成一篇数学小论文.

### 四、学生情况分析

学生已经学习了直线与方程、圆与方程、曲线与方程、椭圆、双曲线的定义及其标准方程，对解析几何的基本思想已经有了一定的认识，应该说具备了相当的知识储备，足够学生通过自主探索、合作探究来完成本课时的教学内容.

在讲授椭圆定义及其几何性质、双曲线定义时，教师和学生均已在课上使用过 Ti 图形计算器演示相关数学实验，学生会对 Ti 图形计算器进行简单的操作. 由于 Ti 图形计算器功能强大、操作简单、交互性强，教师为学生创造了更多的学习和动手操作机会，学生从原来的被动知识接受者转化为主动参与的学习主体，学习兴趣明显增强.

### 五、教学目标

1. 通过类比椭圆的几何性质，发现、归纳双曲线的几何性质，如范围、对称性、顶点、离心率、渐近线.

2. 借助 Ti 图形计算器观察、分析、归纳出双曲线的几何性质，并利用双曲线的标准方程进行验证. 培养学生运用信息技术研究问题的能力、将形象思维转化为抽象思维的能力、归纳概括的能力.

3. 在合作探究活动中体验成功的乐趣，激发学生学习热情，感受事物之间处处存在联系.

### 六、教学重点难点

**重点：**利用 Ti 图形计算器发现、验证双曲线的几何性质.

**难点：**双曲线的离心率与渐近线.

### 七、教学过程设计

（一）创设情景，引入问题

师：请同学们回答一下双曲线的定义和标准方程.

生答略.

师：双曲线的定义和标准方程分别从形和数的角度上描述了双曲线的特征，为它们之间搭建桥梁的就是笛卡尔发明的坐标系，通过坐标系，把点和坐标、曲线与方程联系起来，实现了形和数的统一，也使我们可以用代数的方法研究图形的几何性质. 今天我们就借助图形计算器，先观察、猜想双曲线的几何性质，再利用双曲线的标准方程验证你的结论.

师：类比椭圆几何性质的研究，你认为应研究双曲线的哪些几何性质？

生：范围、对称性、顶点、离心率.

师：同学们在课前利用图形计算器，对双曲线的几何性质进行了初步探究. 下面请同学们以小组为单位，对探究成果进行归纳、汇总，做好发言准备.

**学生活动**：学生认真听讲，积极思考，回答问题.

**设计意图**：坐标法是解决解析几何问题的常见方法，通过坐标法来引入新课，让学生体会数形结合思想的本质. 教师指出本节课先类比椭圆的几何性质得到双曲线的几何性质，再分别从形(利用 Ti 图计算器观察、分析、验证)和数(用方程证明)两个角度验证和证明了双曲线的几何性质，明确本节课研究的目标、方法和手段.

(二) 实验探究，归纳性质

**(课前)探究 1：特殊双曲线的简单几何性质研究**

**数学实验要求：**

第一步：以小组为单位选定一个双曲线的标准方程，在图形计算器中输入方程，作出其图形；

第二步：根据图形大胆猜想双曲线的几何性质；

第三步：利用圆锥曲线的图形分析功能验证你的猜想；

第四步：填写表格(见表 1)；

第五步：和你的组员一起分享你的成果.

**表 1**

| 标准方程 | |
|---|---|
| 图形 | |
| 几何性质 | |
| | |
| | |
| | |

教师巡视全班，对小组活动时学生出现的问题进行指导.

师：小组活动结束，请同学来展示一下小组研究成果.

学生利用投影仪展示成果，并做简要的分析. 师生对其形成的结论进行质疑、补充、完善.

**学生活动**：全体学生在小组长的组织下对课前准备的探究结果进行讨论、补充、质疑、汇总和总结.

**设计意图**：课前教师已经让学生们利用图形计算器，对双曲线的几何性质进行了初步探究，让学生自己动手做数学实验，有利于调动学生学习的积极性和主动性，刺激和激发学生的学习兴趣，从中提高学生的分析问题、解决问题的能力，促进小组成员之间的合作交流.

**用 Ti 图形计算器制作和使用课件的过程：**

步骤1：新建文档. 打开 Ti 图形计算器主页面，选择"图形"，单击"Enter"键，进入新建立的文档页面.

步骤2：画双曲线图象. 在新建立的文档页面，单击"菜单"键，在下拉菜单中选择"3：图形输入/编辑"，单击"Enter"键后，在下一级下拉菜单中依次选择"3：方程模板""5：双曲线""1：东—西 $\dfrac{(x-h)^2}{a^2}-\dfrac{(y-k)^2}{b^2}=1$"或"2：南—北 $\dfrac{(y-k)^2}{a^2}-\dfrac{(x-h)^2}{b^2}=1$"，输入小组内预定的双曲线的标准方程，单击"Enter"键后即可呈现双曲线的图象.

步骤3：对图象进行圆锥曲线分析. 单击"菜单"键，在下拉菜单中选择"6：图象分析"，在下一级下拉菜单中选择"9：分析圆锥曲线"，即可按照菜单中的选项对双曲线的"1：中心""2：顶点坐标""3：焦点""4：轴对称""8：离心率"等性质进行观察、猜测、分析、验证、推理、交流与记录，如图1所示.

**探究2：双曲线的简单几何性质研究**（可以参考第56~58页）

师：这些结论是我们通过观察图形猜想得到的，虽然已经利用图形计算器验证了，但是我还是想让同学们用代数方法证明你的猜想，也就是用方程来解决问题，并且把上面的结论推广到一般情况. 请完成表2.

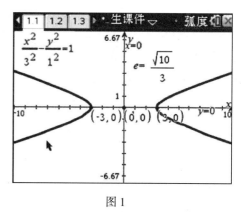

图1

表2

| 标准方程 | $\dfrac{x^2}{a^2}-\dfrac{y^2}{b^2}=1(a>0,\ b>0)$ | | $\dfrac{y^2}{a^2}-\dfrac{x^2}{b^2}=1(a>0,\ b>0)$ |
|---|---|---|---|
| 图形 | 图形 | | 图形 |
| 几何性质 | 范围 | $x\geqslant a$ 或 $x\leqslant -a,\ y\in \mathbf{R}$ | $y\geqslant a$ 或 $y\leqslant -a,\ x\in \mathbf{R}$ |
| | 顶点 | $A_1(-a,\ 0),\ A_2(a,\ 0)$ | $A_1(0,\ -a),\ A_2(0,\ a)$ |
| | 对称性 | 关于 $x$ 轴、$y$ 轴和坐标原点对称 | |
| | 离心率 | $e=\dfrac{c}{a}(e>1)$ | |
| | 渐近线 | $y=\pm\dfrac{b}{a}x$ | $y=\pm\dfrac{a}{b}x$ |

学生按照教师要求，先独立思考、自主探究，再进行小组合作交流活动，在此过程中可以借助图形计算器和教材帮助学生解决问题.

师：同学们，我们的小组活动到此结束，下面谁愿意分享一下小组研究成果？

**（几何性质 1：范围）**

生 1：当焦点在 $x$ 轴上时，$x \geq a$ 或 $x \leq -a$，$y \in \mathbf{R}$；当焦点在 $y$ 轴上时，$y \geq a$ 或 $y \leq -a$，$x \in \mathbf{R}$.

师：我们以焦点在 $x$ 轴上双曲线为例，你能说一说你是怎样得到 $x$ 和 $y$ 的取值范围的呢？

生 1：因为 $\dfrac{x^2}{a^2} = \dfrac{y^2}{b^2} + 1 \geq 1$ 即 $x^2 \geq a^2$，所以 $x \geq a$ 或 $x \leq -a$；因为 $\dfrac{y^2}{b^2} = \dfrac{x^2}{a^2} - 1 = \dfrac{x^2 - a^2}{a^2} \geq 0$，所以 $y^2 \geq 0$，即 $y \in \mathbf{R}$.

师：在解析几何中讨论曲线的范围，就是确定方程中两个变量 $x$、$y$ 的取值范围. 由刚才的证明结论可知焦点在 $x$ 轴上的双曲线在直线 $x = -a$，$x = a$ 之间没有图象，并且当 $x$ 的绝对值无限增大时，$y$ 的绝对值也无限增大. 确定曲线范围的另一个目的，就是用描点法画曲线时就不可以取曲线范围以外的点了.

**（几何性质 2：顶点）**

生 2：当焦点在 $x$ 轴上时，顶点坐标为 $A_1(-a, 0)$，$A_2(a, 0)$；当焦点在 $y$ 轴上时，顶点坐标为 $A_1(0, -a)$，$A_2(0, a)$.

师：曲线与对称轴的交点称为顶点. 我们仍然以焦点在 $x$ 轴上的双曲线为例，你是如何求出它的顶点坐标呢？

生 2：令 $y = 0$，解出 $x$ 就可以.

师：非常好！令 $y = 0$，得 $x = \pm a$，因此双曲线与 $x$ 轴有两个交点，交点坐标是 $A_1(-a, 0)$，$A_2(a, 0)$，我们把它们叫做双曲线的顶点. 线段 $A_1A_2$ 叫做双曲线的实轴，它的长度等于 $2a$，$a$ 叫做双曲线的实半轴长.

师：那你为什么没有令 $x = 0$ 呢？

生 2：令 $x = 0$，得 $y^2 = -b^2$，因此方程无解.

师：方程无解说明双曲线与 $y$ 轴没有交点，但我们也把 $B_1(0, -b)$，$B_2(0, b)$ 画在 $y$ 轴上. 线段 $B_1B_2$ 叫做双曲线的虚轴，它的长度等于 $2b$，$b$ 叫做双曲线的虚半轴长. 同理可得焦点在 $y$ 轴上的顶点坐标，以及实轴和虚轴. 椭圆有 4 个顶点，而双曲线有两个顶点，同时要注意双曲线的虚轴和椭圆的短轴的区别.

学生整理笔记，填写下面的定义：

双曲线的实轴是指线段 $A_1A_2$，实轴长为 $2a$，实半轴长为 $a$；双曲线的虚轴是指线段 $B_1B_2$，虚轴长为 $2b$，虚半轴长为 $b$.

**（几何性质 3：对称性）**

生 3：双曲线关于 $x$ 轴、$y$ 轴和坐标原点对称.

师：你能证明一下焦点在 $x$ 轴上的双曲线为什么关于 $y$ 轴对称吗？

生 3：我在双曲线上任取一点 $P(x, y)$，将它关于 $y$ 轴的对称点 $P'(-x, y)$ 代到双曲线方程中去时，方程还成立，所以我认为双曲线关于 $y$ 轴对称.

师：同理还可以证明双曲线关于 $x$ 轴和坐标原点对称. 我们知道如果一个图形沿着一条

直线对折后两部分完全重合，这样的图形叫做轴对称图形. 如果一个图形绕某一点旋转 $180°$，旋转后的图形和原图形完全重合，这样的图形叫做中心对称图形. 显然，由图形可知双曲线关于 $x$ 轴、$y$ 轴和坐标原点对称. 这时，坐标轴是双曲线的对称轴，原点是双曲线的对称中心，也称为双曲线的中心.

**（几何性质4：离心率）**

生4：双曲线的离心率是 $e=\dfrac{c}{a}$，因为 $0<a<c$，所以 $e>1$.

师：很好. 我们把双曲线的焦距与实轴长的比 $e=\dfrac{2c}{2a}=\dfrac{c}{a}$ 称为双曲线的离心率，在这里我们要关注它的取值范围是 $e>1$.

在椭圆中，椭圆的离心率与椭圆的形状有着密切的联系，离心率越小，椭圆越圆，离心率越大，椭圆越扁. 而双曲线的离心率是描述双曲线"张口"大小的一个重要数据. 下面我们一起来进行第三个数学实验，请同学们关注实验要求，并完成实验后面的探究问题.

**探究3：利用图形计算器完成下面探究问题**

数学实验要求：

第一步：保持 $a$ 不变，拖动游标 $b$，观察离心率 $e$ 和双曲线"开口"的变化情况；

第二步：保持 $b$ 不变，拖动游标 $a$，观察离心率 $e$ 和双曲线"开口"的变化情况.

探究问题：

1. 若保持 $a$ 不变，$b$ 越来越大，此时双曲线的离心率 $e$ 越来越<u>大</u>，双曲线的"开口"变<u>大</u>；

2. 若保持 $b$ 不变，$a$ 越来越大，此时双曲线的离心率 $e$ 越来越小，双曲线的"开口"变小.

学生分组进行数学实验活动结束后，教师让学生来描述实验过程及实验结论，即离心率越大，双曲线的开口由扁狭变得宽阔.

**学生活动**：学生阅读实验要求，然后两名学生一组，进行实验，其中一名学生负责动手操作，另一名学生负责记录实验结果. 在实验时学生只需分别拖动游标 $a$ 或 $b$，保持另一个不变，即可非常直观地观察到离心率 $e$ 的变化情况和双曲线"开口"的变化情况.

**设计意图**：离心率 $e$ 是表示双曲线开口大小的一个量，如果没有课件辅助教学，让学生自己动手画图探究，一个是耗费时间较多，另一个是还没有学习双曲线的渐近线，学生画出的图形可能会出现误差，导致结论有误. 而利用图形计算器制作的这个课件操作简单，图形变化明显、直观，更易于学生观察、分析实验，得出结论.

**用 Ti 图形计算器制作和运用课件的过程：**

步骤1：新建文档. 打开 Ti 图形计算器主页面，选择"图形"，单击"Enter"键，进入新建立的文档页面.

步骤2：设置游标 a，b. 在新建立的文档页面，单击"菜单"键，在下拉菜单中选择"1：动作"，单击"Enter"键后，在下一级下拉菜单中选择"9：计算"下面的"B：插入游标"，单击"Enter"键后，把游标设置中的变量名称处输入"a"，最小值处输入"0"，最大值处输入"10"，单击"Enter"键，结束对游标 a 的设置. 重复上面的动作，再设置一个游标"b"，最大值和最小值与游标 a 的设置一致.

步骤3：画双曲线图象. 单击"菜单"键，在下拉菜单中选择"3：图形输入/编辑"，单击

"Enter"键后，在下一级下拉菜单中依次选择"3：方程模板""5：双曲线""1：东—西$\dfrac{(x-h)^2}{a^2}-$
$\dfrac{(y-k)^2}{b^2}=1$"，单击"Enter"键. 在光标闪烁处，输入方程"$\dfrac{x^2}{a^2}-\dfrac{y^2}{b^2}=1$"，单击"Enter"键后即可
呈现双曲线的图象. 此时，拖动游标 a 或 b 即可实现对双曲线实轴长度和虚轴长度的改变.

步骤4：对图象进行圆锥曲线分析. 单击"菜单"键，在下拉菜单中选择"6：图象分析"，
在下一级下拉菜单中依次选择"9：分析圆锥曲线""8：离心率"，即可求出双曲线的离心率的
值，如图 2 所示.

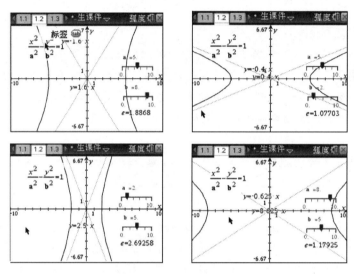

图 2

**（几何性质5：渐近线）**

师：除了我们刚才所讲的 4 种几何性质，双曲线还有一个它特有的几何性质叫渐近线.
对于渐近线我们并不陌生，我们曾经学过的哪个函数有渐近线呢？

生5：反比例函数，指数函数，对数函数.

师：如何来作双曲线的渐近线呢？（教师一边讲解，一边在黑板上作图）首先我们过双曲
线的顶点作直线 $x=\pm a$，再分别过虚轴的两个端点作直线 $y=\pm b$，这样这 4 条直线就围成一个
矩形，我们把矩形的两条对角线所在直线叫做双曲线的渐近线.

师：你能回答双曲线的渐近线方程吗？

生6：焦点在 $x$ 轴上的双曲线的渐近线方程为 $y=\pm\dfrac{b}{a}x$，焦点在 $y$ 轴上的双曲线的渐近线
方程为 $y=\pm\dfrac{a}{b}x$.

师：非常好，只要理解渐近线的作法就不会把焦点在 $x$ 轴和 $y$ 轴上的渐近线方程弄混了.
至于为什么 $y=\pm\dfrac{b}{a}x$ 是双曲线 $\dfrac{x^2}{a^2}-\dfrac{y^2}{b^2}=1(a>0，b>0)$ 的渐近线，教材 62 页"探究与发现"栏目
给出了详细的解释，同学们可以在课下阅读研究.

下面，我利用图形计算器演示双曲线上的点到其渐近线的距离，请同学们认真观察.

**教师演示数学实验1**

**用 Ti 图形计算器制作和运用课件的过程：**

步骤1：画双曲线 $\dfrac{x^2}{5^2}-\dfrac{y^2}{3^2}=1$ 的图象. 仿照求离心率课件制作过程中的"步骤1"至"步骤3"，在光标闪烁处输入方程" $\dfrac{x^2}{5^2}-\dfrac{y^2}{3^2}=1$ "，单击"Enter"键后即可呈现双曲线的图象.

步骤2：作双曲线的渐近线. 单击"菜单"键，在下拉菜单中选择"6：图象分析"，在下一级下拉菜单中依次选择"9：分析圆锥曲线""6：渐近线"，即可作出双曲线的两条渐近线.

步骤3：在渐近线上任取一点 $P$. 单击"菜单"键，在下拉菜单中选择"8：几何"，在下一级下拉菜单中依次选择"1：点/线""1：点"，单击"Enter"键，此时光标变成"笔"形，在双曲线图象上任取一点，单击"Enter"键即可完成在双曲线图象上任取一个对象点任务.

步骤4：单击"菜单"键，在下拉菜单中选择"8：几何"，在下一级下拉菜单中依次选择"3：测量""1：长度"，选中图象中的点 $P$ 及渐近线即可求出双曲线上任意一点 $P$ 到其渐近线的距离. 教师不断拖动点 $P$，学生可以通过数值的变化观察到点 $P$ 到渐近线的距离越来越小. 此时，教师再通过不断缩小单位长度，学生可以观察到距离从 1.63 逐渐减小到 0.053，如图 3 所示.

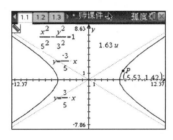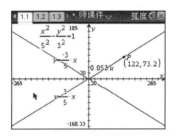

图 3

师：我们把实轴和虚轴等长的双曲线叫做等轴双曲线，它的渐近线方程是什么？离心率为多少？

生7：渐近线方程为 $y=\pm x$，离心率为 $\sqrt{2}$.

师：渐近线反映了某些曲线在无限延伸时的变化情况，并不是所有的曲线都有渐近线，双曲线与它的渐近线无限接近，但永不相交. 利用好渐近线，我们再画双曲线草图时就可以使用两点两线的画法，同学们只要作出双曲线的两个顶点和两条渐近线，就能画出它的近似图形. 下面同学们检查一下前面探究1中的双曲线画得是否合理吧！

给学生时间纠错、整理笔记、完善表格的内容.

**设计意图**：渐近线是双曲线特有的性质，我们常利用它作出双曲线的草图，而学生对渐近线的发现与证明方法接受、理解和掌握有一定的困难. 因此，在教学过程中着重培养学生的创造性思维，通过诱导、分析，从已有知识出发，层层设(释)疑，激活已知，启迪思维，调动学生自身探索的内驱力，进一步清晰概念(或图形)特征，培养思维的深刻性.

（三）应用举例，巩固理解

例题　双曲线 $\dfrac{y^2}{16}-\dfrac{x^2}{9}=1$ 的实半轴长为_____，虚半轴长为_____，焦点坐标为

_____, 离心率为_____, 渐近线方程为_____.

解：双曲线 $\dfrac{y^2}{16}-\dfrac{x^2}{9}=1$ 的实半轴长为 4，虚半轴长为 3，焦点坐标为 $(0，\pm5)$，离心率为 $\dfrac{5}{4}$，渐近线方程为 $y=\pm\dfrac{4}{3}x$.

师：根据例题，你能编写一至两道有关双曲线的几何性质的问题吗？亲自解一下，也可以考一考其他同学，比一比谁编的题更有创意.

**设计意图**：通过练习，巩固本节课所学. 让学生"编题"，开阔其解题思路，提出自己对题目变化角度的理解，或者找到一种新的解法与同学们一起分享，使他们在做题中总结规律、发展思维、提高知识的应用能力和发现问题、解决问题能力，创设平等和谐的学习环境. 如果课上时间有限，可以留给学生课下完成.

（四）启迪思维，拓展提升

**探究4：利用图形计算器，让你的思维插上放飞的翅膀**

师：如果将椭圆和双曲线定义中的"和""差"这两种运算进行类比推广，你可以提出哪些新的问题？

生："积"，"商".

师：让我们一起利用图形计算器动手操作一下吧.

数学实验要求：

第一步：选中点 $P$，单击右键，选择几何跟踪，再拖动点 $P$，观察动点轨迹；

第二步：选中点 $P$，单击右键，选择重新定义，再拖动点 $P$，更改点 $P$ 的位置，对其进行几何跟踪，观察动点轨迹；

第三步：比较两个动点轨迹，说一说你的感受.

学生在使用图形计算器时，教师不仅要关注个别学生的实验过程，还可以使用大屏幕实时关注全体学生的实验过程，做必要的指导. 实验结束后展示学生实验成果，如图4所示.

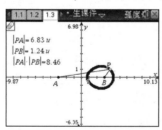
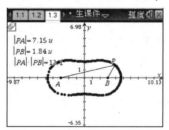
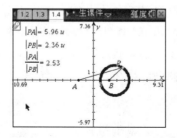
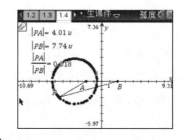

图4

师：在数学史上把到两个定点距离之积为常数的点的轨迹称为卡西尼卵形线，发现卡西尼卵形线的人叫做乔凡尼·卡西尼，他是第一个发现土星有 4 颗卫星的人，卡西尼卵形线是 350 年前他在研究土星及其卫星运行规律时发现的．而大家做的第二个实验：到两个定点距离之比(比不为 1)为常数的点的轨迹是圆，如图 5 所示.

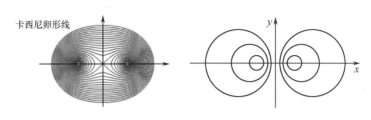

图 5

师：在这里我也给同学们演示两个数学实验，请同学们仔细观察动点的轨迹形状，如图 6 所示.

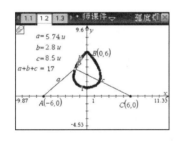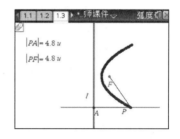

图 6

**教师演示数学实验 2**

(1) 到 3 个定点距离之和为常数的点的轨迹；

(2) 到定点和定直线(定点不在定直线上)距离相等的点的轨迹.

师：刚才演示的第一种图形是到 3 个定点距离之和为常数的点的轨迹，它也是一种卵形线．而第二种图形就是抛物线，这将是我们下一节将要学习的内容.

通过今天所学，同学们可以结合教师下发的参考资料和自己查阅的资料，写出你的感想和体会．抓住其中的一个结论，证明或说明它，写出一篇你的数学小论文吧！

参考方向：

(1) 若将"两定点"之一变为"定直线"，那么距离之比为定值的点的轨迹是什么？

(2) 若将"两定点"之一变为"定直线"，那么距离之和为定值的点的轨迹是什么？

(3) 到定点的距离与到定直线的距离的 $k$ 倍之和为定值的点的轨迹是什么？

你也可以自拟方向.

**设计意图**：在教学中，教师应该想尽一切方法为学生的思维发展提供平台．本环节所设计的 4 个数学实验，在传统教学中，很难通过描点画图的方法展现动点轨迹．借助图形计算器，通过学生动手操作、动眼观察、动脑思考，促使学生主动参与，激发了学生的求知欲，发挥了学生的主体作用．而课下对这几个问题进一步的思考，写一写自己的想法，更是学生对坐标法的进一步认识，也就是对解析几何基本思想的再认识．在数学课堂中引入开放性问题，使学生思维体系不自觉地由低级到高级，由封闭向开放运动，从而加深对数学本质的认识，提高学生的创造性思维能力.

（五）小结归纳，思悟升华

本节课主要学习了双曲线的 5 个几何性质. 学会了借助图形计算器观察、猜想、验证一些数学问题，也学习了用坐标法解决解析几何问题，体现了数形结合的思想方法.

（六）作业训练，巩固提高

1. 第 61 页练习 1，2，3，4；

2. 阅读教材 62 页"探究与发现"栏目；

3. 数学小论文.

## 八、教后反思

《普通高中数学课程标准(2017 年版)》倡导积极主动、勇于探索的学习方式，学生的数学学习活动不应只限于接受、记忆、模仿和练习. 高中数学课程还应倡导自主探索、动手实践、合作交流、阅读自学等学习数学的方式. 这些方式有助于发挥学生学习的主动性，使学生的学习过程成为在教师引导下的"再创造"过程. Ti 图形计算器的恰当使用能优化数学课堂教学，对数学学习有着非常积极的促进作用.

（一）改变了教学方式和学习方式. 利用图形计算器，让数学实验进入数学课堂，一方面在一定程度上改善了传统课堂中枯燥、沉闷的气氛，改变了教师满堂灌的现象，丰富了授课手段，改善了授课环境. 另一方面，在信息技术为学生提供的交互式学习环境中，学生既看得见、听得见，又可以动手操作，调动多种感官协同作用，经历了相关知识的发生、发展过程，对数学知识的获取和保持具有重要的意义. 在活动中实验、探究、发现成为重要的学习方式，学生可以按照自己的认知基础、学习兴趣来选择内容，这就使学生的积极性、主动性得到了充分的体现，把课堂真正地还给了学生.

（二）有助于突破重难点. 将图形计算器引入课堂，使解析几何中作图问题不再成为难点，学生可以通过观察图形，猜想性质，再利用"分析圆锥曲线"功能，实验和验证自己的猜想，最后通过逻辑推理论证获得对知识本质的理解，使本节课的重点得以突出，难点得以突破.

（三）为小组合作交流搭建平台. 利用现代信息技术，给学生创造一个研究数学的实验环境，让学生主动地进行观察、实验、猜测、验证、推理，这些都离不开与小组成员之间的启发、纠错、质疑、交流等数学活动. 在小组合作交流活动中让学生体验数学发现和创造的历程，深化学生对数学本质的认识. 培养学生的合作精神，使学生们在活动中共同分享学习的收获和乐趣，形成积极的情感态度.

（四）培养学生的创新思维和创造力. 在本节课的最后，教师设置了探索新图形并在课后研究其方程和性质的作业. 这种开放性的问题设置得益于计算器的绘图功能，学生只有观察到图形的形状变化，才会有猜想方向及推理论证的目标. 信息技术的使用发展了学生的创新意识，培养了学生的创新能力，为未来发展和进一步学习打好基础.

当然，我们教师还应当把握好以一支粉笔、一块黑板进行作图、推理、证明的教学手段与现代信息技术手段下的教学之间的平衡，不能过度依赖信息技术，也不能摒弃不用. 我们需要的是课堂效益的最优化，让学生在数学学习过程中，用自己的思维方式，用自己的体验去重新创造属于自己的数学知识，培养数学能力，提高数学素养.

**参考文献：**

[1]　李柏青. 活用信息技术 突破数学教学难点. 中学数学教学参考，2013(11)：2-5.

[2]　王建鹏，陈荣桂. 问题串的教学设计方式比较. 数学通讯，2016(2)：10-14.

[3]　叶思义. 从圆、椭圆到卵形. 职业教育，2016(10)：36.

[4]　虞关寿. 动点到两定点距离的"和、差、积、商"轨迹探求. 中学数学教学，2015(6)：24-26.

[5]　夏德凡. 到两定点的距离之比为定值的点的轨迹. 数学教学，2009(10)：26-27.

# ☆抓住知识本质，探索解法关键①

## ——以高一"三角函数析题课教学"为例

丁　莉　北京师范大学密云实验中学

**提要**　随着高中数学课改的不断推进，题海战术已经不再是学生掌握知识、提高能力和获取高分的制胜法宝，要想提高复习课的教学效率，必须探索和尝试新的复习范式．在这种大背景下，康杰主任倡导的析题课应运而生．析题课打破以往复习课中不断地"出题、解题"的循环学习方式，教师不再"难为"学生，而是给出问题的解答过程，让学生根据解题过程去思考数学知识方法的本质，探索解题方法的关键之处，突出重点，突破难点，达到高效率的复习．

## 一、问题的提出

### （一）复习课的效能不高

温故而知新，复习是对知识的第二次学习，是对知识的重新梳理．有效的二次学习叫做复习，能够起到查漏补缺的效果；而效率低下的二次学习只能叫做重复，会使学生产生倦怠．然而对于学生来说，复习课的重要性是不可忽视的．以往的复习课往往被禁锢在了题目中，随着课程改革的推进，"题海战术""熟能生巧"已经不是取胜法宝．刷题的模式不仅不能很好有效地帮助学生提高成绩，还会产生一定的负面影响．

### （二）教学针对性不强

《普通高中数学课程标准(2017年版)》指出"高中数学课程以学生发展为本，落实立德树人根本任务，培育科学精神和创新意识，提升数学学科核心素养．高中数学课程面向全体学生，实现：人人都能获得良好的数学教育，不同的人在数学上得到不同的发展．"出题、解题、讲题、练题的复习模式对于课堂效果来说并不理想．一些基础好的同学已经学会，甚至熟练解决相关问题，这样的复习对于他们来说其实是在浪费时间；一些基础薄弱的同学可能是某个地方一直没理解，所以总是会在这个地方遇到困难，对他们来说一次次的失败，既会打击他们的信心，也无法令其进步；真正能够受益的学生并不多，教学的实施没有真正地面向全体学生．

### （三）一个困惑点的实验

我校是郊区的三类校，长期以来，对于学生来说，"三角函数在给定区间上的值域问题"是一个难点，许多教师讲了很多遍学生还是不会，或看似会了，但是过一段时间学生又不会了，到底该怎么办呢？康杰主任对高三复习课的思考对我启发很大，今年在讲到"三角函数在给定区间求值域"时，我对之前的复习课设计进行了反思，查阅了相关资料，听了数学组里老师的课，感想很多．这次我尝试采用析题课的模式，希望能够突破这个难点．尽管教学设计还不太成熟，其中还有一些不足之处，但是在教学效果上，我感觉比之前有了很大的提升．

---

①　该文在北京市中学数学教育教学优秀论文评选活动中，被北京市教育学会数学教学研究会评为市级一等奖．

## 二、教学理念与设计

### (一) 指导思想

《普通高中数学课程标准(2017 年版)》指出"数学源于对现实世界的抽象,基于抽象结构,通过符号运算、形式推理、模型建构等,理解和表达现实世界中事物的本质、关系和规律.""函数是描述客观世界中变量关系和规律的最为基本的数学语言和工具,在解决实际问题中发挥重要作用,而三角函数就是刻画周期性变化规律的数学模型."因此,本节课在以学生为主体,教师为主导的原则下,通过任务驱动、问题串的设计,引导学生学会分析问题,挖掘数学知识的本质.并在学习过程中理解数学方法、提高逻辑推理的能力,提升用数学眼光观察世界、用数学思维思考世界、用数学语言表达世界的意识.

### (二) 学生特点

1. 知识上:学生已经学习了正弦函数的图象和性质,以及相应的概念知识,但是达不到灵活运用,并且解决正弦型函数在给定区间求值域的问题还存在一定的困难.

2. 方法上:通过之前所研究的几种函数给定区间求值域问题,学生已经接触过换元法,但是理解还不够透彻,可以经过自主探究、合作交流,恰当的教师引导,进一步掌握应用换元法解题.

3. 情感上:学生能够积极参与课堂,但是数学基础较为薄弱,思维不够灵活,探究能力较弱,所以要给予充分的自主思考、合作、交流的时间,并且课堂中要注意适时的引导,让学生能够更高效地参与到学习中来.

### (三) 教学目标

1. 在思考解答过程中使用的依据时,加深对于相关知识的理解和灵活应用.

2. 能够解决"正弦型函数 $f(x) = A\sin(\omega x + \varphi)$ 在给定区间求值域"的问题.在借助正弦函数的图象解题的过程中,体会数形结合的思想.

3. 通过分析解题过程,体会换元法在解题过程中的应用,提高逻辑推理能力.

### (四) 教学重点、难点

1. 教学重点:用换元法解决三角函数给定区间求值域.

2. 教学难点:换元法在解题过程中的应用.

### (五) 教学流程(见图 1)

图 1  教学流程图

### (六) 环节设计

本节课设计给出了题目的答案,不要求学生解题,而是让学生思考解题过程中每一步用到的知识要素,在此过程中学生可以加深对相关知识本质的理解.接着学生思考解题过程涉及的思想方法,揭示核心解题方法"换元法".然后总结解题的思维步骤,学生尝试画出解题思维程序图,理清思路,把握核心内容.教师设计任务组、问题串,学生通过自主探究、合作交流,学会分析问题,挖掘数学知识的本质,体会解决问题方法的核心.

### 三、教学问题解决实施过程

#### （一）数据分析

为了更准确地把握学生现有知识水平，找到学生学习的真实难点，课前利用调查问卷和针对性访谈进行初步了解．上课先进行数据结果分析，在PPT中展示课前调查问卷的结果统计（见图2），让学生能够了解解题过程中的真问题，并且表明本节课的主题和必要性．

根据问卷的结果可以看出，"正弦型函数在给定区间求值域"的内容学生掌握得还不太好，对于解题方法的理解还存在一些问题，所以这节课换一种学习方式来尝试突破这个难点．

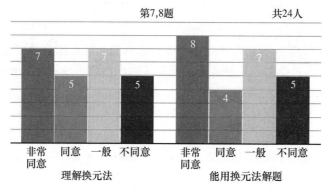

图2　对相关题目解题方法理解的统计结果

#### （二）体会数学本质

根据调查结果，学生对于知识概念有一定的理解，可以独立完成选择知识要素．但是要理清过程的每一步还是存在一些问题，所以给了学生足够的小组讨论时间，在表达交流、互相帮助中共同提升．换元法是难点，所以在学生展示提到这一步时，要及时进行追问，其他组学生没有提出来的问题教师也要及时指出："为什么要使用换元法？"，"换元法是如何使用的？"，"在使用换元法的过程中问题转化成了什么？"．具体教学过程如表1所示．

表1　思考探究环节教学过程

| 教学过程 | | |
|---|---|---|
| 教师活动 | 学生活动 | 设置意图 |
| **教师引入**：首先我们来看活动1，请大家认真读题，完成问题1和问题2.<br>**活动1**　下面列出了"三角函数给定区间求最值"相关题目的解答过程．结合解答过程思考：<br>**问题1**　解答过程中使用的依据是什么？选择恰当的知识要素填写在对应的位置． | 认真审题，思考完成对应问题． | 对于学生来说题目有一定难度，给出解题过程而不是学生做题，避免打击学生信心，新颖的模式还可以引起学生兴趣．并且有利于提高学生分析问题、解决问题的能力． |

| | 自己独立完成. | |
| --- | --- | --- |
| 求函数 $f(x)=2\sin(2x+\frac{\pi}{6})$ 在 $[-\frac{\pi}{6},\frac{\pi}{3}]$ 上的最小值和最大值.<br><br>解题过程 / 涉及的知识要素<br><br>令 $t=2x+\frac{\pi}{6}$，$f=2\sin t$.<br>$\because x\in[-\frac{\pi}{6},\frac{\pi}{3}]$，<br>$\therefore t\in[-\frac{\pi}{6},\frac{5\pi}{6}]$.<br><br>当 $t=\frac{\pi}{2}$ 时，$\sin t_{max}=1$，<br>$f(x)_{max}=2\sin t_{max}=2$.<br>$t=\frac{\pi}{2}$，则 $2x+\frac{\pi}{6}=\frac{\pi}{2}$，$x=\frac{\pi}{6}$.<br>当 $t=-\frac{\pi}{6}$ 时，$\sin t_{min}=\sin(-\frac{\pi}{6})=-\frac{1}{2}$，<br>$f(x)_{min}=2\sin t_{min}=-1$.<br>$t=-\frac{\pi}{6}$，则 $2x+\frac{\pi}{6}=-\frac{\pi}{6}$，$x=-\frac{\pi}{6}$.<br>综上所述：当 $x=\frac{\pi}{6}$ 时，$f(x)_{max}=2$；<br>　　　　　当 $x=-\frac{\pi}{6}$ 时，$f(x)_{min}=-1$. | 查看知识要素，回顾相关概念，在学案上完成问题1. | 学生在选择知识要素时，可以加深对于相应的概念的理解. |
| | 分析解题过程，找出其中的数学思想方法. | 根据调查学生对换元法的理解并不透彻，而这也是重点，所以进行深入剖析，具体到为什么运用换元法，如何运用的，争取帮助学生突破难点. 并且加深对于数形结合思想的理解. |
| 正弦函数的图象和性质　　诱导公式<br>余弦函数的图象和性质　　二倍角公式<br>二次函数的图象和性质　　等量代换<br>一次函数的图象和性质　　等式计算<br>正比例函数的图象和性质　两角和差的正弦公式<br>函数图象上点坐标的特点　特殊角的三角函数值<br>图象上的点和坐标一一对应<br>**问题2** 试着说明其中涉及的思想方法.<br>　　教师巡视，恰当地给予提示. 同学们基本都完成后进行小组讨论. | 小组讨论，每名同学在组内说出自己的想法，进行查漏补缺，组内达成一致意见. | 在小组讨论中互相帮助，在小组展示中分工合作，提高团队合作的意识. |
| 　　活动2　和小组内的同学互相交流，看看他人是如何思考的，将自己的想法告诉同伴，试试能否形成小组内共同的意见，如不能形成一致的意见，记录差异之处.<br>　　活动3　在全班汇报小组的讨论结果.<br>　　**预设**：选一组来展示小组讨论结果，小组代表讲解选择的知识要素的理由，思想方法在过程中的体现，和如何应用. | 首先请一个小组介绍他们的结论，将"知识要素"写在黑板上解题过程中的恰当位置，并请一名代表发言. | 学生在展示过程中提高用数学语言表达的能力. |
| 　　其他组同学进行点评，并发表不同意见，提出问题，大家共同思考解答.<br>　　解决疑问后教师进行点评总结，强调重点. | 其他组的同学进行点评、提问、补充. | 提高学生参与兴趣，提高课堂参与度. |

（三）思维建构（见表2）

在细节上逐步突破后还要有整体观念．请学生重新查看解题过程，理清思路，概括解题过程．并对题目进行分析，知道自己概括出的方法能解决哪一类问题．

**表2　思维建构环节教学过程**

| 教学过程 | | |
|---|---|---|
| 教师活动 | 学生活动 | 设置意图 |
| **问题3**　尝试总结"解决三角函数给定区间求最值问题"的思维步骤，画出解题思维程序图．<br><br>**教师活动**：巡视学生完成情况，挑选典型的答案利用投影展示，学生共同点评分析，共同完善．<br><br>**教师追问**：现在大家已经总结出了解题的程序，那么这个程序可以解决哪种类型的题目呢？同学们试着分析题目的特征．<br><br>正弦型函数 $f(x)=A\sin(\omega x+\varphi)$ 在给定区间 $D$ 上的求值域问题． | 思考分析，在学案上画出思维程序图，一名同学到黑板上完成．<br><br>展示分享，点评完善．<br><br>学生分析题目，尝试抽象出一般形式． | 学生对解题过程进行重点概括，把握核心内容，提高归纳概括的能力，并且有助于学生形成学习经验，解决其他问题． |

（四）效果检测（见表3）

检测题借助 Ti 图形计算器来完成，教师在屏幕上直接展示学生完成情况，针对存在的问题共同分析解决，大大提高检测效率．

**表3　效果检测环节教学过程**

| 教学过程 | | |
|---|---|---|
| 教师活动 | 学生活动 | 设置意图 |
| **教师提问**：经过今天这节课的深入分析大家觉得这类题还难吗？下面我们来看一下效果，请同学们完成问题4，将过程写在指定位置．<br><br>**问题4**　函数 $f(x)=2\sin\left(2x+\dfrac{\pi}{4}\right)$ 在 $\left[-\dfrac{\pi}{4},\ \dfrac{\pi}{4}\right]$ 上的值域是（　　）<br><br>A.　$[-1,\ 1]$　　　　B.　$[-\sqrt{2},\ 1]$<br><br>C.　$[-\sqrt{2},\ 2]$　　　D.　$[-2,\ 2]$<br><br>教师查看学生的解题过程，统计完成正确率情况，如果学生的解题过程中出现典型问题，展示出来共同分析纠正． | 认真审题分析，在指定位置完成问题4． | 检测学生学习效果，同时熟悉解题思路，巩固知识． |

（五）归纳总结

学生冥想一分钟，再分别找不同层次的学生分享交流自己的收获．从知识、方法、能力提升多方面进行总结，其他同学共同点评．有助于学生回顾梳理思路，重温重点，并提高归纳概括的能力．最后由教师进行总结提升．

**四、教学问题解决成效分析**

（一）课堂检测

由 Ti 图形计算器显示结果，检测题正确率达到71%，比之前的50%～55%有了大幅度提升．而出现的问题主要是计算方面的，有两个基础薄弱的同学，还需要进一步巩固．大家共同帮助没做对的同学分析问题、解决问题，得到良好的效果.

（二）调查分析

课后采用问卷调查法，从知识、思想方法、能力素养等方面调查学生对本节课的评价；通过纸笔测试法评价学生学习的效果，从而获得定量的数据. 定量数据采用 SPSS 21 进行分析.

2019 年 3 月，选取实验中学 24 名高一学生作为被试对象. 调查问卷共 10 题，采用李克特式 5 点量表计分法，选项包括：非常同意、同意、一般、不同意和非常不同意，分别记为 5，4，3，2，1 分. 问卷发放 24 份，回收 24 份，回收率 100%.

由表 4 可知，该问卷的 Alpha 值为 0.821，信度较高，统计结果具有较高可靠性.

**表 4　问卷信度：可靠性统计量**

| Cronbach's Alpha | 基于标准化项的 Cronbach's Alpha | 项 |
|---|---|---|
| 0.821 | 0.736 | 10 |

由表 5 可知，本节课学生收获显著. 据 1，2，3，4 题结果，对于知识的掌握和方法的理解，都得到了有效的提升，但是对于换元法的具体应用个别同学仍然存在问题，课后要进行追踪反馈. 由 5，6，7 题可知大部分同学的学习能力较好，在自主探究、合作交流的过程中能够有所收获，分析问题和解决问题的能力在提升. 第 8 题得分在 4.9 以上，说明学生基本上都喜欢教师课上运用多媒体，以后的课程中可以多加利用教学工具辅助教学. 据 9，10 题反馈，这种析题课模式的复习课受到学生的欢迎，评价较好，值得进一步研究和推进.

**表 5　调查问卷结果**

| 编号 | 评价项目 | 各题平均分 |
|---|---|---|
| 1 | 我能够理解解决"三角函数给定区间求最值"过程中用到的知识 | 4.25 |
| 2 | 我知道解决"三角函数给定区间求最值"问题的方法 | 4.04 |
| 3 | 我知道换元法在解题过程中的作用 | 3.92 |
| 4 | 我能够解决"正弦型函数 $f(x)=A\sin(\omega x+\varphi)$ 在给定区间求值域"这个类型的问题 | 4.17 |
| 5 | 对于本节课中涉及的问题，我能通过自己思考解决 | 4.38 |
| 6 | 在小组讨论中，我能用数学的语言发表自己的观点 | 4.33 |
| 7 | 我能对本节课所学内容进行准确的概括总结 | 4.21 |
| 8 | 我喜欢老师用多媒体辅助教学 | 4.92 |
| 9 | 我觉得此次教学过程烦琐 | 1.08 |
| 10 | 我喜欢这种复习课模式 | 4.67 |

**五、教学设计反思**

（一）本教学设计与以往或其他教学设计相比的特点

1. 本节课不同于以往的复习课，做题、讲题的复习模式效率并不高，而且不能保证所有的学生都能够有所提升. 本节课的设计中采用了给出答案学生分析解题过程的方法，学生在思考答案中涉及的知识要素时，加深对于知识本质的关注和理解，并且能够有价值地独立思考.

2. 在课前发放调查问题、统计结果、分析数据、找出学生在解题过程中存在的难点，针对性地设计课程主题. 问题串设计合理，循序渐进. 学生能够在任务驱动下，对解题方法进行探究，逐步突破难点. 并且学生能够在小组合作交流中表达自己的观点，弥补知识漏洞，提升团队合作的意识.

3. 另外，本节课中采用多媒体辅助教学，尽可能多地给学生展示的机会，能够调动学生的积极性，提高课堂参与度和学习效率. 学生在思考交流的过程中提高用数学语言表达的能力.

4. 及时对知识、方法进行总结，使思维结构更加完善，并加深对于概念的理解.

（二）教学反思

1. 关注学生

本节课的设计重视学生的主体地位，设置了合理的问题串. 学生能够在任务驱动下，对解题方法进行探究，循序渐进地突破难点. 并且学生拥有足够的独立思考时间和讨论时间，能够在小组合作交流中表达自己的观点，弥补知识漏洞，提升团队合作的意识和用数学语言表达的能力.

2. 整体建构

最后课堂总结时，由学生发表自己的想法，根据平时的经验，学生从知识、思想方法等方面来归纳. 根据学生的发言，引导学生完善思维结构，提高认知能力，帮助学生逐渐形成学习经验，提高自己分析问题、解决问题的能力.

总之，复习课是学生综合能力的提升时间，对于学生来说非常重要，所以必须尽可能地提高课堂效率. 析题课的复习范式我也是第一次尝试，在课堂效果上我觉得各层次的学生都能够有所提升. 原来就掌握得好的同学可以从一个更高的角度来看这道题；在解题方法上存在问题的同学可以理清思路，突破原来的难点；基础较弱的同学可以在基本的概念方面加深理解. 从课堂检测和作业的完成情况来说，正确率也大大提高. 课后访谈时大多数学生也表明这种方式更受欢迎，学生收获更多. 在复习阶段，这种析题课的模式值得尝试，包括其他类型的复习课，能够让学生有所收获，有实际获得，就是有价值的尝试！

**参考文献：**

[1]  杨杭久. 高中数学复习课探索. 中学生数理化(教与学)，2018(9).

# ☆图形计算器支持下的高中数学课堂探究①

## 马菲菲　首都师范大学附属密云中学

**提要**　《国家中长期教育改革和发展规划纲要(2010—2020年)》把加快教育信息化进程作为一项重大目标,着重指出:信息技术对教育发展具有革命性影响,鼓励学生利用信息手段主动学习、自主学习,增强运用信息技术分析、解决问题的能力.图形计算器作为辅助数学教学的工具,成为提升数学教学有效性的利器.

三角函数图象是高中数学课程中核心知识,既是教学重点,又是教学难点.本文应用图形计算器辅助三角函数教学的实践,探索信息技术对高中数学课堂带来的变化,说明图形计算器对学生核心素养的培养起到积极的促进作用,为丰富高中数学教学方式提供参考.

## 一、重要作用

近几年随着新课程改革的开展,教师不再是数学课堂的主导者,取而代之的是以学生为主体、教师为主导的探究型学习模式.2010年颁布的《国家中长期教育改革和发展规划纲要(2010—2020年)》指出:信息技术对教育发展具有革命性影响,必须予以高度重视.要通过教育信息化体系的建设促进教育内容、教学手段和教学方法的现代化;鼓励学生利用信息手段主动学习、自主学习,增强运用信息技术分析解决问题能力.《普通高中数学课程标准(2017年版)》中强调:注重信息技术与数学课程的深度融合,提高教学的时效性.信息技术与课堂的融合,为学生的探究活动提供了技术支持,为学生创造性思维提供了发展的空间.

近几年,图形计算器已经渐渐走入北京的各个高中校,利用图形计算器助力数学课堂探究也得到了许多教师和教育专家的认可.数学是典型的理性学科,要求学生在学习数学过程中有较强的逻辑思维和想象力,正是由于数学过于抽象,很多学生在数学的学习上出现困难.图形计算器借助其强大的复杂计算、大数据统计分析、数学实验、动态演示及几何图形直观展示等功能,逐步改变着数学课堂,大幅提高课堂教学效率,帮助学生理解知识点,激发学生学习数学的兴趣.

## 二、课程内容

### (一)教学内容介绍

本节课"正弦型函数$y=A\sin(\omega x+\varphi)$的图象"是图形计算器在高中数学课堂教学中的运用,让数学实验真正进入课堂,学生在亲自动手操作、实验的过程中,进行感悟和理解.通过自主探究教学,可以使学生自由地畅游于数学知识的海洋中,有助于使学生充分体会和感悟数学知识的魅力所在,增强数学学习的趣味性和实用性,为学生学习数学知识提供一个实践操作的重要载体,使学生在操作中学习.

本节课选自普通高中课程标准实验教科书人教A版必修4第一章第五节的内容.它是在学习了正弦函数图象和性质的基础上,对正弦函数图象的深化和拓展,学生根据现有知识分析不同参数对图象的影响,并利用图形计算器做出正弦型函数$y=A\sin(\omega x+\varphi)$的图象,观察它们与$y$

---

①　该文在北京市中学数学教育教学优秀论文评选活动中,被北京市教育学会数学教学研究会评为市级一等奖.

$=\sin x$ 图象间的变换关系，在图象动态的变换过程中发现规律，进一步理解正弦函数的图象和性质，加深对函数图象变换的理解和认识，加深数形结合在数学学习中的应用的认识.

学生已经会用五点法做出正弦曲线，并且有了一定的识图能力，能根据图象抽象概括出一些简单的性质. 除此之外，学生对简单的初等函数图象变换也有初步了解. 对于本节课的学习，学生已经具备一定的知识储备，能够通过自主探究方法来完成本节课的教学内容.

此前，在学习基本初等函数和正弦函数图象及性质时，学生已经能够借助图形计算器作图并研究相关函数性质. 利用图形计算器，能使学生亲历各种数学知识的形成过程，观察、思考和研究问题，并且教师能够通过网络及时了解学生的学习状况，进行有效的反馈，学生从原来的被动知识接受者转化为主动参与的学习者，学习兴趣明显增强.

（二）教学目标解析

本节课学生借助图形计算器探究 3 个参数 $A$，$\omega$，$\varphi$ 对函数 $y=A\sin(\omega x+\varphi)$ 图象变化的影响，能够概括出函数图象各种变换的实质和内在规律. 此外，学生经历图象变换的实际操作过程，能够脱离手持图形计算器，根据抽象出的一般规律解决图象变换问题. 在此过程中，培养学生探索与协作的精神，发展直观想象、数学抽象及逻辑推理的核心素养.

参数 $\varphi$ 和 $A$ 对图象的影响比较容易分析，而 $\omega$ 对图象的影响相对比较难以理解. 在教学中，多结合实例，从简单到复杂，特殊到一般，具体到抽象，逐步总结图象的变换规律. 教学中不宜急于把结论抛给学生，要让学生亲身经历结论的探索过程，通过充分的思考和探究，发现函数图象之间的关系.

（三）助力课堂探究

1. 快速绘图，利用坐标验证猜想

探究 1：$\varphi$ 对函数图象的影响.

思考函数 $y=\sin x$ 和 $y=\sin\left(x+\dfrac{\pi}{3}\right)$ 的图象有什么关系？当 $\varphi$ 取不同值时，对图象有何影响？请用图形计算器验证结果.

此前，学生对简单的初等函数图象变换有所了解，对于 $\varphi$ 对函数图象的影响学生能够猜想到是将图象向左或是向右平移. 此时改变 $\varphi$ 的值，利用图形计算器快速绘图，观察变化. 强调图象是点的集合，图象变换的本质是点的变换，想要观察图象变换就是要看点的变换，纵坐标不变的情况下横坐标值变小，图象向左平移，此时 $\varphi>0$，从而验证结论.

在此过程中，不仅节省了烦琐的作图过程，减少了"体力劳动"的时间，更是给学生以足够时间用于理解数学的本质.

2. 精确绘图，帮助学生探究原理

探究 2：$\omega$ 对函数图象的影响（$\omega>0$）.

【问题 1】作函数 $y=\sin x$ 和 $y=\sin 2x$ 的图象，分析 $\omega=2$ 时，函数图象的变化. 当 $\omega$ 取不同值时，对图象有何影响？

学生在探究过程中，参数 $\omega$ 的取值可能只考虑大于 1，忽略了 $0<\omega<1$ 的情况，教师提示学生借助周期来看，并思考两种情况有何不同.

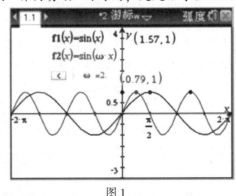

图 1

在此过程中，学生类比 $\varphi$ 对图象影响的方法，利用图形计算器设置游标来观察图象变化. 如图 1 所示，标记最高点坐标，在 $\omega$ 取不同值的情况下，发现纵坐标没有改变，横坐标的倍数变化与 $\omega$ 互为倒数，从而发现规律，得出结论.

【问题2】函数 $y=\sin\left(x+\dfrac{\pi}{3}\right)$ 和 $y=\sin\left(2x+\dfrac{\pi}{3}\right)$ 的图象有什么关系？分析变化量是谁？它对图象有何影响？

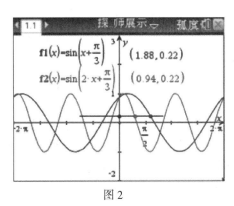

图2

学生通过计算器度量点的坐标分析得出结论，如图 2 所示. 接着脱离计算器，利用已学结论分析问题. 分析改变量是 $x+\dfrac{\pi}{3}\rightarrow 2x+\dfrac{\pi}{3}$，即 $x\rightarrow 2x$，所以本质是 $\omega$ 对图象产生影响.

【问题3】函数 $y=\sin 2x$ 和 $y=\sin\left(2x+\dfrac{\pi}{3}\right)$ 的图象有什么关系？分析变化量是谁？它对图象有何影响？

问题 3 是本节课难点，也是在考试中极易出现错误的地方，学生先分析结论，再利用图形计算器验证结论，如图 3 所示. 改变量：$2x\rightarrow 2x+\dfrac{\pi}{3}$，即 $x\rightarrow x+\dfrac{\pi}{6}$，本质是 $\varphi$ 对图象产生影响. 学生用多种方法完成问题探究，分享作图过程及分析方法，大大地提高了学习的积极性.

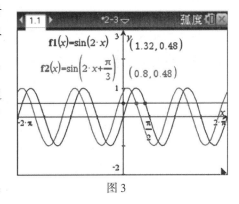

图3

探究3：$A$ 对函数图象的影响.

【问题4】作函数 $y=\sin\left(2x+\dfrac{\pi}{3}\right)$ 的图象和函数 $y=3\sin\left(2x+\dfrac{\pi}{3}\right)$ 的图象，并观察 $A$ 对函数图象的影响.

$A$ 对图象的影响，在研究方法上类比之前的方法研究，较为简单. 如图 4 所示，只设置游标 $A$，当 $A$ 改变时观察最高点纵坐标的变化，从而得出结论.

学生在学习过程中，借助图形计算器对相关问题进行猜想、观察、分析、探究和论证，在此过程中要深刻体会相关知识的重要含义，教师应当多鼓励学生积极思考，以便使他们形成完善的知识体系. 本节课中，学生得到的结论是比较抽象的，如果能根据图象分析，可以让问题简单化，这就要求学生对图象进行比较精确的绘制，但复杂的绘图过程会对分析造成阻碍，因此图形计算器的精确作图和标记对比坐标的功能对本节课来说非常重要，有效缩短作图时间，让同学们顺利沿着清晰的探究思路去分析问题，极大地提高了课堂效率.

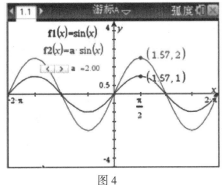

图4

3. 梳理过程，将知识连点成串

由函数 $y=\sin x$ 到 $y=A\sin(\omega x+\varphi)$ 的两种不同解决方法：

$\varphi\rightarrow\omega\rightarrow A$ 先平移后伸缩；

$\omega\rightarrow\varphi\rightarrow A$ 先伸缩后平移.

在为学生创设了良好教学环境的基础上，利用图形计算器绘制出图象的变化过程，并梳理分散的知识点，将其归为一体，总结不同情况下参数变化对图象的影响，加深理解变换本质，为应用知识解决问题做准备.

（四）即时反馈交流

利用图形计算器除了可以给学生提供动手操作的平台，也可以为课堂营造一个即时互动、共同学习的环境. 课堂练习阶段，教师利用图形计算器的即时调查功能，向学生发布试题，第一时间掌握学生完成情况，了解哪些学生存在问题，使得课堂练习及讲解更有针对性. 除此以外，在小组合作探究及展示阶段，可以借助计算器和教师机的连接，将学生的思维过程和分析方法直观地展示出来，与其他同学共享，加强互动沟通和交流评价.

三、课例反思

本节课是让学生在已有知识的基础上，分析参数对函数图象的影响，再通过动手操作、观察、实验来验证推理，在获得知识的同时学会研究问题的方法. 从一个实际问题引入，根据由简单到复杂，由具体到抽象，由局部到整体，由单一到综合的原则. 通过参数赋值，从具体函数开始，把从函数 $y=\sin x$ 图象到函数 $y=A\sin(\omega x+\varphi)$ 的图象的变换过程分解研究，最后梳理知识方法，对 $y=A\sin(\omega x+\varphi)$ 整体考查. 最后达到学生脱离手持图形计算器，根据抽象出的一般规律解决图象变换问题，理解图象变换的本质.

在探究的过程中，教师对学生探究的指导和对结论规范化概括的引导，对学生出现的问题及时处理，特别是引导学生由观察图象变换中"点"的变换，转化为关注变量本身的改变，让学生将"形"与"数"有效结合，培养学生理性思考的习惯. 教学中使用图形计算器使学生改变了学习方式，对于一些复杂的作图和动态的变化，使用图形计算器不仅作图更准确，而且更直观地展示了变化的过程，更有操作性，加深了学生对这部分知识的理解. 它能使学生真正动起来参与到课堂中来. 图形计算器为学生的研究活动提供了很好的技术支持，给有不同想法、不同认知的学生提供了探究知识的机会.

四、几点思考

1. 借助图形计算器探究课堂，应该把时间留给学生，把发现留给学生，与此同时，学生对图形计算器的熟悉程度会影响探究问题方法的产生，有必要加强学生对计算器的操作指导.

2. 系统地将图形计算器融入课堂教学当中是需要丰富的教学资源的，但一线教师无论是技术上还是精力上都非常有限，这就需要专业技术人员与教师通力合作，完善教学资源.

3. 信息技术的运用可能会削弱学生动手计算能力，难以体会在计算和推理过程当中所获得的知识和技能，如何恰当使用图形计算器是一件值得思考的事.

4. 信息技术的发展，有效地增强了学生对重要知识的理解，同时教师也应该不断提高专业素质水平，合理地将信息技术融入课堂当中，与知识很好地整合，为学生提供良好的学习平台，师生共同进步.

**参考文献：**

［1］ 章建跃. 数学·信息技术·数学教学. 课程·教材·教法，2012(9).

［2］ 王莉. 图形计算器在高中数学教学中的应用. 新课程导学，2016(10).

［3］ 张跃红. 数学教学设计"四二一"：以《函数 $y=A\sin(\omega x+\varphi)$ 的图象》一课为例. 教育研究与评论(中学教育教学)，2018(8).

［4］ 昝友. 在高中数学教学中应用图形计算器的实践与探索. 中国现代教育装备，2016(14).

# ☆高中数学课堂提问的有效性初探①

## 张　波　首都师范大学附属密云中学

**提要**　数学教育家波利亚曾说过："问题是数学的心脏."课堂提问是课堂教学的重要手段之一，是沟通教师、教材、学生三者联系的最常用也是最主要的渠道. 课堂提问可以促进学生积极思考，增强学生的主动参与意识，增进师生交流，集中学生注意力，激发学生的学习兴趣，促进学生思维的发展，锻炼学生的表达能力. 促进学生积极思维，探索解决问题的途径. 因此，提问效果如何往往成为一堂课成败的关键，而决定提问效果的根本因素在于如何把握课堂提问的技巧. 优化课堂教学过程，必须注意优化课堂教学提问这一环节，使之紧紧围绕教学目标进行，较好地激发学生的思维，有效地发展学生的智力，培养学生的能力.

### 一、课堂提问应该注重质量而非数量

新课改以来，教师将学生放在课堂的主体地位，改变了之前的"满堂灌"教学方法，在课堂上加强了与学生的互动，同时也把课堂提问与互动的数量作为衡量课堂互动的一个标准. 但是每节课的时间是有限度的，在课堂上问题太多，教师讲授的时间就相对少了，对学生来说也在热闹非凡的一节课中度过，教学看似充满了互动，其实很多问题的目标不鲜明突出，学生对这些问题并没有留下什么印象，解决问题的毕竟是少数的学生，很多学生往往很难参与进来，部分学生根本没有自己消化吸收的过程，最终导致的结果是学生无法获得完整的知识，更加不可能在课堂上理解整个知识产生的过程. 课堂提问需要注重问题的质量，选一些有代表性、有典型性的问题，来达到让学生举一反三的目的，所以在课堂提问中要重质量而不是重数量.

### 二、课堂提问要注重问题也要重视学生的反馈

有效提问应考虑大多数学生的知识水平、智力水平，尊重学生的人格，尊重学生的个性发展，尊重每个学生学习的权利，营造民主的课堂教学气氛. 要打破传统的"一言堂""师道尊严"僵化局面. 要围绕教学内容、教学重点和难点而精心设计一系列提问. 不断地依靠反馈信息来调整自己的教学活动.

例如，在向量教学的时候，与非零向量 $a$ 方向相同的单位向量是 $\dfrac{a}{|a|}$，若学生很容易掌握了这个概念，则教师可以灵活地变题：若 $a = (3, -4)$，则与向量 $a$ 平行的单位向量是_____. 这样课堂的灵活性就大大地提高了.

提问还要把握提问的时机，适时有度. 孔子说过"不愤不启，不悱不发". 当学生处于"愤悱"状态时，教师的及时提问和适时点拨，能促使学生积极热情地投入到探索活动中去. 教师提出问题后，要根据问题难易程度和题量留给学生恰当的思考时间，以便使学生的回答更加系统和完善，使用的语言更加准确、到位，同时还能吸引更多的学生参与到课堂教学中来. 这不仅训练了学生的思考能力，提高了课堂参与率，而且增强了学生的自信心与成就感.

---

① 该文在北京市中学数学教育教学优秀论文评选活动中，被北京市教育学会数学教学研究会评为市级一等奖.

### 三、课堂提问不能让学生"望尘莫及"

教育心理学认为，学生的认知水平可划分为3个层次：已知、半解与未知. 学生在学习的过程中，其认识水平与知识的掌握程度就是在这3个层次之间循环往复，不断转化，螺旋式上升的. 对于教学来说，课堂提问最好不要停留在已知与未知这两点上，因为对于学生已知的问题，提问基本没有效应，基本是在浪费时间，而对于太难的，大部分学生解答不出来，也是浪费时间与精力，还会挫伤学生学习的积极性，总的来说，课堂提问不能太易，也不能太难. 有经验的老师提问能牵一发而动全身，提出的问题恰当、对学生数学思维有适度启发，必将能激发学生积极主动地探求新知识，使新旧知识发生相互作用，产生有机联系的知识结构.

例如，在函数图象的教学中，教师可以先帮助学生回忆初中里面的一些最基本的函数图象，比如在讲解如何画出函数 $y=|x-3|+2$ 的图象时，首先帮助学生复习函数 $y=x$ ，再进一步变形，在老师的帮助下画出 $y=|x|$ 的图象，这样大部分学生都能画出函数 $y=|x-3|+2$ 的图象. 如果教师在课堂上直接让学生画出函数 $y=|x-3|+2$ 的图象，相信对于大部分学生来说都是比较困难的.

### 四、课堂提问要创设合适的问题情境

爱因斯坦有句名言："兴趣是最好的老师."学习兴趣是学习动机中最活跃的因素. 高中数学内容相对比较抽象，如果在教学过程中教师照本宣科，则课堂会显得枯燥乏味. 因此，有效的课堂提问可以创设情境，使枯燥的数学知识活跃起来，以激发学生的学习兴趣，引导学生主动参与数学学习. 比如在讲述排列组合的相关知识的时候，我们就可以创设生活中的情境：由A村去B村的道路有3条，由B村去C村的道路有2条. 从A村经B村去C村，共有多少种不同的走法？板书：作图，从A村到B村有3种不同的走法，按这3种走法中的每一种走法到达B村后，再从B村到C村又有2种不同的走法. 因此，从A村经B村去C村共有3×2=6种不同的走法. 进而得出结论：做一件事，完成它需要分成 $n$ 个步骤，做第一步有 $m_1$ 种不同的方法，做第二步有 $m_2$ 种不同的方法，……，做第 $n$ 步有 $m_n$ 种不同的方法. 那么完成这件事共有 $N=m_1m_2\cdots m_n$ 种不同的方法. 这样一来，只要教师选择合适的角度，往往很容易引导学生自然地进入到问题情景，结合现实构建合适的数学模型，从而激发学生研究问题的积极性，学生会很容易理解整个知识的来龙去脉，从而达到预期的教学效果，反之只会让学生一头雾水.

古人云：学起于思，思起于疑，不愤不启，不悱不发. 创新源自好奇与质疑. 著名教育家陶行知说"发明千千万，起点是一问，……智者问得巧，愚者问得笨."问题提得恰当，可以启发学生思考、想象，引导学生前进. 如果问题提得不当，不仅浪费时间，而且还会影响学生的学习积极性. 课堂提问是一种重要的教学方法，更是一门教学艺术，要掌握好这门艺术，教师就应勤于思考、善于分析，努力优化课堂教学中的"问"，"问"出学生的思维，"问"出学生的激情，"问"出学生的创造性. 只有这样，才能提高教师的教学水平，优化课堂结构，发展学生的数学学科素养.

**参考文献：**
[1]　杨杭久. 高中数学复习课探索. 中学生数理化(教与学)，2018(9).

# ☆教学中如何创设情境 培养学生的创造性思维①

## 张 波 首都师范大学附属密云中学

**提要** 在高中数学课堂教学研究中，如何创设情境，调动学生的学习欲望不仅能够激发学生的好奇心，进行深度的学习和真正的学习，对于教师自身的成长发展也非常重要. 目前，我们一直在提倡课堂上要以学生为主体，课堂是学生的舞台，课堂上应最大化地调动学生的参与积极性，而在这个过程中教师更多的是创设知识形成的情境，引导学生主动思考，主动构建知识结构和联系. 作为数学教师，我们应该以培养学生创造性思维为主旨，以创设合情合理的情境为载体，激发学生的好奇心，鼓励学生大胆尝试、大胆创新.

在教育改革的大潮中，如何落实核心素养的教育教学，激发学生的创造性，发展其创造能力，成为教育工作者亟待研究和攻克的重要问题. 在高中数学课堂教学研究中，教师应该花更多的时间来探索：怎样才能在核心素养的指导下形成新的教学策略，激发学生的好奇心，将真正的学习落实到班里的每一个孩子？我想，如果能把每一节数学课堂，都以学生为主体，最大化地调动学生积极参与意识，出现更多的师生、生生思维碰撞的精彩局面，那么对于培养新时代的创新人才会起到巨大的推动作用. 作为数学教师，我们就应该努力给学生创设合情合理的情境，诱发学生的好奇心，鼓励学生大胆尝试，丰富学生的想象力，以培养学生的创造能力.

## 一、创设生活中的情境，变"被动接受"为"主动探究"

在传统数学课堂中，学生主动参与少，被动接受多，大部分学生依附在教师、教材的圈子中，导致学生的创造性受到压抑和扼制. 因此，我认为：学生是教学的主人，教是为学生的学服务的，所以教师要积极鼓励学生去自主质疑，自主发现，大胆地提出和探索问题. 正所谓"提出一个问题比解决一个问题要更重要！". 因此，创设质疑情境，让学生由过去的机械接受向主动探索发展，有利于发展学生的创造性.

例如，当讲到随机事件的概率时，走上讲台我就给学生提了一个他们在生活中经常遇到的问题：在5张奖券中，有一张是有奖的，那么5个人按照排定的顺序从中各抽一张以决定谁得到其中有奖的奖券，那么，如果你是其中的一员，是先抽还是后抽呢？学生感到很新奇，纷纷议论，但大多数人决定要先抽，给出的理由是先抽的概率要大，而且如果后抽的话，那么自己是否抽中还要取决于别人，自己的命运应该掌握在自己手里，等等. 学生给出的理由也很超乎我的意料. 那么到底是不是如他们所说呢？我引导学生用数学的眼光来看这件事，也就是算一下第一个人抽中的概率是否大于后面人抽中的概率，但是这几个概率怎么算呢？从而引出今天的课题，学生们的积极性非常高，虽然这节课到现在已经过去两年了，可我依然记得学生在那节课上所表现出来的求知欲，也正是因为概率的这第一节课所创设的情境，大大地激发了学生学习概率的兴趣，包括班里以前对数学很头疼的学生在概率的后续学习中都表现出了惊人的水平. 这样创设情境，形成悬念，可以培养学生对知识探究的习惯和能力.

---

① 该文在北京市中学数学教育教学优秀论文评选活动中，被北京市教育学会数学教学研究会评为市级一等奖.

## 二、创建质疑的情境，鼓励学生多思考

遇事好问、勇于探索固然重要，但并不能以此为目的，仅停留在获取初步探索的结果上. 要培养学生对已明白的事物继续探究的习惯，永不满足，这才能充分激发学生的好奇心和内在的创造欲望，培养学生探究性思维品质. 好奇心是青少年的重要心理特点，它往往可以促使学生做进一步深入细致的观察、思考和探索，继而提出探究性问题. 例如，在讲到线性规划的时候，一直都是用图形的语言来求解二元变量的取值范围的，但是经过一段时间的学习后，有的学生就发现了一个规律：这个取值范围的左右端点值都是在图形的交点处取到的，因此如果把交点都求解出来，就省去了画图的烦琐. 对于这种解法，当然有一定的道理，但是对于个别题目行不通，我们当时还做了一个小专题来研究这个问题. 就这件事情，让提问的学生深深地感动，从此，对于数学的学习简直可以用"疯狂"来形容. 所以，当学生在课堂上不断生疑，敢于发表与教材不同的见解，哪怕只是一点点的不同，甚至是错误的，也值得赞扬，毕竟是学生自己想出来的. 只要肯动脑，那么一定有收获.

## 三、创设交流情境，从"自主学习"变"合作学习"

每一个学生都喜欢与人交往，展现自己的心理特征. 有计划地组织学生讨论，为他们提供思维摩擦与碰撞的环境，就是为学生的学习搭建了更为开放的舞台. 学生在独立思考的基础上集体协作，有利于其活跃思维. 创造心理学研究表明：讨论、争论、辩论，有利于创造思维的发展，有利于改变"喂养"式教学格局. 因此，在教学中应创设多种表现形式、多种目标的交流情境，以激发学生的探索学习欲望.

（一）课堂中出现错误时，交流学习将发挥作用

每个学生的思维千差万别，在具体到分析一个数学问题的时候，自然有对有错，当学生把不同的解法呈现出来的时候，作为教师，可以先不去评判孰对孰错，把思维碰撞的机会留给学习小组，将会看到非常精彩的生与生之间的讨论，甚至是辩论.

例如，在学习排列组合时，首先抛出了一个问题：有 4 个不同的小球和 4 个不同的盒子，现将 4 个小球全部放入盒子中，如果恰有一个空盒，那么有多少种不同的放法？学生在经过自己的独立思考之后，给出了这样 6 种解法：$3\times3\times3\times3$；$4\times3\times3\times3\times3$；$C_4^1A_3^3$；$C_4^1A_4^4$；$C_4^1C_4^2A_3^3$；$C_4^1(C_4^2C_2^1C_1^1+C_4^1C_3^2C_1^1+C_4^1C_3^1C_2^2)$. 我当时并没有说哪种或者哪些解法是错的，只是说这 6 名学生的回答各有各的道理，但是肯定有对有错，那么请同学们小组内讨论一下，哪些是错的，错的原因在哪里？当时的场面异常热烈，作为数学教师的我穿梭于各个小组之间，聆听他们的分析和辩论，最后同学们通力合作，不仅找出了错误的解法，并能将错误的原因也说得头头是道，更为精彩的是同学们还将正确的解法进行了比较，得出了解决此类问题的最优解法，真是惊喜连连，即使这一节课只研究了这一个问题又何妨！学生在合作学习中最易出现一题多解的精彩局面，由于同学间的相互启发，思维由集中而发散，由发散而集中. 这样的过程可以使学生思维灵活，思路开阔；而集中式思维则具有普遍性、稳定性、持久性的迁移效果，是学生掌握规律性知识的重要思维方式. 因此，在这一交替的过程中，学生思维的严密性与灵活性都有所发展，能够促进创造思维的发展. 通过分析、比较、优选，同学们发现了最佳的思路和方法，个人的思维在集体的智慧中得到发展.

（二）概念教学时，可以创设情境，动手解惑

在概念课的教学中，往往抽象难懂，如果教师能够放权，组织学生集体协作讨论，则有

利于发挥每个人的长处，同学间相互弥补、借鉴，相互启发、拨动，形成立体、交互的思维网络，往往会产生"1+1>2"的效果. 让每个学生在小组合作中动手动脑，更是发展其创造力的有效方法. 在教学中应提倡让学生在合作学习时操作、实践，找出规律，提炼方法.

　　例如，在讲解二面角的时候，让每个人用一块硬纸板折出一个他们心目中所想象的二面角，学生积极动手制作，有0°的，180°的，也有90°的，锐角，钝角都出现了，然后让他们根据自己所折的不同的图形，总结出二面角的取值范围，对于这个范围，学生的记忆非常深刻！但是二面角本身是一个立体图形，那么如何用一个平面图形来描绘这个二面角的大小呢？学生在小组内展开激烈的讨论，不断地动手去调试，去折，去剪……最终得出了二面角的平面角所要满足的条件！的确，每个人交换一件物品，得到的只是一件物品；而如果交换的是一种思想，那就会产生新的、更有丰富内容的思想.

　　总之，作为高中数学教师，应该充分认识到培养学生创造性思维的重要性，当然，创造性思维的培养绝不仅仅是在一节或者几节数学课上就能完成的，这将是一项任重而道远的任务，需要持续地开发各种活动过程，我们要做的首先就是从思想上重视起来，然后有计划有方案地行动起来！

　　最后，谨以此文致谢我可爱聪明的学生，是他们的智慧给了我那么多的有价值的案例！

**参考文献：**

［1］　李斌. 创设有效情境，拨动思维心弦. 教学月刊小学版（数学），2011（12）.

# ☆高中生培养数学学习兴趣的必要性和教学策略①

王 玥 北京市密云区第二中学

**提要** 数学新课标要求,变被动接受学习为主动参与学习,发挥学生学习数学的积极性和创造性.同时高中数学也是高中其他课程学习的基础,对学生价值观的形成和提高全民素质都有积极作用.但是在实际的教学工作中,教师由于忽略了学生学习的主体作用,没有很好地调动学生学习的积极性,没有激发出学生学习数学的兴趣,使得老师的辛苦付出和学生的实际获得存在一定差距.教育家乌申斯基说:"没有丝毫兴趣的强制学习,将会扼杀学生探究真理的欲望."因此,培养高中生学习数学的兴趣是非常必要的,本文给出了培养学生数学学习兴趣的策略.

目前我国的教育现状是适龄青少年在校进行全日制的学习,采用由教育部审定统一的教材,教师集中授课的形式.但是年纪相仿的学生,在相同的教育环境下,学习效果却千差万别,主要是由于学生的主体意识在起作用,而要想让学生充分发挥他们的主体意识,培养他们学习数学的兴趣是尤为重要的.纵观我们的数学课堂,有太多的老师在讲台上挥汗如雨,讲得天花乱坠,而我们的学生却不得已而为之,面对家长、分数、升学的多重压力,孩子们不得不硬着头皮,他们没有思想,没有探索的欲望,只是机械地、生硬地接受刻板的说教,一切的学习为的是考个好分数,为升学、升级考试而学习,在这样的教学环境下,我们的老师付出和学生的收获不成正比,老师教得痛苦,学生学得难受.古人有云:知之者不如好之者,好之者不如乐知者.如果我们能充分调动学生学习的积极性,使他们都变成渴望知识如嗷嗷待哺的鸟儿,那么老师的工作将会得到事半功倍的效果,学习数学将成为学生的乐趣.由于作者本人长期作为高中数学教师活跃在教学第一线,所以对如何培养高中生数学的学习兴趣,进而提高高中生数学的学习效果非常感兴趣,也感到势在必行,因为提高学生学习的兴趣,必然会使我们的课堂变得趣味横生,学生将在和谐、愉悦的氛围中高效率地获取相关知识.

## 一、影响学生数学学习兴趣的原因

### (一)高中生的心理特点对数学学习兴趣的影响

高中生处于青春期,是人一生中的黄金时期,在这个阶段,他们的身体迅速发育,走向成熟,是人生观、价值观、世界观形成的重要时期.同时也是智力和能力得到快速发展的关键时期.他们具有如下特征.

1. 独立性

随着年龄的增长,高中生的独立意识增强,体现在对待长辈比较封闭,有什么心里话不轻易向人吐露,尤其到了18岁,有的高中生会认为自己已经是一个法律上的成年人了,可以对自己的事情做主,所以给老师和家长了解孩子的心理活动增加了难度,不能及时发现问题.

2. 不对等性

---

① 该文在北京市中学数学教育教学优秀论文评选活动中,被北京市教育学会数学教学研究会评为市级一等奖.

　　虽然高中生在生理上已经接近成熟了，但是心理的成熟度远远落后于生理，体现在不能正确评价自己，要么妄自菲薄，不能正确看待自己遇到的困难，尤其是在数学的学习上，遇到一点的困难，考试成绩一次的不理想，就会使他们遭受严重打击，更有甚者会一蹶不振。要么狂妄自大，取得了一点成绩以后，就沾沾自喜，不能脚踏实地地巩固自己的胜利果实，很容易造成下次的失败，又从此一蹶不振，从而失去了对数学学习的兴趣。

　　3. 进取性

　　这个阶段的高中生，精力充沛，有一定的进取精神，于是不服输，愿意与别人一争高下，而且也愿意得到别人的赞扬。有一定的创新精神，如果老师能够很好地对学生进行引领，他们学习数学的兴趣可以很快地得到培养。

　　(二) 外界环境对数学学习兴趣的影响

　　1. 高中以前学段对数学学习兴趣的影响

　　高中数学的学习和初中，甚至是小学的基础密不可分，不是高屋建瓴的，而是像盖房子一样，从地基开始一点一点地积累起来的。如果地基打不牢固，那么上层建筑的质量也将堪忧。学生在升入高中以前的水平差异比较大，从家庭环境到学习氛围都不尽相同，从幼儿园开始到升入高中前12年的积累，对学生的影响也是千差万别的。想当初，在上小学一年级的时候，哪个孩子不是高高兴兴，满心欢喜地背着书包上学的？可是随着孩子学习一点点地深入，有的孩子越来越热爱学习，也许是一次成功使孩子有了成功的体验，从而热爱上学习数学；也许是家长、老师持续不断的刺激，让他慢慢地喜欢上学习数学；也许是某些偶然的机会，使孩子有了密切接触数学的机会。而有的孩子越来越厌倦学习，也许是一次失败后的一蹶不振；也许是学习数学之后发现没有用武之地，从而兴趣大减。因此，这些外界因素对学生学习数学的兴趣起到了一定的影响。

　　2. 教师的教学手段的干预对数学学习兴趣的影响

　　有些教师在上课的时候，迫于课时、进度等的压力，"满堂灌"的现象比较严重，没有充分的时间让学生思考，取而代之的是老师的讲授式、灌入式，长此以往，扼杀了学生主动思考的积极性，学生没有主动性，没有创新，很难投入到课堂，最后就演变成了老师讲的天花乱坠，学生听的昏昏欲睡，即使有些学生能够很好地跟着老师的思路走，但也只是做题的机器而已。师生间缺乏交流，互动，课堂成了教师一人表演的舞台，学生学习数学的兴趣自然培养不出来。

　　3. 教师的人格魅力，对学生数学学习兴趣的影响

　　"亲其师，信其道"，融洽的师生关系对学生数学学习兴趣也有很大的影响。高中生的主要行为还是受情感支配的，很多高中生的学习都是因为喜欢一个老师，从而喜欢一门课的。有人做过一项调查，在每个教室外面放上一个声音收集器，用来采集每节课学生发出笑声的时间，结果发现那些发出笑声时间长的课堂，师生关系是比较融洽的，相应的学生学习的积极性也比较高。当然笑声并不是肆无忌惮的大笑，有的可能是突破了一道难题之后发出的会心笑，有的可能是学生有了新的见解而产生的共鸣的笑，有的可能是犯了一个很低级的错误的善意的笑，总之这些笑声代表了学生在课堂上放松的心情、积极的心态和浓厚的学习兴趣。

　　**二、培养高中生数学学习兴趣的必要性**

　　(一) 数学学习兴趣的培养影响高中生的学业水平和人格发展

　　学习兴趣是学习的动力，动力强了，学生的成绩也会取得明显的进步，有了进步就会信

心大增，由此就会兴趣浓厚，这样就会使学生长期保持在一个良性循环之中，学习过程也不那么枯燥乏味．在整个过程中所培养出来的毅力、耐心等优秀品质也会对学生其他科目的学习起到积极的作用，也将健全高中生的人格．

**(二) 数学学习兴趣的培养有利于高中生正确的行为习惯的形成**

对于大部分高中生来说，数学可能是个很乏味的学科，有的甚至由此而厌倦了学校生活．但是只要学生对数学学习有了一个很好的开端，试着慢慢接触，慢慢接受，最后慢慢喜欢上数学，这种循序渐进的过程可以纠正学生过去的不良的行为习惯，教会学生如何面对困难并战胜困难．眼前的状况是不能马上改变的，能马上改变的只有自己的态度．过去听过这样一个故事，从前有一个国家，那个时候的人还都是赤脚上路，有一次这个国家的国王到自己的领土上视察民情，发现有一段路特别坎坷，不好走，也特别硌脚，于是国王下令把全国所有的路都铺上牛皮，可是按照当时的水平来说，没有那么多数量的牛皮，于是有的大臣就献计说那不如把您的脚底安上两块牛皮，这样问题就可以解决了．而目前我们数学的学习就好比那个崎岖坎坷的路，我们对数学学习的兴趣和正确的方法就是脚上的两块牛皮，只要方法得当，所有的问题都将迎刃而解．

### 三、培养高中生数学学习兴趣的策略

**(一) 培养学生的意志品质**

德国教育学家第斯多惠曾经说过："一个差的教师奉送真理，一个棒的教师则教人发现真理."因此，教师应该努力发掘学生学习的内在动力．笔者从一节"椭圆及其标准方程"的教学实例中受到启发，通过发动学生亲自动手画椭圆，使学生对椭圆的定义有了更深刻的认识，取得了很好的教学效果．过去，在讲授"椭圆及其标准方程"这节课时，引入椭圆的定义，往往是老师直接给出，看教材上的椭圆的画法或者是利用多媒体课件进行演示，完全地告之学生椭圆是如何形成的，然后由学生给出椭圆的定义，教师再予以补充．但是每次的教学效果并不理想，主要体现在，课堂上学生没能准确地给出椭圆的定义，即"平面上到两个定点的距离之和等于定长的点的轨迹，并且定长要大于两定点间的距离."学生总是容易丢掉"距离之和"这个关键点，并且极易忽略掉"定长要大于两定点间的距离"这个条件．在下节课提问学生椭圆定义的时候，学生的回答也很不理想，需要经过一段时间的巩固，学生才能完全地将椭圆的定义理解．本着"耳闻之不如目见之，目见之不如足践之"的原则，再次讲授"椭圆及其标准方程"这节课时，我让学生课前先收集实际生活中有关椭圆的图片，这样在学生的头脑中对椭圆有了一个初步的认识，在课上，我又让学生用事先准备好的线绳，两人一组，自己想办法画出一个椭圆，这样学生在动手操作的过程中，能够根据自己画出的椭圆，得到椭圆的定义．通过这种教学方式，对于椭圆定义的理解，学生当堂就已经理解得很好了，而且也对椭圆的学习产生了浓厚的兴趣，为下面的其他圆锥曲线的学习打下了良好的基础．

**(二) 培养学生注意生活中的数学**

根据高中生的特点，对于数学学习兴趣缺乏的一个主要原因就是觉得数学过于乏味枯燥，它不像语文、英语那样有丰富的故事背景作为载体；也不如物理、化学那样有有趣的实验作为依据；也不如政治、历史那样被人民大众广泛谈论．数学貌似脱离实际，但是只要细心、用心，就会发现，在我们的生活中处处都有数学的影子．例如，在学习"统计"这一章内容的时候，让学生对数据进行收集，可以是居民的用水量、用电量，一次考试班级学生的成绩等

很多实际生活中的例子，然后对学生收集的数据进行分析，得到一些结论，可以帮助我们制订措施，学生们学习的积极性都非常的高，踊跃地对自己的数据进行分析. 再比如，高中的排列组合、概率这部分内容，可以让学生们细心观察一些商家进行的抽奖活动，计算一下中奖的概率是多少，然后决定我们是否参加商家的抽奖活动. 这样，把高中数学的每一部分内容都充分地融入实际生活当中，使学生觉得数学是有用的，和我们的生活息息相关，慢慢地，学生对数学就会非常感兴趣.

（三）培养融洽的师生关系

高中阶段的学生，大多处于青春期的逆反阶段，有时对人、对事容易产生极端情绪，做事不容易想到后果. 所以，教师应该了解高中生的心理特点，细心观察学生的行为. 培养融洽的师生关系，也是和谐的课堂气氛的一个先决条件. 试想，如果一个学生不喜欢自己的数学老师，甚至是讨厌的话，那么他对数学的学习兴趣又将从何而来呢？教师要与学生充分地沟通，细心地观察学生，耐心地教导学生，诚心地帮助学生，对学生有爱心，拉近和学生的距离. 这样，学生就会在轻松愉悦的环境下，在老师的带领下，感受数学的魅力了.

（四）帮助学生培养战胜困难的信心和勇气

刚步入高中，学生对数学的学习还是有一定的信心和希望的，可随着高中知识的不断深入学习，难度和广度都相应有所提高，在一些困难面前，学生很容易丧失信心. 心理学研究表明：兴趣的产生和保持依赖于成功. 因此，培养学生战胜困难的信心和勇气是非常必要的. 为不同层次的学生布置不同的学习任务、采取不同的评价手段，使每个层次的学生都能体验到成功的快乐，和通过自己辛勤劳作而得到回报的喜悦，过去人们常说，失败是成功之母. 而现在，对于高中学生来说，成功是成功之母. 让学生尝试到成功果实带来的收获，在这种成功体验的激励下，学生会慢慢地爱上数学的.

（五）通过引入数学发展史，激发学生的学习兴趣

数学是非常古老的一门学科，它的发生和发展有着悠久的历史，早在远古时代，人类还在过着茹毛饮血的生活的时候，就出现了数学. 其他自然学科的发展也离不开数学的辅助. 高中数学的内容对于学生来说是陌生的，摸不着头脑的. 如果能够让学生了解它的基本发展规律和基本思想，理顺高中数学的整个脉络，使之在头脑中有比较清晰的认识，那么对于高中数学知识学习将会起到很好的推动作用. 同时，我国作为四大文明古国之一，也对数学学科的发展起到了举足轻重的作用，很多数学成就远远地走在世界的前列. 例如，在学习"秦九韶算法"的时候，我让学生回去查阅了一些资料，发现我国数学的成就是非常惊人和领先的，无形中，不但培养了学生数学学习的兴趣，同时也为自己作为一名炎黄子孙而骄傲.

（六）信息技术的应用为学生提供更丰富多彩的视觉、听觉效果

随着科学技术的发展，科学技术为生活带来的便利已经融入我们生活中的各个方面，新一代的高中生已经与传统的只从书本上获取知识的年代相去甚远了，我们现在面对的是一批能熟练玩转各类科技产品的新新人类，如果教师还是按照传统的照本宣科的教学模式，显然已经不能吸引孩子们的注意力了，因此在课堂中引进信息技术是非常必要的，可以为学生提供更为丰富多彩、更为直观的学习资料.

1. 在数学课堂教学中引入、运用信息技术，可以为一节课营造一个良好的开端

好的开始是成功的一半. 上课伊始，如果学生能够快速地投入到本节课的学习中，无疑

为这节课的成功打下了良好的基础，简单而直白地提问、测验，远不如运用多媒体的色彩纷呈的画面，惟妙惟肖的演示，能更直接、更有效地打开学生思维的闸门．在讲授"导数的概念"这节课的内容时，按照以往的教学方式都是教师一支粉笔，一把尺子，在黑板上传授给学生，对于学生来说，抽象的数学符号，非常难理解，一节课下来，学生对导数的概念还是一知半解．我曾做过一个简单的调查，在讲授完新课的第二节课上，提问学生导数的概念，有相当多的学生还是回答不上来，包括高三的学生，甚至达到了对导数概念一问三不知的状态．而在我运用了 PPT、几何画板等多媒体辅助教学工具之后，这一现象得到了很好的改善．我首先将平时生活中的学生能接触到的瞬时变化率的例子通过图片和视频的形式呈现给大家，例如，在交通队评定一辆车在经过一个红绿灯路口是否有超速的现象时，考查的是汽车经过这个路口的瞬时速度．跳水运动员高台跳水，从起跳到入水的过程中，考查的是瞬时速度．这样在直观上，学生对导数的概念有了一个初步的认识，在头脑中有了一个轮廓，再结合数学的精准定义，学生就能很好地理解了．在下次课上再提问学生导数的概念，基本上所有的同学都能很好地回答出来，即使有个别学生不能非常准确地表述出来，但是通过自己的理解已经能把导数的概念用自己的语言准确地描述出来了，因此在教学引入中运用信息技术，激发学生求知欲的同时，也能很好地帮助学生理解抽象的数学概念．

2. 生动直观地为学生展示数学图象的美

在数学中，函数的图象是高中阶段贯穿始终的重要内容，但是由于客观条件的限制，学生自己动手作图的能力不高，教师如果在黑板上展示准确的图象需要耗费大量的时间，这就造成了课堂效率低下的后果，而画草图又不能起到很好的示范作用．这个时候运用多媒体的画图软件，问题就迎刃而解了．在讲解"函数图象变换"这一部分内容的时候，如果单凭老师自己的作图能力，在黑板上变来变去地画，一是不能保证教师的作图完全准确、美观，二是在图象变换的时候不能为学生生动地展示图象的变化过程，只能呈现给学生一个变换之后的图形．用作图软件，不但可以在瞬间就准确画出一个函数的图象，而且在图象的变换过程中能动态地向学生展示这个图象的变换过程．这种由抽象到直观，由静态到动态的过程，可以很好激发学生的学习兴趣．

3. 科技触手可及，学习随时随地

科技的发展，使得学生的学习也不仅仅完全依赖在课堂上完成．互联网上的网络课堂、直播课堂等，都可以为学生提供学习的资源和素材，一些社交软件也专门为老师和学生提供了在校外期间答疑解惑的平台，使学生的疑惑可以在最短的时间得以解决，不延误其知识的获取．一些智能手机的 App，可以为学生提供全方位的学习体验．

参考文献：

[1] 曹才翰，章建跃. 数学教育与理学. 北京：北京师范大学出版社，2010.

[2] 张伟. 浅议高中数学课堂教学中学生学习兴趣的培养. 读与写(教育教学刊)，2017(7)：84.

[3] 廖晶，王光明，黄倩，等. 高中生高效率数学学习策略特征及对数学学业水平的影响路径. 数学教育学报，2016(25)：61.

[4] 莫宏涛. 运用信息技术激发高中生数学学习兴趣的实践探究. 天津：天津师范大学，2013.

[5] 潘菽. 教育心理学. 北京：人民教育出版社，2004.

# ☆挖掘定义本质，提高课堂效率①
## ——高三二轮复习"概率与统计之方差"教学实录与反思
### 王　玥　北京市密云区第二中学

**提要**　统计是研究如何合理收集、整理、分析数据的科学，它可以为人们制定决策提供依据. 高中阶段对统计推断思想的考查重点放在用样本的数字特征去估计总体的相应特征. 本节课的研究重点是样本数据的方差，原因是对于这样一个简单的定义，没有引起老师和学生足够的重视，在对方差进行估算时，没有挖掘定义本质，没有掌握科学的估算方法，非常容易出错. 针对二轮复习以学定教的原则，设计了一节高三二轮复习课"概率与统计之方差"，并对本节课进行了反思.

在高三一轮复习中，学生做过这样一道题目，(2017年东城期末试题17题)2016年10月3日，诺贝尔生理学或医学奖揭晓，获奖者是日本生物学家大隅良典，他的获奖理由是"发现了细胞自噬机制". 在20世纪90年代初期，他筛选了上千种不同的酵母细胞，找到了15种和自噬有关的基因，他的研究令全世界的科研人员豁然开朗，在此之前，每年与自噬相关的论文非常少，之后呈现了爆发式增长，图1所示是1994年到2016年所有关于细胞自噬具有国际影响力的540篇论文的分布图.

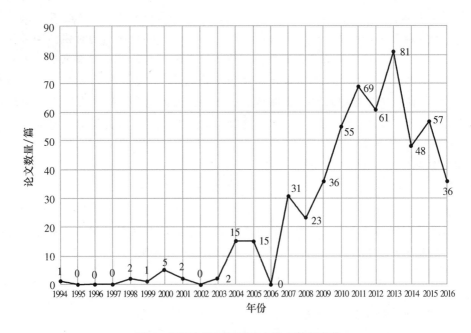

图1　细胞自噬国际影响力论文数量变化

（Ⅰ）从这540篇论文中随机抽取1篇来研究，那么抽到2016年发表论文的概率是多少？

（Ⅱ）如果每年发表该领域有国际影响力的论文超过50篇，我们称这一年是该领域的论

① 该文在北京市中学数学教育教学优秀论文评选活动中，被北京市教育学会数学教学研究会评为市级一等奖.

文"丰年". 若从 1994 年到 2016 年中随机抽取连续的两年来研究, 那么连续的两年中至少有一年是"丰年"的概率是多少?

（Ⅲ）由图 1 判断, 从哪年开始连续 3 年论文数量方差最大?（结论不要求证明.）

学生在完成第（Ⅰ）（Ⅱ）问时问题不大, 但是完成（Ⅲ）时正确率很低, 大部分的错误答案是从 2010 年开始连续 3 年, 有少部分的错误答案是从 2012 年开始连续 3 年, 而正确答案是从 2013 年开始连续 3 年. 在平时的教学中认为方差是一个很简单的问题, 可以准确地计算, 也可以根据数据的聚集程度作出判断, 而对于这个题目出现的问题是笔者没有想到的. 通过分析发现, 学生错误原因主要有：①试图对这组数据进行计算, 但是由于数据多, 数值大而放弃了；②认为极差大就是方差大；③认为数据方差越大就是数据越分散. 这说明学生对于数据信息的处理方式不灵活, 对方差的定义还不是很理解, 方差描述的是各个数据相对于平均数的偏离程度, 本题的答案也不是通过计算得到的. 2012 年北京高考理科试卷第 17 题, 2015 年北京高考理科试卷第 16 题, 2016 年北京高考文科试卷第 16 题, 2017 年北京高考理科试卷第 17 题都涉及对样本平均数和方差的估计, 而且不要求对结论作出证明. 这也说明北京高考的着眼点放在对方差定义的本质的考查上, 以及学生运用数据, 提取相关信息, 作出合理决策的能力, 是对概率统计思想的考查. 同时《普通高中数学课程标准（实验）》中指出："数学中应强调基本概念和基本思想的理解和掌握, 对一些核心概念和基本思想要贯穿高中数学教学的始末, 帮助学生逐步加深理解.""在数学教学中, 学习形式化的表达是一项基本要求, 不能只限于形式化的表达, 应注意揭示数学的本质." 因此, 本节课并不是一上来就复习方差的定义, 而是从简单的例子出发, 向学生揭示定义的本质, 从而向学生展示数据的几种不同的呈现方式, 大大地提高了课堂效率.

**一、操作感知, 直观猜想**

二轮复习的教学过程中学习处于第一位, 而教学处于第二位, 教学是为了学习而服务的. 高三数学二轮复习的主要目标是巩固、完善和综合, 提高学生的数学能力与成绩. 因此, 本节课开始, 并不是直接复习方差的定义, 然后让学生进行简单的计算, 而是通过一组简单的数据（见表 1）, 让学生给出一组平均数相同, 并且数值不完全相同的 5 个数, 激发了学生参与课堂的热情, 通过散点图和折线图的刻画, 学生直观感知数据相对于平均数的偏离程度, 作出估计.

表 1

|  | 数据 1 | 数据 2 | 数据 3 | 数据 4 | 数据 5 |
|---|---|---|---|---|---|
| 老师 | 8 | 9 | 10 | 11 | 12 |
| 学生 |  |  |  |  |  |

**【问题 1】** 同学们给出一组数据, 要求与老师给出的数据平均数相同, 但数值不完全相同的 5 个数.

**【问题 2】** 你认为两组数据哪组数据的方差大? 为什么?

**【问题 3】** 用不同颜色的笔, 将两组数据标到坐标系中（见图 2）, 观察哪组数据离散程度较大? 为什么?

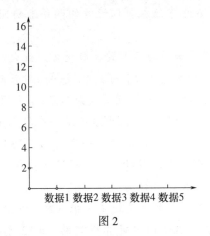

图 2

**【问题 4】** 你能够准确计算出两组数据的方差吗?

1. 方差的计算公式: $s^2 = \dfrac{1}{n}[(x_1-\bar{x})^2+(x_2-\bar{x})^2+\cdots+(x_2-\bar{x})^2]$.

2. 计算方差的一般步骤: (1)计算 $\bar{x}$; (2)代入公式进行计算.

　　此时, 给出方差的定义, 利用数据验证刚才结论的准确性, 将感性认识上升到理性思维, 同时也体现了统计用数据说话的思想. 给出方差的计算步骤, 明确解题思路, 同时强调计算方差前, 先计算平均数是非常必要的.

　　**【问题 5】** 除了可以从散点图和折线图对数据进行分析外, 数据还有哪些呈现的方式?

　　由此引出茎叶图, 让同学将两组数据以茎叶图的方式呈现, 看能否估计出平均数和方差, 如果估计不出来的话, 对于数据较少的情况, 可以进行准确计算, 为后面的练习做铺垫.

　　**二、动手操作, 思维升华**

　　**【问题 6】** 茎叶图(见图3)记录了某班8名同学的数学成绩, 分别计算这8名同学中男生和女生的数学成绩的方差的大小.

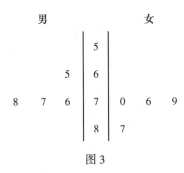

图 3

　　解: 男生的数学成绩为 65, 76, 77, 78; 女生的数学成绩为 70, 76, 79, 87.

$$\bar{x}_{男} = \frac{65+76+77+78}{4} = 74.$$

　　所以

$$s^2_{男} = \frac{1}{4}[(65-74)^2+(76-74)^2+(77-74)^2+(78-74)^2] = \frac{1}{4}(81+4+9+16) = \frac{55}{2}.$$

$$\overline{x}_{\text{女}}=\frac{70+76+79+87}{4}=78$$

所以

$$s_{\text{女}}^2=\frac{1}{4}\left[(70-78)^2+(76-78)^2+(79-78)^2+(87-78)^2\right]=\frac{1}{4}(64+4+1+81)=\frac{75}{2}.$$

所以，女生的平均数大于男生的平均数，但是女生的方差大于男生的方差.

学生们都动笔认真地进行计算，解决了问题，但是由于计算的原因，还有一部分同学没有得到答案.

**【问题7】** 在计算的过程中，是否可以对数据先进行处理再计算？

男生的数学成绩为 65，76，77，78，可以先去掉一个基数 65，此时数据变为 0，1，12，13，计算这组数据的平均值和方差，两组数据比较如表 2 所示.

**表 2**

|  | 数据 1 | 数据 2 | 数据 3 | 数据 4 | 平均数 | 方差 |
|---|---|---|---|---|---|---|
| 男生的数学成绩 | 65 | 76 | 77 | 76 | 74 | $\frac{55}{2}$ |
| 去掉基数 65 的成绩 | 0 | 11 | 12 | 13 | 9 | $\frac{55}{2}$ |

1. 方差的性质：如果一组数据 $x_1$，$x_2$，$\cdots$，$x_n$ 的平均数为 $\overline{x}$，方差为 $s^2$，那么数据 $x_1+m$，$x_2+m$，$\cdots$，$x_n+m$（$m$ 为实数）的平均数为 $\overline{x}+m$，方差为 $s^2$.

相当于数据发生了平移，平均数也进行了相应的平移，但是各个数据相对于平均数的平均距离没有发生变化.

**【问题8】** 如果男生增加了 2 名，比较这 10 名同学中男生和女生的数学成绩的方差的大小.

```
           男              女
      4   2 │ 5 │
          4 │ 6 │
  8   7   6 │ 7 │ 0   6   9
            │ 8 │ 7
```
图 4

根据茎叶图的特点，如图 4 所示，有一个"单峰"出现，说明数据集中在平均值附近的比较多，所以女生的方差小于男生的方差.

当数据较少时，可以通过计算，数据较多时，就要估计各个数据相对于平均数的偏离程度了. 本题显然女生的数据多集中在平均数附近，因此方差较小. 茎叶图的优点是保留了原始数据，而且可以随时记录数据，如果原始数据丢失了，还能计算或是估计出方差的大小吗？

**【问题9】** 为了解本市居民的生活成本，甲、乙、丙 3 名同学利用假期分别对 3 个社区进行了"家庭每月日常消费额"的调查. 他们将调查所得到的数据分别绘制成频率分布直方图

（如图 5 所示），记甲、乙、丙所调查数据的方差分别为 $s_1^2$，$s_2^2$，$s_3^2$，则它们的大小关系为 $\underline{s_1^2 > s_2^2 > s_3^2}$（用"＞"表示）.

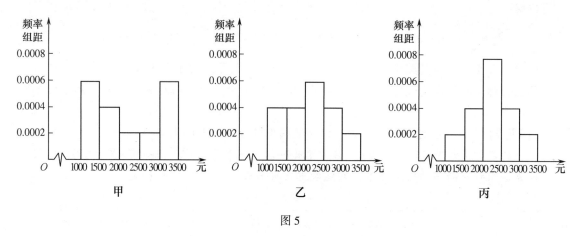

图 5

学生的错误原因是在纵轴上研究数据的离散程度了，而忽略了本题所要研究的对象是"家庭每月日常消费额"，没有仔细阅读题目. 此时，使学生明确频率分布直方图中，每个小矩形的宽和高分别代表的含义，宽是消费额，高指的是频率／组距，小矩形的高越高，该组的频率就越大，数据就越多. 根据直方图的对称性，估计平均数的大概位置，结合数据距离平均数远近的数据的数量，很容易得到答案.

**三、归纳总结，形成脉络**（见图 6）

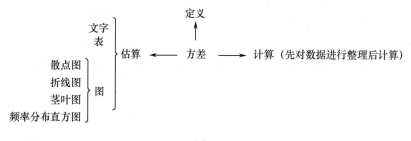

图 6

本节课的学习，同学们进一步巩固了方差定义的本质，同时也掌握了估计方差的一些方法，并且在数据的呈现方式上将高中阶段的几种图表都展示出来，大大地提高了课堂效率，再面对如下问题时就可以轻松化解了.

1.（2015 北京理 16）A，B 两组各有 7 位病人. 他们服用某种药物后的康复时间（单位：天）记录如下：

A 组　10，11，12，13，14，15，16；

B 组　12，13，15，16，17，14，$a$.

当 $a$ 为何值时，A，B 两组病人康复时间的方差相等？（结论不要求证明.）

2.（2012 北京理 17）近年来，某市为了促进生活垃圾的分类处理，将生活垃圾分为厨余垃圾、可回收物和其他垃圾三类，并分别设置了相应的垃圾箱. 为调查居民生活垃圾分类投放情况，现随机抽取了该市三类垃圾箱中总计 1 000 吨生活垃圾，数据统计如表 3（单位：

吨)所示.

表 3

|  | "厨余垃圾"箱 | "可回收物"箱 | "其他垃圾"箱 |
|---|---|---|---|
| 厨余垃圾 | 400 | 100 | 100 |
| 可回收物 | 30 | 240 | 30 |
| 其他垃圾 | 20 | 20 | 60 |

假设厨余垃圾在"厨余垃圾"箱、"可回收物"箱、"其他垃圾"箱的投放量分别为 $a$, $b$, $c$, 其中 $a>0$, $a+b+c=600$. 当数据 $a$, $b$, $c$ 的方差 $s^2$ 最大时, 写出 $a$, $b$, $c$ 的值(结论不要求证明)并求此时 $s^2$ 的值.

## 四、总结反思, 不断突破

本节课本着以学定教, 充分以学生为主体, 在各个教学环节中设计了不同形式的学生活动: 有学生举例; 学生独立进行计算; 在计算出现问题时, 小组纠错; 学生动手画散点图, 折线图, 茎叶图; 学生进行展示, 并说出自己估算方差时的理由; 学生间小组讨论; 学生进行最后的总结. 同时也将高考的统计思想融入本节课的教学中. 但由于学生间个体的差异, 并没有兼顾到每名同学, 有的学生可能这个环节还没做完, 老师就已经进行到下一个环节了. 另外, 如果能在每个练习结束时, 适当地穿插高考题目的练习, 可以及时检测学生学习的效果, 可以使课堂内容更为丰富和饱满.

**参考文献:**

[1] 王雅琪. 谈高考中概率与统计的考察——以高考数学北京卷为例. 数学通报, 2016, (4).

[2] 张杰. 高三数学二轮复习中的以学定教应用. 科教文汇, 2014, (12 下).

[3] 徐先林. 刍议高中数学的定义教学. 新课程 中旬, 2013, (5).

[4] 王永生. 精心预设, 精彩生成, 精确反思. 中学数学教育, 2014, (1).

# ☆设计学生课堂学习活动，提高学生数学学科核心素养①

## 李金荣 北京市密云区第二中学

**提要** 新课标指出：高中数学课程以学生发展为本，落实立德树人根本任务，培育科学精神和创新意识，提升数学学科核心素养．高中数学教学以发展学生数学学科核心素养为导向，创设合适的教学情境，启发学生思考，引导学生把握数学内容的本质．提倡独立思考、自主学习、合作交流等多种学习方式，激发学习数学的兴趣，养成良好的学习习惯，促进学生实践能力和创新意识的发展．要想实现这些目标，课堂教学中必须设置有效的学生学习活动．本文将从3方面阐述如何设计学生学习活动，提高学生数学学科素养．

新课标指出：高中数学课程以学生发展为本，落实立德树人根本任务，培育科学精神和创新意识，提升数学学科核心素养．高中数学教学以发展学生数学学科核心素养为导向，创设合适的教学情境，启发学生思考，引导学生把握数学内容的本质．提倡独立思考、自主学习、合作交流等多种学习方式，激发学习数学的兴趣，养成良好的学习习惯，促进学生实践能力和创新意识的发展．要想实现这些目标，课堂教学中必须设置有效的学生学习活动．

所谓的学生活动指教学中，教师根据教学目标与内容、学生的认知与心理特点，而组织学生参与其中动手、动口和动脑，强调学生亲身体验的学习活动．目的是使学生易于对数学概念和规律的学习和理解．所谓有效，主要是指通过教师在一段时间的教学后，学生所获得的具体进步或发展．教学有没有效益，并不是指教师有没有教完内容或教得认不认真，而是指学生有没有学到什么或学生学得好不好．因此，学生有无进步或发展是教学有没有效益的唯一指标．

所以，笔者认为设计有效的高中数学课堂学生活动，应从以下几个方面着手．

**一、教师要更新观念，树立学生为主体的观念**

叶圣陶先生曾说："上课，在学生是报告和讨论，不是一味地听讲；在老师是指导和纠正，不是一味地讲解."因此，要让学生真正地成为学习的主人，教师在课堂教学中就应该给学生提供充分的活动空间，尽量地把时间还给学生．教师的角色定位要从一个单纯的"播音机"转变为学习活动的组织者和引导者，在教学中教师要创造性地理解和使用教材，积极开发课程资源，灵活运用多种教学策略，引导学生在实践中展示自我，肯定自我，超越自我．

达到3个转变：变以教为中心为以学为中心，变以知识学习为主为能力培养为主，变单一的学习方式为多元的学习方式．

**二、教师要精研教材与课标，正确制订教学目标、教学重点与难点**

国家课程标准是教材编写、教学、评估和考试命题的依据，是国家管理和评价课程的基础．应体现国家对不同阶段的学生在知识与技能、过程与方法、情感态度与价值观等方面的基本要求．由于课程标准规定的是国家对国民在某方面或某领域的基本素质要求，因此它毫无疑问地对教材、教学和评价具有重要指导意义，是教学和评价的出发点与归宿．因此，无

① 该文在北京市中学数学教育教学优秀论文评选活动中，被北京市教育学会数学教学研究会评为市级一等奖．

论教材、教学还是评价，出发点都是为了课程标准中所规定的那些素质的培养，最终的落脚点也都是这些基本的素质要求. 所以，教师要精研课标，正确制订教学目标、教学重点与难点，只有这样才能设计有效的学生学习活动.

例如，"复数代数形式的乘除运算"的教学要求是掌握复数代数形式的乘除运算法则、运算律；教学重点是复数代数形式的乘除运算法则、运算律；教学难点是复数代数形式除法的法则. 所以，我在讲授除法的运算法则时设计的学生活动如下.

学生先独立计算 $(3+4i) \cdot (3-4i)$.

教师引导学生观察 $3+4i$ 和 $3-4i$ 这两个复数的关系.

教师给出共轭复数的概念：当两个复数的实部相等，虚部互为相反数时，这两个复数叫做互为共轭复数.

接着教师指导学生阅读教材110页得到复数的除法法则：

$$(a+bi) \div (c+di) = \frac{a+bi}{c+di} = \frac{(a+bi)(c-di)}{(c+di)(c-di)} = \frac{ac+bd}{c^2+d^2} + \frac{bc-ad}{c^2+d^2}i \quad (c+di \neq 0)$$

接着教师引导学生总结复数除法的基本步骤，并进行练习与巩固. 这样设计学生活动有效地分散了难点，突破了难点.

**三、教师要根据不同的教学内容、教学目标、重难点，设计有效的学生活动**

教师在精研课标，正确制订教学目标、教学重点与难点的基础上，应设计不同的有效的学生学习活动. 有效的数学学习活动不能单纯地依赖模仿与记忆，动手实践、自主探索与合作交流是学生学习数学的重要方式. 因此，教师在组织、设计教学活动时，要从学生"学"的角度出发，充分挖掘、拓展学生的探索过程，力求让学生"像科学家一样去研究、发现"，体验数学知识的生成过程，使他们在获得数学知识的同时，思维能力、情感态度与价值观等诸多方面得到进步和发展.

（一）自主探究，放手质疑

"只要教师给学生探索的权利和机会，每个学生都能在探索中显示自己的才华." 在教学过程中教师要充分信赖自己的学生，尽量放手让学生自主探究. "放手"并不是说撒手不管，教师应在此之前给出探究的"范围".

例如，在"求曲线的方程（第三课时）"的教学设计时，学生已经初步掌握了求轨迹方程的基本方法，所以再讲解下面例题.

例 设圆 $C$：$(x-1)^2+y^2=1$，过原点 $O$ 作圆的任意弦（见图1），求所作弦的中点的轨迹方程.

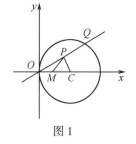

图1

因为学生在曲线与方程的前两节课的基础上，学生已初步掌握了曲线的方程的基本求法，所以我设计学生活动时，采用了学生先自主探究、再汇报成果、互相质疑的学习方式. 学生得到了如下解题方法.

方法一：设 $OQ$ 为过 $O$ 的一条弦，$P(x, y)$ 为其中点，则 $CP \perp OP$，所以 $\overrightarrow{CP} \cdot \overrightarrow{OP}=0$ 坐标化后化简可得方程 $(x-\frac{1}{2})^2+y^2=\frac{1}{4}$，考虑轨迹的范围知 $0<x \leqslant 1$.

方法二：设 $OQ$ 为过 $O$ 的一条弦，$P(x, y)$ 为其中点，则 $CP \perp OP$，$OC$ 中点为 $M(\frac{1}{2}$,

0），则 $|MP|=\dfrac{1}{2}|OC|=\dfrac{1}{2}$，得方程 $(x-\dfrac{1}{2})^2+y^2=\dfrac{1}{4}$，考虑轨迹的范围知 $0<x\leqslant1$.

方法三：因为 $\angle OPC=90°$，

所以动点 $P$ 在以 $M(\dfrac{1}{2}, 0)$ 为圆心 $OC$ 为直径的圆上，$|OC|=1$，再利用圆的方程得解

$$(x-\dfrac{1}{2})^2+y^2=\dfrac{1}{4}\ (0<x\leqslant1).$$

方法四：设 $Q(x_1, y_1)$，则

$$\begin{cases}x=\dfrac{x_1}{2}, \\ y=\dfrac{y_1}{2}.\end{cases}\Rightarrow\begin{cases}x_1=2x, \\ y_1=2y.\end{cases}$$

又因为 $(x_1-1)^2+y^2=1$，

所以 $(x-\dfrac{1}{2})^2+y^2=\dfrac{1}{4}(0<x\leqslant1)$.

这样使得学生的自主探究有一定的目的性. 在学生充分自探之后，采取汇报成果的方式谈其所获和所疑. 教师对学生的汇报要快速反应，恰当处理，对于学生谈得不够深入的问题要抓住契机主动出击，引导学生深入理解，对于学生个别性的问题，教师要经过整理制订出下一环节的学习任务，做到以学定教. 从而使每个学生都能根据自己的情况选择最适合自己的方式学习，在自主的课堂内全力达到自己的至高点，取得成功.

（二）合作学习，突破难点

合作学习、畅所欲言是自主学习的一个重要特征，对于调动学生的积极性、促进学生全身心地投入到学习中起着重要的作用. 学生在合作学习中各抒己见，相互启发，使思维的广度和深度不断地加宽加深. 教师也可适时地参与到学生的讨论中去，展开师生、生生之间不同角度，不同层次，不同体验的碰撞，力求让每个学生都在讨论中展示自我，得到锻炼，共同提高.

比如：在"组合"的教学时，组合数的推导是本节课的难点，所以我设计学生活动时，我采取了合作学习、突破难点的学习方式. 我先设计问题：如何计算组合数 $C_n^m$？

学生在独立思考后，小组合作学习，然后小组代表发言，得到了如下推导方法.

方法一：探究（1）$C_3^2$ 与 $A_3^2$ 的关系；（2）$C_5^2$ 与 $A_5^2$ 的关系；（3）$C_4^3$ 与 $A_4^3$ 的关系，归纳出 $C_n^m$ 与 $A_n^m$ 的关系.

方法二：一般地，求从 $n$ 个不同元素中取出 $m$ 个元素的排列数 $A_n^m$，可以分如下两步：

（1）先求从 $n$ 个不同元素中取出 $m$ 个元素的组合数为 $C_n^m$；

（2）求每一个组合中 $m$ 个元素全排列数 $A_m^m$，根据分步计数原理得 $A_n^m=C_n^m\cdot A_m^m$.

这样在合作学习中，突破了难点，达到了很好的学习效果.

数学教学改革的核心理念："一切为了学生的发展."根据这个理念，促进学生发展是数学活动的基本目标，数学教学应该以设计有效数学学习活动为载体，以发展为核心，让学生在活动中对话，在活动中互动，在活动中体验，在活动中自主建构，实现自身的主动发展，进而提高数学学科核心素养.

# ☆立足课堂教学，让学生参与课堂①

张　静　北京师范大学密云实验中学

**提要**　对于一个老师而言，一个孩子可能只是你的 1/30、1/40，但确是一个家庭的 100%，所以我们要尽我们最大的努力让更多的孩子走进大学的校门，帮助一个家庭实现他们 100% 的希望.

那么，问题来了，孩子的学习基础和学习习惯相对比较差是摆在面前的事实，我们怎么做才能实现这个目标呢? (1)我们选择了团队合作，班级中的各科教师精诚合作，任谁也不占用学生过多的课余时间，我们每个学科都立足于课堂，让大多数孩子参与到课堂教学中来；(2)制订适合学生的教学目标；(3)设计适合学生的教学设计.

## 一、我们的现状

每一个走进高中大门的孩子的家长，其实在心里都有一个美好的梦想：就是 3 年之后我的孩子能够考上一个理想的大学. 他们把孩子百分百地交给我们，百分百地信任我们，只为了心中的那一个美好的梦想. 但是有时候竞争又是比较残酷的，全北京市一本的录取率大约为 30%，而我们学校生源相对来说又是比较差的，是三类学校，所以能让更多的孩子上本科就是我们老师和家长共同的愿望了. 对于一个老师而言，一个孩子可能只是你的 1/30、1/40，但是确是一个家庭的 100%，所以我们要尽最大的努力让更多的孩子走进大学的校门，帮助一个家庭实现他们 100% 的希望.

那么，问题来了，孩子的学习基础和学习习惯相对比较差是摆在面前的事实，我们怎么做才能实现这个目标呢? 我们选择了团队合作，大家形成合力. 在大家的共同努力下，我们学校现在已经每年超过 300 人能够走进大学的校门，实现了 300 多个家庭的梦想了.

## 二、团队合作

每一个学生的成功从来不是一个老师的功劳，一定是所有老师之间的默契配合，所有学科间的统筹规划. 我们所有老师能够达成默契，少不了我们辛苦的班主任在中间协调：针对每班孩子的特点协调各科的作业时间；针对每位孩子的薄弱科目协调各科的辅导时间；尤其是牺牲自己的很多时间帮我们做孩子的心理工作，为我们扫平一切后顾之忧，让我们专心课堂教学. 而每个学科间的统筹，就少不了我们整个备课组的集体智慧，就拿我们数学组来说：我们在教学目标的引领下，统一学案、作业；我们根据学生的特点反复备课，修改、整理教学设计，最终以导学案的形式呈现在学生面前；我们推行"情、自、互、展、评、测"的课堂活动形式，让大多数孩子参与课堂.

## 三、制订适合学生的教学目标

我从事教学工作已经有 12 年了，回忆起 12 年前刚刚上班时候的教学还真是有点不好意思，不得不承认 12 年前的自己确实比现在的自己多了一些热情和朝气，但是在教学上真的显得很稚嫩，那时候的自己在写教案的时候从来都是先写后面的教学过程，而前面的教

①　该文在北京市中学数学教育教学优秀论文评选活动中，被北京市教育学会数学教学研究会评为市级一等奖.

学目标总是空白，等到学校检查教案的时候，赶紧看看我讲的什么题，达成什么知识和技能．再看看有什么活动，需要写点过程与方法．最后看看我的题中是不是蕴含点儿数学思想与方法，哦，好像需要数形结合、还需要点儿分类讨论的思想方法，得再写一条，拼拼凑凑3条足以应付检查，就这样度过了我稚嫩的新老师阶段．而现在如果有人问我，你觉得现在的你和新工作的你有什么进步，我会毫不犹豫地说，别的不敢说，就写教案而言，我最大的进步就是我现在写教案从来都是先写我的教学目标，脱离了12年前"撞大运"的阶段了．

(一) 数学教学目标具有层次性

章建跃在他的《数学教育随想录》中提道：数学教育是为了达到一定的目标而进行的．因此，在具体的实施课堂教学之前，清楚地知道目标是非常重要的，一般而言，我们可以按照"教育目的—课程目标—教学目标"的层次来区分．按照我国现阶段的教育目的："培养德、智、体等方面全面发展的社会主义事业的建设者和接班人．"它反映了我国当代社会对受教育者的要求，是学校教育工作的总目标．而数学课程目标就是我们想让学生通过数学学习而到达的那个"目的地"．数学课程目标为数学教学规定了明确的方向，但它是宏观方向，属于观念层次，他们在代数、几何、统计与概率等课程的教学中都要得到反映．当课程目标具体化到特定数学内容时，就是教学目标．

教学目标也有层次性．高中数学教学目标可以分为：分科(如代数、立体几何、解析几何、统计与概率等)教学目标、章节教学目标和课时教学目标等．在这个过程中，我们先从一般的观念层次入手，制订一个数学教育的总体框架，再转向较为具体的、以内容为载体的短期结果的描述．通过这样的转化，使目标落实在具体内容的教学中，从宏观到中观再走向微观，使抽象观念变为"具体的""可操作的""可检测的"行为．

(二) 以"抛物线及其标准方程"为例，探究制订课堂教学目标

1. 课程目标

根据上述章建跃提到的数学教学目标的层次观，我们首先查找了解析几何的课程目标：

(1) 在平面直角坐标系中建立直线、圆和圆锥曲线的代数方程，运用代数方法研究它们的几何性质及其相互位置关系；

(2) 体会数形结合思想；

(3) 初步形成用代数方法解决几何问题的能力．

2. 单元目标

我们文科班在本单元的教学中没有曲线和方程的内容，所以我们的单元目标定为：

(1) 了解圆锥曲线的实际背景，感受圆锥曲线在刻画现实世界和解决实际问题中的作用；

(2) 经历从具体的情境中抽象出椭圆、抛物线模型的过程，掌握它们的定义、标准方程、几何图形及简单性质；

(3) 了解双曲线的定义、几何图形和标准方程，知道双曲线的有关性质；

(4) 能用坐标法解决一些与圆锥曲线有关的简单几何问题(直线与圆锥曲线的位置关系)和实际问题；

(5) 通过圆锥曲线的学习，进一步体会数形结合的思想．

3. 适合我的学生的课堂教学目标

（1）教学背景分析

知识层面：抛物线是学生在学习椭圆和双曲线之后接触的又一重要的圆锥曲线；抛物线的内容、结构、处理方法类似于椭圆和双曲线，因此教学中采用类比的方法研究抛物线的相关内容.

学生层面：学生掌握了椭圆和双曲线的概念及性质，掌握了求曲线方程的基本步骤，并且体验了推导椭圆与双曲线方程的过程，会对两个根式的方程进行化简，学生的运算基础较为薄弱，但有合作探究的经历.

（2）教学目标和教法

根据学生已有的知识基础和认知水平，我制订本节课的教学目标如下.

①学生通过观察抛物线的形成过程，能够类比、归纳、抽象概括出抛物线的定义（目标指向学生的变化，目标的表述要明确，即通过教学，学生要达到的"双基"、能力、态度的变化）.

②学生能根据抛物线的几何特征，通过分组尝试3种建系方法，利用"坐标法"会推导出抛物线的标准方程（目标的制订要具有可操作性：在我的教学设计过程中我能够根据我的目标设计适合我的学生的学习任务）.

③学生能根据抛物线的标准方程求出焦点坐标和准线方程，并能在平面直角坐标系中画出相应的曲线（目标的制订要具有可检测性：教学目标应该注重学生行为和能力上的变化，显然就是要具有可检测性，制订时要尽量使用含义明确的动词——知道、能说出、表述、解释、归纳、会求、会推导、会证明等，尽量减少使用了解、理解、渗透等词语，这些都是不可测的，也就是说上完课后对是否完成目标很难检测和评估）.

## 四、设计适合学生的教学设计

在《追求理解的教学设计》第九章中提到，根据教学目标，对于一个好的学习计划，我们究竟要完成哪些内容？什么样的计划是一个好计划？我们给出的简单答案是，它必须兼具吸引力与有效性.

对于吸引力，我们的意思是不同的学习者都能发现这个设计是发人深省、引人入胜、充满活力的. 该设计可以使学生深入主题，激发他们的欲望、探秘或挑战等本能需求，使之参与到活动中. 我们的目标是在多个层面影响学生，不是枯燥的学术内容，而是有趣的相关工作，在智力层面是引人入胜的、有意义的. 教学活动的设计不仅要使学习者享受学习过程，而且要使他们投入到有意义的智力活动中，关注大概念和重要的表现性挑战.

对于有效性，我们的意思是教学设计帮助学习者在完成有价值的任务时变得更有胜任力，更有成效. 他们最终会达到较高的标准，超过常规的期望值. 当他们达到既定的目标时，他们发展了更高的层次和理解，以及更强的智力和反思能力. 换句话说，这类设计会实质性地增加学习的价值. 所有人都取得了智力上的真实进步，并且他们能够认识到这一点.

在我每天的教学设计中，虽然可能达不到书中提到的那么有吸引力和有效性的程度，但是我确实每天都在朝着这个方向努力，我每天上课之前都在想我的这节课上完了，应该是让每一个孩子都或多或少有自己的知识增长点，获得一些有价值的东西，而不是每天枯燥地重复，或者会的还会，不会的还不会.

（一）创设适合的问题情境，学会揭示，避免灌输

　　在教育中有一个古老的笑话:一个男孩说自己教了小狗讲话.当他的朋友要求小狗表演时,这条狗除了叫什么也不会.于是他的朋友说道:"我印象中你说过教过说话的.""是的,我教它了."自称教练的男孩答道,"我教过它说话,但是我没说过它学会了."

　　这并不足为奇.在教学中的某些时刻,当教学不起作用,我们遇到挫折时,我们也经常发自内心地说这样的话:"我教了,但他们没有学会."《追求理解的教学设计》中给了我们很好的诠释:学并不是由教引起的.教,就其本身而言,永远不会引发学.只有当学习者对学习进行成功的尝试时才会引发学习.成就是学习者成功理解所教内容的结果.理解是学习者完成的建构活动.我不能把理解给你,你必须自己去获得.

　　而学生怎么能自己去获得呢?就需要老师创设适合自己学生的问题情境,根据具体的课型设计具体的问题情境.

　　1.通过具体的实验,创设问题情境:当学生的数学认知结构中已经具备学习某一种新的数学知识的相关知识,但是旧知识间在逻辑联系的必然性上不太容易被学生所知觉时,教师可以通过有目的地向学生提供一些研究素材来创设情境,让学生通过自己的观察、实验、作图、运算等实践活动,通过类比、分析、归纳等思维活动,探索规律、建立猜想,然后通过严格的逻辑论证,得到概念、定理、法则、公式等.

　　例如,下面是我上过的一节概念课"抛物线及其标准方程",针对我的学生的实际情况我采取的是和学生共同经历这样的一个具体的实验过程.

　　**概念形成:**前面学习时通过实验抽象概括出了椭圆和双曲线的概念,在抛物线的教学中,我同样采用实验来引入抛物线.如图1和图2所示.

> 问题:如图2所示,$F$是定点,$l$是不经过点$F$的定直线.将直尺的一端对准直线,三角板的一个直角边固定一条细绳,另一边对准直线,将细绳的一端固定在定点上,套上铅笔,拉紧绳子,将三角板沿着直尺推动,移动笔尖(动点)画出的轨迹是什么呢?在这个过程中,你能说出移动的笔尖(动点)满足的几何条件吗?

图 1

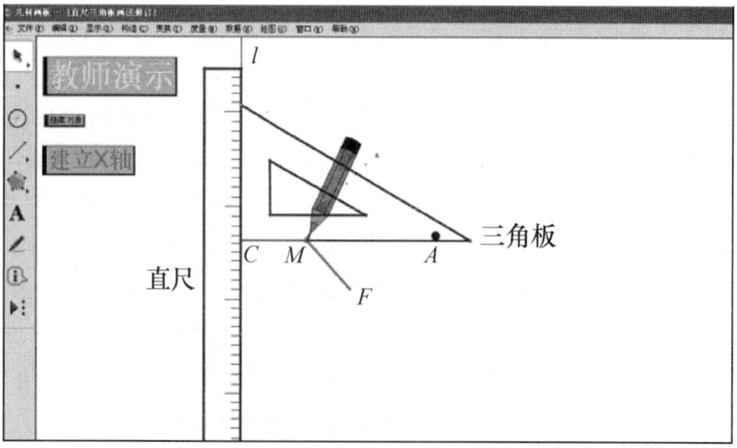

图 2

　　这个过程老师和同学合作演示,在这个运动过程中重点引导学生发现动点$M$满足什么样的几何条件？预设：设 $M$ 到直线 $l$ 的距离为 $d$，$P=\{M\mid\mid MF\mid=d\}$.

追问学生：你能用文字语言叙述动点 $M$ 满足的几何条件吗？

我向学生说明：满足这样条件的曲线我们叫它抛物线，即平面内与一个定点 $F$ 和一条定直线 $l$ 的距离相等的点的轨迹叫做抛物线. 其中，点 $F$ 叫做抛物线的焦点，直线 $l$ 叫做抛物线的准线. 随即将抛物线的定义及符号语言表示板书在黑板上.

**设计意图**：我和学生一起合作演示，加深学生对抛物线形成过程的认识，重点是通过演示让学生明确形成曲线的过程中，涉及的几何要素和要素之间的关系，理解抛物线定义的本质.

2. 提供感性材料，创设问题情境：这是在概念课中采用的一种常见的方法. 当学生的数学认知结构中只具备一些理解新概念所需的具体知识，其数量贫乏且抽象程度较低时，他们只能从一定的具体例子出发，从他们实际经验的概念的肯定例证中，以归纳的方式抽取出一类事物的共同属性，从而获得概念. 这时教师应当为学生提供具有典型意义的、数量恰当的直观背景材料.

例如，我在高三一轮复习函数奇偶性的概念时，我就采取这样的形式的教学方法. 因为学生的基础较差，大部分孩子在进行一轮复习时对知识已经忘记得差不多了，所以我仍然使用书上的例子，只是又加入自己对函数的理解，设计如下的问题情境.

观察图 3 和图 4 所示函数图象并填写表格 1 和表格 2，思考并回答下列问题：

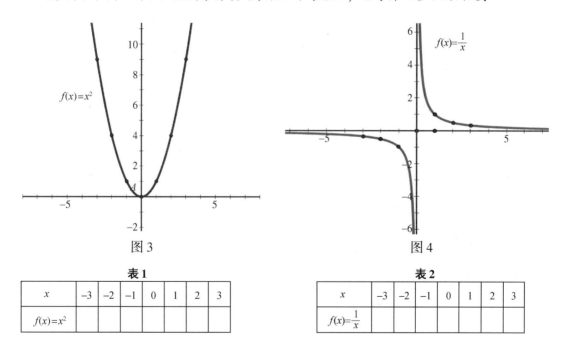

图 3　　　　　　　　　　　　　　图 4

**表 1**

| $x$ | −3 | −2 | −1 | 0 | 1 | 2 | 3 |
|---|---|---|---|---|---|---|---|
| $f(x)=x^2$ | | | | | | | |

**表 2**

| $x$ | −3 | −2 | −1 | 0 | 1 | 2 | 3 |
|---|---|---|---|---|---|---|---|
| $f(x)=\dfrac{1}{x}$ | | | | | | | |

（1）这两个函数图象各有什么特征？

（2）相应的两个函数值对应表是如何体现这些特征的？

（3）通过函数图象和函数值的特征，回忆奇函数和偶函数的定义，并说说你对定义的理解.

（4）你觉得对两个函数的定义域如何改变，它们就不是奇函数和偶函数了？

任务：尝试回忆，知识结构归纳、梳理、总结，填写表3.

**表3**

|  | 偶函数 | 奇函数 |
|---|---|---|
| 代数特征 |  |  |
| 几何特征 |  |  |

**设计意图**：我想从简单的两个函数入手，让学生回忆奇函数和偶函数的定义，并归纳出奇函数和偶函数的代数特征和几何特征，给学生慢慢渗透用函数的思维思考函数问题的思想：在关注函数自变量的同时，要关注函数的因变量的变化状态.

3. 还有很多种创设问题情境的办法，比如通过具体演算，创设问题情境；比如利用同一个问题在不同的推理、运算中产生的(形式的)不同结果引起矛盾冲突，设置问题情境；比如提出学生依靠现有的知识不能正确完成的作业，让学生在发现自己的错误中感受到矛盾冲突，产生问题情境；比如从具体的解决过程中创设问题情境；比如从概念的产生和发展过程来创设问题情境；再比如通过引申、推广某一具体问题创设问题情境等创设情境的方式，我们将这样的方式应用到现实的每一节课中，根据我们的具体情况，具体课型，从实际出发来创设适合我们自己学生的问题情境，让学生在问题理解，在问题中揭示概念的本质.

(二) 教学过程以"问题串"的方式引领学生揭示概念本质

在设计教学过程中，我们现在多以"问题串"的方式呈现，教师需认真地思考每一个问题的设计意图、师生活动预设，以及需要概括的概念要点、思想方法，需要进行的技能训练，需要培养的能力等. 这样教师在设计时就要注意教学过程的逻辑线索，要给出学生思考和操作的具体描述，要突出核心概念的思维建构和技能操作过程，突出思想方法的领悟过程.

下面我们以"方差"为例进行说明.

在方差的教学中，我采用了书中的例子为背景，合理地设计了几个问题让学生在实际操作中慢慢揭示方差的含义.

【**问题情境**】在一次射击比赛中，甲、乙两名运动员各射击10次，命中环数如下：

甲运动员　7，8，6，8，6，5，9，10，7，4；

乙运动员　9，5，7，8，7，6，8，6，7，7.

**问题1**：观察上述样本数据，如果你是教练，你应当如何对这次射击情况作出评价呢？

**设计意图**：从学生熟知的特殊问题入手，在学生已有的知识系统中，学生能够用平均数这个数字特征进行评价——两个运动员的平均水平一样.

**问题2**：如果你是教练，选哪位选手去参加正式比赛？为什么？

**设计意图**：在第一问的基础上，学生要回答第二个问题，就要另辟蹊径去对两名运动员的成绩进行分析，大多数学生能够将数据重新整理——从小到大排序：

甲运动员　4，5，6，6，7，7，8，8，9，10；

乙运动员　5，6，6，7，7，7，7，8，8，9.

学生从数据中粗略地分析出乙运动员的成绩相对稳定.

**问题3**：用什么量来准确描述数据的稳定程度呢？如何计算呢？

**设计意图**：方差是学生初中时就接触的概念，会有部分学生能够回忆出方差的公式.

**问题 4**：你认为方差公式如何体现数据的稳定呢？

**设计意图**：从特殊到一般，引领学生观察方差的公式特点，即"差方的平均数"."差方"即每个数据偏离平均数的距离的平方，"差方的平均数"即数据"偏离平均数"的平均距离. 然后和学生一起将这两组数据用图的形式表达出来，从图的角度再直观理解方差即数据"偏离平均数"的平均距离.

**问题 5**：你认为什么样的数据方差最小？什么样的数据方差最大？请举例说明.

**设计意图**：在前面理解方差的含义后，让学生自己通过具体的例子说明，又从一般到特殊，由此可以让学生初步体会统计中精确计算与粗略计算的关系，落实核心素养.

**（三）关注学生的实际获得，预留时间关注学生反思**

现在上完一节课后的我，最怕出现这样的情况：会的还会，不会的还是不会. 所以，我每节课都很注重学生的实际获得. 大概所有老师都知道，学习归根到底是学生自己的事情. 如果学生的思维没有参与进来，那么老师讲得再好，效果也只能等于零. 因此，好的数学教学一定是那种能够把学生卷入课堂活动中，让他们在课堂中"大放异彩""收获满满". 这样的教学能极大地激发学生主动学习的欲望，调动学生的潜能；能给学生创造自主学习的空间，确保学生独立思考的时间；能敏锐地捕捉课堂生成的教学资源，并机智地将"生成"融合于"预设"之中，根据"生成"调整"预设"；不以自己的"一家之言"遏制学生的"奇谈怪论"，而是想方设法挖掘学生思维的"闪光点"，通过设问、追问、反问等，"挑动"学生的认知冲突，让学生开展充分的互动、交流，把学生的思维活动引向深入，推动他们的数学理解.

现在去听我课的老师很容易发现，我不管是自己上常态课还是有人听的公开课，我都喜欢暴露我班孩子的问题，我不介意问题的暴露，也不怕问题的暴露，如果学生没有问题，何来认知冲突？何来互动与交流？何来增长点？

在常规的教学中我还会专门在每节课中的重点任务环节中，预留几分钟的时间让学生反思自己的问题，整理自己的解题思路，没听懂的孩子借这个时间能够继续请教周围的同学或老师解决自己的疑惑. 长时间下来，孩子们进步了，我的数学课堂自己也觉得精彩了.

随着自己不断地学习，我发现我自己做的题多了，学案中给学生的题少了；课堂上的通性通法多了，解题技巧少了；翻阅课本，研究"考纲"的时候多了，一味钻研难题的时候少了；学生参与课堂的机会多了，我自己"一言堂"的机会少了. 我想只有这样下去，才能在竞争压力这么大的高考中，让我自己的学生求得发展和生存的机会，让多一个家庭的梦想得以实现，社会又多一片欢声笑语.

**参考文献：**

[1]　章建跃. 数学教育随想录. 杭州：浙江教育出版社，2017.

[2]　张鹤. 分享数学智慧的人. 北京：中国大百科全书出版社，2012.

[3]　谷丹. 程序　系统　自检：高三数学复习任务. 数学通报，2010，(10).

[4]　威金斯，麦克泰格. 追求理解的教学设计. 上海：华东师范大学出版社，2017.

# ☆基于"析题课"教学，挖掘解析几何学科本质①
## ——以高三复习"解析几何综合析题课"教学为例

张　静　北京师范大学密云实验中学

**提要**　解析几何是高中数学的重要内容，也是高考考查的难点，更是令学生头疼的模块之一. 从高三复习"解析几何综合析题课"谈起，通过问卷调查的方式，追溯学生失分的真正原因，根据原因，有针对性地设计教学，课上"知识要素"与"数学思考"协同产生作用，细析学生的解题困难，基于特征分析和知识联想，提炼总结"解决平面解析几何综合问题"的思维步骤，在整个过程中，帮助学生挖掘解析几何的学科本质，从而提高学生的直观想象和逻辑推理的素养.

## 一、问题的提出

笔者有幸参加区里高三各个阶段考试后的阅卷工作，在阅卷中发现对于解析几何这道大题的后一问或后两问中，大多数学生出现以下两种情况：第一种，完全的空白试卷，学生要么没有时间写，要么根本没有思路，不知道写些什么；第二种，确实下笔写了，但是只会联立，也不管需要联立的是哪一条直线和曲线，反正会哪个直线方程就联立哪个. 也许最后写不下去了，抱着能写多少写多少，"随便写吧"，可能总会有那么几分的(可能也是老师在没有办法的情况下"鼓励"学生写的)侥幸心态. 而只有极少数的学生思路清晰，不仅"敢算"，而且"会算". 那么我们怎么让这样的学生在二轮的复习中能提升得更多呢，如果能跟极少数的学生的答案或者标准答案一样，恐怕是很多一线老师共同的心愿.

《普通高中数学课程标准(2017年版)》在学科核心素养与课程目标中提出：通过高中数学课程的学习，学生能在情境中抽象出数学概念、命题、方法和体系，积累从具体到抽象的活动经验；养成在日常生活和实践中的一般性思考问题的习惯，把握事物的本质，以简驭繁；运用数学抽象的思维方式思考并解决问题.

所以，本节课的设计采用"析题课"的方式，也就是以标准答案为出发点，重点解决3个问题：(1)解析几何综合题目题干信息概括；(2)解析几何综合题目知识要素分析；(3)解析几何综合题目思维步骤分析. "析题课"的教学，让学生深入分析标准答案，以及对标准答案进行划分，总结出解析几何综合题的思维步骤，在这个过程中，让学生初步挖掘解析几何的学科本质. 另外，在学生深入分析标准答案，对知识要素对号入座的过程中，更让学生自己反思自己的解题困难，在和同伴、老师的交流过程中，当发现标准答案跟自己已有的认知不符或者冲突时，不断地对自己的已有的认知进行重新组合，优化自己的认知系统.

## 二、教学理念与设计

### (一) 教学思想

傅种孙先生(1898—1962)说过：教学的技艺，一方面要指示正规，另一方面要矫正错误，必须兼施并用，才会有较好的效果. 所以，本节课的教学思想就是基于"析题课"教学，挖掘解析几何学科本质. 该教学思想统领和贯穿整堂课的教学.

① 该文在北京市中学数学教育教学优秀论文评选活动中，被北京市教育学会数学教学研究会评为市级一等奖.

（二）教学内容和目标

1. 教学背景

教学内容：

本节课是高三二轮复习圆锥曲线部分"直线与圆锥曲线"的第一节课，目的是使学生了解解析几何中"直线与圆锥曲线"有关题目解答过程中涉及的知识要素，更重要的还是要总结归纳"解决平面解析几何综合问题"的思维步骤. 在整个过程中要渗透解析几何的基本思想和方法：坐标法、数形结合思想、联系的观点.

学生情况：

知识上：通过高三一轮的复习，学生已经基本掌握了直线、圆、椭圆、抛物线、双曲线的几何性质，涉及直线和曲线位置关系的综合题目，学生能够处理定直线和定曲线的位置关系，解决简单的几何问题，而且对于韦达定理的应用也比较熟悉，已经基本掌握平面向量的相关知识，但是对于直线和曲线动起来之后，就无从下手了.

方法上：学生有用代数方法研究几何问题的意识，但是操作起来比较困难.

情感上：学生能够积极参与课堂，但遇到解析几何问题畏难情绪明显，思维能力、探究能力较弱，所以在问题的设计上要低起点，循序渐进，并且课堂中要注意适时地引导，让学生能够更高效地参与到学习中来.

2. 教学目标

基于以上教学背景的分析，制订如下教学目标：

（1）借助一个"解析几何"综合题的解答过程，能够提炼题干核心问题，并选出相应的知识要素，并解释；

（2）通过对解答过程的解析，归纳总结出"解决平面解析几何综合问题"的思维步骤；

（3）通过对"解决平面解析几何综合问题"的思维步骤的探究，重点提升直观想象、逻辑推理的素养.

（三）教学流程

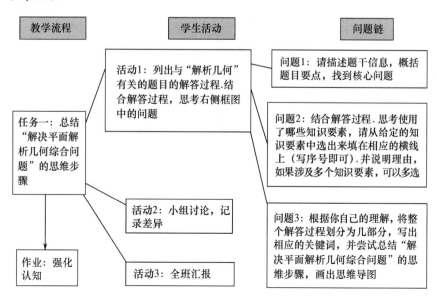

### 三、诊断分析与完善

(一)用数据说话——调查问卷追原因

课前通过问卷调查的方式对学生解析几何综合题的学情进了调查,课上有针对性地解决学生存在的真问题,而不是靠老师意象,觉得学生哪里好像不会. 从数据上可以看出75%左右的学生认为自己已经掌握了解析几何中几种曲线的几何性质,并且能用代数方法研究几何问题,但是在考试的试卷中学生反映出来的也是很有意思的现象,75%左右的试卷是空白试卷或者只是写一点,分析原因:学生们认为自己即使有时间也没有思路,对解决解析几何综合题的思维步骤要么不知道,要么知道不理解,要么理解不会应用. 那么这节课重点解决学生的这个困惑. 解析几何综合题学情调查问卷见表1~表6.

第1题　我已经基本掌握直线、圆、椭圆、双曲线、抛物线的几何性质[单选题](见表1).

**表1**

| 选项 | 小计 | 比例 |
|---|---|---|
| 非常同意 | 5 | 11.63% |
| 同意 | 27 | 62.79% |
| 一般 | 8 | 18.6% |
| 不同意 | 3 | 6.98% |
| 本题有效填写人次 | 43 | |

第2题　我能用代数方法处理一条定直线和定曲线的位置关系[单选题](见表2).

**表2**

| 选项 | 小计 | 比例 |
|---|---|---|
| 非常同意 | 3 | 6.98% |
| 同意 | 28 | 65.12% |
| 一般 | 10 | 23.26% |
| 不同意 | 2 | 4.65% |
| 本题有效填写人次 | 43 | |

第3题　我能比较熟练地使用韦达定理[单选题](见表3).

**表3**

| 选项 | 小计 | 比例 |
|---|---|---|
| 非常同意 | 5 | 11.63% |
| 同意 | 24 | 55.81% |
| 一般 | 9 | 20.93% |
| 不同意 | 5 | 11.63% |
| 本题有效填写人次 | 43 | |

第4题　在高三期末考试中，解析几何的第二、第三问，我的答题情况属于[单选题]（见表4）.

表4

| 选项 | 小计 | 比例 |
| --- | --- | --- |
| 空白试卷 | 3 | 6.98% |
| 写一点 | 30 | 69.77% |
| 能写出大部分 | 10 | 23.26% |
| 满分 | 0 | 0% |
| 本题有效填写人次 | 43 | |

第5题　针对自己解析几何这道题的答题情况，经过分析，我属于以下哪种情况[单选题]（见表5）.

表5

| 选项 | 小计 | 比例 |
| --- | --- | --- |
| 有思路但是没有时间 | 3 | 6.98% |
| 有时间但没有思路，无从下手 | 32 | 74.42% |
| 思路清晰但运算能力有限 | 4 | 9.3% |
| 思路清晰并会运算 | 4 | 9.3% |
| 本题有效填写人次 | 43 | |

第6题　我对解析几何综合题的思维步骤[单选题]（见表6）.

表6

| 选项 | 小计 | 比例 |
| --- | --- | --- |
| 理解并能熟练应用 | 5 | 11.63% |
| 理解但不会应用 | 21 | 48.84% |
| 知道但不理解 | 14 | 32.56% |
| 根本不知道 | 3 | 6.98% |
| 本题有效填写人次 | 43 | |

（二）题干信息概括

解析几何这个难点问题，在平时课堂上给学生一道解析几何综合题极有可能就像在考场上见到的那样，学生根本写不出"像样"的东西来，那么怎么才能"写出点像样的"东西来？首先要教会学生学会分析问题，提炼题干信息，抓住核心问题，只有目标明确，才能知道如何下手. 所以，这部分的设计就是直截了当地给出题目，自主探究+小组讨论，共同分析题干信息，弄清问题，概括要点，找到核心问题.

**活动 1**：下面列出了与"解析几何"有关的题目的解答过程. 结合解答过程，思考问题 1 和问题 2 中的问题.

已知椭圆 $\dfrac{x^2}{4}+y^2=1$ 右顶点为 $A$，过点 $Q(0, \sqrt{3})$ 作直线 $l$，与椭圆 $C$ 交于 $M$，$N$ 两点. 若直线 $x=3$ 上存在点 $P$，使得四边形 $PAMN$ 是平行四边形，求直线 $l$ 的方程.

**问题 1**：请描述题干信息，概括题目要点，找到核心问题.

**参考答案**：题目当中有一个定椭圆，有一个过定点的动直线与椭圆相交，直线在运动过程中，求满足一个几何条件的时候的直线方程(即求直线的斜率 $k$).

【**评析**】对于解析几何部分，学生的思维和能力都比较薄弱，所以让学生自己在没有解答过程的前提下做这样一个综合题，确实是有困难的，所以事先把解答过程呈现出来，让学生分析，这对于较为困难的解析几何部分，是非常适用的. 首先要让学生整体把握题目特征，弄清问题，概括题目要点，找到核心问题，即弄清目标. 学生对于问题 1 的答案，大致分为两种，一种是简单的阐述，另一种是以画出"思维导图"形式分析问题. 其次让学生分析自己和优秀学生的思维方式之间的差别，分析别人的好的地方，自己差在哪里？自己今后的努力方向是什么？别人的做法是否具有可推广性？学生的分析到位，才能内化成自己的行为.

(三) 知识要素分析

**问题 2**：结合解答过程，思考使用了哪些知识要素，请从给定的知识要素中选出来填在相应的横线上(写序号即可). 并说明理由，如果涉及多个知识要素，可以多选.

1. 依题意作图. (见图 1 和图 2)

1.依题意作图 见图1和图2

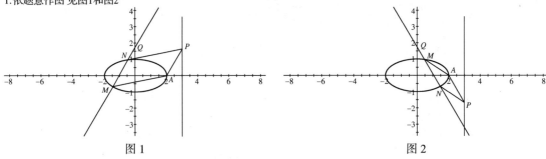

图 1                                    图 2

2. 解答过程

设 $M(x_1, y_1)$，$N(x_2, y_2)$，$P(3, y_0)$.

当直线 $l$ 无斜率时，$x=0$ 不满足条件.

当直线 $l$ 有斜率时，设方程为 $y=kx+\sqrt{3}$.

因为四边形 $PAMN$ 是平行四边形，并且平行四边形对边平行且相等，所以直线 $PA$ 的方程为 $y=k(x-2)$，所以 $P(3, k)$.

$$\xrightarrow{\text{法1}} \begin{cases} k_{PA}=k_{MN}\Rightarrow P(3, k) \\ |PA|=|MN|\Rightarrow \sqrt{1+k^2}=\sqrt{1+k^2}\,|x_1-x_2|\Rightarrow |x_1-x_2|=1\Rightarrow x_2-x_1=1 \end{cases}$$

$\xrightarrow{\text{法2}} \overrightarrow{PA} = \overrightarrow{NM} \Rightarrow (2-3, -k) = (x_1-x_2, y_1-y_2) \Rightarrow \begin{cases} x_2-x_1=1 \\ -k=y_1-y_2 \end{cases} \Rightarrow x_2-x_1=1$

由 $x_2-x_1=1$ 可得 　　　　　　　　$(x_1+x_2)^2 - 4x_1x_2 = 1$

由 $\begin{cases} y=kx+\sqrt{3}, \\ x^2+4y^2=4. \end{cases}$ 得 　　　$(4k^2+1)x^2 + 8\sqrt{3}kx + 8 = 0$

由 $\Delta > 0$，得 $k^2 > \dfrac{1}{2}$，且 $x_1+x_2 = -\dfrac{8\sqrt{3}k}{4k^2+1}$，$x_1x_2 = \dfrac{8}{4k^2+1}$．

联立方程组，即 $\begin{cases} (x_1+x_2)^2 - 4x_1x_2 = 1, \\ x_1+x_2 = -\dfrac{8\sqrt{3}k}{4k^2+1}, \\ x_1x_2 = \dfrac{8}{4k^2+1}. \end{cases}$

整理得 $16k^4 - 56k^2 + 33 = 0$，解得 $k = \pm\dfrac{\sqrt{3}}{2}$，或 $k = \pm\dfrac{\sqrt{11}}{2}$．

经检验均符合 $\Delta>0$，但 $k=-\dfrac{\sqrt{3}}{2}$ 时不满足四边形 $PAMN$ 是平行四边形，舍去．

所以，$k=\dfrac{\sqrt{3}}{2}$，或 $k=\pm\dfrac{\sqrt{11}}{2}$．

3. 涉及的知识要素

(1) 椭圆的几何性质；

(2) 椭圆顶点的概念；

(3) 直线的点斜式方程；

(4) 直线的点斜式方程的使用条件；

(5) 直线与椭圆相交的代数表达；

(6) 平行四边形的几何性质；

(7) 充要条件；

(8) 两点间的距离公式；

(9) 弦长公式；

(10) 两根差与两根和、两根积的关系；

(11) 韦达定理；

(12) 解三元二次方程组；

(13) 消元思想；

(14) 用换元法解一元四次方程；

(15) 向量相等的概念；

(16) 两直线平行的代数表达．

【评析】由局部推理产生联想，分析每一句的含义，并联想相关的概念和原理，由于解析几何这部分相对来说确实比较难，所以我降低了难度，给出所涉及的知识要素，让学生从中进行选择即可，对号入座.

（四）思维步骤分析

**问题3**：根据你自己的理解，将整个解答过程划分为几部分，写出相应的关键词，并尝试总结"解决平面解析几何综合问题"的思维步骤，画出思维导图.

参考答案如图3所示.

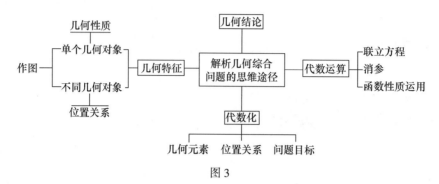

图3

（1）要能够根据问题的条件，读出几何对象的几何特征. 从两个方面去分析：对于单个的几何对象，要研究它的几何性质，对于不同的几何对象，要关注它们之间的位置关系. 在此基础上做出图形，直观地表达出所分析出来的几何对象的几何特征.

（2）在明确了几何对象的几何特征的基础上，要进行有效的、合理的代数化. 包括几何元素的代数化、位置关系的代数化、所要研究问题的目标代数化等.

（3）进行代数运算. 包括解所联立的方程组、消去所引进的参数、运用函数的研究方法解决有关的最值问题，等等.

（4）根据经过代数运算得到的代数结果，分析得出几何的结论.

【评析】基于特征分析和知识联想，归纳"解决平面解析几何综合问题"思维步骤，画出思维导图. 课上通过一连串的问题，追问学生的疑惑点. 代数表达，到底表达什么？怎么表达？引导学生不断地深入思考，努力攻克自己在解析几何中的障碍.

（五）总结提升，作业巩固

【作业】请同学们思考"平行四边形"这个条件还能怎样转化？写出过程. 比较几种转化，选择一种转化方式书写解答过程，并写出你的感悟.

转化一：

因为四边形 $PAMN$ 是平行四边形，并且平行四边形对边平行且相等，所以直线 $PA$ 的方程为 $y=k(x-2)$，所以 $P(3, k)$.

$$\xrightarrow{\text{法1}} \begin{cases} k_{PA}=k_{MN} \quad \Rightarrow P(3, k) \\ |PA|=|MN| \Rightarrow \sqrt{1+k^2}=\sqrt{1+k^2}\,|x_1-x_2| \Rightarrow |x_1-x_2|=1 \Rightarrow x_2-x_1=1 \end{cases}$$

$$\xrightarrow{\text{法2}} \overrightarrow{PA}=\overrightarrow{NM} \Rightarrow (2-3, -k)=(x_1-x_2, y_1-y_2) \Rightarrow \begin{cases} x_2-x_1=1 \\ -k=y_1-y_2 \end{cases} \Rightarrow x_2-x_1=1$$

转化二（参考答案）：

平行四边形两组对边平行转化① $\Rightarrow$
$$\begin{cases} k_{PA}=k_{MN} \Rightarrow P(3,\ k) \\ k_{PN}=k_{AM} \Rightarrow \dfrac{k-y_2}{3-x_2}=\dfrac{-y_1}{2-x_1} \end{cases},$$

$(k-y_2)(2-x_1)=-y_1(3-x_2)$，$(k-kx_2-\sqrt{3})(2-x_1)=-(kx_1+\sqrt{3})(3-x_2)$，

即 $(2k+\sqrt{3})(x_1-x_2+1)=0(k\neq-\dfrac{\sqrt{3}}{2}$，否则直线过点 $A$)，所以 $x_2-x_1=1$.

平行四边形两组对边平行转化② $\Rightarrow$
$$\begin{cases} \overrightarrow{PA}\ /\!/\ \overrightarrow{NM} \Rightarrow y_2-y_1=-y_0(x_1-x_2) \\ \overrightarrow{PN}\ /\!/\ \overrightarrow{AM} \Rightarrow (x_2-3)y_1=(x_1-2)(y_2-y_0) \end{cases}.$$

转化三(参考答案)：

平行四边形对角线互相平分转化① $\Rightarrow PM$ 的中点与 $AN$ 的中点重合，即 $PM$ 的中点为 $(\dfrac{3+x_1}{2},\ \dfrac{y_1+y_0}{2})$，$AN$ 的中点为 $(\dfrac{2+x_2}{2},\ \dfrac{y_2}{2})$，所以 $\dfrac{3+x_1}{2}=\dfrac{2+x_2}{2}$，所以 $x_2-x_1=1$.

平行四边形对角线互相平分转化② $\Rightarrow \overrightarrow{PA}+\overrightarrow{PN}=\overrightarrow{PM}$，

$$\overrightarrow{PA}=(-1,\ -k),\ \overrightarrow{PN}=(x_2-3,\ y_2-k),\ \overrightarrow{PM}=(x_1-3,\ y_1-k)$$

即 $(x_2-4,\ y_2-2k)=(x_1-3,\ y_1-k)$，所以 $x_2-x_1=1$.

【评析】解析几何首先是几何. 在这里，"代数"只是我们解决几何问题时用到的工具. 学生在解答过程中，首先要将几何图形的性质用代数的语言来描述，最终是通过坐标的代数运算来研究几何图形的性质. "几何"是我们思考的起点和终点，也是问题的缘起和归宿. 这部分就是想让学生体会同一个"几何"性质，不管转化的方向有几个，最后的代数表达式是一样的，只是从计算的角度，有的复杂，有的简单而已，那么后面的学习就让同学们不断优化自己的解题策略，争取达到最优.

**四、教学问题解决成效分析**

(一) 问题研究方法

教学完成后，我采取学生问卷调查法，调查学生对本节课的反馈与评价；又通过纸笔测试法评价学生的学习效果，从而获得定量的数据.

2019 年 2 月，选取北京市密云区北师大密云实验中学高三文科学生 30 名学生作为被测试对象，学生数学基础较好.

调查问卷共 11 题，采用李克特式 5 点量表积分法，选项包括：非常同意、同意、一般、不同意和非常不同意，分别记为 5，4，3，2，1 分. 发放问卷 30 份，回收问卷 30 份，回收率 100%.

(二) 调查结果与分析

1. 学生的调查问卷个体平均分如表 7 所示.

**表 7**

| 项目 | 题号 | 目标的具体项目 | 非常同意 | 同意 | 一般 | 不同意 | 非常不同意 | 学生答题平均分 |
|---|---|---|---|---|---|---|---|---|
| 教学目标 | 1 | 通过本堂课的学习，我理解了这道"解析几何"题目的核心问题 | 5 | 4 | 3 | 2 | 1 | 4.905 |
| | 2 | 通过本堂课的学习，我理解了这道"解析几何"题目涉及的知识要素 | 5 | 4 | 3 | 2 | 1 | 4.912 |
| | 3 | 通过本堂课的学习，我对解析几何综合问题的思维步骤大概了解 | 5 | 4 | 3 | 2 | 1 | 4.923 |
| | 4 | 通过本堂课的学习，我对"解析几何"的基本思想有了进一步认识 | 5 | 4 | 3 | 2 | 1 | 4.908 |
| | 5 | 通过本堂课的学习，我对解析几何的恐惧感降低了 | 5 | 4 | 3 | 2 | 1 | 4.867 |
| | 6 | 我喜欢老师用析题课的方式来组织教学 | 5 | 4 | 3 | 2 | 1 | 4.891 |
| | 7 | 本堂课比传统的讲授让我更有收获，觉得更有价值 | 5 | 4 | 3 | 2 | 1 | 4.973 |
| | 8 | 我对本堂课的学习总体满意 | 5 | 4 | 3 | 2 | 1 | 4.934 |
| | 9 | 我觉得，此次教学过于复杂 | 5 | 4 | 3 | 2 | 1 | 1.097 |
| | 10 | 我觉得，析题课的讲授对我此次的学习造成负担 | 5 | 4 | 3 | 2 | 1 | 0.987 |
| | 11 | 我觉得，此次教学让我不知道重点 | 5 | 4 | 3 | 2 | 1 | 0.875 |

2. 课堂目标检测

已知椭圆 $\dfrac{x^2}{4}+y^2=1$ 右顶点为 $A$，过点 $Q(0,\sqrt{3})$ 作直线 $l$，与椭圆 $C$ 交于 $M$，$N$ 两点. 若直线 $x=3$ 上存在点 $P$，使得四边形 $PAMN$ 是平行四边形，求直线 $l$ 的方程.（只给题目，重新书写一遍答案.）

3. 掌握情况分析

由问卷调查中可以看出第 7 题的得分最高，说明高三学生在解析几何这样的难题面前，还是非常喜欢这种"析题课"的课堂，喜欢老师能够站在学生的角度，帮助孩子梳理自己的障碍点，并跟着孩子一起挖掘解析几何的学科本质. 章建跃在《教育随想录》中提到，教之道在于"度"，学之道在于"悟". 数学知识的学习是可以举一反三的，研究数学问题是有"基本套路"的. 我们要追求"一通百通"，而不是"面面俱到". 尤其是高三的教学，我想更是如此.

在课堂目标检测中，测试了 30 名学生，其中 20 名学生满分，剩下的 10 名学生中，4 名学生在规定的时间内没有算完，6 名学生思路没有问题，只是结果算错. 通过这个测试可以看出，对于解析几何这样的难点问题，出现这样的结果，我觉得目标基本达成，教学方法学生喜欢，整堂课达成了较好的教学效果.

### 五、教学反思与建议

本次教学设计与以往其他的教学设计相比，第一个亮点在课前进行了学情调查，通过"问卷星"对学生期末解析几何的答题状况及解析几何的掌握情况进行了问卷调查，基于问卷调查的结果设计了本节课，使得本节课更有针对性.

本次教学设计与以往其他的教学设计相比，最大的不同就是授课的方式，本节课采用的是"析题课"的方式，对于解析几何部分，学生的思维和能力都比较薄弱，所以让学生自己在没有解答过程的前提下做这样一个综合题，确实是有困难的，所以事先把解答过程呈现出来，让学生分析，这对于较为困难的解析几何部分，是非常适用的. 而且这种授课方式解决了学生一个很大的问题，就是解题困难的知识表象，在析题课的过程中，我们可以进行细致的分析，学生哪里有困难一目了然，非常的清晰. 在整个教学过程中，是知识要素与数学思考协同产生作用，效果显著.

另外，本节课的教学模式发生改变，不仅仅是教师讲学生听，而是独立思考+小组合作，学生的参与度非常高，同伴互助进步更快.

因为涉及的是解析几何部分，对于学生来说难度还是比较大的，所以时间上还是比较仓促，如果是两节课，把作业的相关部分提前，我觉得当堂的效果应该更加明显，我第二天又讲了作业的部分，学生频频说，恍然大悟，终于弄清楚了！

章建跃在《教育随想录》中提到，日常教学，概念一个个地教，定理一个个地学，容易迷失在局部，见木不见林. 长此以往就会导致坐井观天、思路狭隘、思维呆板，局限于一招一式的雕虫小技而不能自拔. 把握好整体性，对内容的系统结构了如指掌，心中有一张"联络图"，才能把准教学的大方向，才能使教学有的放矢. 也只有这样，才能使学生学到结构化的、联系紧密的、迁移能力强的知识.

在这节课之后，我带领学生按照我们共同探究出来的"解决平面解析几何综合问题"的思维步骤，进行了几节课的练习课，什么都不写的孩子明显减少了，我想这就像游泳，学生在教师的指导下掌握了"游泳的技巧"，体会了"游泳的本质"，那么在接下来的"游泳练习中"你才能"游得更好""游得更快".

**参考文献：**

［1］　章建跃. 数学教育随想录. 杭州：浙江教育出版社，2017.

［2］　张鹤. 数学教学逻辑：基于数学本质的分析. 北京：首都师范大学出版社，2017.

［3］　谷丹. 程序 系统 自检：高三数学复习任务. 数学通报，2010，（10）.

［4］　威金斯，麦克泰格. 追求理解的教学设计. 上海：华东师范大学出版社，2016.

［5］　郭飞红. 基于"实验和模型"教学　挖掘宏观现象的微观本质：以高二有机化学"乙炔"教学为例. 化学教育，2014，（15）.

# ☆以"对数函数及其性质"课为例浅谈 Ti 图形计算器对数学教学的影响①

翟　艳　首都师范大学附属密云中学

周跃鑫　北京市密云区第二中学

**提要**　新课程标准提出,通过数学课程的学习,学生能获得进一步学习及未来发展所必需的数学基础知识、基本技能、基本思想、基本活动经验,学生能提高学习数学的兴趣.数学实验对于提高数学学习兴趣,培养学生创新思维、创新意识和实践能力具有特殊的作用.在以 Ti 图形计算器为平台的实验环境中进行富有创造性的个性化学习,可以实现数学 CAI 从演示、验证、练习型向探索型的发展,从而使数学实验真正进入课堂.

## 一、信息技术对高中数学教与学的影响

人类社会已经进入信息时代,计算机科学的迅速发展,信息技术工具在社会生产、生活中的广泛使用把数学带入了各行各业.信息技术的发展已经深刻地改变了数学世界,信息技术的发展将影响到学生的数学学习内容和学习方式.例如,信息技术可以为学生创造出图文并茂、丰富多彩、人机交互、及时反馈的学习环境,在这样的环境中,学生可以利用信息技术模拟现实情境,自己构建数学内外问题的模型,进行数学探究、数学应用、数学交流等实践活动,这在传统的数学学习中是较难实现的.信息技术提供的外部刺激具有多样性和综合性,既看得见又听得见,还可以动手操作.这有利于学生调动多感官协同作用,对数学知识的获取和保持具有重要意义,也是数学学习方式转变的具体体现.在信息技术为学生提供的交互式学习环境中,实验、探究、发现等内容将成为重要的学习方式,学生可以按照自己的认知基础、学习兴趣来选择内容,这就为学生主动性、积极性的发挥创造了条件,使学生的主体性得到了充分体现.

信息技术对教师的教也将产生深刻影响,有利于教师对数学语言文字、符号、图形、动画、实物图象、声音、视频等教学信息进行有效的组织与管理,能使过去难以实现的教学设计变为现实.例如,在信息技术的帮助下,教师可以对形状复杂二维、三维数学对象进行操作,使隐蔽的几何关系得到显示,从而延伸学生的视觉,加强学生的直观能力.由于现实问题往往涉及复杂的数据,过去我们无法在数学教学中使用它.借助信息技术强大的数据处理功能,教师可以让学生解决一些日常生活中的真实问题.又例如,教师可按数学知识间的相互关系,把相应的教材、练习、习题、测验及解答,以及相关的其他学习资源有机地组合在一起,以"超文本"的方式提供给学生,这对课堂教学和学生的课外自学都是非常有利的.总之,强调实践、操作和探究行为,注重对数学思想方法的领悟,重视合作交流、情感体验的"活动式教学"将在信息技术环境中得到体验.

## 二、以"对数函数及其性质"一课为例来说明图形计算器对数学教学的影响

本节课是人教 A 版数学必修 1 第 2 章第 2 节"对数函数及其性质"第一课时的教学设计,

---

①　该文在北京市中学数学教育教学优秀论文评选活动中,被北京市教育学会数学教学研究会评为市级一等奖.

主要介绍对数函数的图象和性质及性质的简单应用.

从"函数是描述客观世界变化规律的重要数学模型"观点出发,以"感受运用函数概念建立对数函数模型的过程和方法""通过对数函数的研究加深函数概念的理解"为定位,将教学聚焦于如下内容:

(1)刻画一类问题(对数增长)变化规律的函数模型——面对某一变化现象,选择适当的函数模型研究其变化规律;

(2)理解函数概念的一个载体——以一般函数概念为指导,同时加深函数概念理解,因此要让学生经历研究一个(类)函数的完整过程.

对数函数是学生在高中阶段接触到的第二个基本初等函数,在基本初等函数(1)中起到了承上启下的作用.本节课的主要任务是在学习对数的概念与运算性质之后,类比研究指数函数的过程来认识对数函数.

对本课内容学生的认知基础是:一般函数概念、性质及研究过程与方法,指数函数概念、性质及研究过程与方法,对数的概念、运算的知识,对数与指数的关系等.

教学问题诊断:对应关系的特征(与指数函数的对应关系的关系),符号$\log_a x$的理解(这是一个整体,对于给定的一个正数$x$,$\log_a x$是一个唯一确定的实数),底数$a$对函数图象的影响.因此,本节课的教学活动应以教师引导、学生主动探究为主,教学设计的主导思想应定位在"本节课为学生在研究函数上的一次实践"上.基于上述分析,确定本节课的教学重点与难点:对数函数的图象和性质.突破难点的方法是利用指数函数的研究经验和结果,借助图形计算器探究底数$a$对函数图象的影响.

总的来说,我希望使用图形计算器使学生有如下3种收获:

(1)借助已有经验,独立设计研究函数的方案并且经历研究函数的完整过程;

(2)借助图形计算器体会为什么要把底数$a$分为$0<a<1$,$a>1$两个区间;

(3)探索出课堂之外的收获,如底数不同函数图象的变化趋势等.

以下是我设计的教学过程及设计意图,希望能为读者提供一些可借鉴的做法.

(一)课题引入,激发情趣

教师:通过课堂前测,同学们已经掌握了研究函数的思路和方法.今天我们将用研究指数函数的思路和方法来研究一个新的基本初等函数——对数函数.

【问题1】对于指数函数$y=\left(\dfrac{1}{2}\right)^x$,给定一个正数$y_0$值,是否能找到一个$x_0$值与之对应?

任意给定一个正数$y$值,是否能找到一个$x$值与之对应?给定一个正数$y_0$值,如何求对应$x_0$值?$x$是不是$y$的函数?

设计意图:由学生熟悉的指数函数引入,让学生体会研究对数函数的实际意义,体会两个变量间的对应关系,感受到指数函数与对数函数的紧密联系.学生通过图形计算器直观体会每个$y$都有唯一的一个$x$与之对应,进而得到一个求正数$y$的函数,初步认识一个具体的对数函数$x=\log_{\frac{1}{2}}y$.

【问题2】"红色代码"被认为是史上破坏性极强的计算机病毒之一,具有快速自我复制能力,它可以由1个变成2个,2个变成4个……复制$x$次后,所得病毒个数$y$与$x$的函数是$y=2^x$.

请你思考：(1) 得到病毒数 2，4，8，…，分别需要复制多少次？

(2) 你能用列表的方法解决吗？

(3) 能用函数模型表示吗？

**设计意图**：通过实例引出对数函数的概念，让学生体会研究对数函数的实际意义. 通过指数函数的图象可知题目中的 $x$，$y$ 都是一一对应的，都是函数，从而联想到利用函数的定义分析新的问题，使得函数概念在建立之初就能用一个比较高的观点审视之.

**预设的师生活动**：从特殊的几组数值推广到一般，学生根据指数函数的函数图象可以得出结论：对于每一个正数 $y$，都有唯一确定的 $x$ 与它对应，所以 $x$ 是 $y$ 的函数. 而刚才的关系式 $x=\log_2 y$ 就是函数的解析式.

在此基础上，教师引导学生类比指数函数给出一般性的结论.

**学生活动**：这个函数解析式是一个对数式，底数为一个常数，自变量在真数的位置上，将他们抽象为数学问题，得到要研究的对数函数：$y=\log_a x$.

问：对数函数的底数 $a$ 有什么范围？定义域是什么？你是怎么知道的？

生：由指数与对数互化公式可知 $a$ 大于零且不等于 1，真数 $x$ 大于零.

例 1 下列函数是否为对数函数：

(1) $y=\log_5 3x$；(2) $y=\ln x$；(3) $y=\log_x 2$；(4) $y=\log_2(x+1)$.

**设计意图**：本例主要是让学生加强对对数函数的理解，借助图形计算器发布题目易于了解学生的掌握情况，此题 34 人全对，1 人错.

**【问题 3】**类比指数函数的学习过程，你能制订一套研究对数函数的方案吗？请先独立思考，之后小组讨论，确定你们的研究方案.

**设计意图**：培养学生规划研究方案的意识和能力，达到对函数概念及指数函数的巩固的目的，并为本节课的研究理清思路.

**预设的师生活动**：学生按照要求完成之后进行展示交流.

研究的思路是：先作函数图象(哪个函数图象？$y=\log_a x$?)，然后根据图象研究函数性质(包括定义域、值域、单调性、奇偶性、特殊点、图象的其他变化特征等方面).

**【问题 4】**想必大家已经清楚下一步的任务了，接下来请同学们借助图形计算器，根据前面确定的方案在小组内研究，看看你能得到什么结论，并且思考能否用一个恰当的形式记录下来.

**设计意图**：将研究函数的性质的主动权交给学生，培养学生的基于类比进行自主学习的能力.

具体操作步骤：

(1) 请你手绘一个具体的对数函数图象，借助图形计算器，验证手绘图象是否正确；

(2) 借助图形计算器，画出一些具体函数的图象；

(3) 归纳抽象出 $y=\log_a x$ 的图象，记录在学案上.

**预设的师生活动**：学生小组内进行讨论，教师巡查指导，最后请同学上台演示计算器作图及讨论成果：(表 1 在现场生成，依据学生的发现随时增删).

**预设的学生活动**：用图形计算器画出具体的对数函数图象.

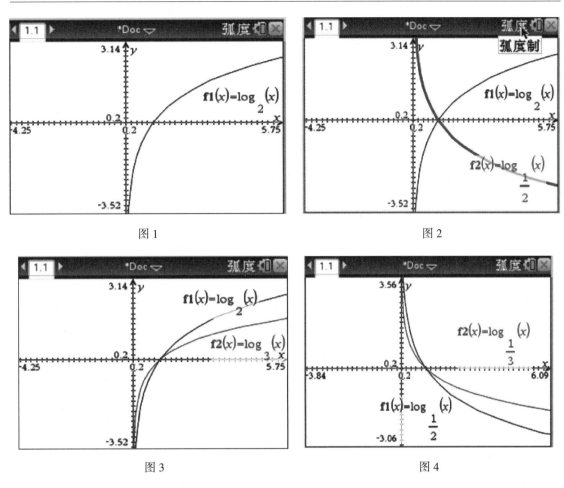

图1　　　　　　　　　　　　　　　　图2

图3　　　　　　　　　　　　　　　　图4

　　预设的学生活动：用图形计算器画出不同 $a$ 的值对应的图象，验证由特殊函数图象推出的结论，得到对数函数的图象性质.

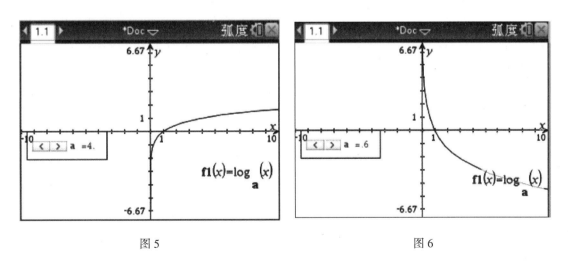

图5　　　　　　　　　　　　　　　　图6

　　预设的学生活动：类比指数函数图象性质的记录表格记录下对数函数的图象性质.

**表1**

| $y=\log_a x$ | $0<a<1$ | $a>1$ |
| --- | --- | --- |
| 图象 | | |
| 定义域 | $(0,+\infty)$ | |
| 值域 | **R** | |
| 过定点 | $(1,0)$ | |
| 单调性 | 在$(0,+\infty)$上单调递减 | 在$(0,+\infty)$上单调递增 |
| 奇偶性 | 既不是奇函数也不是偶函数 | |
| 函数值的分布 | 当$0<x<1$时，$y>0$<br>当$x>1$时，$y<0$ | 当$0<x<1$时，$y<0$<br>当$x>1$时，$y>0$ |

注：(1)函数值的分布：在对数函数中，当底数与真数在同一范围取值时，对数为正，当底数与真数在不同范围取值时，对数为负(如果学生未提及，可以不作说明)；(2)当两个对数函数的底数互为倒数时，这两个对数函数的图象关于 $x$ 轴对称(可在图形计算器中输入 $y=\log_a x$ 及 $y=\log_{\frac{1}{a}} x$ 这两个对数函数，设定参数 $a$ 变化时观察函数图象所呈现出的情况).

【**问题5**】对于函数 $y=\log_a x$ 及 $y=\log_{\frac{1}{a}} x$ 的图象关于 $x$ 轴对称，你可以给出代数解释吗？

**设计意图**：尝试用代数的形式分析直观现象，数形结合，培养学生思维的严谨性.

预设的师生活动：图象的对称的本质是点的对称，利用换底公式可以解释. 在函数 $y=\log_{\frac{1}{a}} x$ 的图象上任取一点 $(x_1,y_1)$，则 $\log_{\frac{1}{a}} x_1 = -\log_a x_1$，所以点 $(x_1,-y_1)$ 在函数 $y=\log_a x$ 的图象上. 又因为点 $(x_1,y_1)$ 和点 $(x_1,-y_1)$ 关于 $x$ 轴对称，所以这两个函数图象关于 $x$ 轴对称.(展台展示学生的演练过程.)

(二)初步应用

例2　求下列函数的定义域：

(1) $y=\log_2 x^2$；(2) $y=\log_3(4-x)$.

**解**：(1)因为 $x^2>0$，即 $x\neq0$，所以函数的定义域是 $\{x|x\neq0\}$.

第二问请学生自行完成.

(2)因为 $4-x>0$，即 $x<4$，所以函数的定义域是 $\{x|x<4\}$.

**设计意图**：本例主要考查对数函数定义中定义域的限制，加深对概念的理解，利用换元的方法，将新问题转化为基本问题，体现代数问题求解的程序化思想.

例3　比较下列各组数中两个值的大小：

(1) $\log_2 3.4$，$\log_2 8.5$；　　　　　　(2) $\log_{0.3} 1.8$，$\log_{0.3} 2.7$；

(3) $\log_a 5.1$，$\log_a 5.9(a>0$，且 $a\neq1)$；　　(4) $\log_3 2$，$\log_4 2$.

设计意图：类比指数函数中同类问题的解决办法，利用对数函数的单调性解题. (1)小题由教师板演，(2)(3)小题请学生仿照处理，培养学生类比的学习能力，同时渗透分类讨论的思想；(4)小题则发挥图形计算器的作用，培养学生直观想象素养.

预设的师生活动：本题是对函数单调性的应用，因此可以类比前面指数的同类问题解决：

解：(1) 因为函数 $y=\log_2 x$ 在 $(0, +\infty)$ 上单调递增，且 $3.4<8.5$，所以 $\log_2 3.4<\log_2 8.5$；

(2) 因为函数 $y=\log_{0.3} x$ 在 $(0, +\infty)$ 上单调递减，且 $1.8<2.7$，所以 $\log_{0.3} 1.8>\log_{0.3} 2.7$；

(3) 当 $a>1$ 时，$\log_a 5.1<\log_a 5.9$；当 $0<a<1$ 时，$\log_a 5.1>\log_a 5.9$；

(4) 对于底数不同、真数相同的对数的比较，可以借助函数图象操作. 请学生先行思考，之后进行展示. 教师可利用图形计算器在同一坐标系中作出 $y=\log_3 x$、$y=\log_4 x$ 及直线 $x=2$ 的图象，观察直线与曲线的交点，通过比较交点的纵坐标发现 $\log_3 2>\log_4 2$. (可能会有学生考虑到利用函数 $y=\log_x 2$ 的单调性进行求解，这时教师应对学生的这种想法给予肯定，同时明确指出：虽然函数 $y=\log_x 2$ 并不是我们所熟悉的函数，而且目前我们也并不了解其函数性质，但是我们可以利用图形计算器画出其函数图象来，借助图象进行求解.)学生通过图形计算器体会图象变化与底的关系 7.

（三）梳理总结

【问题6】通过这节课的学习你有哪些收获呢？

设计意图：授之以鱼不如授之以渔，一堂课下来，学生们所能掌握的思路、方法及思想远比知识本身更重要. 通过这一环节的设定，教师要将学生的学习提升到方法论的层面上来，让学生在头脑中形成学习、研究的意识.

预设的师生活动：师生共同小结. 从基本知识、信息技术的使用、研究思路和方法、数学思想等方面进行.

（四）布置作业

(1)绘制对数函数与指数函数的双气泡图并进行对比；

(2)完成作业纸上的习题.

以上就是我对图形计算器在数学教学中的思考. 总之，强调实践、操作和探究行为，注重对数学思想方法的领悟，重视合作交流、情感体验的"活动式教学"将在信息技术环境中得到体验.

参考文献：

[1]　章建跃. 数学教育随想论. 杭州：浙江教育出版社，2016.

# ☆合理融合信息技术，激发学生研究热情①

周跃鑫　北京市密云区第二中学

翟　艳　首都师范大学密云附属中学

**提要**　信息技术本质上是数学技术，因此在课堂上应用信息技术可以促进学生主动学习，自主学习，增强运用信息技术分析解决问题的能力；可以在课堂上帮助老师观察每个学生的学习过程，了解学生的学习进展情况，及时反馈学生的知识掌握情况，调整教学策略.

教育的根本任务是"立德树人"，数学教育中的"立德树人"，以数学核心素养为统领. 提升学生的数学素养，就是要引导学生会用数学眼光观察世界，会用数学思维思考世界，会用数学语言表达世界. 形成积极主动、勇于探索的学习方式是《普通高中数学课程标准(2017年版)》的基本理念之一，它倡导自主探究、动手实践、合作交流、阅读自学等学习数学的方式，使学生的学习过程成为教师引导下的"再创造"过程，发展学生的创造性思维.

数学学习是学生在已有数学认知结构的基础上的建构活动，目的是要建构数学知识及其过程的表征，而不是对数学知识的直接翻版. 建构主义重视已有知识经验、心理结构的作用，强调学习的主动性、社会性和情景性，对学习和教学提出了许多新颖的观点. 布鲁纳强调学习是发现的过程，学生需要经历和体会知识创建的过程，自主建构起知识意义的理解. 奥苏伯尔认为需要有意义学习，机械学习不可能真正理解学习内容，需要在已有认知基础上，在内部动机和外部动机双重作用下进行有意义的学习.

## 一、检测反馈，了解学情，及时调整教学策略

教师在课堂教学中，要关注到每一个学生的学习程度，要及时地掌握学生对所授知识的接受情况. 根据学生课前检测了解学生对本节课所授内容需要的认知基础的掌握情况，同时利用课堂检测掌握学生在上一个教学环节中的学习情况，以此来调整教学策略. 按照传统的教学手段，利用纸质检测卷来调查显然是很不方便的，不仅仅在操作层面，在学生回答情况统计上也是不能及时得到答题情况的数据统计，

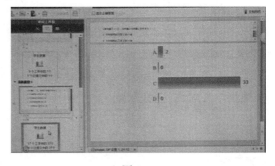

图1

以让教师明确哪些问题需要停下来讲一讲. 笔者在讲授"平面向量基本定理"过程中，利用图形计算器在课前检测环节中诊断学情，解决问题.

又比如在2018年全国青年教师教学大赛上，在"导数的几何意义"一课的教学中，老师将例题实时发布到图形计算器上，利用图形计算器的统计功能，实时监测学生的完成情况，完成状态，以及正确率. 课上对典型问题及时讲解，对薄弱学生及时帮助. 整节课，老师对每一位学生的评价都非常及时准确，并且评价后都及时地跟进了相应的措施，做到了精准辅

① 该文在北京市中学数学教育教学优秀论文评选活动中，被北京市教育学会数学教学研究会评为市级一等奖.

导. 使得整节课的效率非常高, 每一个学生在课堂上都实现了最大的提高.

**二、利用信息技术运算功能, 培养数据分析素养**

在高中数学的知识中, 存在复杂的数据处理、代数变换、数字运算, 这时就需要利用信息技术代替重复性劳动, 使学生有更多时间用于数学实质性思考.

**案例 1**　在"随机事件的概率"的教学中, 主要内容是让学生通过动手试验, 记录试验结果、不断分析、对比所得, 培养学生数据分析这一核心素养. 经历从具体到抽象, 认识随机现象背后的统计规律性, 再通过必然性去认识、把握随机现象. 使学生认识到概率是寻找不确定性现象中蕴含的稳定的、确定的规律, 而且还应渗透概率的基本思想和方法: 试验、观察、归纳和总结、合情推理等思想方法.

因此本节课设计了如下师生活动.

**探究**　每一组的盒子里都有大小相同, 颜色为红、黄、白、蓝颜色各不相同的 4 个球. 每次任意摸一个球, 观察摸出的球是黄球的情况.

活动 1: 以小组为单位, 做好分工(2 人试验, 1 人记录, 1 人整理数据, 1 人制作散点图), 分别做 5 次、10 次、15 次摸球试验并记录试验结果, 填在表 1 中并绘制出对应的散点图.

表 1

| 小组 | 试验次数 | 摸到黄球的次数 | 摸到黄球的比例 |
|---|---|---|---|
| | 5 次 | | |
| | 10 次 | | |
| | 15 次 | | |

活动要求: 以组为单位, 做好试验中的分工. 抽球要求由两名同学完成, 其中一名同学抽两回, 每回 5 次; 另外一名同学抽一回, 一回 5 次. 抽球过程要求将盒子平放在桌子上, 将球充分搅拌后进行抽取. 散点图要求横向为试验的次数, 纵向为出现黄球的频率.

**设计意图**: 通过学生亲身体验, 感受试验结果的随机性. 再将各组绘制的散点图进行比对, 感受在相同条件下所得结果的不完全相同, 从而说明结果的随机性, 从散点图中观察频率的规律性.

**教师追问**: 一名同学抽球两次, 所得频率是否相同? 同组两名抽球的同学抽球所得频率是否相同? 你怎么看待这个结果? 你对这个结果有什么想法?

**设计意图**: 通过对结果的分析, 感受单次试验结果即使是同一个人所得到的结果也是不同的, 频率是不确定的.

活动 2: 我们可以将每个小组的统计数据逐个进行累加, 得到试验 15 次、30 次、45 次、60 次、75 次、90 次、105 次、120 次的数据并得到相应的散点图.

活动 3: 每名同学利用图形计算器, 模拟摸球试验(试验次数最多到 500 次), 观察摸出黄球的频率的规律性.

**设计意图**: 利用手持技术, 让学生亲身感受在大量的试验中, 频率具有稳定性, 在一个常数 0.25 附近摆动.

关于数据分析素养的表述进一步概括为 3 个方面: 在数据收集中体会频率的随机性、有效的建模和推断数据、获得结论形成知识. 学生在试验中所收集的数据要有代表性, 能够代表总体的分布. 因此, 学生在小组活动过程中体会了如何做到试验背景相同, 所得数据真实可靠, 同时在自己摸球和他人摸球的过程中, 感受数据的随机性、不稳定性. 学生在整理数据的过程中, 利用图形计算器展示数据, 达到"看图说话", 为进一步分析数据提供对数据的感性认识, 最终让学生体会随机性和频率的稳定性. 在小组探究中, 学生利用图形计算器将其他小组的数据进行重新整合, 避免了冗长而复杂的计算, 将注意力集中在数据稳定性的感知. 利用图形计算器学生自主设定试验次数, 大大扩展了教学中试验次数的范围, 有助于体会数据的随机性和频率的稳定性.

### 三、动手操作, 降低学习难度, 落实数学抽象核心素养

数学定理、公式、性质等, 都是"一类数学对象的共性", 是"变化中的不变性、规律性". 在实际教学中, 我们可以借助信息技术实现数学对象变化过程的"可视性""连续性", 以有序的变化过程帮助学生发现"不变量"的规律性.

**案例 2　导数的概念及几何意义.**

在 2018 年全国青年教师教学大赛上, 在"导数的概念及几何意义"一课中导数意义的引入上, 教师利用图形计算器画出函数 $y=f(x)$ 的图象, 并且动态地演示了割线的逼近过程, 学生在演示过程中深刻地感受了割线斜率的极限就是切线的斜率这一事实, 进而理解了逼近就是极限的思想. 使得接下来的切线的斜率的求法、导数的几何意义的研究非常顺畅, 而且基本上都是学生自己动手推导的. 在学生推导过程中, 有些学生还自己动手演示这个逼近的过程, 发现切线不是只和曲线有一个交点, 体会了圆的切线的定义的局限性. 进而又把切线定义进行扩充. 相对于没有用图形计算的传统课堂, 首先在体会切线和曲线有几个交点上就有一个困难, 其次在理解逼近、极限思想时也是处于感觉好像大概的懵懵懂懂的状态. 通过图形计算器可以让每个学生形象、动态地感受到了知识的形成过程及其中蕴含的数学思想.

**案例 3　函数单调性与导数.**

在区内研究课中, 笔者听了一位老师讲授的"函数单调性与导数", 对于利用信息技术解决教学难点的教学设计, 授课教师做得恰如其分. 本节课的教学难点为探索并了解函数的单调性与导数的关系. 因此, 在课堂教学中安排动手操作作图、动眼观察识图、动脑思考析图的实践活动, 通过自主活动获取函数的单调性与导数的关系, 培养学生的抽象概括能力. 在动手操作、探究发现的环节中, 教师提出以下问题串, 引导学生思考.

问题: 是否对于所有函数的单调性都与导函数正负之间存在上述关系? 导数作为函数的变化率刻画了函数的变化趋势, 而函数的单调性也是对函数变化趋势的一种刻画, 导数与函数的单调性一定存在某种联系, 那怎么来研究它们的联系比较直观方便呢? 请你和同桌商量后选择一个函数, 利用手中的图形计算器画出函数图象并计算它的导数, 探究导数与函数的单调性之间的联系.

思考 1: 每组同学通过自己选取的特殊函数得到了一些结论, 找同学展示自己通过作原函数与导函数图象得出的结论. (通过图形计算器的互动功能, 显示全体学生的屏幕作图结果, 挑选典型的函数进行观察)可以把这些结论一般化吗? (是否所有函数的单调性与导数的正负都有关系?)

思考 2: 这样的结论一定正确吗?

我们已经知道，函数 $y=f(x)$ 在 $x_0$ 处的导数表示曲线在点 $(x_0,\ f(x_0))$ 处的切线的斜率，可以通过导数几何意义来验证结论.

单击"菜单"→"8. 几何"→"4. 作图"→"7. 切线"按钮.

拖动切点，引导学生观察切线斜率.

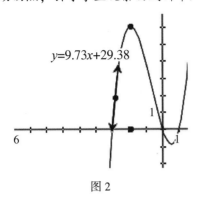

图2

图3

最终得出结论：函数单调性与导数的正负的关系.

本节课为了培养学生探究与创新的能力，充分利用图形计算器的作图功能并借助几何直观探索函数的单调性与导数的关系，学生任意选取函数进行研究，摆脱了手工绘图的局限性，借助图形计算器的互动功能，充分观察学生操作情况，实时展示、交流，整个过程直观形象.

总而言之，使用信息技术作为一项数学活动，它已经深刻地影响着数学和数学教育的发展进程. 信息技术正逐步渗透在高中数学课堂教学中，在一定的数学（学习、研究、发现）目标的指导下，学生利用信息技术手段，对具有一定数学意义的实物、模型、事物，以及数字、图形等，进行观察、测试、度量、计算等数学化操作，经历"再发现"过程，以获取感性认识和数学信息. 具有传统教学模式不可替代的优势，在学生学习中扮演着重要角色，从而激发学生学习的内驱力，提高学生的探究意识，使学生进入问题探究者的"角色"，通过探究活动完成知识的有意义建构和不断的自我发展.

**参考文献：**

[1]　章建跃. 数学教育随想录. 杭州：浙江教育出版社，2017.

[2]　安德森. 布卢姆教育目标分类学. 北京：外语教学与研究出版社，2009.

[3]　冯伟贞. 高中数学实验活动选编. 北京：科学出版社，2016.

[4]　郭玉峰，刘春艳，程国红. 数学学习论. 北京：北京师范大学出版社，2015.

# ☆基于 Ti 手持技术，对提高学生自主探究能力的思考①
## ——"函数的单调性与导数"案例分析
## 高美霞　北京市密云区新农村中学

**提要**　随着社会的发展，对创新型人才的需求越来越大，促使我国教育从模仿创新向自主创新转变，要求把培育学生自身的创新能力作为重点. 探究式学习顺应了我国的科技、经济发展的要求.《普通高中数学课程标准(2017 年版)》的基本理念之一是倡导自主探究、动手实践、合作交流、阅读自学等学习数学的方式，使学生的学习过程成为教师引导下的"再创造"过程. 广泛应用现代信息技术，发展学生的创造性思维，正在对数学课程内容和学习方式等方面产生深刻的影响. 高中数学课程提倡实现信息技术与课程内容的有机整合，把现代信息技术作为学生主动思考、自主探究的有力工具.

## 一、指导思想

教育的根本任务是"立德树人"，数学教育中的"立德树人"，是以数学核心素养为统领. 提升学生的数学素养，就是要引导学生会用数学眼光观察世界，会用数学思维思考世界，会用数学语言表达世界. 形成积极主动、勇于探索的学习方式是《普通高中数学课程标准(2017 年版)》的基本理念之一，它倡导自主探究、动手实践、合作交流、阅读自学等学习数学的方式，使学生的学习过程成为教师引导下的"再创造"过程，发展学生的创造性思维，现代信息技术的广泛应用正在对数学课程内容和学习方式等方面产生深刻的影响. 高中数学课程应提倡实现信息技术与课程内容的有机整合，整合的基本原则是有利于学生认识数学的本质. 高中数学课程应提倡利用信息技术来呈现以往教学中难以呈现的课程内容，把现代信息技术作为学生主动思考、自主探究的有力工具，改变学生原有的被动学习方式.

## 二、理论依据

21 世纪初的新课改，"探究式学习"被放在了改革的重要位置. 心理学认为，一切思维都是从问题开始的，"疑"是思之始，学之端，成功地使学生提出问题的教学才能真正调动学生的积极性. 所以，我认为应该带着学生走向问题，激发学生的认知冲突. 在教学过程中，我根据数学知识体系及学生认知结构，进行层层设疑，以疑启思，通过信息技术提供的交互式学习环境使学生可以按照自己的认知基础、学习兴趣来选择内容，这就为学生主动性、积极性的发挥创造了条件，使学生的主体性得到了充分体现.

(一) 探究式学习的含义

探究式学习是指在现实生活中选择主题，在教学中创设情境，学生通过动手做，主动地发现问题、实验、操作、分析、归纳信息，表达与交流等活动，获得知识，提高能力，发展情感，特别是发展探索精神与创新能力. 他提倡学生积极、主动地参与学习，强调发现和提出问题并进行验证.

(二)提高自主探究能力的必要性

---

① 该文在北京市中学数学教育教学优秀论文评选活动中，被北京市教育学会数学教学研究会评为市级一等奖.

随着社会的发展, 对创新型人才的需求越来越大, 促使我国教育从模仿创新向自主创新转变, 要求把培育学生自身的创新能力作为重点, 因此强调探究式学习顺应了我国的科技、经济发展的要求.

(三) 教学方式由"讲授式学习"向"探究式学习"的改革

国家基础教育课程改革纲要指出"教师在教学过程中应与学生积极互动, 共同发展, 要处理好传授知识与培养能力的关系, 注重学生的独立性和自主性, 引导学生质疑、调查、探究, 在实践中学习, 促进学生在教师指导下, 主动地、富有个性地学习."因此, 以讲授知识为主要方式的教学过程在国家基础教育课程改革理念下, 缺陷越来越明显. 随着全面推进素质教育的发展, 培养学生的创新能力对数学教育提出新的要求, 根据数学学科的特点把创新精神和实践能力的培养落实在课堂教学中, 使学生在接受数学知识的过程中, 融入主动的探究、发现、归纳、总结等活动, 以提高学生解决实际问题的能力.

(四) 信息技术对数学课程的影响

21 世纪是个信息时代, 随着信息技术的飞速发展, 社会的职业结构发生了翻天覆地的变化, 以前依赖人力所从事的一些行业都慢慢地被智能化所替代, 我们应把握住时代发展对数学学科的需求, 让学生学到适应信息技术时代要求的数学知识, 并加大数学应用, 在整合中强调信息技术服务于教学, 在教学中通过信息技术创设的虚拟实验环境, 让学生在虚拟实验中实际操作、观察分析, 可以提高教学效率, 实现学习方式的根本转变.

发展历程从最初利用计算机辅助教学到后来以几何画板为辅助工具的教学软件开发, 再到今天利用 Ti 手持技术为支持的信息交流平台, 为数学教学提供了越来越好的教学工具. 如何利用 Ti 手持技术, 发展数学学习中学生的探究能力呢? 如何在导数的学习中引导学生自主探究, 提高创新能力, 在本节课教学中尝试基于 Ti 手持技术提高学生探究能力的教学实践: "函数的单调性与导数"的探究.

### 三、"函数的单调性与导数"案例分析

导数是研究函数和几何问题的一种重要工具, 也是进一步学习的重要基础, 利用导数可以研究函数的单调性问题.

(一) 利用 Ti 手持技术, 把培养学生自主探究能力作为指导思想, 实现将探究、发现融入数学活动中的目标, 使之成为激发学生创新性思维的教学手段和探究活动的教学工具.

【教学目标】了解函数的单调性与导数关系, 会用导数方法判断函数的单调性. 调动学生所有感官参与学习, 利用 Ti 图形计算器作出函数的图象, 通过动眼观察识图、动脑思考析图的实践活动获取函数的单调性与导数的关系, 培养学生的抽象概括能力. 通过问题引导学生观察、猜想、动手实践, 组内讨论、交流, 培养参与探究的意识.

【教学重点、难点】通过 Ti 手持技术的应用发现函数单调性与导数的关系, 并进行直观验证, 能运用导数工具求出函数的单调区间. 体会导数方法在研究函数性质中的一般性和有效性, 提升学生的探究能力.

(二) 采用教师启发与学生合作探究相结合的教学方式, 从实际问题出发进行探究活动, 引导学生动手操作、观察、分析、猜想, 并借助图形计算器验证, 调动学生参与课堂教学的主动性和积极性.

【知识回顾, 唤起求知欲】

**教师活动**：函数是描述客观世界重要的数学模型，因此研究函数性质是非常重要的，譬如函数的单调性. 我们可以用什么方法来判断函数单调性呢？

法一：函数单调性的定义；

法二：通过函数的图象直接观察函数单调性.

思考：有没有更为简单可操作的方法研究函数单调性呢？（激起求知欲.)

**学生活动**：回忆函数单调性的判断方法，思考并比较这几种方法的优缺点.

【创设情境，引出课题】

情境：展示高台跳水时运动员的位移随时间变化的趋势与速度随时间变化的关系.

**学生活动**：

通过物理中学习过的位移与速度的概念结合导数定义去观察、分析函数 $h(t)$ 的增减性与 $v(t)$ 的关系.

（三）利用 Ti 手持技术，构建函数，展示图形特征，激发学生发现、探究的欲望.

【动手操作，探究发现】

问题：是否所有函数的单调性与其导函数正负之间都存在上述关系？导数作为函数的变化率刻画了函数的变化趋势，而函数的单调性也是对函数变化趋势的一种刻画，导数与函数的单调性一定存在某种联系，那怎么来研究它们的联系比较直观方便呢？

请你和同桌商量后选择一个函数，利用手中的图形计算器画出函数图象并计算它的导数，探究导数与函数的单调性之间的联系. 单击 [开关机] 键开机，单击 [U] 按钮开启作函数图象功能，出现图 1 所示界面.

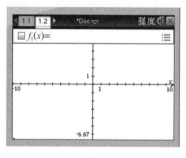

图 1

输入想要研究的函数解析式，并作出导函数图象. 首先单击"tab"键出现新函数 $f_2(x)=$，单击 [图] 里的 [d/d] 出现 $f_2(x)=\dfrac{\mathrm{d}}{\mathrm{d}\square}(\square)$，输入 $f_2(x)=\dfrac{\mathrm{d}}{\mathrm{d}x}\big(f_1(x)\big)$，单击"Enter"键，出现导函数图象.

**学生活动**：每组学生选取一个函数，利用 Ti 手持技术画出原函数图象，观察每个区间的函数单调性有什么变化？画出导函数，观察原函数的单调性与导函数的正负之间有什么关系？

**教学设计意图**：通过 Ti 手持技术的作图功能画出函数及其导函数图象，通过动手操作引导学生观察选定的函数，猜想它的单调性和导数正负之间的关系，并归纳结论. 通过图象观察更加直观，从形到数的过程中让学生体会数形结合的思想.

【小组交流，抽象概括】

思考 1：每组同学通过自己选取的特殊函数得到哪些结论？（找同学展示自己作出的原函数与导函数图象并观察图象得出结论，通过图形计算器的互动功能，显示全体学生的屏幕作图结果(见图2)，挑选典型的函数进行观察，让学生分享交流观察后所得结论，增加师生、生生之间的互动，增强学生自主探究的兴趣、信心和成就感.)

图 2

思考2：这样的结论一定正确吗？

我们已经知道，函数 $y=f(x)$ 在 $x_0$ 处的导数 $f'(x_0)$ 表示曲线在点 $(x_0, f(x_0))$ 处的切线的斜率，可以通过导数几何意义来验证结论.

单击"菜单"→"8.几何"→"4.作图"→"7.切线"，如图3所示.

图 3

拖动切点，引导学生观察切线斜率，如图4所示.

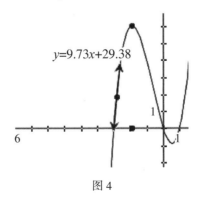

$y=9.73x+29.38$

图 4

得出结论：函数单调性与导数的正负的关系.

**教学设计意图：**

通过 Ti 图形计算器画出所选函数的切线，拖动切线，观察切线斜率的变化与函数单调性之间的关系，通过这个问题让学生体会到数学的逻辑性、严谨性，以及数形之间的内在联系，让学生体会探究新知所应具备的基本环节——观察、猜想、实验、归纳、验证，为提高学生的探究兴趣、思维、习惯和能力奠定基础.

### 四、反思与展望

结果因过程而精彩，现象因方法而生动. 无论是情境创设，还是探究设计，都必须以学生为主体、教师为主导，设法从庞杂的知识中引导学生去寻找关系，挖掘书本背后的数学思想，建构基于学生发展的知识体系，引导学生学会思考，让教学真正成为发展学生能力的课堂活动.

本节教学为了培养学生的探究与创新能力，充分利用图形计算器的作图功能并借助几何直观探索函数的单调性与导数的关系，学生任意选取函数进行研究，摆脱了手工绘图的局限性，借助图形计算器的互动功能，充分观察学生操作情况，实时展示、交流，整个过程直观形象.

整节课的设计，重在启发引导，使学生由浅到深，利用现代信息技术，实现自主探究，完成本节内容的学习，在整个教学过程中渗透从特殊到一般、数形结合的思想，提高学生观察、分析、归纳、反思及逻辑推理的能力. 从学生的课堂积极性和学习成果来看，学生较好地完成了函数的单调性与导数的学习，在获得知识的基础上提高了分析问题、解决问题的能力.

在实际教学中，教师要尝试引导和鼓励学生，利用现代信息技术，在问题的引领下观察、发现、探究、归纳，并将问题结论融入数学中，在日常的学习中提升探究和创新能力，为适应社会的快速发展奠定基础、锻炼能力.

**参考文献：**
[1]　章建跃. 教育随想录. 杭州：浙江教育出版社，2017.

# 后 记

掩卷回眸，感慨良多.

借本书出版之际，要特别感谢在本书申报和写作过程中关心、指导和支持我们的专家、领导和同行，包括人教 A 版教材主编章建跃博士，北京市基教研中心的康杰主任，丁明怡老师，李青霞老师，密云区教委、研修学院以及各校的领导，还有高中数学研究工作室的各位老师，在此一并致以诚挚谢意.

有幸于从 2018 年开始我们参与章建跃博士的高端备课项目和研修网线上线下混合教研活动，三载光阴，弹指而过，其间经历多少酸甜苦辣，走过多少迷茫挣扎，又经历多少执着坚定，如今，终于有了欣喜的成果！在章建跃博士的指导下，工作室的老师们撰写教学设计和反思性论文，助力学生在课堂上循径攀登，全情投入.

难忘于康杰主任，丁明怡老师，李青霞老师的倾力支持. 在三年的研究探索过程中，三位专家下校指导、讲座，我们也登门求教. 他们将自己的研究成果无私地与我们分享，为我们的教学设计的研究和论文撰写奠定了扎实的基础. 从理论到实践，从现场到线上对话，从教学设计到课堂实施再到课后反思，康杰主任和他的团队倾注了百分百的心血.

感动于高中数学研究工作室的所有老师积极投入到教学设计的撰写与实践中来，并在实践中总结反思，形成了几十篇较为成熟的教学设计和论文. 从经验丰富的老教师到初出茅庐的新教师都在积极尝试. 本书是所有工作室老师智慧的实践和结晶.

我们在三年间取得了不少成绩，但是追求卓越的人不会满足于此，因为我们知道，行百里者半九十，我们做得还远远不够，我们离教育的终极目标还有距离，所以在汲取成功经验的基础上，我们还应该努力学习，努力探索. 我们一直在路上！